中外十大系列丛书

U0608405

世界名帝

SHIJIE MINGDI

陈振昌◎等著

正传

纪念
珍藏版

陕西新华出版传媒集团
三秦出版社

图书在版编目（CIP）数据

世界名帝正传／陈振昌等著. —西安：三秦出版社，
2012.6（2020.5重印）

（中外十大系列丛书）

ISBN 978-7-80628-170-3

Ⅰ. ①世… Ⅱ. ①陈… Ⅲ. ①皇帝-列传-世界
Ⅳ. ①K817

中国版本图书馆 CIP 数据核字（2005）第 087388 号

世界名帝正传

陈振昌　等著

出版发行	陕西新华出版传媒集团　三秦出版社
社　　址	西安市雁塔区曲江新区登高路1388号
电　　话	（029）81205236
邮政编码	710061
印　　刷	天津奥丰特印刷有限公司
开　　本	710mm×1000mm　1/16
印　　张	19
字　　数	310千字
版　　次	2012 年 6 月第 1 版
	2020 年 5 月第 2 次印刷
标准书号	ISBN 978-7-80628-170-3
定　　价	38.00元

网　　址	http://www.sqcbs.cn

让世界史知识进一步走向大众
——《中外十大系列丛书》前言

彭 树 智

我看到三秦出版社出版的《中国十大系列丛书》目录,读了丛书中的《中国十大皇帝》、《中国十大高僧》等书后,感到十分的欣慰。我在长期从事史学科研和担任全国与陕西史学社团的工作中,深感走向21世纪的史学,应当拓展它的社会文化功能。特别是从近些年来史学在爱国主义教育方面的作用,使我更加认识到:史学应当为21世纪中国文化的复兴、中华民族的崛起提供精神动力。同时,我也进一步体会到,21世纪的中国史学,应当走出专业者的狭小圈子,在大众的广阔天地中,进行普及历史的工作,因为大众需要历史。只有把历史知识普及到大众中去,才能在更广大的范围内,发挥史学的开阔视野、启迪智慧、提高素质、教化育人的诸多功能。正是基于这个认识,当三秦出版社陈景群同志提议要我主编《中外十大系列丛书》时,我便欣然应命了。

在普及历史知识方面,老一辈史学家做出了许多成绩。吴晗先生主编的中外历史小丛书,至今人们尚记忆犹新,它的社会效果确实很好。吴先生是研究中国史的名家,但他有全局的视野,在普及历史知识方面没有忽视外国历史。中国史加上外国史,才是世界史,才是完整意义上的人类历史。中外历史小丛书,就是这样的世界史和人类史的普及读物。

在改革开放的新时代,要面向世界,面向现代化,面向未来,普及世界史知识,具有特殊的意义。世界史工作者为此也做了不少工作。但是,反躬自省,这一迫切任务要求我们有更多的事情要做。我们现在的工作,还是远远落后于新时代的需要。迄今为止,在我国十几亿人口中,无论是对外国当前的政治、经济和社会文化知识,或者对外国历史知识的了解程度,都同我国的国际地位极不相称。

当今世界,经济、政治、文化都正在走向全球化。中国建设社会主义现代化,决离不开世界。我们应当同时关心中国和世界的大事。历史经验告诉我们,只有了解世界,才能更好地了解中国。作为"地球村"一员,不能没有世界意识。实际上,对外国了解的程度,已经成为衡量一个国家文明程度和发达程度的一项重要指标。作为一个现代化国家的公民,不具备世界史知识,就是文明程度上的缺陷和落后的表现。21世纪是生产力高度发达和交往全球普遍化的世纪,世界上各个国家和各个民族在政治、经济和社会文化等方面的联系越来越频繁与密切。如果对外国事物知之甚少,如果任这种落后状态长期存在,是要付出沉重的历史代价的。

普及世界史知识的工作,任务十分艰巨。世界史专业工作者要以艰苦的劳动、用深入浅出、引人入胜的通俗读物,来引起大众的兴趣,使他们通过自己的学习,从实际体验中认识到世界史知识对于现代公民的重要性。当然,既有科学真实性,又有可读性的通俗读物的写作,不是每一位专业工作者都能做到的。要知道,能深入者,未必都能"以浅出之"。但是,对中青年世界史工作者来说,把普及与提高相结合作为一个努力的方向,这样的要求是完全应该的。何况普及世界史知识的工作本身,具有不可忽视的重大和深远的社会价值。那种以为普及工作不屑一为,或者在评估科研成果中把普及读物作为末流下品的做法,都是不可取的。

一个正在步入现代化的国家,毫无疑问是需要普及世界史知识读物的。普及世界史知识的途径很多,通史性的、断代史性的、专门史性的和地区国别性的读物都需要。但近些年的实践证明,大众更欢迎历史上各方面有代表性的人物传记。因此,我们的普及世界史知识的工作,便从此入手,并从此侧面深化普及工作。在这套《中外十大系列》丛书的100个世界历史人物选择上,我们一方面尽量考虑到读者可能想要知道的人物,另一方面,我们更多地考虑到读者应该知道的人物。我们之所以看重后一点,是因为中国越来越密切地成为世界文化的一部分,是因为21世纪的中国公民必须具有强烈的世界意识。

早在18世纪的清代,中国虽处于闭关锁国之时,尚有敏感的人物萌生世界意识。如赵翼在《檐曝杂记》中就感慨地说:"天地之大,到处有开创圣人,固不仅羲、轩、巢、燧而已。"晚清自魏源以后的思想家,都有对"大同世界"的追求。王国维由"大同世界"转向"文学大同",把借鉴西方文学家的基点放在超越国界的"世界性"上。他谈到托尔斯泰,强调托尔斯泰属于"世界之人物",而"非俄国之人物"。他写了德国文学家歌德和席勒的"合传",称赞他们是"世界之文豪",并发出这样的慨叹:"胡为乎文豪不诞生于我东邦!"王国维的"文学大同"思想,使人联想到《共产党宣言》中所说的"世界文学"。从历史交往的普遍化和世界市场的形成,伴随而来的各民族文学的交流与融合,出现了这种世界意识,从而成为中国新文学的先导。

放眼看世界史，把中国史放在世界史范围之内，的确会起大开茅塞、开阔视野的作用。中国人都知道千古唯一女皇武则天，但如果把目光稍微东盼日本，就会发现有位 41 代日本持统女皇，她即位于公元 690 年，正是周圣神皇帝武则天天授元年。这位持统女皇与武则天同时当皇帝，也有行元嘉历、仪凤历和广开农桑之举。更为饶有趣味的是在她之前还有两位女皇。一位是本丛书中已经列入的日本 33 代天皇——推古女皇（592—628 年在位，相当于隋开皇十二年至唐贞观二年），还有一位两度登上女皇宝座的奇特女子。她就是日本 35 代天皇——皇极女皇（642—645 年在位，相当于唐贞观十六年至十九年）和 37 代天皇——齐明天皇（655 年皇极女皇再即位，改称齐明女皇，相当于唐永徽六年，去世于 661 年，相当于唐显庆六年）。她经历了日本大化改革时代和中日关系密切的时代。东邻日本这两位女皇的历史现象，同武则天时代如此相近，自然会使人们产生许多历史遐思。这个史例说明，本系列丛书不敢奢望有什么新的创造，只是想沟通一条历史上长期人为造成的中外隔绝的闭塞界壕，让读者在了解中国历史长河中涌现出的英雄豪杰的同时，也了解外国历史海洋中灿若群星的英雄人杰，从而为适应人类文化全球化的发展潮流打下知识基础。

　　中国的读者大多了解康熙和乾隆的文治武功，也知道他们向外国传教士学习天文、代数等自然科学知识。他们二人编纂《古今图书集成》、《四库全书》也为人们所熟知。但是，如果放在当时世界文明潮流中去考察他们，就会对他们作出更全面的评价，并且会获得有益于后世的启迪。从康熙 1661 年即帝位到乾隆 1798 年去世，这 137 年间，英、美、法三国发生了资产阶级革命，英国开始了工业革命，而康熙却在 18 世纪初推行封海禁矿政策，妨碍了中国工业的发展，阻断了中国与外界的正常交往。他们不了解世界文明的真正变化。西方传教士带来的天文学是托勒密的地心说，而不是哥白尼的日心说。西方传教士更不可能带来瓦特的蒸汽机、工业制度和洛克、孟德斯鸠、卢梭的思想。如果进一步把康熙和彼得大帝（已列入本丛书）加一比较，就可以看出康熙虽然在个人才赋和文治武功的许多方面超过彼得一世。但是彼得一世却能走出国门，到荷兰、英国、普鲁士去考察。他从世界近代文明的前沿地区引进先进技术和科技人才，敞开俄国大门与世界交往，大力发展本国工业，这些都是以天朝自居的康熙大帝所望尘莫及的。彼得一世于 1724 年创立彼得堡科学院——今日俄罗斯科学院的前身，欧洲很多著名科学家如欧拉、贝努利都曾在那里任职。这与恢复八股考试、大兴文字狱、编纂《古今图书集成》、《四库全书》的康乾文治，在旨趣上是南辕北辙的。对近代世界文明潮流这样两种截然不同的态度，其后果也是完全不同的，由此更可以领悟到继续扩大开放对一个国家的必要性。

这里所说的对待世界文明潮流的态度,十分重要。"世界潮流,浩浩荡荡,顺之者昌,逆之者亡",孙中山说的这一名言,很好地说明了潮流和态度二者的关系。潮流是大势所趋,这是客观存在,而对一个国家来说,关键是主观上对潮流的自觉性,要把顺应潮流看成是自身发展的迫切需要,如孙中山所认识的那样,是"昌"或"亡"的问题。为了提高中国公民的综合文化素质,紧随和平发展的时代步伐,适应东西方文化普遍交往的总趋势,必须从全球的眼光观察我国的改革开放问题。对中国和西方科学技术、文化思想有深刻研究的英国著名学者李约瑟,对此讲过一句颇有启发的话"知中可知西,知西更知中。"

总起来说,从写人物传记入手,进一步开展世界史的普及工作,必将为沟通中外历史知识创造有利的条件。但是,毋庸讳言,写世界史人物传记比写中国人物传记要困难得多。首先是资料上的困难。有些人物是必须介绍给读者的,可是一经选择后,仔细寻找资料,无论中文、外文,都难于发现可供写作的起码资料,因而不得不作罢而数易其他传主。有些人物仅有一般政治经历,而无生活记述,也给历史普及读物的撰写者造成困难。"巧妇难为无米之炊",米少也只能把做干饭变成熬稀粥了。其次是写作普及读物的风格上的困难。要求长期从事专业工作的人,去写普及读物,就要允许专业人员有一个适应过程。有些人可能快一点,有些人会慢一点。一本多作者的著作,必然是参差不齐的。还有一个写作安排上的困难。专业工作者都有原来的教学科研工作计划,这是他们的主要任务,现在要他们承担不习惯的课题,就必须要重新调整计划,因而完成的时间也不会是同时的。

尽管有种种困难,本书的撰述者在这一点上是认同的:路虽远不行不至,事虽难不办不成。写历史人物最重要的是尊重历史的真实性,写历史人物的普及读物最重要的是可读性和趣味性。把这两者巧妙和有机地结合起来,在真实性的基础上,简明易懂、并且略带文采地叙述历史人物的生平,是我们丛书的起码要求;而史实叙述准确,融知识性、可读性和趣味性于一炉,则是我们丛书力争达到的目标。我们丛书还有一个努力的方向,这就是通过对史实的开掘和阐述,揭示人物的精神经历和心灵升华,给读者以人生的启迪和感悟。这种由史实叙述方式,深入到人物精神世界的传记,已经不是一般白描人物生平或综合叙述,也超越了评价功过是非或普通的社会与道德标准。这种传记可能给人的第一感觉是枯燥,无多少动人情节,但耐心的读者细细品味,就会被展现在眼前的人物所震动,进而对人物的精神发出会心而由衷的感叹。这种上乘之作,我们在史圣司马迁的笔下,可以多次读到。《史记》是我国古代第一部以人物为中心的伟大历史著作,它比号称"世界传记之王"的希腊普鲁塔克的《列传》几乎早两个世纪。《史记》中的许多传记,既是史学,又是文学,而且是哲学三者的统一体。这些传记不但人物栩栩如生、呼之欲出、引人入胜,而且用生动真实的史实,把读者引入历史人物的内心深处,发人深思,给人知识,增人智慧。作为历史普及读物,理应继承和发扬这一优良史学传统,让读者走进世界史的丰富多彩的人物丛林,又带着思考人生问题走出这个丛林,从而升华为智力而重返现实人生的行程。

我觉得,历史普及读物和专门书籍尽管各有自己的不同要求,但在质量第一这方面是相同的。质量第一就是精品意识,各类著作都应当有这种意识。历史普及读物的生命在于质量。而质量集中表现在历史真实性与可读性、趣味性相结合,结合得越好,质量就越好,结合得越深入,品位就越高。这中间的关系,既有作为基础和前提的真实性问题,又有面向大众的可读性与趣味性完美表现形式和方法问题,二者不可偏废。没有真实性,就不是历史普及读物,而是历史小说了。同样,没有可读性和趣味性,也不成其为历史普及读物,而是历史专门著作了。这里关键是面向什么样的读者对象的问题,是一个为什么人写书的问题。

因此,保证质量从根本上说,其责任在作者。本丛书的作者队伍主要是由多年从事世界史教学与研究工作者所组成。长期的专业训练和经验,可确保在叙述史实方面的正确。同时,他们都是热心于普及历史知识,乐于把世界史知识普及到大众中去,所以在选择史实、构思行文,甚至遣词造句,都在考虑读者的要求和口味。为了保证质量,本丛书在总主编之下,设有分册主编,负责各册的审阅工作,加上出版社责任编辑的审阅,层层把关,力争把工作做得更好一些。当然,本丛书是多作者的著作,参差不齐的现象是存在的,因而是否能达到预期目标,还要由读者来评判。我们丛书的全体编撰人员将竭诚欢迎批评指正,以便以后有可能再版时修改提高。从我个人的心情上说,虽然不尽如人意,但可用西方一句日常用语表达:尽管瓦特制作的第一台蒸汽机是很粗糙的,但它毕竟是第一台。

1996 年 10 月间,著名历史学家胡绳在同《百年潮》杂志记者谈话中说:"历史学中既需要主要供研究工作者读的专门著作,也需要适合一般读者口味的、大众化的历史作品,使历史教育的普及和提高相结合。"近些年来,在历史教育的普及工作方面,许多历史学家都在积极行动,他们或奔走呼吁,或组织队伍,或执笔编写,使各种历史普及读物、特别是世界史普及读物与日俱增。更令人鼓舞的是,中外历史知识的学习,已被中央领导所重视,列入到各级领导干部的学习日程。这自然也加重了历史学人的责任。作为世界史工作者,我和本系列丛书的全体编撰人员,愿同中国史学界同行一道,朝着历史教育的普及和提高相结合的方向努力,并且坚持不懈地做出更多更好的成绩来,让世界史知识进一步走向大众。

目 录

亚历山大大帝

一、马其顿王子 ………………………………………………………… 1

二、年轻的盟主 ………………………………………………………… 5

三、勇胜大流士 ………………………………………………………… 7

四、摧毁推罗城 ………………………………………………………… 13

五、亚历山大里亚 ……………………………………………………… 16

六、波斯的灭亡 ………………………………………………………… 19

七、悲剧和梦想 ………………………………………………………… 22

八、兵息印度河 ………………………………………………………… 27

九、归途多艰险 ………………………………………………………… 29

十、逝者如斯夫 ………………………………………………………… 32

阿育王

一、美女入宫　阿育降生 ……………………………………………… 37

二、锋芒初露　宰相献谋 ……………………………………………… 42

三、铲除异己　灌顶登基 ……………………………………………… 47

四、放下屠刀　皈依佛门 ……………………………………………… 53

五、巡礼佛迹　广播佛法 ……………………………………………… 60

六、悲歌不尽　孤苦离世 ……………………………………………… 67

奥古斯都

一、恺撒养子 …………………………………… 77

二、三头同盟 …………………………………… 80

三、双雄争霸 …………………………………… 84

四、第一公民 …………………………………… 86

五、最高统帅 …………………………………… 90

六、祖国之父 …………………………………… 93

七、重造罗马 …………………………………… 96

八、黄金时代 …………………………………… 100

九、家庭生活 …………………………………… 102

查理曼

一、继承祖业 …………………………………… 106

二、东征西讨 …………………………………… 109

三、加冕称帝 …………………………………… 112

四、统治帝国 …………………………………… 114

五、复兴文化 …………………………………… 118

六、蛮族遗风 …………………………………… 123

哈伦·拉希德

一、崭露头角 …………………………………… 129

二、争夺王位 …………………………………… 131

三、治国安邦 …………………………………… 135

四、赞助文化 …………………………………… 138

五、心向天房 …………………………………… 140

六、奢华宫廷 …………………………………… 142

七、君臣反目 …………………………………… 144

八、再振雄威 …………………………………… 148

九、魂断征程 …………………………………… 150

苏莱曼大帝

一、苏莱曼大帝其人 ················· 153

二、挥戈远征匈牙利 ················· 155

三、称雄地中海和北非 ··············· 158

四、东征波斯直逼南洋 ··············· 160

五、驾驭战争能力非凡 ··············· 161

六、雄才大略治国有方 ··············· 163

七、仁义与冷酷的封建帝王 ··········· 167

八、功过是非任评说 ················· 169

阿克巴大帝

一、继承祖业 ······················· 173

二、初为人王 ······················· 181

三、征略兼并 ······················· 186

四、怀柔宽容 ······················· 194

五、郁郁晚年 ······················· 198

彼得大帝

一、峥嵘岁月 ······················· 203

二、心向大海 ······················· 207

三、西行使团 ······················· 210

四、改革之始 ······················· 213

五、初战瑞典 ······················· 216

六、走向胜利 ······················· 219

七、持续变革 ······················· 222

八、营建新都 ······················· 229

九、进军里海 ······················· 232

十、严惩腐败 ······················· 234

世界名帝正传

拿破仑一世

一、科西嘉人 ……………………………………… 239

二、初试锋芒 ……………………………………… 242

三、葡月将军 ……………………………………… 245

四、出兵北意 ……………………………………… 247

五、远征埃及 ……………………………………… 252

六、雾月政变 ……………………………………… 254

七、内政改革 ……………………………………… 257

八、对外战争 ……………………………………… 261

九、百日皇朝 ……………………………………… 266

十、孤岛遗恨 ……………………………………… 269

弗里德里希大帝

一、压抑阴郁的童年 ……………………………… 272

二、出逃不成入牢笼 ……………………………… 274

三、登上王位便开战 ……………………………… 275

四、"逍遥宫"里不逍遥 …………………………… 278

五、惊心动魄的战争 ……………………………… 280

六、治理内政强国力 ……………………………… 284

七、瓜分波兰扩疆土 ……………………………… 288

八、"李子纠纷"建联盟 …………………………… 290

亚历山大大帝

——叱咤风云的马其顿雄主

马光华　吴云帆

　　亚历山大大帝，马其顿国王，生于公元前356年，病卒于公元前323年，享年仅33岁。自20岁登国王宝座以来，此后13年，他攻城略地，征服了波斯大帝国，在辽阔的土地上建立起一个前所未有的庞大帝国。他毕生追求自己的理想，致力于建立一个各民族平等的大同社会。他是一个成功的征伐者、野蛮的屠杀者，他所到之处，无数人被掠为奴隶，无数人刀下丧生。他又是一个出色的建设者，除了西亚、中亚、北非那几十座亚历山大城，他更用超越时代的理想，崭新先进的行政体制，经营着一个帝国。他不同于其他武功赫赫者，他有探索的好奇、科学的头脑，他热爱文明，尊重文化。他也曾毁灭过一些地区的文化。他向印度派出了探矿队，试图开辟印度到埃及的直通航线，也曾计划勘明阿拉伯半岛的大小……

　　"每个社会时代都需要有自己的伟大人物，如果没有这样的人物，它就要创造出这样的人物来"，亚历山大正是时代所造就的伟大人物。

　　时代创造亚历山大的同时，亚历山大也开创着自己的时代。伯里克利是希腊的内部极盛时期的开创者，而亚历山大则开创了希腊的外部极盛时期。此后，希腊文化在北非、小亚细亚、中亚、南亚与各种地域文化融汇交流，出现了一批"希腊化"国家，这些地区开始进入"希腊化时代"。

　　拿破仑曾对亚历山大这位青年霸主由衷地赞叹道："他是历史上最伟大的军事天才。"凭借杰出的军事才能，亚历山大走进了世界伟人与英雄的行列。

一、马其顿王子

　　马其顿王国位于希腊北部，公元前4世纪，当这个山地王国悄然崛起时，希腊的辉煌时代已经过去。

公元前 5 世纪,雅典首席将军伯里克利通过一系列改革措施,振兴了雅典,把希腊推向了繁荣的顶峰。但是,雅典与斯巴达人长期残酷的战争使它日益衰亡。希腊诸邦之间谁也无力统一希腊,而战乱却日甚一日。与此同时,城邦内的阶级矛盾也日益激化,经济出现了萧条。在亚洲,波斯的触角也伸进了巴尔干半岛,干预着诸城邦的内部事务。希腊富有民主的传统,而人们却开始怀疑民主的价值,对自己的体制丧失了信心,对于专制统治的优点他们开始发掘并加以颂扬。总之,历史在此呼唤一个勇猛专横但又不乏圣明的专政者出现,统一希腊,使希腊文明能够远播四方,恩泽世界。马其顿,随着历史的潮汐,开始繁荣强盛,威胁着整个希腊。

马其顿王国出现了几个圣明的国王,亚历山大的父亲菲力浦二世便是其中之一。

菲力浦二世是一个雄才大略的军事领袖,他在即位以前,曾经在当时最强的希腊城邦底比斯作人质。在那里,他受益匪浅,不仅熟悉了希腊的形势,并且从底比斯军事家艾巴密朗达那里学得了"方阵"战术。他做了君主之后,便招募马其顿的牧民和农民,仿照底比斯的军事体制组织了一支强大的军队;这支军队是步兵与骑兵混合的纵队,而当时希腊各邦尚未有骑兵。菲力浦也着手改革了币制,施行"双金制",银本位币与金本位币并用。当时,银币雄霸希腊世界,金币为波斯所采用,而菲力浦则使银币与金币并行,降低了金币的价格,极大地刺激了马其顿经济的发展。

最初,菲力浦率军向东北开疆辟地,一直打到达达尼尔海峡和多瑙河下游一带,接着他便挥兵南下,来征服整个希腊。此时,重新成为希腊各邦雄长的雅典内部分裂成两派,一派以雄辩家伊索克拉底为首,主张联合马其顿,重新发动全希腊对波斯的战争,以雪国耻,同时以战争来解救希腊,使其摆脱内部的贫困,经济的危机和民气的不振,走出衰亡的穷途;另一派以大演说家德谟斯提尼为首,坚决主张制止马其顿的扩张,以保卫希腊各邦的独立与自由。

"如果你自己不能持有武器,那么就应该与持有武器的人为友"——这是菲力浦的雅典拥护者的言论;菲力浦也给予了他的支持者不少帮助,他不吝金钱,他曾说:"驴子驮去黄金,驮回牢固的城堡。"的确,他的外交政策被历史证明十分有效。

"马其顿人的狡猾阴谋毋庸置疑,菲力浦的唯一目的是掠夺希腊,夺走它的财宝和繁荣,它的自由和独立,……"德谟斯提尼发表了多次演说,号召为祖国的独立反对马其顿而战,为保障民主制反对马其顿王的军事独裁而战,其演说汇集成集,即《斥菲力浦》。其言铿锵有力,令人感叹不已。然而这些慷慨激昂的言词,竟成了希腊城邦政治的最后挽歌。

公元前 338 年,菲力浦二世在喀罗尼亚一举击溃雅典与底比斯的联军,结束了希腊半岛上城邦林立的局面。此后,希腊诸邦虽然保持了其旧有的政治组织,但在军事和外交上则须听命于马其顿。

喀罗尼亚一役举足轻重,被视为马其顿统一希腊半岛之起点。而在此辉煌的战果中,年轻的马其顿王子亚历山大功不可没。此时他年仅18岁,率军在左翼一举击溃了著名的底比斯神圣兵团,初次显示了他杰出的军事天赋和身先士卒、骁勇善战的卓绝品质。

毫无疑问,亚历山大独特的个人品质、出众的智力、敏锐的判断和随机应变的才能较多地得益于他的青少年生活,而他的青少年生活及其出生则富有传奇色彩和神秘雾纱。

亚历山大的母亲是希腊——城邦的公主,她性情刚烈,坦率直露。传说菲力浦与这位奥林匹阿斯公主一见钟情,不久即结为伉俪。第二年夏,即公元前356年,亚历山大在马其顿首府派拉降生了。

大凡伟大人物,因其卓尔不群,多为附会的征兆和传说所环绕,亚历山大也不例外。

传说菲力浦婚后不久就梦见他放了一块封蜡在他妻子的子宫上,醒后他不得其解,便邀当时的大占卜师阿里斯坦解梦。阿里斯坦则说:"封蜡只能放在实处,王后已身怀六甲,若日后得子,其禀性必符封蜡上所印图形。"菲力浦说封蜡上是一头狮子,阿里斯坦就恭维说:"王子必如狮子般猛迅,可成就霸业。"

古代还流传另一种传说。亚历山大降生之夜,小亚细亚的以弗所城的阿耳特弥耳(月亮与狩猎之神)神庙失火,居民忙于救火,而一位历史学家却袖手旁观。尔后发表议论说:"女神忙于迎接伟大的亚历山大,庙宇被焚,她也会置之不顾,我等凡人救火何用之有?"神庙的冲天火光中,以弗所城的巴比伦祭司们四处奔逃,声言大难即将临头,亚细亚不久将沦于他手。

传说虽为附会,但年幼的亚历山大也确实不寻常,常有非凡之举。他承袭了父母的诸多禀性,母亲奥林匹阿斯性如烈火,耽于幻想;亚历山大从她身上继承了丰富瑰奇的想象力,神秘莫测和反复无常的恶劣脾气,他一生正如其母,狂妄自大,唯我独尊;父亲菲力浦头脑冷静,讲求实际,善于解决实际问题,且富有远见卓识,亚历山大也继承了他父亲的诸多优点,而且表现得比其父更为出色。

亚历山大幼时腿脚敏捷,善于奔跑,有人就问他是否愿意在奥林匹克竞技场上较量一番,而目空一切的亚历山大说:"是的,假如我的对手都是国王的话。"

还有一次,亚历山大与父亲在平川上试马,有匹骏马布斯法鲁斯,性情极野,很难驾驭,无人敢骑,亚历山大却与父亲打赌试骑。他奔向布斯法鲁斯,扭住马头,飞身跃上马背,策马疾驰而去,惊得众人瞠目结舌。当他以合乎规律的姿势驰骋,继而兴高采烈地驰回时,人们不禁大声呼喊,菲力浦高兴得泪流满面,他亲吻着儿子说:"我的孩子,去寻找一个配得上你自己的王国吧,马其顿这个小水塘盛不下你啊!"

亚历山大青少年时期的许多事迹都体现了他的机智勇敢,桀骜不驯,凭借这些品质,他足以成为一个伟大的君主。但亚历山大更有超凡出众之处,他有探索新知的兴趣,有追求理想并付诸实现的热情。一次远征中,亚历山大负责接待波斯使臣,他友善的态度和有节制的提问令使臣心悦诚服。他没有询问波斯帝国的新鲜事和波斯贵族的豪奢,而是问起该国道路的长度和波斯国王的用兵才能和胆略,还询问了波斯的政治体制和传统,他知道自己需要知道什么。这位使臣最后惊讶说:"这个孩子才真是一个伟大的君主,而我们的国王只不过徒有钱财罢了。"

生于王族,亚历山大无可避免地习染了不少宫廷环境的观点和习惯,但他热爱荷马史诗,《伊利亚特》中的阿客琉斯是他崇拜的英雄,据说他在睡时始终把荷马史诗与剑置于枕下。他受到良好的教育,尤其是从师于亚里士多德。亚里士多德担任亚历山大的教师历时数年,有三年时间二人朝夕相处。受亚里士多德的熏陶,亚历山大培养了广泛的兴趣,在医学、自然现象、地理学以及珍稀植物等方面颇感兴趣。他常说,他最尊崇的是亚里士多德,他爱亚里士多德甚于自己的父亲,因为后者仅仅生育了他,而前者却教会他怎样做高贵的人。

亚里士多德对亚历山大的影响主要在热爱知识,尊重文化这方面。远征东方期间,亚历山大还命人返回希腊为其运来许多书籍。他赞助了亚里士多德在雅典的研究工作,派了众多人员供其支配,有打猎的、捕鱼的、养蜂的、喂鸟的等等,分布在希腊和亚洲各个地区。这样为亚里士多德建成了一个规模可观的生物实验室,他还曾下令为亚里士多德征集法律政制资料,为其提供费用。

然而,师生二人的思想、作为、性格情趣却无共同之处,亚历山大曾被亚里士多德灌输非希腊人皆为奴隶的思想,而亚历山大在征服东方期间,则力图谋求各民族平等相处社会理想的实现。

关于亚历山大个人的品质,无论现代或古代历史作品中,都曾有过且至今还有种种分歧的看法。有的过于夸大,有的则轻视失当。然而亚历山大具有大智大慧,具有意志力和坚毅的精神,则无可置疑。波里比阿曾说:"此子才智异常,无可争辩。"

亚历山大身材适中,相貌英俊,体型像竞技者,著名的雕刻家吕西玻斯曾为他塑像。从仿制于罗马时代的大理石像看,这位年轻的马其顿王子眼神温柔明澈,脖颈稍向左倾,恬静淡然,透着文雅儒静的书卷气息,让人很难与其一生征伐苦战相联系。或许历史的伟大之处就是这样蕴藏在极其深刻的平凡之中。

二、年轻的盟主

喀罗尼亚一役,希腊联军三分之二沦为俘虏,千人战死于沙场,其余则溃散,此后,希腊诸城邦任何反对马其顿的图谋,皆是不足道的了。于此危急存亡之秋,希腊人采取了紧急措施——解放矿场、作坊和农场中做苦役的奴隶,但也于事无补。德谟斯提尼流亡异地,反马其顿党土崩瓦解。

希腊的惨败,缘于马其顿的战术和物资上的优越性,也缘于希腊内部不和及德谟斯提尼的政纲不合时宜。德谟斯提尼的理想是希腊往昔的民主理想,而它在当时已失去了巩固的社会经济的根基,反马其顿党经济上脆弱,人数较少,难以持久抗战。

的确,从前希腊人的爱好自由的精神已如青烟般消散,伟大的政治问题已成为过去,希腊人优秀于蛮族的民族自豪感和战斗精神也一并消失。其时一切都可以买卖于市场,往昔雅典人的关心社会事业,爱国主义,勇敢刚毅,自我牺牲,都换上了唯一的欲望:不纳税、不服兵役,而接受国家的援助。肆无忌惮的利己主义、个人主义已破坏了往昔雅典出色的城邦统一。

国力的衰败,民众的失和与战场上的惨败终于在喀罗尼亚摧毁了希腊人的信心。而被德谟斯提尼斥为蛮人、僭主、暴君的菲力浦二世,则以胜利者的威仪,召集希腊诸邦代表,在科林斯召开了全希腊会议。会议的第一件大事是全面和平,并规定以后希腊结盟的原则。尔后用隆重的言词宣布私产的神圣不可侵犯,严禁任何以革命为目的重分土地,取消债务,解放奴隶。改组后的希腊联盟与马其顿订立攻守同盟,将组织联军,共同声讨波斯。

科林斯会议标志着东方希腊化(接受希腊影响)的历史新阶段,以马其顿为首的侵略集团形成了。马其顿与希腊的军界、商界中的人士,更是特别地热衷于去争夺东方的巨大财富。

一时,许多奇谈传说和诗歌幻想,以东方及其秩序、信仰和财富为主题产生出来。

然而,远征波斯的重担似乎并不在菲力浦二世身上,而须由其子亚历山大来承担。公元前336年,菲力浦在其女儿结婚时遇刺身亡。

女儿大婚之日,全希腊王胄贵族云集于马其顿埃加的大剧院里。典礼于清晨开始,长长的仪仗队吹着号角开道前往大剧院,其后是高擎12个奥林匹斯山神像的男人,而菲力浦的雕像也作为第13名神祇尾随其后,不祥之兆似乎已经出现。

菲力浦二世一身素装，顶冠华贵无比，器宇轩昂地走了进来，眉宇间透着凛然的神圣和难抑的喜悦。而此时，一马其顿贵族突然冲出人群，拔剑刺向菲力浦，菲力浦及侍卫尚未回过神来，惊慌中已被一剑刺中，这位力图改变世界的君王，即刻倒于血泊之中。

刺杀菲力浦的阴谋，是一种带有政治性的举动，策划者就是不满菲力浦的极权政治的马其顿贵族，据说波斯王也参预此事。但可悲的是，亚历山大的母亲、菲力浦的弃妇奥林匹阿斯也插手其中，从遭受遗弃那刻起，这位刚烈女子就决意报复自己曾经深爱的男人。

或许仅仅是巧合，喀罗尼亚大战之后，菲力浦纵酒大醉，在战死的雅典及其盟军的尸首之间举行歌舞饮宴，国王以醉声反复唱道："德谟斯提尼，德谟斯提尼的儿子，提议吧，提议啊！"雅典演讲家狄马德斯当时也陷身为俘虏，看见菲力浦，看见菲力浦的行动便惶恐起来，向他喊道："王啊，你在扮演太尔西提斯的角色啊，可是命运已经决定了你做阿伽门农的悲剧角色了。"太尔西提斯是史诗《伊利亚特》中的丑角，阿伽门农是埃斯库伦斯悲剧的角色，他为其妻所暗杀。酒醒之后，菲力浦回想前事，不禁惶惶然，而两年之后，他果然遭到妻子的报复。

菲力浦死于非命之后，当时的历史学家瑟奥庞波斯评价他说："总而言之，欧洲还从未出现过像菲力浦这样的伟人。"但无论如何，亚历山大以后东征西讨的无比辉煌，他是无法分享的了。

父王被刺后，亚历山大赢得了军队的效忠，从而也赢得了全马其顿，在一片欢呼声中，他被拥戴为马其顿国王。即位后，他便处死了刺杀菲力浦的凶手。这一年，亚历山大年方20岁。

自菲力浦死后，反马其顿情绪在希腊又高涨起来。在雅典方面，反马其顿的民主党抬头了，德谟斯提尼卷土重来，恢复了昔日威信。他穿着盛装，头戴花环，向神作谢恩献祭。然而，反马其顿还未组织起来反抗之时，亚历山大已出现在希腊。亚历山大进兵科林斯，在重兵压境的情况下，同盟大会又一次召开，这位尚显稚嫩但又英姿焕发的国王，挥剑跃马成为远征波斯的领导者。

远征波斯的意图，亚历山大与其父差异很大，他的初衷不仅仅是掠夺财富，他要实现自己一统天下的梦想，他要永久地占据控制整个波斯，甚至他们知道的整个世界。为此，他为远征波斯做了两年准备，扫荡了北部和西部，以便在他真正远征之时，他的后方马其顿及其侧翼能确保无虞。另外，他带来一批科学家和作家到亚细亚做了一番考察，他需要真正了解自己的敌国。

扫荡西部和北部，亚历山大着力于把他的军队锤炼成忠诚无比、所向无敌的一支铁军。他挥师北上，从今天的保加利亚多瑙河，穿越莽莽森林，翻越崇山峻岭，迎受野蛮部落的袭击。亚历山大懂得威慑的力量。他向所到之处的土著炫耀武力，令其震服。其后，他又渡河到现今罗马尼亚，降服了那里的部落，随之挥师北指，入侵南斯拉夫故土。

亚历山大离国之后，反马其顿势力重新勃兴，波斯也不惜金钱予以资助。谣传亚历山大战死，这更加速了各地起义。底比斯率先发难，伯罗奔尼撒若干城市闻风而动，雅典乘机进行征伐，宣布独立……

风云诡谲莫测，亚历山大便火速回师，在十四天内直逼底比斯城（也称忒拜城）。他先礼后兵，让全底比斯人后悔思过，当他们拒绝后，便猛攻底比斯，最终把它焚为焦土，城中仅保存庙宇和诗人品达一家而已。亚历山大警告全希腊：背叛科林斯盟约，定葬身火海；而保存庙宇和诗人品达一家，为了表明自己对希腊文化的尊重和崇仰，也是为了有别于恣意破坏希腊寺庙的波斯侵略者。

毁灭希腊古城底比斯确是一桩滔天罪行，但较之于以后亚历山大的杀戮劫掠，就黯然逊色许多。然而，古往今来，一、二城池被毁司空见惯，亚历山大较之于其他武力滥施者，却能显其仁慈。纵观其征略一生，总的来说，他对城池、居民一般还是给予了人道待遇。

伊索格拉底这样评价底比斯的毁灭："底比斯，我们的邻邦底比斯，在一天之内被逐出希腊心脏之外，让他们自受其猖狂的政策的惩罚吧。但是他们之所以盲从和无知，不是由于他们自己的过失，而是神的过失！"

正是由于火与血，宽恕和宽容，亚历山大恩威兼施，迅速平息了叛乱。尔后，向波斯进军，列入了亚历山大的日程之内。

三、勇胜大流士

公元前 334 年，亚历山大立即准备征伐波斯。

亚历山大是义无反顾的。出师前，他把所有的地产、收入、奴隶、畜羊分赠友人，假若他一旦出师未捷，纵使其祖国马其顿能够接纳他，他充其量也仅是一衰败贵族而已。而亚历山大则抱着必胜的信心和毅然的决断，他的一个战友问他还有什么留给自己，亚历山大淡然一笑，回答说："希望！"

他的战友受了他的热情和远征的决心的感动，也效法君主，一时间，全军上下喧腾，士气高涨，同仇敌忾。

出征前两年的西征北战，经过长途行军，攻城陷地，亚历山大的军队已训练有素，骁勇善战。这表明亚历山大并不是一个不顾后果的投机冒险家，他总是缜密地制定和严谨地执行自己的计划。

亚历山大的军队是一支职业军队，由服役并训练多年的马其顿贵族和健壮的农民组织。这支军队在当时别具特色。一是亚历山大善于组建骑兵，他赋予骑兵以横扫千军之勇，使其成为手中一支正规的突击利器，这是其创新之举；其次，亚历山大在一切军事行动中，不论是对阵战，还是可能只有一支小分队参加的小规模遭遇战，他都能够将骑兵、步兵和轻装部队联合运用其中。亚历山大认真从事，善于随机应变，他说："战术就是思考。"

他的战术是：大队骑兵按兵不动，先静观其变，伺敌军阵线上出现突破口后，便向缺口发起猛攻，并以侧翼包抄敌军。他常用右翼兵力作为突击力量。

亚历山大的著名战斗方阵由 9000 名马其顿步兵组成。每行 16 人，256 人为一个作战单位。严格的训练与严明的纪律是方阵的突出特点：每两人之间必须留有 3 英尺的间隔，因为如果军队过于密集，遇到坑洼不平的地面或敌人突然冲锋时，不可避免的会有一大片人摔倒而相互践踏。而这种方阵则是灵活多变，容易调动。战斗方阵一般为矩形，但也可变化为正方形和其他形状。阿里安关于亚历山大的文章曾如此记载：

"亚历山大先命令步兵挺矛直立，然后接既定的讯号，士兵俯身做投掷状，长矛密集，时而向左，时而向右。接着他命令方阵快速前进，先奔向右翼，接着奔向左翼，多次以极快速度调动队形，最后使方阵化作楔形向左朝敌军冲去，敌军被亚历山大阵势的快速变化吓呆，结果无力抵挡，败阵而走。"

此种阵法一则可减少士兵伤亡；二者可利用心理战术迫使敌军不战而降。

亚历山大的军队装备精良，士兵皆戴青铜盔，穿胸铠，着胫甲（护腿），步兵配备盾牌、战剑和长矛，骑兵配备短剑、短梭标和小圆盾牌。远征波斯的军队共有 3 万步兵、5 千多骑兵，戎装整齐，军纪严明。

出征前夕，据说天上出现了很多不祥之兆，特别是木制的俄尔甫斯神像（希腊神话中的竖琴手，演技出众，其所奏音乐可感动鸟兽木石）出了汗，这件事令众人惊骇。大占卜师阿里斯坦宣称这是因为亚历山大此行创业维艰，需要诗人为之挥汗讴歌。

战争的时机选择得十分适宜，波斯君主大流士三世优柔寡断，朝纲不振，波斯帝国处于深重的内部危机之中，濒临崩溃。西部地区与希腊诸邦多有往来，他们痛感波斯的羁绊，准备依附希腊人了。他们视马其顿为救世主，解救他们于波斯的压迫。此时波斯帝国的存在依赖于武力，而武力所维系的，经不起武力的冲击，况且波斯军队的战术装备并不先进，许多方面都抱残守缺，它的农民军非常厌战，军事纪律也十分松懈。而更为可怕的是，倨傲的波斯将领大多轻视亚历山大的军事才能。

亚历山大统率马其顿、希腊军队渡过赫勒斯滂海峡(今达达尼尔海峡),登上了亚洲大陆。船至中流时,他命令向诸神献祭,登陆后又设坛献祭宙斯、雅典娜和赫丘力士,以谢"保佑"。

亚历山大善于用一些非常之举使其行动"神化"、合法化,善于以此宣扬他的正义、勇敢,以达到赢得支持振奋军心的目的。踏上亚细亚土地后,他派中年将领帕米尼欧率主力部队直赴格兰尼库斯河,迎击波斯军队,而他本人则与一些部属直捣特洛伊城。

特洛伊城萦绕着无数的神化传说,也遗留着往昔战争的残痕。900多年前,阿伽门农曾率希腊大军由此入攻亚细亚,为希腊人赢得了骄傲和自豪。而亚历山大则自称是史诗中神勇战将阿基里斯的后裔,此时,他是否会是第二个阿伽门农呢?他要瞻仰特洛伊城的伟姿,要在希腊人的心里唤起千百次自豪的回忆。

特洛伊这座历史名城接受了亚历山大谦恭的巡视,在此,亚历山大把油涂在阿基里斯的墓碑上,然后按照习俗,在墓前裸身与其伙伴赛跑,以显承续伟业慷慨情怀。尔后,他向阿基里斯献上了花环。牺牲献在了雅典娜的祭坛上,酒水洒在了英雄们的墓前,亚历山大默默地屹立着,向他的祖先和英烈们默许心事。祈祷他们能帮他完成伟业。望着色彩斑斓的花环,亚历山大不禁热泪盈眶,他也许在想900年后,是否会有人在他的墓前献祭;他也许感知了自己正在开创一项惊天动地的事业,向神奇的特洛伊,向他所崇仰的英雄们诉说自己的到来。

公元前334年5月,瞻仰了特洛伊城之后,亚历山大立即返回军中挺进格兰尼库斯河。格兰尼库斯河河岸陡峭峻立,河床狭窄,水流湍急,它的岸边,一场血战爆发了。

波斯军中有位将军名叫门农,很有才干。率领着精锐的希腊雇佣军,他深明情势,主张实行焦土政策,避免与亚历山大正面交锋,以期诱其深入波斯内陆,再伺机歼灭。然而,历史并没有成全这位独具慧目的将军,他遭到了同僚们的嘲笑。

波斯骑兵聚集在河岸边沿,后面是步兵,自负的波斯将军们希望马上阵斩亚历山大。

亚历山大观察了对方的阵势,唇角不禁泛起一丝冷笑,敌军骑兵紧临河岸,没有回旋的余地、冲锋的可能,也不可能有凌厉的攻势。亚历山大即下令列队迎敌。

战术家帕米尼欧素以谨慎著称,劝阻亚历山大说:"尊敬的王,此时天色已晚,不宜发起进攻,我军在如蝗如雨般的飞矢和梭标下渡河作战必定血染清波。"帕米尼欧的担心确实有其道理。

此时,西边红霞满天,夕阳已沉,暮色正笼盖四野,而亚历山大战意已决,他不容许敌军有修正阵形的机会,便挥剑调动兵力。他望着愕然的帕米尼欧说:"在这条蛇般的小溪面前,我们踯躅不前,这将是赫勒斯滂的耻辱!"

在亚历山大眼里,格兰尼库斯河在其大军的铁蹄之下,可轻跃而过。

帕米尼欧指挥左翼,亚历山大指挥右翼,剑拔弩张,列阵于河岸。两军隔河默默相持着,都不敢轻举妄动。突然,亚历山大举剑冲锋,希腊军排山倒海般扑向对岸。

激流汹涌呜咽,浪头朝士兵山岳般地压下,溺水者难以计数;梭标如滂沱大雨,铺天盖地,惨叫声令人心颤;一些士兵爬上对岸后陷于泥淖,无力自拔,而得以登岸的则遭到了猛烈的攻击。

亚历山大率先登岸,率部奋然迎敌,他头戴闪光的头盔,盔冠两侧的白羽毛迎风飘展,厚厚的亚麻布铠甲早已血迹斑斑。乱军之中,他成为围攻的主要目标,一支梭标射穿了他的胸铠结,尔后,两位波斯将军策马向他疾冲而来。亚历山大勒马迎战,拼杀之中,长矛折断,他唯能拔剑抵挡。两马交错的一瞬,对方战斧劈向亚历山大头部,他俯身躲闪,头盔被砍落在地,危急时刻,他的总角之交克雷图斯策马救驾,一矛刺穿了敌胸,亚历山大则把另一名波斯将军刺落马下。

待马其顿的方阵渡过河来,敌势已微,波斯军在马其顿骑兵的冲杀之下开始溃败。暮色下沉之时,格兰尼库斯河畔则响起了马其顿士兵的欢呼。

此役,亚历山大的亲兵马队仅损失24人,亚历山大命著名雕刻家吕西波斯为他们雕塑了24尊铜像,竖立在希腊以志纪念,而两个被俘的希腊雇佣军则被戴上镣铐押回马其顿,在荒凉地区从事垦田。

次日,亚历山大埋葬了阵亡将士,并颁布法令免除死者双亲子女的税收。他看望了受伤战士,勉励他们应为自己的战功而自豪。对于敌军尸体他也下令认真掩埋,然后,向雅典人赠送了三面盾牌作礼品,而他送给母亲的,仅是波斯人的面具和一件紫色单袍。

格兰尼库斯河一战,对于亚历山大来说有决定性的意义,他赢得了全军将士的崇拜和希腊后方的热情支持。对于未来,这位青年将领也雄心满怀。

在中亚细亚沿岸有大量的希腊城邦,他们受到了波斯的专制统治。而现在,亚历山大则以解放者的身份来到了这里,亚历山大宣称此行为了恢复民主政权。在他的号召下,以弗所等诸多的城邦走到了他的阵营中,而在米勒图斯等地的抵抗则不堪亚历山大一击。

他进入了卡里亚地区后,当地土著女王阿达表示希望收他为义子,亚历山大十分高兴地赞同了这个意见。通过继嗣方式,他可以宣布自己为这些野蛮人的君主。

亚历山大知道应怎样维持全军高涨的士气。

他也拥有自己的一支舰队。这支舰队原由一些雅典的战船组成,它们是雅典的抵押品,亚历山大以此舰队来确保那座紫罗兰花环绕的古城不会背叛自己。而现在,他要解散它了。他知道自己的海军同敌人相比处于明显劣势,远征初捷之后,他不愿海军的一次失败影响全军士气,那种影响要比吃败仗本身的影响大得多。解散海军后,他便进入了小亚细亚腹地,在那里他任命了"野蛮人"当两个省的地方总督,初步显示了亚历山大对各民族一视同仁的宽阔胸怀。

公元前333年春,亚历山大抵达戈尔迪乌姆,在这座城市的卫城上有一辆四轮战车。这辆车据说是神话中的皇帝戈尔迪乌姆的战车。车轭上用山茱萸皮打了一个绳扣。传说谁要能解开这个绳扣,就能够统治亚细亚。亚历山大参观了这辆战车,他惊叹于制造战车的技艺,但为了解开绳扣费了不少心思。经过仔细观察,他发现绳的两端都巧妙地藏在结中。于是他拔剑劈开绳扣,绳扣在利刃下断开。亚历山大扔了剑,手舞足蹈,大声喊到"我解开了,我解开了"。

当天夜里,骤然电闪雷鸣,狂风大作,占卜师认为这是上天赐予好的征兆。占卜之后,亚历山大及其将士欢呼雀跃。而是夜,波斯名将门农的死讯传来,不久前大流士派门农统领海军,计划袭击希腊。而今,一切皆成泡影,亚历山大感奋不已,便设宴痛饮。

偶有闲暇,亚历山大便在军中安排竞技,进行文学、音乐比赛,十分关心将士的休息娱乐,而他也或挽弓习射,或驱战车格斗,晚饭时他常召见厨师和面包师,问明是否已作好开晚饭的准备工作。

黄昏时,亚历山大则常与朋友们共进晚餐,一同饮酒叙旧。戎马倥偬中,他身负征略重任,与朋友们的关系难免日渐疏远,所以,他便借此来重温旧谊。

经过不时的修整和兵员补充,马其顿士气更为旺盛,其所到之处,攻无不克,战无不胜。不久,亚历山大率部队进入土耳其的奇里乞亚平原。

时值酷暑,天气十分炎热。有天,汗流浃背的亚历山大纵身跳进清凉的基得努斯河中畅游了一番。结果得了病,时尔发冷,时尔发烧,医生菲利普是亚历山大的朋友,他为亚历山大配了剂药方,用于逼便去实。而就在此时,亚历山大收到从大曼送来的帕米尼欧的亲笔信,信中要他提防菲利普,信中说大流士已说服菲利普害死亚历山大,答应赏以重金,并把一个女儿许配于他。亚历山大把信压在枕下秘不示人。当菲利普带着药进来时,亚历山大把信拿给他让他念。

菲利普颇感蹊跷,在亚历山大含笑的目光中打开了信,而亚历山大则不紧不忙地打开药包,就水冲服。

菲利普读着读着,脸色由青变白,汗珠顺着脸颊滴下,他嗓音颤抖,手指几乎捏不住信纸了。终于,他再也无法看下去,惶恐地向亚历山大望去。

亚历山大绝不相信自己的密友会对自己怀有二心,他信任菲利普,服了药,他就看着他惊恐不已的朋友。

两人的目光相遇了,一双眼充满了惊惧,另一双眼则充满了信赖。菲利普惊愕地张开了嘴巴，亚历山大露出了欣慰的笑容。

没多久，亚历山大便已康复，但风传他需要很长时间才能痊愈，这无疑是诱使大流士进入奇里乞亚平原的一部分，因为该区地形不利波斯军展开阵形。

秋天，亚历山大离开奇里乞亚。但当他获悉大流士进入奇里乞亚时，便立即回师，在当年即公元前333年10月底抵达伊苏斯，当大流士隔品那洛斯河驻扎，两军进行了第二次交锋。

这是一场大会战，波斯国王大流士亲率号称60万的大军参战，亚历山大仅有5000多骑兵，不足3万的步兵先锋参战，二者实力相差悬殊，伊苏斯会战充分体现了亚历山大灵活用兵的杰出才能，是历史上著名的一次以少胜多的战役。

为了赢得战场上的胜利，亚历山大召开军事会议，对敌我军情作了认真的分析。他认为，敌人唯一的有利条件是兵多，但都部署在这块狭窄的地形中，不易机动，而马其顿军则占有开阔地，不受地形限制；波斯军长期沉浸在舒适享乐的环境中，战斗力不强，而马其顿军则拥有一批有才干的将领和欧洲最勇敢善战的士兵。同时，亚历山大也认识到了此役的艰巨性，将与之交锋的是波斯各地区征集的精锐部队，因此，亚历山大指出不利条件后，还针对大流士已有准备，并把大军迂回到马其顿军队背后摆开阵势这一情况作了周密的部署。根据右翼靠山、左翼临海、正面是开阔地这一战场的地形特点，亚历山大把兵力中的主力骑兵摆在左右翼，方阵放在中央，其余骑兵为左翼，并令左翼的帕米尼欧死守海岸，以防波斯军从侧翼包抄。

大流士三世则把他的大部分骑兵部署在靠海的右翼，把另一部分骑兵放在左翼靠山的地方，后又因地形狭窄，骑兵施展不开，又将其左翼骑兵的大部调到右翼，大流士本人则坐阵大军的中央。

亚历山大观察到波斯骑兵几乎都部署在沿海左翼，便立即调整自己的部署，调右翼一部分兵力从方阵背后悄悄转移到左翼，从中央抽调两支部队加强右翼，并命右翼分为两段，形同叉状，一股面对波斯主力和大流士本人，一股朝向占据马其顿后方一些小山的敌军。

暗中调整妥当后，亚历山大遂率部队前进，开始速度很慢以保持队形，进入敌军射程之内后，亚历山大立即率随身部队向敌军扑去，力图尽快进入混战状态。

厮杀异常激烈，冠提斯在描述此景时写道："亚历山大既是指挥官，又身先士率，因为大流士趾高气扬地立在战车上，所以其前面景象奇特：朋友们奋身护卫，而敌方凶狠地袭击他。当大流士的兄弟奥克撒拉斯看见亚历山大扑向其兄长时，便率骑兵横在战车前面。奥克撒拉斯身材高大，勇冠三军，冲向他的人一一被砍翻马下。"

"马其顿人簇拥着亚历山大高声呐喊，互相激励，突然出现在阵前，接着是一片令人目不忍睹的惨景，大流士战车四周僵卧着一些高级将领，他们死的光荣，全都脸向地,伤口都在前身。……马其顿人的伤亡也很惨重,无数人悲壮战死,亚历山大本人也股上中剑,这时大流士战车上的马匹受伤狂奔,大流士几欲跌下。"最终,大流士担心丧命,拨转战车落荒而逃。

大流士的败逃极大地影响了波斯军的斗志,结果波斯军全线溃败,被歼十万余人。亚历山大则全力追击。

亚历山大返回伊苏斯后,发现部下已为他收拾了大流士的大帐,帐内陈设华丽,珠宝珍玩琳琅满目,亚历山大立即脱下铠甲走向浴室,他边走边说:"让咱们在大流士的浴室中洗去战斗中的汗水吧!"他的一位朋友答道:"不对,应该说是你亚历山大的浴室,因为被征服者的财产属于征服者。"

浴室中,水管、水罐、首饰盒都是造型优美的金制品,香料和膏脂的香味氤氲蒸腾。亚历山大对于东方的豪奢有了深刻的认识。

大流士的母亲、妻子和两个女儿都沦为俘虏,亚历山大知道这消息后,就说:"我的敌手是大流士,敌手只有大流士一人而已,她们本是无辜的,要依照旧时的生活供应她们。"

数年之后,亚历山大为使自己的统治合法化,同大流士的一个女儿结婚。大流士的妻子是极其出众的美人,但亚历山大从未动过非份之想,与大流士之女结合是他第二次娶妻,在这之前他曾同一伊朗贵族之女罗克桑结婚。他的两桩婚姻都是政治交易。另据古文献记载,亚历山大从未有过情妇,他也许无暇接近女色。

胜利次日,亚历山大抚慰了将士,设坛向诸神谢恩,并举行隆重的仪式埋葬阵亡将士。

自亚历山大越过赫勒斯滂以后,历时仅一年半,他赢了两次对波斯的对阵战,驱逐了中亚细亚沿岸的波斯驻军,统辖了小亚细亚,也收复了无数山区部落。为了促进经济繁荣,亚历山大也开始从事公共建筑的建设工作,他重建了以弗所的阿尔特弥耳神庙,他出生当夜这所神庙曾被焚毁。

此外,亚历山大恢复了大多数城邦的民主政体,出征时,他的身份是马其顿国王,科林斯同盟盟主,他以此身份进入了小亚细亚,与此同时,他还是沿海诸希腊城邦的同盟者,一土著女王的义子。

四、摧毁推罗城

推罗城是腓尼基海岸的重要海港,当时最繁荣的商业中心,同时也是波斯舰队最重要的海军基地。

波斯虽然在亚洲大陆连连战败，但其海军却完好无损，依然称雄爱琴海。这支精良的舰队若与希腊反马其顿力量联合起来，亚历山大的运输线就有被切断的危险。那样，兵员补充困难，物资无法补给，马其顿军在亚细亚的战果可能将一举丧失，且有被歼之险。

亚历山大已意识到当时处境的不容乐观，伊苏斯会战绝没有令波斯屈服，当务之急是歼灭波斯海军，巩固自己的后方，保障自己的运输线，而他没有海军。

但亚历山大深信，如果他攻下腓尼基诸城，如果他占领了波斯海军的大本营和基地，那么，波斯舰队就成了海上游魂，水手就会弃船投奔。他的这个推论果然应验了。当马其顿军沿海岸推进时，一个个城市闻风而降，而推罗城例外。

推罗城自有它骄傲和自信之处。新巴比伦王国国王尼布甲尼撒曾率大军围攻推罗，但它坚守城池达十三年之久。它是一个小岛，远离大陆一英里半，城墙由石头砌成，高深坚固，而推罗人尚拥有强大的海军，拥有当时新奇先进的作战器械。

摧毁推罗城，成了亚历山大最辉煌的战绩。

亚历山大兵临城下，推罗人便使出了缓兵之计，派使节献城投降，并希望亚历山大能帮助他们拓展大陆。看了降表，亚历山大说："非常感谢你们的诚意，愿我们能够共享和平的幸福。"他接着和颜悦色地对使节说自己非常想到岛上观光，并去祭祀岛上闪米特族玛尔克特神的圣祠，此神在希腊被认为是赫克里斯，是亚历山大的祖先。"我们都非常崇拜他，只有用虔诚隆重的祭奠，我们才能表达对他的热爱。"

但推罗人拒绝了亚历山大进驻城内。这样，假降的骗局也被揭穿，战争便不可避免地发生了。

据说，大战之前有许多预兆，亚历山大声称他梦见赫克里斯引导他进了城，大占卜师阿里斯坦便说这意味着这场攻城战要付出很大的代价，因为赫克里斯的成就是用力气取得的。而又据说不少推罗人梦见太阳神阿波罗要离开他们到亚历山大那边去，于是他们就把阿波罗的塑像钉在座垫上面，就好像阿波罗是一个叛逃未遂的投敌者。

亚历山大下令修筑一道从陆地通向小岛的宽200英尺的长堤。他亲自参加了劳动，不失时机地发表鼓动性讲话，并以重金嘉奖干活出色的人。起初，筑堤工程十分顺利，但当长堤延伸到岛城附近时，水深已达18英尺，推罗人从城上袭击筑堤士兵，而且，长堤还不时遭到推罗人战舰的攻击。

马其顿士兵在堤上筑起两座塔楼，外面包上皮革以抵挡推罗人的火箭，楼内安装石弩射击敌舰，在枪林箭雨中，长堤缓慢地向前延伸。

一天，大风从海面吹向海岸，推罗人便划出了一艘火船。宽大的船舱和甲板上满载干柴、树脂和硫磺。两根桅杆的桁端悬挂着装满了燃料的大锅。船的负载使船尾下沉，船首高翘。火船接近长堤时被火把点燃，风助火势，直袭塔楼。由于桅杆被火烧坏，大锅中的易燃品便全部倾出，洒在长堤和塔楼之上，瞬时间，塔楼浓烟滚滚，烈焰四窜，马其顿士兵纷纷跳海逃生。

长堤被毁，亚历山大立即命令另筑一道长堤，较之原来要宽得多，上面筑起了更多的塔楼。这道长堤后来被泥污壅塞，所以现在建在推罗城旧址上黎巴嫩苏尔城已是大陆的一部分。

此时，面对推罗人的战舰，亚历山大也须组建自己的舰队与之抗衡。他在腓尼基其他城市及塞浦路斯收降了近200艘战舰。接着，为了建造更多的船只，他带军入山采集雪松作船料。

亚历山大青年时代的老师雷西马楚斯也参加了这次远征，因为年迈体衰，差点掉队丧命，亚历山大冒死把他救了出来。当时天色已晚，雷西马楚斯远远落在了队伍后面，亚历山大不愿他只身落伍，便与他同行，两人沿着陡峭的山路前进。是夜寒冷异常，林中远处尽是敌人的篝火，亚历山大悄悄摸到最边的一堆篝火旁，用矛刺倒了两个敌人，抓起了一根燃烧的树枝返回到他那一小队人中。接着他们点起大堆的篝火，故意大声喧哗，利用疑兵之计吓跑了敌人。这些忠于友情与袍泽患难与共的小事和他的骁勇善战一样，使亚历山大深得人心，赢得了全军战士的衷心拥护。

亚历山大组建了一支庞大的舰队，浩浩荡荡地向推罗进发。推罗人见之大惊，便紧闭城门，拒不出战，并封锁了附近的两个塔口。同时全城人倾城而出加固城防，面向堤岸的城墙最厚竟达150英尺。这段城墙全由巨石掺和胶泥筑成。竣工之后，他们又把一些大石块推进浅海，以阻止船只靠近城墙。

马其顿人用小艇搬运巨石，推罗人就派人潜水割断船锚的缆绳。最后，马其顿人不得不用铁链代替缆绳，并用起重器扫清航路。

经过多日拼抢，马其顿人终于扫清了道路，靠城墙塔起了多座浮桥，亚历山大便下令攻城。

接到攻城命令，早已愤怒的马其顿士兵潮水般涌向城墙，当他们还未来得及架起云梯，墙上便撒下了一面面大网，被套进去撒进深海。得以登城的，又被推罗人用叫做铁蒺藜的兵器拽下城去。亚历山大派遣士兵用大撞锤撞击城门，推罗人就把锋利的镰刀绑在长竿上割断撞锤的绳索。推罗人在城上架起了大铁锅，把沙子烧得滚烫，向城下倒，并把烧红的大铁块投向马其顿的船只和士兵。一些马其顿人被俘，推罗人就把他们推向城头，当众杀死，尸体抛进大海。

这场围攻战历时七个月，马其顿人使用了大撞锤、攻城塔、云梯、穿城螺旋锥等所有的攻城器械,终于击塌了推罗城的一段城墙。亚历山大立即命令战舰朝两个港口疾驰,并调一些战舰在浅水处向城内投掷梭标,开弓射箭。于是推罗人四面受敌,无路可退。接着,亚历山大又命从另一些船上搭起浮桥,由艾德米图斯率全身披挂的马其顿步兵攀登城墙,亚历山大也在士卒之中。艾德米图斯第一个登上城头,当他向他的部下欢呼时,被一矛刺中,壮烈牺牲。

推罗城终于被攻陷了。

亚历山大下了屠杀令,登时,推罗城内哭声震天,有八千多推罗人被杀,幸存者有 3 万余人,也全被掠卖为奴。

推罗一战,亚历山大的手段无所不用其极,犯下了滔天罪行,他必须攻占推罗,否则他就无法实现向埃及进军的下一步计划。当亚历山大决心实现其目标时,他可以不择手段,虽然他的目标究竟有多大,在当时他也不清楚。

但有一点可以明确,亚历山大的目标并不在掠夺,一个新型社会正在他头脑中酝酿,这些可从他在小亚细亚的行政安排上可以看出:他希望各个民族、各个种族都成为他王国中平等的一员。

围攻推罗期间,亚历山大收到了大流士的一封信,大流士提出了和谈,表示愿意割让幼发拉底河以西领土,赔款一万塔兰特(1 塔兰特约等于现今 1800 美元),并愿嫁一个女儿给亚历山大。亚历山大与其友人商议此事时,帕米尼欧说:"如果我是亚历山大,就会接受这些条件,结束战争。"亚历山大回答道:"假如我是帕米尼欧,一定会这样做。"他告诫他的友人说:"只有真正结束的战争才会带来和平。"会后,亚历山大傲慢地给大流士回信说:作为全亚洲的统治者,当我有希望取得全部波斯时,我不希望只得到它的一部分。

五、亚历山大里亚

在天涯出现了您美丽的形象

您,这活的阿顿神①,生命的开始呀!

当您从东方的天边升起时

您将您的美丽普施于大地

您是这样的仁慈,这样的闪耀

……

———————————

① 阿顿神与阿蒙神是古埃及对太阳神的不同称谓。

黎明时,您从天边升起

您,阿顿神,在白天照耀着

您赶跑了黑暗,放出光芒

上下埃及每天都在欢乐

人们苏醒了,站起来了

这是您,使他们站起来的

……

公元前332年11月,亚历山大以阿顿神的形象出现在埃及,他驱逐了波斯人,把埃及人从暴政统治之下解放出来。马其顿军队享受到了王师之尊,被恭恭敬敬地迎进了埃及。

希腊与埃及很早以前就互通有无,亲密往来,有不少希腊人迁居埃及,在这里,两种原本不同的文化逐渐融合。埃及的文化古老灿烂,希腊文化在当时占尽风流。埃及人在保持着矜持的自尊心同时,仰慕希腊文化的辉煌和伟大,希腊人对埃及那古朴悠久的文化充满了尊敬,尤其对埃及的宗教倍感神秘,既敬且畏。在所有的存在物中,文化则具有相对较长的恒久性和凝聚力,在彼此仰慕之中,尊重与和睦则集中体现了它无以比拟的力量。

于是,亚历山大在这里找到了他最重要的东西——统治帝国的新思想。在他埃及充分感到了希腊文化的地位之重要,影响之巨大,使他更确信了希腊文化的优越性。武力可以暂时维持一个帝国的完整,但无法阻止一个帝国最终破碎分裂的局面出现。唯有人们普遍接受或乐于接受的政治体制,繁荣兴盛的经济贸易,公正理性的法律规范,充满活力且具有无穷魅力的文学艺术,基本一致且善于应变协调的思想观念,甚至相似或因相互影响而趋同的生活方式,才能真正使一个帝国永葆青春,疆土永固且不断开拓。

我们无法确切地说亚历山大此时的思想已臻于完善成熟,但至少可以从历史的痕迹中看到,他循着这样的思维去做了。他大兴土木建成了亚历山大港即亚历山大里亚,这座港口在今天依然是世界最大最繁忙的港口之一,古希腊文化在此,像太阳神阿蒙一般,光芒辐射。他朝拜了在锡瓦绿洲的阿蒙神谕宣示所,被祭司们认作阿蒙的儿子,在埃及取得了与法老同样的合法地位,并得到了埃及人的认同,尤其突出的是,他信任埃及本土人,委之以重任,以其宽宏大量赢得了埃及人的尊重。

亚历山大里亚是亚历山大的杰作,建址于一个叫拉科德的乡村附近,在尼罗河西端的河口以西。由于地中海海流的冲击,这个港口没有泥沙的淤塞。亚历山大之所以能够在短时间选定港址,得益于本人的博学和随侍在他左右的一批科学家。

在亚洲,亚历山大建立了不少城市,也多以其名命名,但其中大多是在原城址上加以整饬或扩建,在原来的居民中加入了一些殖民者,且移居者主要是年老体衰或负伤的士兵。这些"新"城也大多位于战略要地,军事意义尤为重要,而亚历山大港则完全是从无到有,且具有多重作用,它既是继推罗城之后地中海沿岸的商业中心,且是联系东西方的洲际桥梁,另外,它也在后来成为一个大行政中心。

亚历山大港中麇集了许多希腊与马其顿士兵,以及一些希腊移民。在这里,他们把希腊的习俗、法律、艺术和生活方式带给了周围的蛮荒世界,使埃及在此后的希腊主义时代成为尤为重要突出的区域。这座城市,建构、体现着亚历山大的治国方略。

一座高400英尺的灯塔曾守护着这座港口,被誉为世界七大奇景之一。

在兴建亚历山大港期间,亚历山大向利比亚沙漠中的绿洲——锡瓦进行了朝拜,在锡瓦,矗立着宙斯——阿蒙的神谕宣示所,希腊认为它仅次于提佛的阿波罗神谕宣示所。

有关横穿沙漠的旅行,阿里安根据他所收集的史实写道:"他们迷了路,连最好的向导也不知路在何方。这时,他们发现两大毒蛇,这两条蛇发出骇人的声音,向前爬行;笃信神兆的亚历山大便命令向导跟着两条蛇走……"但无论如何,亚历山大终于到达了锡瓦绿洲。

锡瓦祭司们欢迎了他,在他们看来,一个外国人到达锡瓦绝非凡举。公元前6世纪波斯冈比西斯吞灭埃及之后,就亲率大军奔赴锡瓦,企图摧毁令他厌烦的神庙,但在浩瀚的大沙漠,全军覆没,无一生还。事隔两个世纪,亚历山大却比较顺利地到了锡瓦,但那些僧侣们欢迎亚历山大的一个重要原因还在于他们欣赏他的慷慨,只要这些僧侣有所暗示,亚历山大就会把大批的奴隶,肥沃的耕地和无数的珍宝赠给他们。几千年来,贪婪已成为这些历来坐享其成的僧侣们的特征。

神庙富丽堂皇,前所未有。整座大庙犹如一个金石堆成的坚固城堡,全部用黄金涂漆、庙内的甬道路面是银漆的,所有的门道都镀着纯金,建筑十分宽大,一切装饰都是经久不变的。阿蒙神像是名贵的玉石经能工巧匠之手雕凿而成,高大雄伟,庙宇高不可攀,黎明时分,它的光芒像太阳一样直射人面。有一个御座由黄金和名石砌成,庙的正面则竖着许多黄金铸就的旗竿。

亚历山大在由衷的赞叹中被祭司引进了神庙,他单独在庙内领受了神谕,出来后,他仅仅说:"神的意旨与我的意旨完全相同。"其余的一切则讳莫如深,后世不得而知。

在这里,亚历山大成为埃及王权的合法继承人,他被祭司们看作阿蒙的儿子。

埃及的哲学家普萨蒙也给予了亚历山大很大的影响,亚历山大接受了这样的教诲:无论何时、何地、何种情况下,王权与统治都是神的赐予,那么全人类都应服从于神的统治。亚历山大则把这则教诲演化为:神的确是全人类的共有之父。但对于那些人类中最高尚、最优秀的人,他将特别地变成自己的化身。而这最优秀的人,每一个民族都可能出现。

在埃及期间,亚历山大思考了许多,他深知,胜利肯定会带来和平。而和平又令他深思,因为在战场内外同"野蛮人"的接触中,他相信所有人的本质都是相同的。他这样总结说:"人们应该把所有好人都视为自己的同族,只有坏人才是异族。"

至今,埃及人民依然敬仰亚历山大这位英雄。埃及现代史学家阿·费克里这样写道:"那时,马其顿英雄之星,亚历山大开始在世界地平线高高地升起……他无疑是伟大的将领,或许可称为古代最伟大的人。他的伟大之处,不仅在于他军事上的勇武,也在于他闻名于世的博学与宽宏气量……他受到了埃及人的欢迎,他曾是埃及人的解放者,把他们从可恨的波斯人手中解放出来……他临终只有一个希望,他忘掉了母亲,忘掉了他的家,也忘掉了他的帝国和他所有的一切。他想到的只是那块绿洲……与埃及人亚历山大有着同样情感的根脉。"

六、波斯的灭亡

居鲁士是波斯帝国的开国大帝,公元前550年,他推翻米底帝国而据有其地;公元前546年,他攻陷两河流域的吕底亚帝国首府萨底斯,掳走其王;8年之后,他又占领迦勒底帝国的首都巴比伦;其子冈比西斯在公元前525年征服埃及;大流士一世东拓疆土至印度河流域,建立庞大的海军,向西与希腊争锋,这个武功赫赫的帝国曾囊括伊朗高原、两河流域、小亚细亚、叙利亚、巴勒斯坦、埃及以及色雷斯。在古西洋史、古西亚史上,在两个多世纪中,它声名远扬,威震四邦,有着难以言述的风流与辉煌。

但是,穷兵黩武与横征暴敛,民族间隙与阶级矛盾,使这个庞大帝国在亚历山大的兵锋之下气喘吁吁,捉襟见肘,亡国之日渐渐迫近。

公元前331年春天,亚历山大在埃及补充了兵员物资之后,便引兵东侵,深入到了波斯帝国腹地。

在底格里斯河河畔,发生了一次月全食,这在马其顿军中引起了极大的恐慌。为了消除疑虑,亚历山大祭祀了月亮、太阳和大地,并请占卜师阿里斯坦卜测。经过一番忙乱,阿里斯坦郑重宣称:献祭的牺牲预示本月可获大胜。

是月,两军果然在高米加拉对阵。

大流士在全帝国广征新兵,添造战车,组织了一支号称百万的大军(主力步兵约八万,骑兵约一万五千)。他选择高米加拉作为战场,是为了避免伊苏斯会战时因地形狭小而引发的失利。为了使带大弯刀的战车有更大的用武之地,他甚至命人铲平了一些山丘。

大流士一直认为对手会突然袭击,也确实有人力劝亚历山大这样办。但是亚历山大扎好营盘后就下令让士兵吃饭睡觉,而他本人则与阿里斯坦德一起在营帐前举行某种神秘的宗教仪式祭祀费尔神。与此同时,帕米尼欧和一些久经沙场的军官们眺望着整个平原上敌军的篝火,倾听从敌营中传出如海潮般的喧声,看来似乎很清楚他们要想在白天击退敌人是不可能的,因此,一等亚历山大祭祀完毕,他们就催促他趁黑夜马上向敌人发起攻击,但亚历山大拒绝了这个建议,他认为在夜袭中会造成混乱和危险,自己军队的精锐优势难以发挥。他最后用幽默的口气对他们说:"我不想偷取我的胜利。"说罢便上床睡觉去了。

翌晨,亚历山大还酣睡未起,军官们只好自作主张下令让士兵吃早饭。最后,迫于形势危急,帕米尼欧只好走进亚历山大的官帐,几次直呼其名唤他醒来。他看到亚历山大睡意未消,急得直跺脚,他大声向亚历山大大喊道:"我们全军将士的生命和全希腊的前途都在今天决定,而你却好像已经打了胜仗一样。"亚历山大闻言却笑了,反问道:"亲爱的朋友,你不认为胜利已经属于我们了吗?我们无须再四处打大流士了,他送上了门,我们不应该睡个安稳觉吗?"

前两日,亚历山大已认真侦察了敌军,知道敌方军队不仅有精锐的中亚骑兵和印度象队,还配置了二百辆装备着锋利刀轮的战车,这种战车具有极大的杀伤力。在一次战前军事会议上,他特别强调了这次作战和过去作战的不同之处:不是为了夺取叙利亚、腓尼基,也不是为了占领埃及,而是要在此解决整个亚洲的主权问题。他要求每个人都必须从全军的安危着想,需要安静时,要做到鸦雀无声;需要搏斗时,要喊出惊天动地的喊声,全军上下都要机敏地服从命令,该进则进,该止则止,互相呼应,紧密协同。会后,亚历山大又进一步对战场和大流士的军事部署作了全面的侦察,掌握了波斯军队的阵形配置情况:两翼是骑兵,中央是一线步兵,二线全部是步兵,中央前方是象队,左翼前方配置了一百五十辆刀轮战车,右翼前方配置了五十辆战车,主力在左翼,大流士位于中央。他针对波斯军的布阵特点,把自己的兵力作了严谨的部署:以步兵为主力,把密集的方阵置于正中,两翼配置轻装骑兵,在第一线背后两翼外侧设一条后备线,正好与第一线成斜角。如果第一线被敌军包围,后备线即迂回到侧翼进入迎击;如果敌军想绕过侧翼进攻,后备线则直接攻击敌军侧翼;如果敌人不这样打,后备线就向内旋转,以增强正面的兵力。在第一线中央方阵前面,他还精心地埋伏了一些优秀的弓弩手和一支标枪队,以打击波斯的战象和战车。从整个部署来看,马其顿军队的阵形为一空心大方阵,具有较大的机动性。后备线可以面对任何方面,各处都可以构成正面。

这天是公元前331年10月1日,一切准备就绪后,亚历山大跨上战马布斯法鲁斯,把长矛换到左手,举起右手祈祷诸神给希腊人和马其顿人以庇护和力量。在行列中骑着马的阿里斯坦身披大斗篷,头戴金冠,他用手指点着亚历山大头顶上飞翔的雄鹰,此鹰随即直向敌阵飞去,这一情景使马其顿人勇气倍增。

大战旋即启幕,为了摆脱波斯战车和战象的冲击,率右翼向右前方斜角推进。大流士担心亚历山大右翼越过平坦开阔的战场,使战车丧失作用,遂命令其左翼前排迅疾绕过亚历山大右翼,企图迫使亚历山大停止前进。亚历山大即派出部分兵力阻击波斯军迂回,并将其击退。当右翼骑兵与波斯军正进行混战时,大流士指挥他的刀轮战车,全力扑向马其顿方阵。但列于马其顿阵前的梭标手和其他轻装部队刺杀了一些战马,还把另一些骑手拉下马来;冲到马其顿人主战线的战车则发现马其顿人遵照指示分开放他们进去。此时亚历山大已率右翼击退了波斯军左翼的反突击,接着他调上了整个方阵,直冲大流士的步兵方阵。

大流士被这凶猛的攻势吓破了胆,拨转马头,溜之大吉。马其顿的右翼战斗方酣,其左翼也发生了恶战。由于亚历山大向大流士方向猛烈冲击,使马其顿军的左右翼之间形成了一道缺口,波斯将军梅沙乌斯乘机涌进这道缺口,但被马其顿的后备部队顶住,帕米尼欧也迅速向准备追击大流士的亚历山大请援,亚历山大旋即回师,与波斯骑兵展开了激烈的拼杀。战斗异常激烈,亚历山大有60名亲兵横尸沙场,其好友赫斐斯申等人也都负了伤,但大流士逃跑的消息传来,令波斯军士气大落,皆无心恋战,夺路落荒而逃,于是波斯军全线溃败。

亚历山大举行了隆重的祝捷仪式和祭神仪式,以金钱和财产犒赏诸将士,并自诩为亚细亚之主。高加米拉决战,使波斯人元气大伤,一蹶不振,亚历山大便乘胜进军,直逼古都巴比伦。

尚未抵达巴比伦,帕米尼欧在高加米拉战役中的劲敌梅沙乌斯便率军投降。亚历山大尽其一切可能安抚了他们,任命梅沙乌斯当了地方总督,但为了相互牵制,数名马其顿军官则担任了军事和经济方面的职务。对于宗教建筑,亚历山大则命令一一重建,那些庙宇包括马德克庙宇,均毁于波斯人之手。

富庶的波斯行政首都苏萨成为亚历山大的下一个进攻目标。几乎未经什么战斗,苏萨便沦陷,苏萨城经历几代君主苦心经营,储存了五万多塔兰特的金币和金块。城中陈列着一罐罐尼罗河水和多瑙河水,它们象征着伟大统治者的权力无所不在,现今也皆成为战利品。在这里,亚历山大进行了休整,为庆祝胜利举行了祭神大典、火炬赛跑和竞技。

接着，波斯首都珀塞波利斯也被势如破竹的马其顿军攻占，日期为公元前330年2月。亚历山大在此掠走的珍宝不计其数，另外还有贵重的家具和紫色染料。而被掠走的金币和金块共达126,000塔兰特。亚历山大利用掠来的金币和金块，铸成雅典的通行货币，并投入市场流通。他还大兴土木，建设了许多庞大的公益设施。

而在这里，马其顿军人的豪华奢侈更突出地显现着，亚历山大对部下赏赐十分丰厚，其母奥林匹阿斯也抱怨说，这种大方，简直等于待朋友以君王之礼。一个士兵的战靴上带的是银马刺，另一个居然从埃及用骆驼运来浴用爽身粉，还有一些人竟然不用橄榄油而用贵重的"没药"洗澡。亚历山大也察觉到了这些倾向，便告诉士兵们说："靠艰苦取胜的征服者比那些被艰苦所征的人睡得更要稳。同波斯人比较，应当懂得奢侈是一种耻辱。艰苦节俭才是一种美德，因为征服的目的是为了避免被征服者的覆辙。"

波利斯王宫是波斯皇帝的得意之作，它雄伟宏大，气势磅礴，其中藏着无数的珍宝和文物，可惜已变成一片焦土，它被亚历山大一把火烧掉。

有这样一件著名轶事，在一次宫里的宴会上，宾客如云，将军满座，妇女也参加了。其中有一个女人叫泰丝，是亚历山大部将普托拉米的女儿，痛饮之余，这个名不见经传的女人说走遍了亚细亚，如果能在薛西斯（波斯国王）的皇宫放上一把火，当子孙谈起时，会说一个随亚历山大征战的女人给予波斯人的惩罚比全体将士所给予的还要重，这样真是太有意思了。她的话引起了一片疯狂的喝采。亚历山大头戴花环，兴奋地亲自为其开道，于是全体人手持火把把波利斯王宫焚为焦土。

但这不是事实。实际上，只是亚历山大蓄意所为。当王宫在熊熊大火中即将完全倾倒时，亚历山大又下令救火。他之所以有这样戏剧性的举动，是为了向所有的世人宣告：波斯帝国已在火光中灰飞烟灭，人类未来的命运之幕，即将由亚历山大揭开。

七、悲剧和梦想

英雄或伟大人物的许多方面都可以用一个词来概括：孤独。

他们属于一个时代，但他们却往往超越他们的时代，因为他们是本时代的领导者，下一个时代的开创者；他们属于一个群体，但他们的诸多思想、行为与其所处群体的规范、氛围往往有所抵触，甚至背道而驰。因为他们必须身体力行地搜集整理新的事物,而他们也往往率先须领悟它们;他们代表着灿烂辉煌的前景,是生命、生活和世界伟大之处的发现者、创造者。但这些非凡之处,虽甚渺茫,或须经艰苦卓绝的奋斗才可能有所发现,便常被作为无稽之谈、狂妄之想,如此种种,英雄们与平凡人,包括他们的追随者便无可避免地存在着间隙和距离。这些距离正是他们之所以成为英雄,史碑留名的原因,但这段距离也可能造成不解、误会、反对和阴谋的实现。为了拯救自己的事业,英雄不得不使用果敢的手段,而反对者为了自己的尊严、利益、甚至一己之见,也大多当仁不让。于是,悲剧便常在亲人、挚友、领导者与追随者之间发生。

亚历山大在追击大流士远涉波斯腹地以及后来远征中亚途中,这种类似的悲剧发生了多起,他的战友、士兵开始不满,马其顿人与希腊人认为他开始背弃自己的民族和祖国。

亚历山大曾扬言要直捣世界尽头,他的梦想是征服整个世界,按照自己的思想缔造起一个伟大的帝国。杀戮与掠夺,仅是他实现梦想的必要手段中的一部分,安逸享乐,既非他追寻的目的,也非他追寻的最终理想。而这些,却被他的大多数部下当作乐事和生存的唯一目的,贻误军机、不服命令经常发生,抗议反对、哗变、背叛、嗜杀的阴谋也时时出现。虽然亚历山大以坚韧无比的精神和能力达到了自己的目的,但那段岁月,毕竟成为他短暂一生中最艰难的一段。

当大流士搜集残部逃到米地亚王国古都埃克巴塔时,亚历山大便立即向那里进发。当他到达该城,大流士已于 5 天前逃之夭夭。

亚历山大没有马上去追击大流士,而是停驻在了埃克巴塔纳。在这里,他与他的将领之间发生了争执。这里是他们那代人所知道的东方最远的地方,许多人进军到此之后可能要问:亚历山大现在还要往前走吗?战争还未结束吗?

满足感和厌战情绪在军中高涨起来,亚历山大在这个都城度过了平静的几个星期之后,便解散了他的希腊盟军,这样做有其妙处,它意味着大希腊复仇战争已告结束。在和希腊城市打交道时,科林斯同盟军依然是有用的工具,但是亚历山大与希腊人在战争中的特殊伙伴关系已不复存在。从此,浩荡前进的将是亚历山大的帝国大军而不再是同盟军。亚历山大给每个士兵发了薪饷并且犒赏一份礼物,言明他们可以回家,还可以留下来以个人名义重新入伍,不少希腊士兵选择了后者。

当亚历山大命令帕米尼欧率军向米地亚地区出发时,遭到了拒绝。帕米尼欧在埃克巴塔纳按兵不动,他认为亚历山大已使不少地区臣服,可以就地收兵。在他身上,集中体现了马其顿人对亚历山大的不满,最终的结果是帕米尼欧被解除了兵权,不久,又因其子叛乱被株连处死。

在德黑兰附近的拉格伊,波斯总督、大流士的弟弟必修斯扣留了大流士,获此信息,亚历山大立即率部向拉格伊进军。

在一个清晨,亚历山大和极少数部下冲入了敌人在达格罕的营地。该地一片混乱,丢弃的金银财宝到处都是,满载妇女、儿童的四轮马车被军队遗弃,歪歪斜斜到处都是。必修斯刺杀了大流士后仓促逃走了。

在一辆四轮马车上,奄奄一息的大流士被发现了,他遍体伤痕,一个马其顿士兵给他端了一点水喝,他让人告诉亚历山大,说他感激亚历山大仁慈地对待他的家小,言毕身亡。

亚历山大将自己的战袍盖在了大流士身上,并下令将他的遗体以君主之礼安葬。数月之后,必修斯被俘,受到了审判,被以屠杀罪、杀害亲属罪等罪名判以死刑,在两棵树上,他被分尸惨死。

在迎击必修斯期间,令亚历山大费神的不是波斯人,而是他的军队,他需要时时向部下做鼓励工作,以保持其命令得以贯彻和起码的士气,需要时时警惕军队的哗变,阻止所有阻碍他前进的思想发展,而同时,为了在所征服地区维持有效的统治,笼络当地人的民心,他要时时注意自己的政策是否正确可行,尽其可能消除亚细亚人的敌对情绪。

有人说,亚历山大的军队征服了亚细亚人的身体,而他们的灵魂则是被亚历山大用衣着赢得的,在某些场合,尤其是隆重盛大的公共仪式上,亚历山大经常穿着波斯服装,他这样做是为了提高亚细亚人的民族精神,逐步消除希腊人和马其顿人的自傲心理,以便使亚细亚人能够和睦相处,共同生活在一个国度之中。但是由此谣言四起,说亚历山大已沉湎于东方的奢华享乐之中,已彻头彻尾地腐化堕落。这一切,严重地离间了亚历山大与其所率军队的亲密关系。

在出发追击必修斯之前,亚历山大着手组织了一次对里海的考察,这次行为遭到了部下们的反对,亚历山大首次面对了一次真正的叛军。

必修斯自封为大皇帝后,亚历山大原计划直接向东追击,但是由于他的侧翼发生了一起武装叛乱,他被迫引兵向南,进入德朗金纳:在此地他得悉,菲洛塔斯正在策划一个阴谋。菲洛塔斯是帕米尼欧的儿子,也是亚历山大孩提时代的朋友,他专横恣肆,不可一世。过去,马其顿国王与贵族们交往时不拘形迹,二者几乎都是平起平坐的,而此时亚历山大成为万人敬仰的至尊,马其顿贵族便极为不满,形成了以菲洛塔斯为核心的反对派。菲洛塔斯指使人实施武装叛乱的计划,被几名青年军官发觉,于是菲洛塔斯被捕,不久他与父亲帕米尼欧都被处死,亚历山大也充分流露出了他的铁腕手段和刚愎自用。

在东伊朗,亚历山大遭到了他有生以来最顽强最长的抵抗,一场被伊朗民族主义悄悄点燃的游击战争等待着他,疾病、伤亡、哗变、伏击和暗杀屡有发生。

亚历山大占领了巴克特里亚之后,立刻向奥克苏斯河进军追击必修斯,在关键时刻,塞萨利亚人骑兵哗变了。这支精锐部队原隶属于帕米尼欧,在高米加拉及整个远征中战功赫赫。指挥者的被诛杀,征战无了期带来的渺茫感,使他们背弃了亚历山大。别无选择,亚历山大只好将他们调回希腊老家。

处境相当危急,身在遥远的亚细亚,而军队士气不振,一支精锐又离他而去,此时,整个远征军的成败系千钧于一发,甚至可能全军覆没,是否向西回师,功亏一篑而返呢?

决不退缩也是亚历山大的一个特性,他认为应从危难之中找到生的希望。他开始在亚细亚人中征募新兵,大量东方人有史以来被补充进欧洲军队中。

这是一场独特的试验。如果这种种族间的合作能成功,如果这些东方人的部队的确能够效忠且勇敢善战,那么就能说明朝大同世界又迈出了最重要的一步。在不久的将来,肯定会发展出震撼世界的民族融合模式。

斯波塔门斯是索格吉安那部落的杰出领袖,他勇敢刚毅,极富才干,在公元前329—328两年间,领导了抵抗亚历山大的游击战争。他的军队得到了附近居民的积极支持,他采取游击战术,避开亚历山大的主力部队,袭击他的零星部队。亚历山大对此无可奈何。

在索格吉安那,酷暑行军、战斗和叛变、负伤和患病,使亚历山大的军队疲于应付,士兵们的精神濒于崩溃。为了松弛紧张的神经,调整士兵们的情绪,亚历山大经常举行大宴会,他本人很少喝酒,而在马拉坎达的一次欢宴上,他却喝醉了。

席间,一名亚细亚青年唱起小曲讥讽了败阵于斯安塔门斯的军官,使席间气氛开始紧张起来。一些人喝斥他停止哼唱,而亚历山大却喊着让他继续唱下去。亚历山大童年时代的朋友克雷图斯伸出双手,提醒说就是这双手在格兰尼库斯河救过他的命,并说亚历山大是靠了马其顿才有了今天的荣耀,不应当目中无人,要尊重马其顿人。他还说,那些战死疆场的马其顿人比起嘲笑他们的人强十倍。宴会上紧跟着响起一片欢呼声。亚历山大转身指着那些马其顿人对两个希腊人说:"在这群野兽中,你们不觉得是神的后代吗?"言毕抓起一个苹果打中克雷图斯,接着又找他的长剑。

克雷图斯被人推出门外又返回大厅,背诵着欧罗庇得斯悲剧中的一句话:"苍天啊!希腊出现了一个多么邪恶的政府!"亚历山大从一名卫士手中夺过长矛,一掷结束了他童年伙伴的生命。

这不仅是一桩罪行,而且是个人的大悲剧。一连三天,亚历山大闭门不出,拒绝饮食,口中喊着克雷图斯和他姐姐兰妮丝的名字。兰妮丝曾经带养过亚历山大。

众人便出来努力使亚历山大恢复正常的健康状态。为此,占卜师说这件事是酒神狄俄尼索斯出于愤怒杀死了克雷图斯,雄辩家阿菲卡楚斯一进亚历山大的门就喊道:"瞧,这就是亚历山大,全世界都注视着的亚历山大。但他就像个奴隶似地在哭泣,难道你不知道宙斯的两旁有正义和法律,就是为了说明世界之主所做的一切都符合法律和正义吗?"

尽管有嫉妒、争吵甚至阴谋和反叛,但远征依然进展顺利,凭借自己的天才和高压手段,亚历山大仍牢固地控制着他的军队。

在中亚期间,亚历山大娶了一个部落首领的女儿罗克珊。罗克珊美丽动人,婀娜多姿,与亚历山大一见钟情。虽然,这场婚姻有不少的政治色彩,但也一时在军中传为佳话。亚历山大也劝说马其顿士兵效仿,娶当地女子为妻,这也是他结束在此的游击战争的举措之一。

曾有人提议尊亚历山大为神。在那无成熟宗教的时代,一些显要人物与神并列司空见惯,亚历山大也有意如此。面对敌人,可以兵来将挡,水来土掩;面对士兵哗变,可调邻近部队换防;而面对一群不大可靠的军官,亚历山大该如何呢?他决心摒弃其间的伙伴关系,以神化自己的方法来结束人们半心半意的支持和可能出现的阴谋。他认为,时代要求他必须正式成为一个专制君主。但最终亚历山大放弃了这种做法,因为有人公开表示了反对,其中有亚里士多德的侄儿卡里斯塞尼。

随后不久,皇室的年轻侍从人员就策划杀害亚历山大。阴谋被发现后,这些人供认是卡里斯塞尼唆使,于是,卡里斯塞尼及其党羽统统被处死。这件事,亚历山大从未得到亚里士多德的宽恕,也使许多读书人对亚历山大采取了敌视态度。他们也着手把亚历山大塑造为人们所熟悉的形象:起初非常好,但后来却成了一个杀人如麻的暴君。亚历山大在历史上的本来面目也被掩盖了。

面对历史,我们可以发现:亚历山大既非魔鬼,也非神祇,而是一个兼有严重缺陷和崇高美德的人,是一个有着局限和矛盾的人。那个时代,是一个征服的时代,亚历山大作为征服者,冷酷无情,战绩辉煌,而又极端残忍;但继征战杀戮之后又极为宽容。他到每处几乎都要杀戮,但是许多异族人,也多把他当作伟大的解放者,随着征服的胜利,民族融合也将成为他整个帝国的驱动力和聚合力。

八、兵息印度河

大军威慑、无情屠杀、堡垒封锁、离间收买,运用了种种手段,亚历山大终于征服了中亚,公元前327年,他率军向印度进发。

亚历山大对印度所知甚少,据他所知,印度是世界的最南端和最东端,征服了印度,他那"直捣世界尽头"的狂想便实现了。

据说酒神狄俄尼索斯和赫克里斯二神曾到过印度,这对亚历山大的冒险起了极大的支配作用。另外,他还了解到波斯帝国曾一度延伸到印度,而波斯帝国现在已属于他亚历山大,他必须一睹这个帝国的各个角落。

他所率军队约有35000人左右,后来又有来自帝国各地的援兵赶来。在印度,亚历山大实行的是血腥的屠杀政策,中亚的游击战争令他吃尽苦头,使他相信只有血流成河才会换来屈服,只有不折不扣的恐怖政策才会令该地人民闻风而降。

但印度是一个有着悠久历史文化的国度,当时,已有系统的政治、文化、宗教;印度人民有着不屈不挠的斗争精神和英勇善战的品性。虽然,在征服印度时亚历山大占据了印度河流域的广大地区,但印度人民从未真正屈服过。抵抗和起义行动接踵不断,当亚历山大逝世之后,印度首先从其帝国中脱离出来,重新恢复了原状。

当时,印度西北不存在统一的国家,诸邦林立,彼此敌对。塔克拉苏与波鲁斯王国是两个较强大的王国,彼此也是仇敌。亚历山大尚在中亚苦战时,塔克拉苏的头领塔克西尔斯就派特使觐见亚历山大,献塔克拉苏城给马其顿人,企图利用亚历山大攻灭死敌波鲁斯,尔后坐收渔利。

亚历山大在越过兴都库什山后,就立刻实行了惨绝人寰的大屠杀,整个整个的部落被消灭,他的凶残令一些部落风闻他大兵临近,马上焚城逃走。

占领阿诺什是亚历山大在印度的突出战绩。阿诺什遗址直到1926年才被找到,该地山势险峻,易守难攻,城堡建在一条名叫帕尔—萨的山脊上。

帕尔—萨是由两个陡峭的山脊组成,主峰高7100英尺,5000英尺的峭壁直下印度河;另一条山脊高8270英尺,也有同样的悬崖峭壁,两条山脊成直角接合在一块,接合处是一块800英尺高的锥形巨岩,名叫巴尔—萨。阿诺什在希腊语中是鸟儿也飞不到的地方,为攻克该城,马其顿士兵用了四天时间在巴尔—萨峰下堆了一座山丘才得以成功。

海达斯帕斯战役在印度有着重大影响,经过此役,亚历山大征服了波鲁斯王国,俘获了国王波鲁斯。这次战役,也是亚历山大所进行的最后一次对阵战,是最后一次大战役。

公元前327年6月,两军在海达斯帕斯对岸列阵。波鲁斯身材魁梧高大,飒爽英武,他有二百多头战象,几百辆刀轮战车,步兵数量众多,但骑兵却占劣势,他在沿岸严密设防,决心阻止亚历山大过河。

河宽水深,强渡极难成功。亚历山大让兵分数路,沿河向不同方向移动,自己也率一部人马来回活动。这样,既可以破坏敌方的物资供应,侦察较好的渡河点,又能诱使波鲁斯到处设防,分散兵力。与此同时,亚历山大审慎选择渡河时机。如果白天渡河,敌人的战象会吓惊马匹,使其落水。基于此,亚历山大决定夜间偷渡,为了使偷渡成功,亚历山大带领部分骑兵高喊冲锋口号,沿河岸来回奔跑。久而久之,敌军习以为常,放松了警惕。亚历山大见敌人中计,便把部队带到事先选好的渡河点,在沿河各处都设置了岗哨,各岗哨处于高度警备状态,彼此保持联络。

一切就绪之后,亚历山大指挥部队到处点起篝火,喧嚷不止,如此一连几宿,连波鲁斯都麻痹大意了。一天夜晚,大雨倾盆,亚历山大调度好部队之后,自己带领五千骑兵率先抢渡。

过河后,亚历山大的人即与波鲁斯的儿子率领的二千军队遭遇。经一番激战,波鲁斯的儿子被杀,所部被歼。这使波鲁斯举棋不定,他须迎击亚历山大,还须阻挡欲在他大本营处渡河的其他马其顿人。波鲁斯决定留下一些战象迎敌,自己率余部迎击亚历山大。

波鲁斯选择了一块沙地作为战场。在4英里长的地段上摆开了他的百余只战象,战象间部署了步兵,步兵和战象构成了波鲁斯的中军,两翼各有两千名骑兵,左右两翼则各有百余辆战车。

当亚历山大逼近敌人时,却下令部队原地休息,他则研究起对方阵式。他没有象队,骑兵也无力与战象对阵。他决定采取的最佳策略是,先攻击波鲁斯的另一部分军队,再从背后攻打象阵。为此,中军他布置为步兵,并嘱咐当敌人骑兵被打垮后再投入战斗。然后在两翼则集中了他的全部骑兵,由他指挥。

波鲁斯看到亚历山大的调兵布阵,就调整自己的阵式,把所有骑兵都调到两翼去迎战亚历山大。亚历山大在这一瞬间作出反应,命令两翼骑兵出击。由于马其顿骑兵攻势凌厉,势不可挡,波鲁斯的骑兵慌忙向象队靠拢,结果造成混乱。马其顿步兵趁机便向象队投掷武器,大象受伤后横冲直撞,踏伤了己方的不少骑兵。

这时亚历山大命令步兵把盾牌靠在一起发起攻击,而他和他的骑兵则包围住整个战线,把敌人围在其中。

海达斯帕斯之战激战了8个小时,波鲁斯抵挡不住,只好投降。他勒住了战象,下来步行走向亚历山大,态度异常庄重。亚历山大十分赞赏波鲁斯的气概,问他希望受到怎样的对待,波鲁斯回答说:"像一位国王那样。"当亚历山大问他还有何话说,他说一切都已包括在那句答话之中了。

这场战役,使亚历山大对印度有了新的认识,惊诧于印度人的才干和斗志。为此,他擢升塔克西尔斯由总督变为一个独立的国王,波鲁斯仍旧统治原来的王国。这样,两个印度藩王也和解了。亚历山大希望这个以他为宗主国的自由联盟能够产生影响,之后,他继续东征。

广袤的印度和它众多的人口,酷热和热带季风,无休止的行军作战,使马其顿士兵难以忍受,他们拒绝再向前进军。

亚历山大把军官们召集起来发表了热情洋溢的演说,让他们想到他们正在创造一个繁荣的世界性国家,而且最终的胜利就在眼前。但他的演说迎来的是一片沉默。一个名叫克依努斯的军官站起来鼓足勇气说:"从家乡同来的伙伴现在还有几人呢? 我们无数的战友已战死疆场,我们这些幸存者现在也精疲力尽,我们没有别的心愿,只希望能够活着回到故土,能够见到我们日思夜想的亲人。"克依努斯的话引起一阵经久不息的欢呼声,有的甚至泪流满面。

一切都无可挽回。

几天之后,亚历山大宣布回国。

为了纪念这次远征,高大的纪念碑被树立起来,希腊诸神的祭坛也一座座树立起来,巨形的盔甲、马具散放四处,亚历山大知道,他将永远不会再踏上这片土地了。

九、归途多艰险

回国的路线是由亚历山大选定的。

他的许多努力未能说服他的军队,回家是一种迫切难抑的渴望。亚历山大所能做的,只是依顺广大官兵们的要求。没有人想废黜他,因为只有他才能使每个人回到自己的家。横穿印度的计划功亏一篑,闲步地球最东端的梦想也无法实现,于是,亚历山大便以退为进,把归国路线定为:顺印度河直下到大洋,取海道沿伊朗海岸进入波斯湾。

这并非一条直接回国的捷径,而是一条一路激战不已,伤亡惨重甚至几乎全军覆没的艰险路途。

亚历山大欲勘察印度河水系,了解帝国东南部的情况。在海达斯皮斯,他兴建了两座城市,建造了一支拥有近千艘战船的舰队,尼俄楚斯被任命为舰队的统帅,亚历山大的总计划是扫清行路途中的一切障碍,以期尽快到达大洋。骑兵、步兵、弓箭手和其他轻装部队乘舰启航,克拉特鲁斯与赫斐斯申各率大部人马,分别行在左右两岸。

公元前326年11月的一个黎明,舰队启航,行军阵容极其壮观,船只首尾相接蜿蜒数里,旌旗招展,鼓声与船夫的呼号声直冲云霄;两岸,辎重车、驮马队不见首尾。回家,激动着每一个士兵的心,他们欢欣鼓舞,热泪滚滚。

围观的印度人也激动异常。面对着异国军队的庞大阵容,他们唱起了歌,跳起了舞,直至舰队消失在印度河的滚滚清波之中。

前行不久,为了镇压已有异心的印度人,亚历山大立即夷平了一座有5万人口的城镇,把一个部落斩尽杀绝,逃难的人被逐进丛林和沙漠。

在马勒镇,亚历山大遇到了顽强抵抗。马勒镇人以其勇敢善战闻名于整个印度,誓死保卫城池,而亚历山大欲把马勒镇作为自己的一个军事据点,也欲以攻克马勒镇来威慑整个印度。

但城高池深,攻城的冲锋次次受挫,亚历山大便愤怒地夺过一架云梯亲自登城,身后只跟了三名侍卫。双方战士都为之震惊,当马其顿人意识到统帅处境危急后,便潮水般拥向城墙。云梯一架架塔起,但由于人多体重,不少云梯被压折,城头上的飞矢、擂石雨点般地飞下。

亚历山大不顾一切地登上城头,与围攻的敌人展开拼杀战。他的三名侍卫一名被杀,另两名也负伤多处,但誓死护卫亚历山大。此时一箭穿透了亚历山大胸铠,卡在肋骨之间,鲜血顿时染满战袍,他跪倒在地,背靠墙上,挥剑拼杀,随即又几处受伤,数次差点晕倒。

他视死如归的英雄气概极大地鼓舞了马其顿人,士兵们都奋不顾身地爬上城头,浴血奋战。马勒镇终被攻克,城中的所有士卒、居民皆遭杀戮。

亚历山大的伤势非常严重,手术后,他的身体一直难以恢复。于是,他死去的谣言传开了,在军中造成了极大的不安,士兵也开始为自己的命运未卜而惶恐不已。缺少亚历山大,便无人有能力率全军克敌制胜,越过千山万水和无垠沙漠返回故土。亚历山大颁下手谕安抚军心,说明了病情,并表示不久将与众将士聚首,同归故里。但很少有人相信手谕的真实,甚至当他的座船驶回军中时,他们还半信半疑,认为船上可能是亚历山大的尸体。

巨舰缓缓驶进众船之中,亚历山大在船头挥手向士兵们致意,他的出现引起了经久不息的欢呼,士兵们欢呼雀跃,高兴地手舞足蹈。在欢呼声中,亚历山大舍船上马驰回营帐,士兵们一拥而上,把他围在其中,争先伸手抚摸他,以证明亚历山大的确活着,无数的花环投向亚历山大,他的赞歌也随之在大营中飘荡起来。

最后,亚历山大又重新顺流而下,一路上他攻城略地,修建城池,沿途的印度人或逃或降,无不屈从,但一些婆罗门教人却对亚历山大视若不见。

在塔克拉苏时,婆罗门就对亚历山大充满了敌意,甚至敢于当面冒犯。一个婆罗门僧侣看到亚历山大走近他时,便跺着脚说:"你亚历山大脚下有一片土地,我的脚下也同样有一片土地。"当有人说亚历山大是神时,那些僧侣便说:"那么,我也是神。"

在归途中有这样一个传说,生动地描述了亚历山大与婆罗门的一次交往。

有十个印度哲学家,人称裸身智者。他们被俘后,亚历山大决定出道难题来验证他们的聪颖,并且说答错者立即处死,他选了其中一个老者作为裁判。

亚历山大开始提问了,10个婆罗门泰然自若,似乎胸有成竹。他问第一个人说:"生者与死者,哪一个多?"答曰:"生者多,因死者已不复存在。"第二个问题是:"大兽生于海中还是陆地?"答曰:"陆上产大兽,因为海只是大地的一部分。"第三个人被问哪种动物最狡猾,他回答说:"人尚未发现的动物。"第四个人被问你为什么要煽动士兵造反?答曰:"我希望他或是活下去或是体面地死去。"第五个被问道,昼与夜何者久些?答曰:"昼长,但就一日而言。"亚历山大甚表惊讶,他们便说对于难题应以深奥的答案选之。接下去,亚历山大问下一个人:一个人怎样才能真正被人敬爱。印度人回答说:"他必须非常威严但又不使人畏惧。"第七个被问:一个人怎样才能成为神,他答道:"为他人之所不能为。"亚历山大问下一个人:生与死,哪一个更艰难?此人答道:"是生,因其将忍受更多苦难。"问最后一个人的问题是:人活多久最为适宜,答曰:"活到死亡比生命看起来更称心如意。"

然后,亚历山大转向那个裁判,令他做出判决,那个老者说依他看,回答得一个比一个糟。亚历山大更是惊讶,最后将这些高深莫测的智者全都打发走,并以礼物相赠。

是年七月,亚历山大到达了印度河三角洲。此时,印度洋也遥遥在望。亚历山大认为他已到达了地球的最南端。在此,他也曾扬帆驶入印度洋,想弄清楚是否还有陆地存在。盛大的祭祀活动也如期举行,亚历山大祈请诸神能保佑他的舰队平安驶入底格里斯河和幼发拉底河。随后,亚历山大在三角洲大兴土木,修建城池,筑造码头,疏浚港口,设置要塞,这些将成为日后帝国贸易的最东南据点。

关于如何返回美索不达米亚,亚历山大则兵分两路,尼俄楚斯率领舰队走海道,他本人率万余名士兵走陆路,沿途为舰队供应给养。就这样,亚历山大先期而行,率军穿越了伽德马西亚和卡曼尼亚沙漠。最终,两军在公元前324年初会师于巴比伦境内的奥皮斯城。舰队一路顺风,无甚困扰。而亚历山大在沙漠中却历尽艰辛。

行军伊始，亚历山大尚能按原计划沿海岸打井和建立粮食供应点，甚至又建了一座亚历山大城。但不久，他自己的供应便已耗尽，士兵们便划开加封的粮袋，擅自动用了粮食，为此，亚历山大也只好网开一面。在泰罗山，军队不得不穿越200英里的浩瀚沙漠。沙漠中酷热难耐，只好夜间行军。

一路上，亚历山大与广大士兵同甘共苦，他下马徒步行军，当有人专门为他送上一点水时，他或立即拒绝或当众把水泼在地上。行至沙漠中心，因粮食已尽，驮运物资的牲口被杀掉，笨重的辎重车也被砸碎。整个军队疲惫不堪，无数的伤病员倒在了路边。

到达奥皮斯时，亚历山大的军队已所剩无几，随军的妇女、儿童幸存者屈指可数。但是，到达奥皮斯时，他们倍感自豪与骄傲，一路腥风血雨，如今终到尽头。

海陆两队军队会师后，在奥皮斯举行了盛大的阅兵仪式，音乐和竞技比赛也持续了多日。尔后，大军向波斯本部进发，后来抵达巴比伦。

此次归国行军的历史意义也十分伟大。尼俄楚布斯探出了一条尚未为人知的海岸，并在东西方间开创了一条航道，直接为以后的东西方贸易开了通途。两军会师标志着亚历山大的10年远征结束，经过浴血奋战，亚历山大建立了一个前所未有的庞大帝国，它的版图，西起希腊，马其顿，东到印度河流域，南临尼罗河第一瀑布，北至药杀水（今锡尔河），首都则定在巴比伦。

十、逝者如斯夫

对于艺术品，自然所造就的残缺可以成就一种美，维纳斯的断臂并未减损这精妙绝伦之作的丰韵，相反，她在人们的想象中却生长着无与伦比的玉手，紧握着世人们由衷的赞美。毫无疑问，伟大人物也应是历史造就的艺术品，生命的短暂迅忽，也无疑是他们天然的残缺，而这种残缺，留给世人的是悲叹、感慨和无以弥补的遗憾。历史固然不会有太多的完美以不失其多彩多姿，它也不会满足人们主观的某种愿望和祈求，但它的残缺所造成的损失却完全有理由令人扼腕痛惜。

公元前323年6月10日，亚历山大病逝，时年仅33岁。

他是历史长河中一块峻嶒突出的岩石，汹涌的河水在他身上溅出了美丽的壮观景象，他冷铁般的气质和至死燃烧的热情汇入水流，汩进史册，沉积在人们仰望的心中。这一块巨岩，它本可能激起更多的壮丽和惊叹，而在疟疾的侵袭下，轰然倒塌。

若天假以年,我们纵然难以想象出他所创立的帝国的所有繁盛,但起码可以想见这个帝国会日益巩固,各种体制将逐步完善,把众多的民族、种族维系在一个国度中,而不致于像历史上的事实那样分崩离析,火烧萧墙;和平也会较长久地在地中海沿岸,给人民带来安定、团结和幸福;西班牙、意大利半岛、小亚细亚、印度、埃及甚至更多的地区将会更加紧密地联系着,人类前进的步伐在那里也可能会更快一些,甚至波及我们的现在。

然而,历史总是水波不兴,镇静自若地掐灭一个个假设,让我们带着叹息来缅怀叱咤风云的英雄人物。

在波斯古都帕萨尔加德的一片荒岭蔓草中,耸立着居鲁士的陵墓。当亚历山大披着征尘拜谒它时,他看到的是一片零乱和凄凉,墓碑横斜在地,坟头的野草在风中抖瑟,原本陈列般严整的林木已七零八落,有的被连根挖走,有的被拦腰砍断,有的则被野火烧焦。亚历山大跃下马背,一步步走向这位昔日雄豪的安息地,碎瓦砾石中,他的脚步愈来愈沉重。居鲁士,也曾挥刀跃马,踩过一道道城池,踏过一团团血洼,也曾把一个帝国搁在剑下;而今,清风冷月,残垣断壁之中便是他的所在。亚历山大所曾仰慕的先辈正在向他诉说一种悲凉之情,这种沧桑巨变的悲怆也随着舞草鸣兽汲进他的心头,亚历山大左手按剑,神色肃穆地在居鲁士的墓碑前站住了。

墓碑上刻着:"人啊,不论你是谁,也不论你来自何处(因为我知道你终归要来的),我,居鲁士,是波斯帝国的缔造者,不要吝惜这一方供我葬身的土地吧!"

逝水流年中,煊赫一世的君主帝王也有这般真实的无奈,亚历山大解剑向居鲁士深深鞠首,在他弯腰的一瞬间,他会想些什么呢? 二千多年后的今天我们能否看到他眼中的感伤和忧郁?

回到营中,亚历山大即拨款修葺陵墓,并下令由工匠阿里斯特布鲁斯负责守护。

从远征归来到亚历山大病死,这近两年期间,他尽心竭力地建设着帝国。当他刚刚归来时,迎接他的是混乱的局面,许多希腊人、马其顿人和蛮人的高官辜负了他的信任,亚历山大的儿时伙伴哈帕鲁斯被任命为帝国金库总管,而他于亚历山大在印度浴血征战之时却席卷了大量的财宝逃回希腊,埃及的财务总监贪赃枉法,移居亚细亚的希腊人、马其顿人为争取返回家乡而不时作乱;更多的地方长官则热衷于割据称雄,面对这种局面,亚历山大痛心疾首,无数战士浴血拼杀换来的业绩正被蛀空,他果断地下令拘捕作奸犯科的官员。

但在整治河山的过程中,亚历山大也错杀了许多无辜。他急于清理那些贪官污吏而不惜大动干戈,一些人因轻微的罪行也遭到了极刑,一些人则受到莫须有的罪名的指控而死于他的刀下。十年的征战已使亚历山大对死视作平常之事，一个人的生命在他眼中变得极其轻微，他希望按自己的理想来实现整个帝国的繁荣，不愿任何有违自己意愿的事情发生，暴戾已成为他的最大敌人，自信、狂妄、嗜权在他身上暴露无遗。

身先士卒，战无不胜为亚历山大赢得部下的崇拜，人们对他敬畏不已。而此时滥杀的无情又使人对他充满了憎恨，许多人对自己的命运未卜深感不安和不满。

印度哲学家卡兰努斯曾率先投奔了亚历山大，对亚历山大的思想曾有过深刻的影响，在公元前324年春，他对亚历山大的许多做法表示了不满，并要求火葬，他说："一个人对自己笃信的事物产生了怀疑时，对自己寄以厚望的事物无可挽回的失望时，生命还有什么存在的意义，我不如此时死去。"

亚历山大对此感到震惊，便苦口婆心地劝说卡兰努斯，他说："你没理由就此去死，这个世界有充分的理由挽留你，对于过去的事因为操之过急而有失法度，我负有责任，并以愧悔的心情向你道歉，请你原谅我，因为这一切都缘于我对这个国家的美好要求。"卡兰努斯对他的劝说无动于衷，他告诉亚历山大说："尊贵的人，我恳求你堆起高高的柴垛，用火把它引燃，火焰中我能找到最好的归宿"。

火葬在苏萨的一个广场举行，亚历山大安排了一列全副武装人马的行进式，卡兰努斯头戴着印度式的花环，坐在轿子上。送葬的印度人唱着圣歌送别，当队列行进到柴堆前，卡兰努斯对亚历山大说："我很快就会在巴比伦与你相见。"

随之卡兰努斯神情庄重地走上柴垛，他环顾了一周后便吩咐点火，登时火舌四起，浸了油的干柴熊熊燃烧，卡兰努斯渐渐地湮没在烈焰和浓烟之中。一时间，号角齐鸣，士兵们挥戈举盾发出战斗时的呐喊，大象也长声嘶叫。

卡兰努斯的自焚在一定程度上体现出人们思想上的分歧。确实，当时各类思想政见纷纭涌现，希腊人、马其顿人要求取得征服者的身份，享有奴役他族的特权；其他蛮族要求各个民族平等相处，或要求独立自治；不少军官沉溺于享乐之中；驻扎异地的士兵迫切希望能回家与妻儿团聚。如此种种离心力，使亚历山大举步维艰，他迫切希望能有一种思想或理想，最大限度地把帝国的各个部分紧紧团结起来。他时常穿着波斯服装出现在盛大场合，以便维护波斯人的自尊和自信；他采取了波斯的行政体制。也许在众心不一的情境中专制不可或缺，亚历山大开始乐意接受人们奉他为神明的行为。

种族间联姻，是亚历山大力图融帝国为一体的重要方式，在巴克特拉他曾娶巴克珊为妻，现在，他又娶了大流士的女儿巴尔赛茵。异族通婚获得了官方的赞许和支持。

亚历山大与巴尔赛茵结婚时，他在苏萨安排了一次盛大国宴，参加国宴的有同时结婚的千对新人,每对新人都是异族通婚,这个盛况空前的婚礼是按波斯风俗举行的,新郎成排而坐,宴席后,新娘走进来各自坐在新郎的身旁,然后从亚历山大开始,每个新郎握住新娘左手亲吻,亚历山大给每对新人都赏赐了彩礼,而且对那些多年来与外族女子有永久或短暂结合的希腊、马其顿士兵,也一一馈赠了礼品。

总之,在亚历山大的苦心经营下,一个多民族的帝国日显雏形,各民族的联系和融合日益加深。在行政机构中成千上万的蛮人被委以大小官职,有的甚至占据要职,军队也由多民族组成;各个地区的贸易往来逐渐恢复且更显频繁。很明显,这是一种新的姿态,这是实现一个大同世界的理想,数百年来彼此敌对仇视的人们将共同开创新的生活。

但是,新思想一时并不能为大多数人所理解,在马其顿官兵当中,种族的优越感和征服者的狂妄已根深蒂固,他们认为应当成为他族的主人而不应是朋友。当这种思想遭到批评时,他们便公开流露出怀旧情绪,认为像菲力浦那样才是马其顿的英主。不久,在底格里斯河畔,一部分马其顿士兵哗变,亚历山大对此颁令让年老和受伤的士兵回乡,然而军中的年轻人也坚决要求回乡,并挑起了叛乱。

亚历山大下令逮捕了首恶分子,随后他召集了马其顿士兵,登上讲坛。

他说:"我对你们的行为感到羞耻,你们正在抛弃我们十几年来从事的事业,伟大的菲力浦为我们指明了方向,是他唤醒了马其顿人的自尊,并领导我们走出了希腊半岛,在整个世界中为马其顿人争了光荣,我们的王国难道无法超越山之阻隔?我们难道只有在故土上才能创造幸福的生活?难道马其顿人仅有狭隘自私的思想,只愿自己独享神的恩惠,而无力把明媚的日子带给每一个人,无论他是希腊人,还是埃及人,波斯人?菲力浦已经告诉我们,我们十几年也正循着他的指引而去战斗,整个世界才是马其顿人的家,我们必须跨越国界,跨越达达尼尔海峡,让世界的每个角落都充满快乐和幸福,让马其顿人无论走到那里都会得到感激和颂扬!为此,我们要用公正、无私、勇敢、慈善来回答世界。一个曾经弱小的民族能够支撑起整个世界,十几年来,无数的马其顿人,神的最优秀的子民,为了这个光荣神圣的使命,把鲜血洒在地中海之中,把尸骨抛在了印度河畔。他们死得其所,因为他们开创的是前所未有的伟业。现在,这项事业我们已经完成了一半,我们已经把亚细亚人、埃及人、腓尼基人、印度人都团结在身旁,使他们为我们的事业添砖加瓦。亲爱的战友们!你们应当明白:真正的主人会拥有宽宏大度的美德,会用微笑和友善的手获得别人尊重和服务,并使一切都合情合理,奴仆们没有怨言,朋友们没有间隙,而你们……"

……

"是的,你们可以走,我决不阻拦,你们可以回到你们的家,去作儿子、丈夫,去享受安逸但卑微琐碎的生活。走吧！当你们回到家乡时,你们可以高兴地告诉家人:我们抛弃了祖国的前途,抛弃了国王,抛弃了流血和艰辛,连同责任、使命和一切崇高都抛弃了。是的,你们可以愉快地诉说一切,是的,你们可以回去了。"

一片死寂,已经放下武器、卸下衣甲的马其顿士兵万分沮丧,目送亚历山大走下讲坛,走进自己的营帐。

三天之后,士兵们聚在亚历山大的帐前请求宽恕,亚历山大欣然迎接,士兵们说:"伟大的亚历山大,你不应把外人当作至亲的朋友。"亚历山大释然一笑:"至亲的朋友,你们都是。"

恩仇泯于一笑之间,9000人参加的盛宴中,希腊人、马其顿人、米提亚人、波斯人、其他各族人等欢聚一堂。

制订计划,举行会议是亚历山大每天生活的一个日程,在他的计划中包括又一个远征方案。但是当一切方兴未艾,亚历山大却在日夜操劳中走到了生命的尽头。

他偶发寒热竟缠绵不愈,最终卧床不起。疟疾,成为这位战无不胜的英雄的克星。他的士兵时刻关注着他的病情。一日,他高烧不止,几乎昏迷,广大士兵知道后不顾阻拦闯入宫中,在亚历山大的床前热泪滚滚。此时,亚历山大已无法言语,他强力支撑着向来者挥手致意。皇家日志详细记述了亚历山大的患病情况,结尾写道:"越二日,薄暮,君薨,天意也。"这时是公元前323年6月10日,亚历山大大帝年仅33岁,在位12年又8个月。

随后不久,帝国分裂,三足鼎立,马其顿仍为一国;将军塞卢库斯占据了亚细亚,普托拉米(托勒密)则开创了埃及托勒密王朝。

阿育王

——以佛法立国治世的古印度帝王

李利安

阿育王是古代孔雀帝国,也就是印度历史上第一个空前统一的庞大帝国的皇帝。在位 37 年,文治武功盛极一时,对南亚乃至整个世界的历史发展和文化传播产生了巨大的影响。在南亚,阿育王的名字同圣雄甘地一样,是家喻户晓,妇孺皆知。如果忘掉了阿育王,我们观看世界历史的大舞台时,便会发现它缺少了不少精彩的东西。

一、美女入宫　阿育降生

说起阿育王,我们首先便会想起他的降生。这其中夹杂着许多非常有趣的故事。

据佛教传说,佛祖释迦牟尼当年在摩揭陀国的竹林精舍居住时,有一次到王舍城里乞食(早期佛教规定,出家僧人均必须以乞食为生),半路上遇到两位小孩正在玩土,其中一位名叫德胜,属最高等级即婆罗门家庭的孩子,另一位名叫无胜,是第二等级即刹帝利家庭的孩子。这两位小孩用土垒成一座城池,城中又用土作了许多房舍和仓库,仓库里存放着面粉,当然这些面粉也是用沙土代替的。当时,释迦牟尼佛身披袈裟,满面红光,由众多弟子环拥着,向这边走来。两位孩子一看,十分欢喜,想要给佛布施些食物,可手头什么也没有。那位名叫德胜的孩子情急之下,便从他们正在玩耍的仓库中取出一把当作面粉的沙土,布施给佛。无胜在旁边一看,赶紧也取出一把沙土,布施给佛。佛的弟子们一看,急忙上来阻拦。谁知佛却拿起吃饭的钵接住了两位小孩的布施。弟子们正在诧异之时,佛的脸上已泛起了慈祥的微笑。贴身弟子阿难莫明其妙,便上前合掌问佛道:"世尊,您从来不会无缘而笑,您此刻这般微笑,不知包含有何种深妙之缘?"释迦牟尼佛以沉稳的语气,严肃地回答说:"是的,我从来都不会无缘而笑。阿难呀,你看这两位小孩,竟然想到以土布施,这也是难能可贵的福德啊。我涅槃百年之后,这位小孩将在姓孔雀的王族中降生,继承王位,成为转轮王(即伟大的国王),建都于华氏城(即现在印度的巴特那),号为阿育。那位随后以土布施的孩子则成为阿育王的第一辅相(即宰相),协助阿育王治理国家。到那时,阿育王还会建起八万四千座塔,珍藏我的舍利(即佛的遗骨)。"说完,佛便将两位小孩布施的沙土寄给阿难,让他用牛粪拌和沙土,涂在佛刚才走过的地方。阿难一一照办。随后,佛还告诉弟子们摩揭陀国阿阇世王之后的历代国王名字,一直说到华氏城的频头沙罗王,也就是阿育的父亲。

公元前 4 世纪后期,希腊的亚历山大远征东方,侵占了印度河流域。那时,印度正值难陀王朝统治。民族的危机使人民对腐败无能的难陀王达那产生了普遍的厌恶情绪。不久,亚历山大退回到西亚的巴比伦城,将印度河流域交给其手下将领统治。这时,印度人民在不断反抗外来入侵的过程中,发现了一位杰出的青年领袖,此人名叫旃陀罗笈多。据公元 3 世纪罗马史学家贾斯廷说,旃陀罗笈多出身寒微。印度的资料则说他的祖母是驯养孔雀的,属于贱民等级。他本人也是在孔雀驯养者以及其他牧人和猎人中间长大的。据说他还在幼童时,在印度西北的旁遮普遇见了亚历山大,由于言语冒昧,触怒了这位不可一世的君主,这位皇帝下令杀死他,幸亏他逃得快才幸免于难。这时,在他躲藏的地方,有一位名叫乔底利耶的婆罗门,慧眼识珠,认为旃陀罗笈多来日必有作为,便毅然抛弃了自己的家宅与他作伴。乔底利耶利用他在地下发现的宝藏为旃陀罗笈多募集了一群绿林豪杰,于公元前 324 年推翻了难陀王朝的统治,建立了孔雀王朝,然后进军西部,与亚历山大留在印度的地方长官们展开了激烈的战斗,最终夺回了印度河流域的大片国土。战败一方的塞琉古将自己的女儿嫁给了旃陀罗笈多,并派使节麦伽斯梯尼来到孔雀王朝的宫廷,而他得到的回报则是旃陀罗笈多赠来的五百头大象。

旃陀罗笈多晚年皈衣耆那教,在耆那教圣者巴德拉巴胡等人的陪同下,到迈索尔附近以耆那教的传统方式,绝食而死。其子频头沙罗于公元前 297 年继承王位。

频头沙罗也是一位很有作为的国王,他继承父志,发扬国威,东征西讨,将孔雀王朝的版图又扩大了许多。希腊人称其为阿米特罗查泰斯,意为"摧毁敌人者"。据说他是一位有广泛兴趣的人,曾与叙利亚的塞琉古国王安泰奥卡斯一世有过接触,并要求对方给他送来一些甜酒、无花果干和一位哲学家。他与西方的希腊人保持友好的关系,促进了国内的稳定和与西方文化的交流。频头沙罗踌躇满志之时,自然忘不了营造宫殿,广招美女。

那时,詹波城(今巴迦尔普尔附近,为古代印度的六大城市之一)有一位婆罗门,生下一位女子。此女天生丽质,姿色盖世。长到十几岁时,遇到一位看相的,相师对她父亲说,此女将来会作皇后,将生两个孩子,第一子作转轮王,统领天下,第二子出家为僧,证得正道。这位婆罗门一听,十分高兴。为了实现相师的预言,求得富贵荣华,他便带着这位女儿,沿恒河而上,来到当时孔雀帝国的首都华氏城。尽管是绝代佳人,尽管王室时常在民间选美进宫,可因缘不巧,前来他这里求婚的都是些富商大贾,连王室的边都没沾上。这位婆罗门不死心,他一一拒绝了对方的求婚,然后亲自去打探王室的情况。当时,频头沙罗已立了长子苏深摩为太子,太子年方二十,英俊潇洒,前途无量。于是,这位婆罗门便开始在心中盘算,如何将女儿嫁给这位王子。恰在这时,他又遇到了那位相师,相师告诉他,尽管你的女儿与苏深摩年龄相仿,但你未来的外孙将与苏深摩是兄弟关系。婆罗门一听,心想,难道要将女儿嫁给年过半百的频头沙罗不成?

这一天,宫中差役听说城中来了一位倾国倾城的佳丽,便前来征选,一见果然有沉鱼落雁、闭月羞花之相,便立即将其纳入后宫,从此,这位婆罗门女便成了频头沙罗王的一位妃子。相师的预言总算兑现了一半。谁知进宫以后,宫女们大为嫉妒,她们心想,这么漂亮的女子,国王见了,一定会倾心爱重,如此一来,必然会轻薄疏远她们。于是,她们想了一个办法,让这位婆罗门女学习只有贱民才从事的职业——剃须。这一天,国王要求剃须,宫女们便让这位婆罗门女脱去华贵的服饰,为国王剃须。国王有个习惯,每当剃须之时,都会美美地睡上一觉,今日也不例外。当国王醒来之后,对着镜子一照,发现那散乱的胡须已剃得干干净净,心中非常高兴,便问这位剃须女:"你有何需求,随你开口,我一定会满足你的。"这位婆罗门女想了半天,终于红着脸十分害羞地说:"妾唯愿与大王共享床上之乐。"

频头沙罗王一听,甚感意外。定睛一看,发现这位女子还真有些姿色,可身为国王,怎能同贱民共相娱乐呢?于是国王说:"我是刹帝利,身为一国之主,而你却出身贱民,仅仅是个剃须师,我怎能同你作那种事情呢?"这位女子连忙回答说:"大王,小女并非剃须师,而是一位婆罗门家的女子,刚刚入宫,如今是您的嫔妃呀。"国王一听,又是一惊,便问:"那么是谁让你作剃须这种下贱事情的呢?"这位婆罗门女便将事情的经过一五一十地讲了一遍。国王听后,大为恼火,将教唆此事的几位宫女打入冷宫,命人为这位婆罗门女装饰打扮,沐浴之后,赐寝一宵。谁知这一寝竟使年老的国王青春焕发,精神为之大振。国王一高兴,便宣布将其立为第一夫人。

频头沙罗王与第一夫人日夜厮守,纵情行乐,不久,夫人便身怀六甲,十月过后,终于生下一子,这便是本文要讲述的阿育王。

"阿育",意为无忧。据南朝梁代扶南(今柬埔寨)来华僧人僧伽婆罗翻译的印度佛典《阿育王经》上说,此子诞生后,国王忧虑尽除,故名此儿为阿育。又据西晋时期安息(今伊朗)来华三藏法师安法钦译的印度佛典《阿育王传》说,夫人生下此子后,再也没有忧患了,故为儿取名阿育。与此说接近,还有一种传说,南朝齐代僧人僧佑所著的《释伽谱》引《杂阿含经》说,国王将这位婆罗门女立为第一夫人后,"恒相娱乐,乃便怀体,月满生子。生时安稳,母无忧恼,过七日后,立字名无忧"。总之,不论对频头沙罗王来说,还是对那位婆罗门女来说,生下王子阿育,在当时是被看成一件吉祥如意的事情的。不久,这位夫人又生下一子,取名叫宿大多,意即除忧。从此,这位婆罗门女真正过上了无忧无虑的生活。

可是,随着阿育王子一天天长大,第一夫人那种舒适安逸的生活却逐渐被打破了。原来,阿育王子不但越长越丑陋,而且全身皮肤黝黑粗糙,加之本性狂放,鲁莽野蛮,宫廷上下,无不讨厌。更可怕的是,作为生身之父的频头沙罗王对这位王子也十分厌恶,这样一来,不但阿育王子屡遭不公,常受排挤,而且第一夫人的日子也越来越不好过了。不久,频头沙罗又重立了一位美女作皇后,阿育的母亲则备受冷遇。

那时,印度占相之术十分发达,首都华氏城经常聚集着大批技艺高超的相师。频头沙罗王对此也特别热衷,他经常请一些相师入宫,为他占相算命。这一天,频头沙罗王听说城中来了一位名叫宾陵伽婆蹉的相师,相术超群,十分灵验,便下了一道圣旨,召这位相师入宫。相师入宫后,频头沙罗王便让相师把他所关心的事情一一占算了一番。这时,太子苏深摩来拜见父王,频头沙罗便向相师介绍说,这是太子,未来的国王。相师一看,面带迟疑之情。频头沙罗对相师的这一表情十分在意,心想,莫非自己对王位继承人的精心挑选还会有什么差错?频头沙罗心中越想越忐忑不安,他觉得这事非同小可,一定要问个水落石出。

于是,这一天频头沙罗王又把宾陵伽婆蹉叫到王宫,极其严肃地对他说:"大师,寡人已年逾古稀,恐怕在世之日也不会太长了。寡人这一生嫔妃成群,所生之子也是不少,可未来之世,到底由谁来继承大业,我尚未最后拿定主意。您的相术十分灵验,就请你给诸王子们相相面,看谁有王者之相,也好让寡人有个参考。"

宾陵伽婆蹉一听,心中十分恐惶。他知道,王位继承之事非同儿戏,说到国王的心上,或许可获重赏,可一旦不符合国王的旨意,他一气之下还不得杀了自己。尽管相师十分为难,可国王既有此令,何人胆敢违抗,于是,相师只好让国王把所有王子都叫到金殿所在的金地园。

频头沙罗王同宾陵伽婆蹉坐在金殿上面,各位王子陆续来到殿前参拜。这时,在阿育王子那边,昔日的第一夫人正在劝说阿育去金地园参加占相活动。阿育对母亲说:"父王那么讨厌我,今日他们是在看王者之相,我去还有什么意思呢?"阿育之母始终相信十几年前那位相师的预言,相信她的大儿子阿育终究会作国王的,所以,她对阿育说:"不管怎么说,你今天只管去就行了。"无奈,阿育只好遵从母命。临行时,阿育再三嘱咐母亲不要忘了派人送饭给他,因为尽管他也是王子,但因父王嫌弃,宫中的佳肴已多年都没有享受了。

阿育王子告别母亲,匆匆向城外的金地园赶去。临出城时,遇见了年轻的宰相罗提掘多。罗提掘多问他要去什么地方。阿育便将大王在金地园为诸王子看相以测身后谁能继承王位之事向宰相说了一遍。罗提掘多一听,感到十分惊异,心想,阿育毕竟还是一位王子,怎么连一头象都没有,于是,他便将自己乘坐的一匹老象交给阿育,让他骑着这头老象前去金地园。阿育谢过宰相,跨上这匹老象,摇摇晃晃地向前走去。

到了金地园,拜过父王,阿育看见诸位兄弟早已在园子里置办了华丽的座位,此刻业已各自落座。他们身后都有一群仆役侍卫,而他们的座骑则是既年轻又纯正而且十分肥壮的大象。与他们相比,阿育则显得寒酸多了。阿育对此也不在乎,他牵着这头老象,来到园子中的一块草坪上,席地而坐,而心里却充满了惆怅。

可就在阿育王子闷闷不乐地走出金殿之时,宾陵伽婆蹉的心中却涌起了一阵惊奇。原来,他发现只有阿育独具王者之气,将来必当作王。他差点叫出声来,可突然想到国王最不喜欢的就是这位王子,若预言阿育将来作王,国王肯定会杀了自己。于是当国王命令他正式开始占相时,他便回答说:"大王诸子不愧龙子龙孙,个个相貌非凡,自有一副逸群之气,为他们占相真是难煞贫道了。这样吧,我还是从今日之因缘别相入手,尽力观察,但愿能圆满大王的愿望。当然,这样观察就说不出王子的名字了,还请大王恩准。"频头沙罗对这位相师十分敬仰,便同意了相师的意见。

这时,诸王子们已开始各自用餐。阿育的母亲派人送来奶酪、粳米饭和饮水,以瓦器盛之。可诸王子均用金银美玉作餐具,吃的是奇珍异味,喝的是美酒佳酿。阿育心中愤愤不平,可也无法,只好以酪和米,大口大口地吃了起来,渴了则拿起清水壶,仰头痛饮,犹如享用上等的美酒一样。

相师放眼向园中一看,心里顿时有了主意。"大王,以贫道来看,在坐王子中谁若有第一乘,此人便堪为王。"

国王一听,急忙向园中望去,但见个个坐象膘肥体壮,高大魁梧,除了阿育乘坐的那头衰老羸弱的老象明显逊色之外,他真不明白到底谁的坐象才算得上第一乘。于是,他又对相师说:"大师,请你再仔细观察一下,可否说得更明确一点。"

"若第一座者,必当作王。"相师随口便答了出来。

频头沙罗睁大双眼,向园中扫了一圈,他还是看不出来,因为除了阿育王子席地而坐之外,其他王子的座具都十分考究。没办法,国王又让相师再占一次。

"第一餐器盛第一饮食者,堪受王业。"相师说完,趁国王察看思考之机,起身合掌,拜别而去。

国王还没弄明白,王子们倒先争执起来。他们有的说自己的象骑是第一乘,有的说自己的座具是第一座,有的说自己以第一器皿盛第一饮食,饮第一琼浆。阿育王子心想,相师不说名字,莫非苏深摩没有继承王位的福分?那相师说的第一乘、第一座、第一器、第一食,第一饮到底指的是什么呢?阿育灵机一动,恍然大悟,他觉得相师所言肯定指他自己,因为他骑的象是老宿之象,堪为诸象之首,他以大地为座具,岂非第一座具;他以瓦器为餐具,而瓦以大地合成,何种质地的器具可比;他以印度产量最高、食用最普及的粳米和以奶酪为食,当然可视为第一食;他以水为饮,而各种酿制加工的饮品无不以水为前提,更何况水为生命之源,取之方便而用之不尽,所以,以水为饮即可称之为第一饮。

当阿育王从金地园回到家中,发现那位占相大师正在与母亲说话。原来,那位相师坚信阿育将来会作国王,便前来向其母报喜,并借机讨好。阿育回到家里,把自己的看法向相师讲了起来。其母连忙拦住,然后转过身对相师说:"感谢大师慧眼神算,只是阿育历来不讨国王喜欢,为了您也为了我母子的安全,请您千万不要把此事透露出去。鉴于国王很可能还要再请您明确占相谁可作王,所以,您还是立即离开这里,等阿育将来真的作了国王,您再回来,到那时,我们母子再来报答你的恩情不迟。"相师点头同意,当天便离开华氏城,隐姓埋名,远走他乡。

阿育母子多年来一直被忧愁紧锁的脸颊上终于绽开了一丝微笑,当年詹波城那位相师的预言经宾陵伽婆蹉的再次占相,显得更加可靠了。阿育母子的忧愁一下子便除去了一大半。

不久,阿育将来作王的议论便在宫廷中秘密传开了。频头沙罗王听到之后,大为恼火,他立即发了一道圣旨,派了一帮凶神恶煞的武将,带阿育王子入宫觐见。阿育母子被这突如其来的变故一下子惊呆了。

二、锋芒初露　宰相献谋

自从金地园那次占相活动之后,频头沙罗王一直闷闷不乐。这也难怪,他一心一意挑选的苏深摩王子没有得到相师的明确印证,而那位丑陋、卑俗、狂野的阿育却被视为最具王者之相。

多少年来,频头沙罗为了苏深摩能继承将来的大业,不知倾注了多少心血,而对这位阿育,除了没有剥夺其王子的身份外,他又何曾给予过父亲的关怀与爱护呢?这些年来,他四处征战,把孔雀王朝的版图又扩大了许多,阿育王子也就是在父王节节胜利的凯歌声中被遗忘得干干净净。的确,阿育王子太不让父亲喜欢了。父王既然嫌弃,宫廷上下谁还会向他靠拢。如此一来,阿育不但深受兄弟姐妹的排挤,而且也被朝中大臣们所疏远。他只好与母亲及弟弟宿大多住在一座简陋的房屋中,生活日用十分朴素,日子过得冷冷清清。尽管这样,阿育那种倔强狂野的性格却始终没有改变,他不但生性残忍,易怒好动,而且放荡不羁,蛮横无理,经常惹事生非,弄得平常百姓之家对其也是避之不及。当然,对频头沙罗王来说,百姓之好恶并不要紧,关键在于他本人的确不喜欢这个丑陋的儿子。如果说以前他的这种厌恶心理并未引起他的任何注意,那么,自从这次占相活动之后,这位年迈的国王始感到问题的严重。虽说阿育也是自己的亲生儿子,可十几年来他对阿育的嫌弃已使二人之间积怨甚深,不但父子关系名存实亡,而且相互之间还产生了一道很深的鸿沟。万一阿育真的继承了王位,昔日得宠的大臣们的死活事小,自己的其他儿女的生死事大。频头沙罗王越想越害怕,最后,他终于得出了这样的结论,横下一条心,置阿育于死地,以除后患。

那时,北方雪山地区的尼泊尔一再反叛朝廷,频头沙罗王派去平叛的部队每次都是全军覆没,就连领兵的大将也没有一个能生还的。孔雀王朝虽在其他地方屡获胜利,可对于北方和南方部分地区常常束手无策,特别是北方的尼泊尔和旦叉始罗(今克什米尔),南方的羯陵伽和邬阇衍那,更令孔雀王朝的兵将们谈虎色变,因为,他们都认为,到这些地方作战,无异于去送死。频头沙罗王本来已放弃了征服这些地区的想法。可这时为了尽早除掉阿育,他又想起了尼泊尔,那里的山民既凶悍强硬,又足智多谋,几次血腥撕杀,曾令他胆战心惊。他想来想去,决定借尼泊尔人之手,除掉阿育。阿育被带进王宫,原来就是为了这个。

几天后,阿育领兵北上,直驱尼泊尔。此时,适至隆冬季节,尼泊尔地区大雪覆地,寒风呼啸,这些来自温暖的恒河平原上的士兵们个个冻得浑身发抖,他们真不理解,为什么国王偏偏在这个时候派他们来尼泊尔打仗,更何况所给的人数少得出奇,加之粮草短缺,兵器不足,大家心中都怀着一股怨恨之气。可阿育已顾不得这些,他想:"如此寒冷的地域,如果扎营于一地,不用尼泊尔人来围攻,光这寒风就足以冻死我们了。"于是,他命令部队来往穿梭,在运动中伺机作战,如此一来,竟弄得尼泊尔人捉摸不定,疲于应付,屡吃败仗。阿育的凶残不但令兵士们唯命是从,不敢有丝毫的懈怠,而且也令尼泊尔人闻风丧胆。没有多久,整个尼泊尔便被征服了,从此,阿育的威名远播四方。

消息传到华氏城,宫廷内外顿时沉浸在一片胜利的喜悦之中,人们张灯结彩,彻夜狂欢,店铺中多年积压的陈酒都被一抢而空。这的确是一个出乎意料的胜利。在人们的欢呼声中,频头沙罗王的眉头却紧紧地锁在了一起。

不久，又有一道圣旨传下，令阿育王子领兵远征几千里之外的旦叉始罗。这一次，频头沙罗王分给的兵士不但数量很少，而且全是些临时雇来的老弱病残的百姓。更令人不解的是，作战必需的兵器和粮草竟一点都不给。对于国王的这种奇怪决定，宫廷上下无不窃笑。可阿育母亲的心里却十分清楚，国王是想让阿育送死。临行前，母亲望着那支散乱的队伍，紧握着儿子的手，说："儿啊，今日一别，万水相隔，千山相阻，不知还有没有重逢之日。旦叉始罗人以强悍善战闻名于世，加之那里山水环绕，易守难攻，唉，父王怎么如此狠心哪！"说着，已是泪如泉涌。阿育"啪"的一声折断了手中那条长长的兵杖，脸上的青筋暴溢在外，双眼射出道道凶狠的光芒，他紧握双拳，对母亲说："儿坚信置于死地而后生，儿一定会回来的！"说完，扭头就走，步伐依然是那么的强劲有力。

从华氏城到旦叉始罗，绵绵数千里。一路上，阿育王子想尽各种办法招兵买马，可当人们听说是去遥远的旦叉始罗，谁还愿与他同往。所以，虽然队伍稍有扩充和加强，但要征服旦叉始罗还只是呓人说梦。然而，福人自有天相，谁知旦叉始罗人还没见到这支松松跨跨的队伍，一听阿育王子的名字，竟不战而降。史载："国中人民闻阿恕伽（即阿育——笔者注）来，自然归伏，庄严城池，平治道路，各各持瓶，盛满中物，以花覆上，名为吉瓶，以现伏相。"他们以这种独特的方法表示归伏，就像后世战争中以举白旗为降一样。不光如此，旦叉始罗人还派代表到城外几十公里处亲自迎接阿育王子，对他说："我不叛于王，亦不叛王子，唯逆王边诸恶臣耳。"（《阿育王传》卷1）阿育一听，大喜，这个光是因为不费一兵一卒旦叉始罗就归顺调伏，而且因为旦叉始罗人同他一样，也恨朝中的那帮奸邪之臣。

频头沙罗王没有实现置阿育于死地的计划，但却意外地得到大片的疆土，这又使他不禁暗暗欢喜，由占相活动带来的忧愁一下子便散去了许多，除掉阿育的心思也慢慢地淡化起来。看来，这位老国王最感兴趣的还是扩疆掠土，他一高兴，便又发了一道圣旨，让阿育王子再去征服法沙国。法沙国内有两位猛将，力能平山。他们听说阿育来伐，对其国王说："我二人力大无比，阿育丑儿算得了什么，千万不要称臣归降，我等为大王作主。"可这位大王早已为阿育的恶名所吓倒，何况又听说阿育将会成为转轮圣王，统治整个南阎浮提大地（指整个南亚地区），所以，还是效仿旦叉始罗，乖乖地归附了。那两位猛将后来也死心踏地地归顺阿育，使阿育王子如虎添翼，势力更加壮大，他乘胜出击，不断征伐，"如是乃至平此天下至于海际"（《释迦谱》卷5）。

阿育王子没有战死沙场，他的赫赫战功为他带来了无人可比的威望，频头沙罗王只好任命他作邬阇衍那的总督。这样，既能使阿育得到安慰，也好使他远离京师，而频头沙罗那里也有机会对苏深摩的继位问题再作周密安排。

邬阇衍那位于印度次大陆的西南方，南邻纳尔马达河，北有文迪亚山脉与恒河平原相隔，西面是一望无际的马尔瓦高原和广袤无边的沙漠。它的东面则是连绵千里、沟壑纵横的德干高原。这是一片偏僻而富饶的山地，早在佛陀时代，它便是十六大国中阿槃底的首都，以后逐渐成为四强之一，与另外三强即憍萨罗国、摩揭陀国和跋蹉国常有战争。邬阇衍那人英勇顽强，在印度古代史上建树甚多。当阿育王子坐镇这里时，邬阇衍那人慑于阿育的威名，表现出难得的恭顺和友好。阿育王子在此一住就是三年。在此期间（前278—前275），阿育娶当地一位长者的女儿戴蛮为妻，过上了美满温馨的生活。戴蛮姿色盖世，而且非常温柔，对阿育王子体贴入微，境内百姓调顺归附，手下将士亦无二心，这般称心如意的生活，使阿育多年倍遭排挤的冤屈得到一丝慰藉。一年后，戴蛮生下一子，取名摩哂陀，这便是后来漂洋过海把佛教首次传播到斯里兰卡的南传佛教始祖。

再说华氏城方面，频头沙罗王正在通过各种办法来树立太子苏深摩的威望。然而，或许是天意难违，这位自幼娇惯自负的太子总难让父王感到放心。可不是嘛，这位太子长得虽是一表人材，但文不能文，武不能武，只精于两种事情，一是讨好父王，二是寻欢作乐。有父王的支持，他把朝中大臣们根本不看在眼里，如此一来，逐渐引起宰相罗提掘多的不满。

按佛教传说，罗提掘多就是列国时代在王舍城一小道上玩泥土的两位孩童之一，名叫无胜。那位名叫德胜的小孩以土为面供养佛陀之后，无胜也学着他的样子，以土供佛，因此善根，今生获得身居宰相要职的果报，而那位德胜就是现在的阿育王子。也许罗提掘多前世就与阿育有缘，所以他与太子苏深摩迟早是要决裂的，出人意料的是，二人决裂的导火线竟是罗提掘多那业已脱去乌发的秃头。

事情是这样的，罗提掘多自从担任宰相之职后，头顶上原来稀疏的头发逐渐脱得一干二净，可他足智多谋，依然深得老国王的重用。一些对他心怀妒嫉的大臣们常常私下以秃头进行侮辱，以解心头之恨，天长日久，宰相的秃头似乎成了一个无法弥补的短处。不过，这种拿不到桌面上的"口实"，只能是那些卑俗无能之辈在阴暗中聊以自慰的儿戏，可那位傲慢的太子苏深摩竟常常以此公开取笑罗提掘多，弄得宰相心里好不舒服。

这一天，罗提掘多乘车出城，正好在城门口遇见苏深摩的车队要进城，双方车夫们都自恃其主位高，所以互不相让。当罗提掘多得知对方是太子的车辆时，急忙命车夫让道于太子，可太子那肯罢休，他冲下车来，对着宰相大发雷霆。罗提掘多忍气吞声，苏深摩却愈加放肆，他竟以宰相的秃头为笑料，极尽嘲弄，大肆奚落，尤其令罗提掘多难以忍受的是，苏深摩竟伸手在他光秃的头上拍拍打打，而太子手下的一伙人则在一旁哈哈大笑。罗提掘多此时在想什么呢？史载："是时，大臣思惟

说言:其今以手拍我,若作王时,当以刀害我。宜作方便,令其后时不得为王。"(《阿育王经》卷1)

此后,罗提掘多以宰相的身份,在诸大臣中频频活动,以种种合适而巧妙的办法,也就是《阿育王经》中所说的"方便",拉拢诸大臣,挑拨他们与苏深摩之间的关系。与此同时,罗提掘多又选定阿育作盟友,暗中与阿育取得联系,结成同盟,以图大业。此后,罗提掘多以相师的预言为借口,向大臣们宣传阿育继位乃上天之意,不可违抗,尽早依附阿育乃是明智之举。这些大臣虽多奸佞之辈,但迷信相师的态度及明哲保身的处世原则使他们很快便接受了罗提掘多的意见,这样一来,太子苏深摩的灭顶之灾便是迟早的事了。

频头沙罗王似乎预感到事情的不妙。为了锻炼并提高苏深摩的威望,加强太子手中的兵权,老国王命令苏深摩率大军征伐旦叉始罗。其实,旦叉始罗自从阿育王子的那次远征之后,基本上是平安无事的,间或有不满情绪的爆发,也都是因为"王所遣大臣在我国者为治无道,愿欲废之",并"不为斗争,亦不与彼大王相嫌"(《阿育王经》卷1)。频头沙罗王以为旦叉始罗人软弱可欺,于是声称旦叉始罗又要反叛,给予苏深摩大批将士和众多精良的兵器以及充足的物资,目的是为了给苏深摩一个建功立业的机会。

苏深摩与父王一样,以为旦叉始罗不堪一击,谁知大军一到旦叉始罗,便遭到迎头痛击,经过数十日长途跋涉的将士们疲惫不堪,战斗力大减。旦叉始罗人因为朝廷的无端征讨而义愤填膺,他们齐心协力,顽强作战,弄得苏深摩犹如掉进泥潭之中,进不得,退也不得。消息传到首都华氏城,年迈的国王忧心如焚,茶饭不思,寝不能寐,不几日竟一病不起。

频头沙罗王预感自己将不久人世,为防止意外,他只好命令阿育替代苏深摩,这一方面好使阿育滞身遥远的边疆,另一方面也好让苏深摩从中脱身,并立即返回京师,以便承接王位。此时的阿育正在邬阇衍那,接到圣旨之后,他立即率领一支精悍的部队,全副武装,开拔出城,向西挺进。

恰在这时,忽然从华氏城来了一位密使,要求面见阿育王子。阿育莫明其妙,立即召见。原来,此人是宰相罗提掘多派来的信使。罗提掘多在信中说,国王病危,欲传位于太子,你若西进,即中调虎离山之计,请你立即调转兵锋,东进京师,以接大位,兵贵神速,万勿迟疑!阿育沉思良久,只好豁出一条性命,领兵东进,直指京师。

阿育一到京师,便同罗提掘多密商大计,制定出一套严密的夺位计划。可计划还未实施,国王听说阿育违抗圣旨,领兵进京,便立即诏其入宫问罪。阿育毫无准备,吓出一身冷汗。幸亏罗提掘多急中生智,"便以黄物涂阿恕伽身,以罗叉汁洗,盛而弃之,诈称阿恕伽得吐血病不任征伐"(《阿育王传》卷1)。频头沙罗王一见面色枯黄的阿育,口吐黑血,一脸的痛苦,便信以为真。这一关总算躲过了,但夜长梦多,罗提掘多连夜行动,联合几位大臣,作了周密安排。几天后,阿育派兵包围王宫。这时的频头沙罗王已病入膏肓,卧床不起。阿育王子由大臣们精心打扮了一番,昔日的丑陋之相顿时消失了许多。罗提掘多等大臣环拥着阿育王子来到频头沙罗王的床前。跪拜问安之后,罗提掘多开口说道:"大王龙体有恙,需安心调护。可国中不能一日无主,阿育乃大王亲生之子,请您授其王位,以传国政,待苏深摩回来后,我们再把王位还给他。"频头沙罗一听,大怒不已,他强撑起身,以颤抖的声音吼道:"你们……你们……反了!"

大臣们纷纷回答道:"大王,这是天意啊。"这时,阿育站起身来,大声说道:"我若真有福德之力,可如法为王的话,上天将即时赐我天冠。"话音刚落,只见一顶天冠从空飘来,正好落在阿育的头顶上。众人顿时齐声欢呼。频头沙罗王扑通一声倒在床上,嘴里还艰难地骂道:"你们……你们玩的什么把戏,你们……你们眼里还有我这个国王吗?"然而,已没有任何人能听到他的责骂和呻吟了。这位风云一时的老国王气愤已极,口吐鲜血,一命呜呼。大臣们立即拥立阿育为王。阿育也不推辞,宣布正式即位,封罗提掘多为第一辅相,其他有功人员也一一论功行赏。这一年是公元前275年,阿育整整21岁。

可即位还没有几天,太子苏深摩便率大军直逼京师。

三、铲除异己　灌顶登基

太子苏深摩在旦叉始罗进退两难之际,忽接父王诏书,令其火速赶回京师,准备继承王位。苏深摩如释重负,他立即撤兵南下,越过印度河,再沿恒河一路东进,几十天后便抵达拘尸那迦城,这里离首都华氏城已很近了。

谁知就在这时,首都方面忽然传来消息,说频头沙罗王突然病逝,阿育王子业已继承王位。苏深摩一听,怒火中烧,立即率领数万将士,星夜奔驰,次日中午,便抵达华氏城外。

面对如此严峻的局面,阿育这位只知疆场驰骋、不谙宫廷争夺的新国王真不知如何是好。何况他刚刚即位不久,而过去又一直被排挤在宫廷政治之外,所以对一切都感到十分陌生,十分棘手。这时,宰相罗提掘多却胸有成竹地对他说:"大王不必担心,只要依我之言,保您安然无恙,至于王位,还是非您莫属啊。"一向刁横自负的阿育,这时只好言听计从。

按罗提掘多的安排,由阿育最信任的二员猛将分守南门和西门,罗提掘多守北门。阿育在几名卫士的环护下来到华氏城东门城楼上。一上城楼,但见东门两侧整整齐齐地站立着十几排长长的队伍,他们个个全副武装,面容严肃,一动不动。阿育心中暗自惊叹:"宰相治军也有一套啊,这些士兵不但纪律严明,军威振奋,就连个头也一模一样,甚至长相也差不了多少,有这样的军队,还怕什么。"阿育知道,苏深摩从西北方向赶来,首先进攻的当是西门和北门,根据华氏城的特点,东门受攻的可能性最小。阿育坐在城楼上,忧虑不安的心情一下子平静了许多。

一会儿,便有军士来报,说苏深摩攻西门未克,撤去。又过了一会儿,守卫南门的那位猛将也派人来报,说苏深摩攻南门未克,撤去。阿育一听,十分高兴。谁知没过多久,太子苏深摩却领兵直驱东门城下。阿育王大吃一惊,急忙命令士兵准备战斗,可那些士兵竟毫无反应。他再次大声叫喊,士兵依然不听他的。阿育大惊失色,心想一定是罗提掘多背叛了他,倒向了太子苏深摩,从而设下了这个圈套。他真后悔自己怎么就这样轻信了罗提掘多。忽然,他想起罗提掘多等大臣当初在父王面前说过的话,即待苏深摩回来后,他们再拥立苏深摩为王。这么说,自己只是一时的补缺国王了。可为了这补缺国王,他如今恐怕连性命都难保了。

这时,有一亲信急急匆匆地赶来,在阿育耳边叽咕了一阵,阿育听后,气得脸色铁青,连一句话都说不出来。原来这位亲信说的是北门那边的情况。北门是由宰相亲自把守的。罗提掘多原以为太子苏深摩会首先攻北门,那么,他就可首先与太子会面,以便为太子进谏。没想到太子却先攻西门,再攻南门。罗提掘多正在担心:太子如果不来北门与他会面,而是直驱东门,那么,他的计谋能否实现?忽有兵士来报,说太子正向北门进发。罗提掘多一听,露出了阴险而神秘的微笑。

罗提掘多不慌不忙,他只带了两名卫士,便走出城门外,静等苏深摩的到来。苏深摩一到,先是一惊,既而大喜,因为,这分明是宰相在迎接他嘛。二人相见后,罗提掘多对苏深摩说:"太子想必已知道京师的变故。唉,太子从来都不离开京城,没想到这第一次外出竟发生了这么大的事情。我们几位大臣都向老国王表示过,待你回来后,就将王位还给你。可如今阿育既在位上,一切都得听从他的。臣子们又有何法。事到如今,只有除掉阿育,才能夺回王位啊。北门由我把守,随时向你敞开,请您留下部分兵士与臣共守,然后直驱东门,阿育此时正在那里。那里的守兵都是臣的部下,不会听从阿育的,请您当即立断,切莫迟疑。"苏深摩一听,大喜过望,他立即留下大部分队伍由罗提掘多亲自指挥,自己亲率数千名将士直驱东门城下。

阿育得知这一情况后,肺都要气炸了。此时,黄昏已近,城下一片朦胧。阿育立即命令随身卫士们火速集合自己的队伍,以便趁黄昏再作最后的努力。可还未等卫士们走远,忽然传来一阵兵器的撞击声。放眼望去,只见城楼下那些士兵手中的武器全都丢在地上,如今个个赤手空拳,依然整整齐齐地站在那里。苏深摩骑在象上,一边向城门跟前移动,一边向两边的士兵招手。忽然从城门下走出一头威武而华丽的大象,大象背上骑着一名全副武装的大将。只见他手举长刀,向苏深摩迎面走去。因天色黄昏,加上是从城楼上望下看,所以,阿育并看不清此人的面孔,但从那副举动来看,分明是要阻止苏深摩入城。不过,这头大象虽然威武,但似乎有些笨拙,那位大将也是勇气有余而灵活不足,倒像是一个机器人。阿育心中依然充满了焦虑。

且说苏深摩自从在北门听了罗提掘多的进谏之后,内心欢喜不已。来到东门城下,又见两排士兵果然如罗提掘多所言,不但不听从阿育的指挥,而且全都放下了武器,排列两旁,欢迎他入城。正走着,发现阿育骑着一头白象从城内出来。他见阿育虽然手举长刀,但那副木呆的样子分明反映了阿育内心的惶恐。他想,两兵相接勇者胜,阿育已无勇可言,怎能胜我。于是,他扬鞭策象,冲向前去,举刀就砍。就在这关键时刻,只听扑通一声,苏深摩连人带象一下子便从地平线上消失了。紧接着,只见那头白象前面,一股浓烟升起,一种焦臭的气味随之飘向城楼。阿育正在莫明其妙之时,只听一串哈哈大笑之声传来。原来是罗提掘多狂笑着朝他走来。

"大王,苏深摩太子上来了!"罗提掘多依然大笑不已。

"什么? 苏深摩他……?"阿育又大吃一惊。

"怎么,还未嗅到那浓烈的焦糊气味?"罗提掘多显得十分得意。

阿育王依然莫明其妙。于是,罗提掘多便将他如何设计火烧苏深摩的经过向阿育王仔细地汇报了一遍。原来,自从阿育即位之后,罗提掘多便知道苏深摩肯定会率军攻城,所以,他分析了当时形势后,便派两名猛将严守南门和西门,自己独当北门。而在东门下则令能工巧匠制作了百名与人一样大小的木制武士俑,个个威风凛凛,几乎与真人无异。又制作了可以起动的白色大象,大象上固定着一位木制军俑,面相与阿育王一模一样。当苏深摩向城内走来时,开动白象的机关,白象便端直朝前走出。事先又在白象要停下的地方挖下一个深坑,里面放着特制的无烟木炭,上面蒙上粪草和燥土。当苏深摩兵临城下时,坑中的炭火业已熊熊燃烧。可怜苏深摩还未看清白象上的阿育是否真人时,便陷进火坑,连同大象活活地被烧死。

苏深摩一死,他手下的大将贤勇便乖乖地缴械投降。次日,贤勇便领着数千士兵剃度出家,作了和尚,其他士兵或被阿育收编,或是遭返回乡。阿育王即位后最强劲的一个对手就这样被消灭了。此后,阿育又重赏有功之臣,对罗提掘多更加信任和重用,在此人的帮助下,阿育王的统治得到不断加强。

阿育王二十多年来一直遭受排挤和冷遇，如今成为一国之主，多年的压抑一下子得到舒解，于是他立即命人在华氏城中修建了许多园林，从全国选来一千多名美女，日夜同这些美女在一起寻欢作乐。他以邬摩天女为本尊，大肆供养祭拜，并依此而放纵淫乐，所以，国人都称其为"迦摩阿育"，意即爱欲阿育王。

然而，不到两年，频头沙罗王的另外六个儿子相继在王舍城、鸯伽城等地称王。这六个王子虽然不像他们的兄长苏深摩那样具备太子的身份，但他们并不愿这位丑陋的弟弟独享王权，于是都各自拉起了一支队伍。可惜他们各怀野心，相互猜嫉，并未形成一支统一的力量，所以，很快就被阿育王各个击破，六位兄长兵败被杀，他们原来占据的城市也受到严重的毁坏。

兄弟之间大开杀戒，又唤醒阿育王那一度被爱欲掩藏起来的疯狂野性。此后，他的脾气变得越来越暴躁，也越来越傲慢。藏传佛教史料对此有非常形象的记述。多罗那他著于17世纪初的《印度佛教史》中说，阿育王由此"嗔暴转增，若不作刑罚等事心就不坦然，饭也吃不下去。早晨命令作了杀戮、捆打等刑罚，然后才心安理得地进餐"。阿育王的暴虐与傲慢引起宫廷上下的不满。这些不满情绪便逐渐地表现了出来。阿育王感觉最明显的就是宫女们对他的冷淡和大臣们对他的轻蔑。对此，阿育王是不会容忍的。

转眼间又到了第二年的秋天，这是华氏城最美的季节。阿育王在宫廷中玩得腻烦了，便带了大批嫔妃，到郊外的一处园林游乐。园内清新幽雅，景色迷人。嫔妃们个个雍容华贵，体态婀娜。阿育王一高兴，就变得鲁莽粗野起来，宫女们表面上只得强颜欢笑，可内心却是怨气冲天。中午时分，阿育王终于折腾够了，便在园内一宝殿内呼呼大睡起来。宫女们总算有了一个相对自由的空隙，她们跑出殿外，漫步园中，尽情地欣赏那品种繁多的奇花异草。

忽然，宫女们的嬉笑之声停了下来。原来她们看到了一颗长满奇花的树木。这种树非常珍贵，据说谁若能得到一株，他的忧愁即可消除，不知是因为那奇妙的花朵可以卖钱获财，还是因为那花令人赏心悦目，总之，人们给它取了一非常吉祥的名字，叫"阿育"，即无忧的意思。这种阿育树与阿育王的名字完全相同，所以深受阿育王的喜爱。由于此树十分稀有，这座偌大的园林也才只有这一棵，所以阿育王令园丁们对它格外养护。按说这种无忧之树正可为宫女们消愁解闷，可在阿育王那里受了一肚子委屈的宫女们，见了阿育树好似见了阿育王一样，内心的怨恨一下子便迸发了出来，于是，她们便把对阿育王的恨全发泄在阿育树上，大家一齐动手，不消片刻，就把一树的奇花全都折了下来，树上的绿叶和枝条也被毁坏得七零八落。

宫女们刚发泄完毕，一时被怨恨冲昏了的头脑便清醒了过来，恐惧顿时袭上心头,只可惜为时已晚。阿育王早就怀疑宫女们对他无情,特别是他满身粗糙的皮肤,更为这种怀疑添上了一把妒火。所以,当阿育王一觉醒来,发现他那心爱的无忧树被宫女们毁坏时,顿时怒火大发,暴跳如雷,他一把抽出随身佩带的钢刀,当场便砍倒了两位宫女,其他宫女见状,吓得四下逃窜。阿育王紧追上去接连砍倒了几位,可心中的怒气依然没有消散。他随即下令,让手下人取来许多竹帘,用竹帘将每个宫女层层裹住,然后堆放在阿育树周围。尽管宫女们不停地哀号求饶,可阿育王还是一把火点燃了这些竹帘。大火越烧越旺,宫女们徒劳无益的挣扎平添了几分惨烈之相,临终前的哀鸣更是撕心裂肺,惊天动地。可怜这些青春少女不一会儿便舍弃了娇嫩的姿容,舍弃了永不再来的生命。阿育王望着那滚滚的浓烟,脸带狰狞,狂笑不已。

对于阿育王这一残酷之举,宫廷中一些大臣们颇有微词。这些大臣都是频头沙罗王在世时进入宫廷的老臣。那时候,阿育虽为王子,可受父王嫌弃,身无半点职权,大臣们谁能把他瞧在眼里,相反,阿育王子倒是想方设法巴结这些大臣们。后来,因为太子苏深摩横行霸道,得罪了一些大臣,特别是宰相罗提掘多。于是,他们私下联合起来,拥立阿育为王,目的就是为了抑制苏深摩。在他们看来,阿育之所以能够即位称王,完全是他们的功劳,所以当阿育耽于酒色,享受王者的福乐之时,这些大臣们并不只是尽情享受阿育给他们的赏赐,而且还对阿育的施政指手画脚,说三道四,这便引起了阿育的极大反感。阿育心想,这些大臣们自恃有功,太不知趣了,不给他们点颜色看,以后何以统治辽阔的疆土。

这一天,阿育王在某林园中设宴招待朝中大臣。大臣们开怀畅饮,笑语如潮。突然,阿育王命令停止用餐和言谈,可许多人酒兴正浓,对于阿育的命令置若罔闻。直到阿育三番传令,嘈杂的宴席才肃静下来。阿育王通过这一测试,明明白白地看出,大臣对他是相当轻视的。阿育心中大为不快,他要再试试他们是否真的醉了。阿育站起身来,指着旁边一处花坛对大臣们说:"把这些花都给我折下来,然后拿到那边去,将那片棘刺树围护起来。"大臣一听,心中好笑:"莫非大王喝醉了,从来都是以棘护花,没有听说以花护棘的。"席间发出一片嘀嘀咕咕的声音,没有一个人去执行国王的命令。

阿育大怒,把刚才的命令又重复了一遍。罗提掘多觉得不妙,急忙起身离席,折了一大堆鲜花,插在棘刺树的周围。阿育王又向其他大臣喝道:"你们怎么不去折花护棘?快快给我去!"大臣们回答说:"大王,臣等没听说过以花护棘的道理,应当以棘护花才对呀。"阿育心想,他们并没有醉,纯粹是轻慢本王。他又问:"那罗提掘多为什么这样做呢?"大臣们回答说:"罗提掘多不识此理,必会贻笑他人的。"阿育心想,大臣们说罗提掘多不识此理,其实就是说本王不识此理;说罗提掘多贻笑他人,其实就是说本王贻笑他人。岂有此理,他们也太放肆了。阿育怒目圆睁,大声吼道:"先王有令,轻君者杀,你们都犯了轻君之罪,来人啊!"

这时,早已隐藏在四周的将士们一拥而上,将上百名大臣全都拉了出去,除罗提掘多外,没有一个逃脱杀头的下场。自此以后,阿育王便以杀戮为能事,稍不如意,就钢刀相见,不知有多少人惨死在他手中。宫廷上下,血腥弥漫,一片恐怖。国人皆称其为"旃陀阿育",意为暴恶的阿育王。

罗提掘多向阿育王进谏说:"大王身为一国之主,尊贵无比,而杀戮之事原系贱民所为,大王不宜直接参与。依臣之见,还是设一专门机构,任用专门人员,审察有罪之人,行施杀戮之职。如此,既能避免百姓对大王的怨恨,也能更有效地惩治犯罪,还请大王三思。"

阿育王觉得此言有理,于是就下了一道敕令,在全国各地征召杀戮能手,以为酷吏。那时,在遥远的边陲山区,有一个村庄,村中有一织匠,以织布为生,此人生了一个儿子,名叫耆梨。耆梨生性残暴,能行不仁,为人极恶。时常"手则携钢,脚则顿机,涂毒草叶虫兽,触者无不即死","恒骂父母,家中男女悉皆拍打,乃至一切众生无不杀害",因此,周围人都称他叫"旃陀耆梨",意即暴恶的耆梨。在暴恶方面,此人与阿育王完全一样,所以,都获得了"旃陀"的臭名。

朝廷派来的使者听说此人后,便找到这个山村,召见了耆梨,问他说:"阿育大王想找一位杀戮能手,专治有罪之人,不知你能否胜任此事?"耆梨一听,冷笑道:"杀尽全世界的人我都能行,何况区区一个孔雀王朝。在卜除了杀人之外,别无兴趣,请您放心,此事一定会干好的。"使者向阿育王作了汇报,阿育王一听,大为高兴,立即命令使者将此人带来。使者又来到这个村子,召耆梨入京。耆梨让使者稍候,过了片刻,才出来同使者出发。使者问他何故来迟。耆梨回答说:"我告知父母要去为国王行杀戮之事,父母不同意,我就杀了他们,所以迟到片刻。"使者一听,吓出了一身冷汗。

一到京城,阿育王立即召见了这位天下有名的恶棍。耆梨对阿育王说:"杀人之事太简单了。不过,为了杀得有趣,杀得愉快,杀得轻松,还请国王允许我建造一个牢狱,并定下规矩,凡进入者,一概杀之,任何人均不得再出。"阿育王满口答应。于是,耆梨便在王宫北面选了一处地方,建起一座高大雄伟的房舍。从外观来看,哪像牢狱,简直就是一座美丽的宫殿。雕梁画栋,红墙碧瓦,白色的大理石台阶映衬在红花绿草之间,自由飞旋的小鸟在屋宇上空欢快地鸣叫,清风吹来,绿叶婆娑,鲜花飘香。在这美丽的房屋里边,耆梨却设置了各式各样的刑具和专门杀人的各种洞穴、台板、刑架等,极为恐怖。

这一天,罗提掘多乘着象车路过这里,发现这座美丽的建筑,不禁下车观看,才知道是新任酷吏耆梨的任职所在。他问耆梨："你这个衙门还真不错,可与王宫媲美了。"耆梨说:"不瞒宰相,这并非衙门,而是地狱,因其外观美丽,人见人爱,所以我叫它爱乐狱。国王有令,凡入者一律处死,所以,不令其华丽可爱,谁还愿意进去呢?宰相大人可愿进去看看?"罗提掘多一听,愤然离去。他原是想限制阿育王滥杀无辜,所以才建议由国家成立专门机构,专治有罪之人,可如今这个耆梨却是不论有罪无罪,凡上当误入者,格杀勿论。设置这样的爱乐狱,难道不是一场灾难吗?谁有力量能阻止这种野蛮暴行呢?

爱乐狱对外开放第一天,耆梨便杀死了数百名无辜的百姓。虽然被判有罪的人也送到这里处死,但绝大多数死难者还是为其外表迷惑而误入其中的人。可惜这个爱乐狱中只进不出,所以,许多人并不知它的真实情况,于是,误入其中者仍然每日不断。

阿育王对内血腥镇压,对外继续征伐,朝廷上下,无不慑服,所辖境界也不断扩大,阿育王盛气凌人,不可一世,便于公元前271年,举行灌顶大典,正式登基称帝,从此成为阿育皇帝,但历史上仍习惯称其为阿育王。

四、放下屠刀　皈依佛门

耆梨以爱乐狱屠杀无辜,死者无数,可他还觉得不过瘾,总是想方设法改造狱中的设置。这一天,耆梨外出抓人,路过华氏城外的鸡雀寺,突然听到里面传来阵阵诵经之声。耆梨对佛法毫无兴趣,可他万万没有想到,佛经中竟也讲有关地狱的事情,于是,他就驻足细听,这一听,对他的启发极大。

原来,耆梨并不是听到佛经而有悔罪之心,而是有一位比丘在念诵《恶婴愚经》,其中讲到六道中的地狱道的情况,言及镬汤、炉炭、刀山、剑树等种种苦事,谓"喜镬汤者以碓捣之,喜碓臼者以镬煮之"以及"在地狱中吞大铁丸,融铜灌口"等等。耆梨一听,暗想,那个爱乐狱也应该这样,于是,他回去后立即如法炮制,增添了铁镬、石碓、刀山、剑树等刑具。另一则资料则说,鸡雀寺中的一个比丘得知耆梨以杀人为业,便起了慈悲之心,前去教化,为其讲述杀人作恶将来也要下地狱的道理,其中讲到地狱中的各种痛苦,耆梨听后不但没有反省,反而依经文所讲地狱之状,改造他的爱乐狱。

公元前265年,爱乐狱中不幸误入了一个年青的和尚。此人名"海",人称海比丘。说起他的来历,还得从20年前讲起。那时,舍卫城有一对夫妻,以经商为生,一次,夫妻相伴到海中去探宝,不久在海上生了一个儿子,便为其起名叫"海"。他们在海上奔波劳作,一晃就是 12 年。于是二人领着孩子回到大陆,但不幸遇到盗贼,惨遭杀害,财物被抢,唯有儿子海得以幸免。海经此打击,又一无所有,便出家为僧,那时,印度僧人都是"一钵千家饭,孤身万里游",即以云游乞讨为生。海比丘辗转乞食,四方云游,八年后来到华氏城。这一天,海比丘行脚途经爱乐狱,见其华丽雄伟,以为是富人之家,便前去乞食,从而误入耆梨的圈套。

耆梨对海比丘说:"你如今进入狱中,必受死罪,这是国王的命令,谁也不能例外。"比丘一听,大哭不已。耆梨不耐烦地说:"不就是死嘛,还哭什么?"比丘说:"我并非怕死而哭,而是因为害怕失去了善利而哭。因为我自八年前出家以来,虽到处参学,精诚修持,但至今依然没有证得道法。人身难得,佛法难遇,所以我才哭啊!"

耆梨觉得此人是进入爱乐狱的所有人中最特殊的一位,因为其他人都是怕死而哭,而他却是因为尚未证道而哭。可事先业已立下的规矩怎能例外。这位比丘求耆梨允许他再活一月,以便再作精进,争取证道,然后赴死。耆梨不允,比丘又将期限缩小,如是经过再三哀求,耆梨只允许他再活七天,七天过后,就让他上铁镬受煮。

海比丘知道自己的死期不远,所以勇猛精进,坐禅息心,可直到第七天还未证得道法。恰在这时,阿育王宫中的一位宫女与一男子偷偷说了几句情话,阿育王一怒之下,便将这位宫女和男子送往爱乐狱惩办。耆梨将这位宫女放入石臼中,以碓捣之,一位白皙秀丽的女子瞬间便眼睛脱出,血肉模糊。海比丘看了这副惨相,心中顿时大悟。《阿育王传》中记述海比丘的证道感想如下:"呜呼!大悲所言诚谛,说色危脆,犹如聚沫不坚,速朽无有暂停,端正容貌今安所在?好颜薄皮亦俱败坏。怪哉,生死,婴愚所乐!"海比丘由此看透了人身和人生,从而获得须陀洹果,由此再进一步思考悟道,第七天的后半夜又获得了阿罗汉果,从而最终证得正果。

我们再来看证果之后海比丘的境界。《阿育王经》卷 1 中说:"旃陀耆利柯(即耆梨)语比丘言:'是夜已过,明相已现,受苦时至,汝应知之。'比丘答言:'我今不知汝之所说——是夜已过,明相已现,唯能自知无明(佛教认为痛苦最根本的原因)夜过,智慧日现。我以智慧日光见一切世间皆无有实,是故我今欲以佛法摄诸世间。……我今此身,随汝意作。"

耆梨一点也听不懂,他只知杀戮,便双手抓起比丘,嗵地一声扔进铁镬之中。铁镬中盛满浓血屎尿等污秽之物,镬下架起大火,烧了起来。海比丘双手合十,双目微闭。耆梨则在一旁疯狂地嚎叫。可是,柴烧完了,镬还没有热起来。耆梨怪罪烧火者不力,一杖将其打死,自己亲自拿来大堆柴火,可柴用尽了,镬还是没热。他又将屋椽拿来烧,可水还是不热不冷。《阿育王经》中则说是火始终无法点燃。不管怎么说,反正是出现了奇迹。耆梨接开镬盖一看,只见海比丘双膝盘坐,双手合掌,端坐在莲花座上。耆梨大吃一惊,急忙上奏阿育王。

阿育王一听,甚感奇怪,便亲自前来查看。这时,海比丘又现出了几种神通,使阿育王惊叹万分,他不禁肃然起敬,合掌说道:"你的身躯与常人无异,而你的神力却胜过人力,你到底是谁,你的法术到底是怎么回事,你若告诉我,我就做你的弟子。"

于是,海比丘便将佛法如何惟妙、佛陀如何伟大以及他怎么作了佛的弟子,怎么证道等向阿育王详细地叙说一遍。阿育王听后,虽然没有真正理解,但觉得还是很有道理的,加之刚才在兴头上已答应如果对方告知这些底细,就做人家的弟子,所以,这时他便合十再拜,以师相称。海比丘趁机对阿育王说:"您今生为王,佛陀早已预言,不光如此,佛陀还预言您将建造84000座塔,在世界上广泛传播佛法。佛的预言一定不会错的。"阿育王又是一惊,他原以为自己为王只是他出世前后两位相师的预言,原来佛陀早在二百多年前就为他作了预记。他急忙询问佛陀预言的情况,海比丘便将二百年前两位孩童如何以土施佛从而得佛预记,将在今生分别为王和宰相的事完整地叙说了一遍。阿育王一听,大喜不已。

这时,海比丘趁间隙逃出爱乐狱。阿育王回过神来,也跟着要出去,可耆梨却是严守规矩,毫不留情,他拦住阿育王,合十言道:"大王,您应当知道,我已奉您之命主此地狱,凡是入者,不论何人,盖不能出。"阿育王冷笑道:"难道你还要杀我吗?"耆梨严肃地说:"是的,您当初并没有说您可以例外呀。"阿育王一听,知道耆梨是动真的,至此,他才知道事情的严重。幸亏两名卫士走来,阿育王闪身躲在后面,对耆梨说:"我当初也没有说你可以例外。我问你,咱俩谁先进来?"耆梨依然冷静地回答道:"大王,是我先进来的。"阿育王便道:"那好,就先处死你吧。"耆梨点头同意,于是狱卒们便将耆梨放置胶舍中烧死。随后,阿育王又命令将整个爱乐狱烧毁。

从此以后,海比丘便成为阿育王宫中的常客,每次入宫,都受到阿育王的盛情款待。海比丘知道不依国主则法事难立的道理,所以,通过他八年云游四方的经验,以巧妙的方式向阿育王循序渐进地揭示佛法的奥秘。阿育王对佛教逐渐有了兴趣。当然,这时他尚未明白佛法的根本,而只是把佛法当成法术与神通,并利用这种神通为自己服务。不管怎么说,阿育王自从亲近佛法以后,昔日的暴恶逐渐得到一些收敛。据汉文资料讲,阿育王便是在此时皈依海比丘的。据说阿育王还对海比丘诵了一首皈依的偈子,其中最后四句是:"我庄严此地,以种种佛塔,其自如珂雪,如佛之所说。"这四句反映了阿育王当时皈依佛教的心态,即遵奉佛陀当年的预言,在世界上建立佛塔。一个暴君怎么会变得如此尊敬佛陀呢?一个重要的原因恐怕是海比丘讲述的佛陀当年预言的阿育王因缘果报之事,正好贴合了阿育王的心理。因为阿育王是通过一项宫廷政变,杀死合法的王位继承人以后才登上王位的。尽管已有两个相师曾预言其必作国王,但相师在民众当中的号召力、影响力远不及佛教,更何况相师并未说明阿育为何可以作王,而海比丘所讲的故事正好通过佛陀的金口弥补了这一缺憾,即所谓种瓜得瓜,种豆得豆,今世为王乃前世所修因缘,这便与君权神授差不多了,阿育王怎能不感激佛陀呢? 由于海比丘讲述的佛陀预言故事除了以土布施、受报为王之外,还有为王之时兴建佛塔、广播佛法的内容,为了维护佛陀预言的权威性,阿育王广建佛塔就是很自然的事了。看来,阿育王不光是残暴蛮横,他还是一个聪明机灵的人。

佛陀曾为阿育王授记的消息一传出,便在华氏城引起了极大反响。人们对阿育王的看法发生了急遽的变化,不光老百姓的归服心理大增,就是那些上层政敌们也纷纷打消了与阿育作对的念头。宫女们对阿育王崇拜不已,阿育王一高兴,满身粗糙的皮肤也奇迹般地消褪下去,阿育王对佛教的感激之情进一步增加。于是他来到鸡雀寺,向寺中的上座耶舍长老表达了他要兴建 84000 座佛塔的心愿。耶舍长老对此大加赞叹。二人又商讨了建塔的一些事宜,包括如何取得佛陀舍利,如何在一日当中的某一时刻同时动工等等。

就在建塔的各项工作正在积极筹备之时,从南方传来消息,说羯陵伽联合南方十几个国家反叛朝廷。更严重的是,这个歧视佛教崇信外道的国家,对阿育王的前世因缘果报之说大肆批驳,说这是阿育王愚弄人民的一种卑鄙伎俩。阿育王一听,火冒三丈,急忙派人南下,打探详细情况,建塔的热情顿时冷落了下来。

羯陵伽位于印度次大陆东南部的东高止山与孟加拉湾之间,北起马亨纳底河,南抵哥达瓦里河,相当于现在的奥里萨省。此地南北狭长,地势平坦,为南北印度之间的天然通道,地理位置十分重要。传说远古时候,奥特拉族有一个名叫羯陵伽的人在此建国,遂号羯陵伽国。后来雅利安人进入这个地区,建立起雅利安人的王国,但羯陵伽的名字却一直延续了下来。“羯陵伽”意为“相斗战时国”,斗战成为此国的一个传统,所以,该国在南印度一直处于霸主的地位。孔雀王朝建立后,由于不断扩张,在中印度逐渐出现了一个空前统一的大国。羯陵伽被迫北向称臣纳贡,南部十几个小国更是直接委国于孔雀王朝,再也不听从羯陵伽的摆布了。阿育王即位后,进一步强化对南方的统治,羯陵伽在经济和政治方面所受到的压力进一步增加,自古相传的好斗情绪便日益高涨起来。如今,阿育王又宣布皈依佛法,还要在全印广建佛塔,如此更使这个崇信外道的国家深感不安,因为佛法一旦在此地推广,他们在南部印度赖以统治的精神支柱就会被摧垮。于是,羯陵伽国王实行全民动员,裹挟南部诸小国,公开反叛孔雀王朝。

据南下密探回来报告说,羯陵伽有精锐步兵6万、骑兵1000、象军700,加上南部各小国的力量,总数在20万人左右,如果再算上临时征集来的百姓,那数目就更大了。阿育王犹豫起来,说打吧,羯陵伽人兵强马壮,必是一场恶战,何况他刚归依佛法不到两年,怎好大开杀戒;说不打吧,羯陵伽扼守南北通道,为南印的霸主,羯陵伽一反,先王在南印苦心经营的成果将全部丧失,不仅如此,若坐视羯陵伽反叛,西印、东印各国也会蠢蠢欲动,而羯陵伽一旦强大,必然还会向北扩张,到那时,统一全印的大业不但实现不了,而且连孔雀朝廷本身恐怕也难保了。阿育王越想越害怕,最后终于作出决定,南下征讨。

公元前263年,阿育王率领大军,一路南下,越过了马亨纳底河。羯陵伽人民同仇敌忾,拚死抵抗,双方展开了激烈的撕杀。一时间,硝烟弥漫,火光冲天,尸横遍地,血流成河,凄厉的哀号震天动地,血淋淋的屠刀寒光四射,座座房舍被毁坏,道道高墙被拆除,阿育王的大军终于攻破首都弹多补罗,杀红了眼的士兵们见人就杀,见房就烧,一座美丽的古城被彻底摧毁,羯陵伽遭到完全失败。据《阿育王摩崖法敕》第13章记载:"天佑慈祥王(指阿育王)于灌顶九年,打败了强敌羯陵伽国。当此战争,在该国杀了十几万兵,从该国捆来十五万俘虏,此外受伤病死的又有数十万人。"从这些记载可以看出这场战争的残酷。

硝烟慢慢散去,南印度再次划归孔雀帝国的版图之内,阿育王也逐渐从战时状态中回复过来。拭去钢刀上的血迹,阿育王又来到鸡雀寺。上座耶舍听说阿育王在南印的暴行之后,内心强烈地震撼了。面对这个沾满几十万生灵鲜血的刽子手,他真不明白,这个曾经以土施佛获国主之报的人,怎么又种下了如此深重的恶业,耶舍不禁长叹道:"地狱中又多了一位候补者,众生的业障难消啊。"自从这次事件之后,耶舍意识到,要使阿育王护持佛法,就必须使其真心皈依佛法,而要使其真心皈依佛法,就必须让其真正领会佛法。过去以各种神通进行慑服、诱化的方法是有重大缺陷的。但耶舍也明白,自己虽为上座,但只长于神通,要真正教化阿育王,自己是无法胜任的。于是,耶舍想到了摩偷罗国的优波笈多。

事情还得一步一步地来。阿育王正热心建塔,这也不是什么坏事,耶舍便全力协助。据说释迦牟尼佛当年涅槃之后,八国分其舍利,各建一塔供养。阿育王首先将王舍城阿阇世王所建佛塔中的四升舍利取出,接着又依次掘开其他各塔,取出所藏舍利。据说阿育王取了七座塔后,又到第八座塔中去取。此塔位于罗摩村中,是最初建的一座。可当阿育王要掘塔时,有一龙王出面阻止,执意要保留此塔,继续供养。阿育王觉得此塔乃世间最早的佛塔,守护得十分精细,也便同意留下。又据《释迦谱》卷5中说,阿育王在此也获得了一部分舍利,这么说,最初所建八座佛塔中的舍利都取到了。

　　取得佛舍利后,阿育王回到华氏城,命人制造了 84000 金箧,每个金箧都用各种珍宝装饰起来,一个宝箧中放一枚舍利。另外又令人制造了 84000 宝瓮、84000宝盖和 84000 匹彩绸。每瓮装一宝箧,再用彩绸包扎起来。然后组成一支庞大的队伍,分送舍利到全国各地。凡是有一亿人口的地方就建造一塔。在分送舍利的过程中出现了一个小插曲。传说西北部的旦叉始罗号称其有人口 36 亿,所以要求给他们 36 箧。使者上报阿育王。阿育王心想,旦叉始罗哪里有这么多人,存心是想给他们多建佛塔。可若给了他们,其他地方也多要的话,舍利就不足以布满全国了。于是,他想了一个绝招,传令下去,说旦叉始罗人太多,须除去 35 亿,唯留一亿。旦叉始罗人一听,回奏国王说,他们宁愿只要一枚舍利,也不愿大王再开杀戒,以造恶业。阿育王接受了他们的要求,接着又发了一道命令,以后凡人口越过一亿的地方,也只给一枚舍利,凡不足一亿的地方则一律不给舍利。

　　处理完这些杂务之后,阿育王来到鸡雀寺,请求上座耶舍再解决他最后一个问题,这就是如何在同一时间各地同时动工。据说耶舍答应以手遮日,各地发现有手障日时,即举行开工大典。掘西方学者推测,阿育王这次大规模的建塔活动,很可能是在精于天象的人业已预测到的一次日食时同时开工的(参见渥德尔著《印度佛教史》P245)。而《释迦谱》则记述到,耶舍得知阿育王欲某日同时动工,便通知他,可以十五天后的月蚀为信号,各地同时动工。关于一时建塔的事,历史上还留下许多神奇的传说,这里就不一一介绍了。阿育王建造的这些塔,后世就称其为阿育王塔。这些塔大多数都很小,后来有些塔又经过进一步扩建,规模才不断增大。中国僧人法显、玄奘等人在印度旅行时,就曾看到许多阿育王塔,并在他们的游记中作了准确的描述。这些佛塔后来相继湮没,今天的山奇古塔恐怕是印度唯一留存的一座阿育王塔。传说这些塔分布在全世界的范围内,那么在中国当然也有。《广弘明集》卷 15 举出中国 17 座阿育王塔,《法苑珠林》卷 38 则举出 21 座。陕西扶风法门寺和浙江宁波阿育王寺的阿育王塔,最为有名,相延至今,香火不绝。

　　阿育王之所以要建这么多的佛塔,根据有关史料,主要有以下原因。其一是尊奉佛陀的预言,以维护其完整性和权威性。因为佛陀的预言对阿育王维护王权是极有利的。其二,《释迦谱》说,阿育王杀了 84000 夫人,应堕地狱,一位名叫消散的比丘前来度化。阿育王问,杀 84000 夫人的罪孽能否救赎。消散比丘告诉他,为每个夫人各建一塔,内藏佛舍利,这样就可消除罪过。其三,《释迦谱》又说,阿育王皈依佛法后,问一法师,他过去杀了那么多无辜的百姓,今修何善可免恶报。法师告知其“唯有起塔,供养众僧,赦诸徒囚,赈济贫乏”。阿育王又问何处可以起塔,法师便以神力左手掩日,日光即成 84000 道,散照大地,所照之处,皆可起塔。其四,《阿育王传》卷 7 记载,太史占相,说“王有衰相”,“王问太史,云何禳却。太史答言:唯有修福,可得襄却。王时即造 84000 塔,作诸功德"。其五,全印度基本上已经统一,再不需战争征服他人,以佛法教理特别是伦理思想诱导社会,维护统一,稳固统治就显得十分重要。建塔就是推广佛教、实行佛法教化的一个重要手段。上述五种原因可以分为两类,一是为了维护自己的统治,二是为了救赎自己的罪孽,前者是为现实的利益服务,后者是为精神的和来世的生活服务。

阿育王对佛教的信仰经过了一个很长的过程,第一阶段为海比丘的神通所慑服,从而接近佛教;第二阶段发现可以利用佛教证明其王权的合理性,故而支持佛教;第三阶段在原有宗教或其他迷信思想及佛教学说的初步影响下,认为自己的血腥屠杀会遭到报应,为了赎罪而开始修持佛法;第四个阶段,由供僧、建塔等外在的修持活动转向对佛教义理的认识,因赞赏佛教理论,从而成为一名真正的佛教徒;第五阶段,随着对佛教认识的不断深入,对佛教的信仰变得虔诚而稳固,为了给自己积累更多的福德,也为了维护其对辽阔疆域的统治,故大力弘扬佛教。第六阶段,迷信佛教,走向极端。

根据以上所述,阿育王建造佛塔时,尚未专一地、虔诚地信仰佛教,由此转向对佛法义理的认识是在长老优波笈多的教化下实现的。

据几种主要的汉文资料记载,阿育王建造了八万四千佛塔之后,率领群臣,来到鸡雀寺拜见耶舍长老。阿育王问耶舍,这个世界上还有没有像他这样得到佛陀授记的人。耶舍告诉他,佛当年在西北印度说法之后,来到摩偷罗国对阿难说,佛灭后摩偷罗国有长者名为笈多,其子名优波笈多。此人长相虽丑,但教化众生的本事与佛相差不远。佛当时还指着不远处的一座青山对阿难说,这山名叫优留慢荼山,山上将建起一座寺院,名叫那罗拔利寺,优波笈多将住锡此寺,教化众生。阿育王又问:"那位优波笈多尊者现在出世了没有?"耶舍回答说:"不但业已出世,而且证得了阿罗汉果,现在正在那罗拔利寺开示佛法,许多人都在那里获得了解脱。"

阿育王一听,立即派人备车并集合三军,准备前往摩偷罗拜见优波笈多。这时,宰相罗提掘多建议道:"此国隘小,您率领这么多的人马,让对方如何招待。还不如派使者请优波笈多来这里见面。"阿育王回答说:"我虽为一国之主,但尚未证得金刚之心,怎能委屈如佛之人呢?"

却说优波笈多得知阿育王要率众前来时,为了避免打扰大众,急忙派人禀告,要求亲自前去见王。阿育王只好答应。于是,优波笈多派人将几艘船合在一起,形成一个巨大的长舫,领着上千名弟子,自恒河顺流而下,直达华氏城。

优波笈多的船舫一到,就有人跑去皇宫向阿育王报告。阿育王十分高兴,立即脱去佩戴的价值千金的缨络将其赏给这位报告的人。然后传令击鼓,集合宫廷上下,大声宣告道:"凡欲得大富大贵者,欲生天国者,欲求解脱者,欲见如来者,都准备好自己的供品,我们一同迎接优波笈多去吧!"众人纷纷附和。阿育王又令人清扫巷陌,庄严城郭,随后领着众人,带着各种名贵的梵香,以伎乐仪仗为前导,浩浩荡荡,开出城外。

快到河边,远远看见优波笈多伫立船头,弟子们相拥在两边,犹如半月一样,十分庄严。阿育王急忙从象座上下来,快步来到河边,扶优波笈多上岸,对他合十言道:"我业已消灭了一切怨敌,获得了整个天下,可这样的欢喜也比不上今天见到尊者的喜悦啊!为什么呢,因为见到尊者,就等于见到了佛。"

说着,阿育王诗兴大发,随口就是一首偈子出来:"佛虽入寂灭,尊者补处生。慧日已潜没,尊者继大明。今应垂教授,我当随顺行。"阿育王不但对优波笈多大加赞颂,而且明确要求他垂示教诲,并表示一定遵循奉行。优波笈多也以偈说道:"谨慎恐惧莫放逸,王位富贵难可保。一切皆当归迁灭,世间无有常住者。三宝难遭汝值遇,恒常供养莫休废。"就是说,王位虽然高贵,但又很难维护,所以一定要小心谨慎。而这就必须按佛法行事,而佛法又是什么呢?佛法的关键就是"无常",要深刻领悟无常之法,达到"有常"的妙乐境界,就必须皈依佛、法、僧三宝。皈依三宝是二千多年来所有佛教派别都一致认可的必经的入教途径。所以,我们看优波笈多的偈子,是先从世俗王权难保说起,而落脚点却是要阿育王皈依佛门,供养三宝。优波笈多接着对阿育王说:"佛把正法嘱咐于你,也嘱咐于我,我们可要携手合作,好好护持。"阿育王一边点头,一边领着优波笈多坐上象车。大队人马随即又返回城中。

优波笈多对佛法义理业已融会贯通,又极善于因材施教,随机说法,加之辩才无碍,神通广大,所以,几个月后,阿育王便对佛教有了很深的理解。于是,公元前262年的一天,阿育王正式加入教团,从此成为一位真正的优婆塞,即四众(四类佛弟子)中的男居士信徒。从此,国人又称他为"达摩阿育",意即佛法阿育王或正法阿育王,而他自己则自称为"德瓦南皮亚·皮亚达亚"。"德瓦南皮亚"意为"诸神宠爱的人";"皮亚达亚"意为"容貌和蔼可亲的人"。二者合在一起,一般译为"天佑慈祥王",或"天亲仁颜大王"、"天宠慈颜王"。

五、巡礼佛迹 广播佛法

阿育王皈依佛门之后,逐渐对自己昔日的残暴行为表示反省,特别是对两年前发生的羯陵伽战争更为后悔。

公元前259年,阿育王令人将自己的忏悔刻在一块巨石上,以昭告天下。其中说:"从羯陵伽国被占以后,天佑王就热心信奉佛法,喜爱佛法,并且推行佛法敕令。这就是天佑王对征服羯陵伽国忏悔的表示。因为征服最难征服的强国,有许多的生灵被屠杀而惨死,或者被俘虏,所以,天佑王总是感觉到痛苦悲伤。天佑王尤其感觉到悲痛悔恨的事,就是在羯陵伽国内居住的沙门、婆罗门和其他宗派的信徒们,以及向来是尊从长者、父母、恩师、亲戚、朋友、知己、同事和善待奴仆而素有坚固信心的居士们,也因战争遭受了屠杀的惨事,或者遭受了与至亲和妻子生离死别的痛苦事情。即使自己本身侥幸得以免去战死,而他的至亲、密友遭到了不幸而惨死,活得因此悲伤而成疾病,也是天佑王最感觉到痛苦悲伤的事情。以上各种人们所遭受的恶运和惨事,都是天佑王所最感觉到悲伤痛恨的地方。……天佑王到现在仍是感觉到悲痛悔恨而来不及的。"(《阿育王法敕》第13章)

这篇法敕被认为是阿育王一生的转折点,即政治上,从血腥统治到仁德统治;个人修养上,从粗野狂暴到温和仁慈。从此,他认为,"根据佛法得来的胜利,才是真正高尚的胜利",因为"这个佛法的胜利,既是关于今生的福利,又是关于来世的福利,所以希望世人把一切的爱好变为对佛法的爱好"。为了把佛法推广到帝国的每一个角落,阿育王采取了一系列措施,规模最大的当数巡礼佛迹、广布法敕和组织传教。

据《阿育王经》卷2记载,阿育王完成了分散舍利、建塔供养这件事之后,对优波笈多呈上一偈,其曰:"我今已供养,世尊舍利像,处处广起塔,珍宝来庄严,唯不能出家,专修于梵行。"优波笈多答复说:"修行在于心诚,出家不出家关键在个人的因缘。既然佛授记您今生为王,那么,您今生就不会有出家的因缘。佛说您将以转轮圣王的身份护持佛法,所以,您还有更伟大的使命要作。"这话正好说到了阿育王的心上。他对佛教的确产生了一定的信仰,并看准了佛教在教化人民、巩固统治方面的重要作用,但要他出家清修,他是做不到的。

不久,阿育王便向优波笈多提议,说他想巡礼佛陀当年生活过的地方,并修建一些纪念性标志,以教化众生,一心向佛。优波笈多说:"佛陀当年说法,足迹遍布整个阎浮提大地,要实现这样的巡礼,是相当耗时的,您政务缠身,能抽出时间吗?"阿育王说:"巡礼佛迹就是目前的头等政事。"于是,优波笈多便作为向导,领着阿育王及其随身相伴的大批人马,开始了世界历史上第一次有组织的佛迹巡礼活动。

这次巡礼活动从华氏城出发,第一站就是佛陀诞生地尼泊尔的蓝毗尼园,最后一站则是佛陀涅槃的拘尸那迦城婆罗双树林。整个巡礼过程是非常仔细的,各种史料对此均作了不厌其烦的记述。仅以佛陀少年时代的生活地迦毗罗卫城为例,他们就去了抱菩萨(释迦牟尼未成佛以前的称呼)示净饭王处、示诸释天祠处、诸相师相菩萨处、阿斯陀仙相菩萨必作佛处、婆阇婆提养菩萨处、菩萨学书处、菩萨骑象处、菩萨学乘马处、菩萨乘车处、菩萨学射箭处、菩萨休息处、菩萨转石轮处、菩萨与彩女娱乐处、菩萨见老、病、死、生悲痛处、菩萨阎浮树下修禅定处、菩萨入初禅处、菩萨夜半出家出城门处、菩萨脱宝冠并遣马车匿还处等等。每到一处，优波笈多都详细介绍了其中的故事，然后阿育王便虔诚礼拜，慷慨布施，并命人修建标志。

离开佛陀故乡后，他们按佛陀当年出家求法的路线，依次朝拜，包括佛陀当年随外道学习、行外道之法的地方也都去了。佛陀成道后的遗迹更是他们巡礼的重点。在所有巡礼过的地方，阿育王都作了标志。对此，《阿育王经》卷2是这样说的："我欲于佛行、住、坐、卧处悉皆供养，又欲作相令未来众生知佛如来行、住、坐、卧所在之处。""作相"就是制作可视性的东西，在历史实物无存或破损的地方重新树立起有相标记。这多少有点类似现代的作为文物保护标志的石碑，但现代的石碑形制单一，阿育王所作的标记都是形式各异，有的是佛足印形，有的是与佛有关的物品形，有的是种植有关的树木，有的是佛的某种相好，如卐字形，有的则是表示佛法的记号如法轮、菩提树和莲花等等。在所有这些标志中，最著名的要算佛塔，特别是四大处佛塔，雄伟壮观，为后世巡礼佛迹者必至之处。它们是迦毗罗卫国蓝毗尼园的生处塔、摩揭陀国伽耶城菩提树下的成道塔、婆罗奈国鹿野苑的转法轮塔、拘尸那伽国跋提河边的涅槃塔。

阿育王对佛陀遗迹进行标记可称为历史上第一次有组织的佛陀遗迹普查活动，其规模之大，空前绝后。后世佛教徒巡礼佛陀遗迹主要就是根据阿育王时代确定的标记来进行的。那么，阿育王对佛陀遗迹的确定又是根据什么呢？史料上只说是听从优波笈多的指定。那优波笈多又是根据什么呢？史料对此没有说明。按我们分析，佛涅槃后，佛教徒为了表示对佛陀的怀念和敬仰，常在佛陀生活过的地方凭吊，从而形成许多朝拜点，但由于时间久远，传说纷纭，对于佛迹的认定也很不统一，其中不免夹杂了许多非真实的成分。尽管如此，这种自发的、零散的纪念活动的确把许多佛陀遗迹确定并延续了下来，优波笈多就是在前人的基础上对佛陀遗迹作了一次全面彻底的清理和重新认定。

这次清理肯定也把相当多非真实的佛陀遗迹包纳进来。历史上，佛陀主要在恒河两岸活动，多数学者并不认为佛陀曾去过西北印度和南印度等遥远的地方。但阿育王这次确定下来的佛迹却北起兴都库什山，南到斯里兰卡，遍布整个南亚地区。非真实的佛陀遗迹的大量出现，在当时来说是不可避免的。因为，佛教在不断传播过程中，佛陀的人格与学识得以不断的升华甚至神化，对佛陀的敬仰之情不断增加，而制作佛像的习惯尚未产生，所以，对佛陀遗迹的崇拜便成为当时佛教的一种主要崇拜方式。从这一历史背景来看，大量非真实佛陀遗迹的出现就成了一种必然的宗教文化现象。自从阿育王这次全面普查标记之后，南亚次大陆的佛迹基本上统一肯定下来,后世虽还有增加,但大体上都是这时确定并相传下来的。玄奘到印度巡礼时之所以能见到那么多的佛迹,主要应归功于阿育王的这次普查活动。

阿育王为推广佛教、实施佛法治世而开展的又一项重要活动就是广布法敕。这一活动最早是从公元前261年开始的,大约于公元前245年结束,前后延续近20年。

作为统治全印的一个大帝国,正式颁布皇上的谕旨到帝国全境,这并不是什么新奇的事情。但向帝国全境颁行佛法敕令,却从未有过。尤其特殊的是阿育王颁行佛法敕令的决心。为了使佛法治世这种全新的政策达到最大限度的普及,而且保证在他身后还能继续执行,阿育王在他领土内一切重要地点将他推行佛法治世的敕令雕刻在各种形式的石面上。这就是闻名世界的"阿育王法敕"。

这种法敕分布范围极广,几乎遍及整个南亚次大陆。法显、玄奘在印度各地经常看到的石柱,即为法敕刻文的一种形式。可惜后来逐渐湮没,以至世无知者。直到1356年,伊斯兰教徒菲罗兹夏尔在距德里160多公里及60公里处各发现一根石柱,遂将其移至德里,再到百年前为英国人霍尔所注意,并于印度、尼泊尔、阿富汗等地又有发现。后经普林斯苦心研读,至1837年始得确认为阿育王法敕。这在学术界被视为印度古代史研究中最大的发现。根据现有的发现,法敕刻文分为大崖、小摩崖各7所、石柱10根、石窟刻铭及石板等5种。除小摩崖法敕中有阿育王的名字外,其他皆刻以"天佑慈祥王"的名字。

法敕的主要内容并不是关于佛教的深奥义理,而是直接与现实生活有关的教戒及依据佛教理论而来的生活准则、道德观念等。试引一法敕如下(《阿育王法敕》第9章):

> 天佑慈祥王诏告如下:
> 百姓在有病的时候、嫁娶的时候、生男育女的时候以及出行的时候,好作各种祈祷。在这些时候,男子也作许多的祈祷,尤其是妇女们在这些时候更作许多细小而且精细的祈祷。这种祈祷虽然是不可不作的事,但是这种祈祷只有小的果实,相反的,若是专心作那种佛法的祈祷,总会有大的果实。在那些佛法的祈祷里面,包括着下面的事项:善待奴仆、尊敬师长、不杀生命、布施沙门和婆罗门等等。祈祷上述的和其他类似的事项,就叫作佛法的祈祷。所以,身为父亲、儿子、丈夫、兄弟、主客、亲戚、朋友和邻居的人,都应当互相宣誓说:"这是善事,我们直到达到目的为止始终应当作这种佛法的祈祷,并且达到目的之后,仍应作这种祈祷。"这是因为在佛法祈祷之外的祈祷都是靠不住的。它们或许能产生福果,也或许

产生不了福果。即使能产生福果，它也只是关于今生的。而佛法的祈祷，其成功并无时间的限制。假使在今生不能达到目的，在后世也能发生无限的功德。而如果既能达到今生的目的，也能达到后世的成功，那就有两种收获了。也就是说，根据佛法的祈祷，在今生可以获得收获，在后世也能发生无限的功德。

在其他几道法敕中，阿育王还说：

"朕在朕领土以内不许屠杀任何生物作祭祀的牺牲品，也不许当作宴会的用料，原因是天佑慈祥王在宴会上看见了许多的过失错误。因此天佑慈祥王认为不用屠杀生物，也可以作出很美满的筵席。"

"法是美妙的，但法是什么呢？它是少恶、多善、慈悲、慷慨、真诚、洁净。"

"一个人往往只看到他作了什么善事，而看不到他作了什么恶事。虽然恶事难以看到，但这是必须看到的，如果它是粗暴、残忍、愤怒、骄傲、嫉妒，那么就叫作堕恶道。让我不要因此缘故而屈服吧。那是应当坚决看清的：这是为了此世的利益，或者勿宁说这是为了来世的利益。"

"为善不易，所以无论何人开始去作善事，就是开始去作不容易的事。朕作了许多善行，因此叫朕的诸皇子、皇孙和皇曾孙们直到宇宙成为劫灰为止，以朕为法，作一切好事。作了这样的事就是作了善事。相反即使让人推卸一部分善行，就算作了恶，作恶实在是太容易了。"

"普通的俗人，因为有种种的贪欲和享乐的关系，所以他们不能够作到十分圆满的制欲和清净的行为，甚至一部分也不能作到。这样的俗人即便作出广大的钱财布施，其内心仍然缺少制欲和清净、报恩和诚实，那么，他还是一种有漏的俗人。"

除了直接针对广大普通老百姓的法敕外，还有对各级政府官员特别是地方官员的训示性法敕。如："灌顶后十三年朕命令下列事项：无论在国内任何地方，所有的各级收税官员、司法官员和地方长官等，应为了佛法教敕而外出巡示一次，就像为了他本身的政务一样：所教的就是'顺从父母是善行；对朋友、知己、亲族和婆罗门、沙门布施是善行；不屠杀生物是善行；节欲和储蓄是善行。'再者，大臣会议对于税收官员，也须命令他们根据理由和证件办理事务。"

再如："天佑王用诏书告诉在塔舍离市的高级都市司法官员们：……所有的人们都是朕的孩子，所以，正如朕一心希望所有子孙们都获得今生和来世幸福一样，朕也一心希望所有人都能获得这样的幸福。卿等在执行这种意旨过程中虽有个别的成功，但并未达到全面的完成。卿等平素虽然办得很好，但仍须注意以下的事项：就是关于治民之事，往往将囚犯监禁入狱受着痛苦，……卿等务必本着判断正确的精神去裁判方可。凡根据嫉妒、愤怒、不正、轻率、懈怠、懒惰、困惫等性情的人，判事常有错误，所以，卿等应当希望：'不愿这些恶劣性情的错误发生于我。'这个佛法敕令的目的，就是为了让都市高级司法官员们无论何时不可令人民受到无理的困苦，不可使他们蒙受无理的劳役以使其能够专心于他的本职工作。"

通过佛法教化对边疆地区推行怀柔政策，是法敕的又一重要目的。有一道法敕中说："只有下列事项才是朕所希望于边区人民的，这就是专心一意地叫他们不要因为朕而产生恐怖，并且要他们信赖于朕，进而由朕这里接受幸福而不受任何苦恼。又叫他们了解，大凡朕所能忍耐于他们的都会忍耐，并让他们知道，他们若能根据朕的佛法敕令实行佛法，就能得到今生和来世的福利安宁。"

这种佛法怀柔的对象涉及到非常遥远的地区。据一道法敕中说："天佑王认为根据佛法而得来的胜利才是真正高尚的胜利。这种胜利天佑王已经屡次在领土以内获得，并且在相距六百由旬的边疆地区也获得了。在这些地区有希腊国王安泰奥卡斯（叙利亚的），还有另外四个国王，名叫达拉马耶（即埃及的托勒密二世）、安迪基尼（即马其顿的安迪俄那）、马伽（西勒尼的马伽斯）和阿里伽沙达罗（伊庇鲁斯的亚历山大）；在南印有科陀，番地亚，直到泰拉巴尼（斯里兰卡）；同样，在天佑王版图以内，在希腊人和伊朗人之间，在拿巴加斯和拿巴波提斯人之间，在波杰斯和比丁尼加斯人之间，在案达罗人与派拉达人之间，到处都听从着天佑王的佛法敕令。就是在天佑王的使臣没有达到的地方，他们也都不但听从着天佑王的佛法的实践、制度、规则和佛法的教敕，而且是永久地听从着。由此得到的胜利，不论是在何处得到的，其根本性质都是快乐的胜利。这种快乐才是根据佛法而得到的快乐。"

为了配合佛法敕令的实施，公元前 258 年，阿育王设立了一个新的机构——"护法院"，置"佛法官员"，总管全国的佛教事务，特别是树立佛法，宣扬佛法，并在希腊人、伊朗人、犍陀罗人、罗斯拙伽人、比丁尼伽人以及所有其他西方邻邦人中间，专心作佛教信徒的福利事业。他们还负责在主仆之间、婆罗门和富人、穷人和老人之间作佛教的福利事业，以扫除实行大法的障碍。佛法官员还要关心囚犯利益，检查世人是否皈依佛法、信奉佛法，是否专心布施等等。

与此同时，阿育王还下了一道敕令，以检查并督促各地法敕的执行情况。敕令中规定，各级政府机构均要指派一些不暴躁、不恶劣而且和气的高级司法官员，根据佛法敕令检查普通的法官们，看他们是否如法办理。这种检查规定每 5 年举行一次。为了同样的目的，太守、皇太子应当指定出巡的随员们出去检查，每三年最少出巡一次。由此可以看出，阿育王的佛法治世是有一套严密而完整的制度的，这在整个人类历史上，可说是一个创举，对印度后世的历史文化与民族传统产生了很大的影响。

阿育王推广佛法的另一重大举措是结集佛典、组织传教。

据《善见律毗婆沙》卷2记载,阿育王当时在鸡雀寺每天供养上万僧人,许多非佛教徒也混杂其中,天长日久,戒律有了松懈,教义有了分歧,内部争论不断,弄得一般信徒无所适从,不但阻碍了教团宗教生活的正常进行,也影响了佛法在全社会的教化作用。于是,阿育王从全国搜选精通佛教戒律的高僧共一千人,聚集华氏城,以目犍连子帝须为上座,举行结集,这就是佛教历史上的第三次佛典结集。"结集"又称"集法藏",意为会诵、合诵之意,即僧人们聚集一起,对佛陀学说进行会诵,经过讨论、甄别、审核后,用文字确定下来。佛陀在世时,直接由佛陀为弟子们释疑、指导,至佛陀入灭后,为防止佛陀遗教散失,确立正统教权,故有必要将佛陀的说法结集起来。在阿育王之前,已有过两次结集。第一次结集是在佛陀入灭当年,在阿阇世王的护持下,于摩揭陀国王舍城郊外七叶窟举行,以摩诃迦叶为上首,共有五百人参加,故称"五百结集"。第二次结集是在佛陀入灭后一百年左右在毗舍离城举行,以耶舍为上首,共有七百人参加,故称"七百结集"。

目犍连子帝须是阿育王之子摩哂陀的师父。据传说,他是大梵天帝须自梵天下降后在目犍连婆罗门家的托生,16岁时出家,后得私伽婆的付法,成为护持律藏的第五祖,深受众僧敬仰。阿育王拜其为师,后又劝自己的儿子摩哂陀随帝须出家学法。不久,帝须栖隐深山,摩哂陀则成为护持律藏的第六祖。可为了净化僧团,统一说教,阿育王又请帝须复出,主持这一次佛典结集活动。

阿育王举行的这次佛典结集,其范围包括经、律、论三藏。会上,目犍连子帝须对外道的各种异说进行了批驳,历时九个月,终于完成了对佛教经典的重新整理工作,并编成一部《论事》,对不同派别之间相互争论的问题作了详细的整理,正反面的论点各五百条,合计一千条,逐一刊定是非,在佛门产生了深远影响。

结集完成之后,阿育王从参加结集的高僧中精选了十几位年富力强、学有成就的僧人,分成九批,分别派往四方传播佛教。其中,末田地携带《蛇喻经》到西北部的罽宾和犍陀罗传教;摩诃提婆携带《天使经》到南印度的摩醯娑罗陀罗地区传教;勒弃多携带《无始相应经》到南印度婆那婆私地区传教;昙无德携带《火聚喻经》到印度西部的阿波兰多迦地区传教;摩诃昙无德携带《大那罗陀伽叶本生经》到印度西南部的摩诃勒陀地区传教;摩诃勒弃多携带《迦罗罗摩经》到阿富汗以西的臾那世界传教;末示摩携带《转法轮经》到喜马拉雅山一带传教;须那迦和郁多罗携带《梵网经》到金地即今东南亚缅甸等地传教;王子摩哂陀和郁帝夜、参波楼、拔陀等人携带《小象迹喻经》,到斯里兰卡传教。上述传教人员各自率领一个佛教使团,所带经典除上面列出者外,恐怕还有一些。各使团的传教工作均取得了巨大的成功,特别是派往斯里兰卡和西北部的几个使团的传教工作,对后世印度佛教的向外传播格局产生了直接的影响。赴斯里兰卡的使团首领摩哂陀被视为该国佛教之祖,派往犍陀罗和罽宾的末田地则被视为开创那里的佛教与文化的先驱。

这次传教活动是佛教史上第一次由国家出面组织的传教活动,就其规模来说,则是历史上最大的一次。如此宏伟的使团战略,在人类文化史上留下了辉煌的一笔。从此之后,佛教不但在印度南部、西部、北部最终站稳脚跟,而且传播到印度以外的地区,至此,佛教才真正开始了国际化的过程。所以说,佛教作为世界三大宗教之一,其原因除了佛教本身的理论体系能普遍适应其他国家和地区民众的需要外,与阿育王的这次大规模传教活动有很大的关系。

阿育王为推广佛教还作了许许多多的事情,并留下了很多有趣的故事,限于篇幅,就无法一一介绍了。

六、悲歌不尽　孤苦离世

自从阿育王大力提倡佛教之后,外道异说受到沉重打击,势力迅速衰减,佛教实际上已成为孔雀帝国的国教,这个庞大的帝国终于在意识形态上取得了高度的统一,这恐怕也是印度史上思想最统一的时期。

不过佛教以外的学说并没有就此销声匿迹。这些学派中势力最大的要算婆罗门教和耆那教,它们不甘心孔雀帝国对佛教的独尊政策,总是千方百计地发展自己的势力。这两个学派中的确也潜藏着一些很有学识的高人,他们的说教得到一部分人的拥护。基于这种情况,已变得非常宽容的阿育王只好调整他的宗教政策。于是,他又发了一道敕令,承认其他教派的存在,但要求它们必须停止对佛教的攻击。敕令说:"天佑王通过布施和荣誉来尊重一切教派,但各教派价值的提高主要还取决于他们自己的行为,这就是谨防自己的语言,不要自夸自己而没有关系地攻击别人的宗派。即使有关系,也要作得缓和一些,反之,不但伤害了别人的宗派,更损害了自己的宗派。所以,团结,就像信奉和研究佛法一样,是难得的善道。"

这个敕令原是想推行一种佛法为主、诸派共存的宗教政策。对其他教派的尊重实际上也只是维护佛教正常发展的一种手段。可谁知这敕令一出,反而为各教派提供了与佛教进行斗争的有利条件,外道学说得到进一步传播,甚至连宫廷中的一些要员也对其产生了同情心理。阿育王的同胞弟弟宿大多就是其中的一员。

公元前245年秋,阿育王命人在全国许多重要地点竖立刻有法敕的石柱,再次表示了他推行佛法的坚定信念。可当阿育王御驾出巡返回华氏城,听说弟弟宿大多在宫廷上下大肆诋毁佛法。阿育王十分生气，按过去的脾气，他非严惩这个弟弟不可，可阿育王自信奉佛法后，性情已变得非常和善，他要以理服人，于是他决定从弟弟入手，教化所有诋毁佛法的人。

这一天，阿育王把弟弟宿大多叫到跟前，问道："你为什么信敬外道，诋毁佛法？"宿大多回答道："任何教法都是为求得最终的解脱，可出家沙门没有一个得解脱的。"阿育王依然心平气和地问："你怎么知道出家沙门没有获得解脱呢？"宿大多说："佛教僧人不修苦行，生活优裕，这怎么能解脱呢？"

宿大多对阿育王直言不讳。接着，他便将自己如何产生这种看法的经过讲了一遍。原来，有一次宿大多曾与阿育王一同外出游玩，在一座山中看见一位婆罗门五热炙身，正在精诚修炼苦行。宿大多为其行为所感动，便独自上前礼拜，问这位仙人道："大德住在这里多长时间了？"仙人回答说："整整12年没有离开这里。"宿大多又问："您平日吃的是什么呢？"仙人答："以树木充饥。"宿大多再问："您平时穿什么衣服？"答曰："结茅为衣。"宿大多复问："卧处如何？"仙人答道："以草铺地。"宿大多对这位仙人产生了敬仰之情，急忙俯身再拜。然后又问道："您目前感到最痛苦的事情是什么？"仙人回答说："经12年精勤苦修，现只剩下一苦未除。这就是每当看见附近的雄鹿和雌鹿交合之时，欲火升腾直烧我心，苦不堪言。"宿大多一听，深感意外，他想，一个如此精诚苦修的仙人都没有排除欲念，那些佛门弟子不修苦行，生活优裕，怎么会见欲而不动心呢？看来佛门的说教是骗人的。他们欺骗王兄，让他多作功德，其实都是为了自己的享乐。

阿育王听了弟弟的述说，真不知如何来教化他。

这一天，阿育王在宫中沐浴，守候在外的侍卫拿起阿育王脱下的皇冠皇袍对宿大多说："阿育一死，您就可以继承大位，今天先试试这套皇服如何。"宿大多经不住侍卫们的劝说，便将阿育的皇冠、皇袍披戴身上，坐上王位。这时，阿育王突然走了出来，看到宿大多那副样子，愤怒地说："我还没死，你就作王了，来人啊，拉下去斩了。"大臣们急忙上前进谏说："大王，宿大多虽犯死罪，但谅他是您的弟弟，还请大王手下留情。"阿育王犹豫了一会儿，便说："好吧，给他七天时间，然后斩首，鉴于他是我弟弟，临死前这七天就让他真正当当国王吧。"

于是，宿大多被安排在一座雄伟华丽的宫殿之中，头戴皇冠，身穿皇袍，臣民每日朝拜，美女时时伴随，歌舞不断，妙乐不绝，美酒佳肴随其享用。不过，负责监管和斩杀死囚的狱卒却随时站在门口，他们面目狰狞，手执大刀，每过一天，都要对宿大多说，离执行死刑还有多少天。七天过后，大臣们脱下宿大多身上的皇冠皇袍，带着宿大多去见阿育王。

阿育王问宿大多："七日来你作为国王，各种伎乐都欣赏够了吧？"宿大多回答说："如果我看到色，听到了声，此刻就能回答您的问题了。"阿育王反问道："你身为国王，百种伎乐，任意享用，无数臣子日日请安，怎么说不见不闻呢？"宿大多鼻子一酸，泪水不禁流了下来。他对阿育王说："一个行将就木的人还有什么雅兴欣赏美女和歌舞？还有什么心思享用美味佳肴？刽子手们执刀站在门口，报时的铃声时时响起，死楔已钉在我的心上，每时每刻都淹没在恐怖的海洋中，世俗的享用还有什么意义？"

望着宿大多那副忧伤的样子，阿育王叹了口气说："你于七日中想着今生死去的痛苦，所以虽有极妙的五欲可享，但却毫无兴趣。出家比丘们天天都想着死亡之苦，他们怎么会产生欲心而起烦恼呢？何况他们不但想着自己多少世的死亡之苦，而且想着地狱之苦、饿鬼之苦、畜生之苦，不但想着死亡之苦，而且想着生老病苦、爱别离苦、求不得苦以及其他数不清的痛苦。六道轮回中没有一个地方没有苦的，也没有一个地方不是无常变换而不可执著的。无常之火烧世间，譬如空村无居民。佛弟子常作此观，怎么会烦恼呢？他们深乐解脱法，不贪于五欲，心境如莲花，处水而不著，而你对他们却横加指责。"

阿育王通过各种方法向宿大多解释佛法的微妙，宿大多有了这七天的亲身体会，很快便对佛法产生了虔诚的敬仰之心。他当即表示，自己虽死在临头，但也要皈依三宝，赞叹佛法。阿育王一听，走向前去，双手搂着弟弟的脖子说："弟弟受惊了，我不会杀你的，我只是为了让你体会佛法啊。"原来，阿育王假装沐浴，并告诉大臣们把皇冠皇袍给宿大多穿上，还安排大臣们在他要处死宿大多时进谏暂缓。宿大多不知这些，但却因此体会到悟得苦谛后不著五欲的精神境界。

此后，宿大多又去鸡雀寺随耶舍长老学法，对佛教的认识进一步加深，于是便要求出家为僧。耶舍不敢收纳，宿大多只好请求阿育王同意。阿育王得知弟弟的想法后，内心十分悲痛。想起自己过去受嫌弃时弟弟与他相伴不离的情景，他实在不忍心弟弟离他而去。阿育王目前最亲近的只有两人，一位是儿子鸠那罗，另一位便是弟弟宿大多，他也只有这一个亲弟弟。过去，他还有许多同父异母兄弟，可几乎全让他杀了。为此他曾不止一次地忏悔过。如今他已年过半百，身体每况愈下，对亲人的渴望比以往更加强烈。

阿育王对宿大多说："宿大多啊，你不要有这种念头，出家之人形服粗弊，饮食假人，眠卧树下，四海为家。你只需要制心，不必出家。"宿大多说："大王，我今日出家不是因为生气，不是为了摆脱怨家，也不是为其他企图，我只是为了解脱生生死死的苦难才出家修行。"接着，宿大多将自己作的一首偈子呈给阿育王。阿育王一看，原来是："生死为悬绳，有人则恒动，在上必复堕，和合必分离。"阿育王禁不住泪流满面。

宿大多在宫廷内先体验了一下佛教出家人的乞食之法,然后便到遥远的地方出家修行去了。临行前,阿育王再三叮咛,要弟弟务必随时回来看他。

兄弟二人一别就是六年。第六年宿大多回来看望皇兄。阿育王送其一偈,其曰:"无复亲友爱,如鸟飞虚空。我今悲啼泣,由汝今舍我。"宿大多回赠一偈,嘱其善自珍重,然后又远走他乡,消失于茫茫人海之中。不久,宿大多在东部边疆地区不幸染病,头上长满了疮。阿育王知道后,急忙派医生前去诊治。病情稍微好转,宿大多便将医生遣回,自己又继续在边疆地区孤苦清修。

这时,东印度奔那伐弹那地区耆那教大兴,他们攻击阿育王的佛法敕令,大肆侮辱佛陀,有的竟画作佛陀形象,让佛陀跪拜其双足。随着这股毁佛之风的蔓延,当地的分离主义势力也日益猖獗。阿育王知道此事后,决定杀一儆百,派人将画佛拜足者全部杀死。可这并没有阻止得住那股毁佛运动的发展。于是阿育王盛怒之下便命令将该地所有的耆那教徒一律处死,并规定凡能在该地取得一耆那教徒首级者,奖金钱一枚。

恰在这时,宿大多云游到奔那伐弹那,更不巧的是,他的病又犯了,什么也吃不成,只能以牛奶充饥,所以便专找牛多的地方云游行乞。这一天,他来到一户养牛人家,因天色已晚,便在牛棚住下。那时,由于宿大多长满头疮,多日未曾剃发,加之衣服破烂肮脏,与耆那教徒的外形完全一样。这位养牛人家以为他是耆那教徒,为了得到阿育王的一枚金钱,便合伙杀了宿大多,将其首级拿到华氏城。分发赏金的朝廷官员觉得面熟,那位医生则一眼认出是宿大多的首级。阿育王闻知此事,震惊万分,难以自持,竟当场昏倒在地。众人急忙以冷水洒其面部,过了一会儿,才逐渐苏醒过来。然而任凭他老泪如雨,弟弟的性命是永远也挽救不回了。

经过这个打击之后,阿育王一下子又衰老了许多。多年来的仁德统治虽然为帝国带来了一时的稳定与祥和,但也为一部分奸邪之辈提供了兴风作浪的良好土壤。宿大多惨死不久,阿育王又遭到一次更大的打击。

这一天晚上,天气闷热难耐,阿育王与皇后帝失罗叉在宫内一高楼上乘凉歇息。皓月当空,万籁俱寂,阿育王望着遥远的西北方,又想起了远在旦叉始罗的儿子鸠那罗。这种思念的焦灼,不知折磨他多少次了,因为儿子离开他已两年多了,自从弟弟宿大多于一年前冤死之后,他便只剩下鸠那罗这一个亲人了。当然,阿育王还有几个儿子,但有的早已出家,数十年云游在外,他已淡忘了。有的则是娇生惯养,不信佛法,与他素有隔膜,彼此之间积怨很深,已无一点亲情可言。

鸠那罗是阿育王与莲花夫人所生的儿子。此儿相貌端正,清秀机灵,特别是一双水灵灵的大眼睛极为漂亮。阿育王以为这是他护持佛法、传播佛教的果报,便为其起名叫法增(或作法益)。又因为此儿的双眼与雪山中最漂亮的鸠那罗鸟眼相似，就为其另取一名叫鸠那罗。阿育王非常喜欢这个儿子，时常带在身边，细心照料，百般呵护，生怕出现一点差错。《阿育王息坏目因缘经》中说，阿育王对此子"最所敬爱，随时瞻养，不令有失。王恒遣候，探察内伺，知子吉详，然后乃食。躬抱法益，欣弄终日，情憼爱感，寤寐无厌。"鸠那罗不但英俊潇洒，而且心地善良，性格温和，与父亲一样喜爱佛法。长大之后，娶妻金鬘。金鬘贤惠温柔，清纯可爱。小两口恩恩爱爱，深得众人敬仰。阿育王立其为太子，准备将来把皇位传付于他。

鸠那罗长大之后，阿育王后宫中又来了一位美女名叫帝失罗叉。此女不光长相漂亮，而且极有心计，很快便讨得阿育王的喜欢。公元前 240 年，也就是阿育王去世前 5 年，皇后善无续病逝，帝失罗叉被立为皇后。可阿育王已年过半百，身体不佳，难以满足帝失罗叉的生理要求。为此，帝失罗叉常常唉声叹气，前年还曾因为阿育王全心爱护菩提树使她受到冷落，便心生嫉妒，派人以烫水浇灌菩提树，差点将此树毁掉。后因见阿育王对菩提树的枯萎万分悲伤，更加影响了夫妻间的感情，所以才停止了暗中破坏的行为。

帝失罗叉既不喜爱佛法，也不愿作善行。无事则生非，不久，她竟将情欲投向鸠那罗，以至"昼夜伺捕，欲与私能"，慨叹"我当何日，果其所愿"。机会终于来了，据《阿育王经》卷 3 记载："帝失罗叉向鸠那罗所，见其独坐，爱其眼故，抱鸠那罗，而作是言：'猛火炽盛，烧于山野，淫欲逼我，亦复如是。汝今与我，宜相爱乐。'鸠那罗闻是语已，以手覆面，而说偈言：'此语不和善，塞耳不欲闻。云何以母道，与子有欲想。非法欲不断，是为恶趣门。'帝失罗叉嗔恚而言：'汝不从我，不久之间必当灭汝。'鸠那罗复偈答言：'愿守净法死，不受淫欲生。破坏天人道，贤智所诃责。'帝失罗叉从是已后，常求其短。"可惜阿育王对此竟毫无觉察。

不久，西北印度的旦叉始罗发生了骚乱。大臣们建议派鸠那罗率军远征。阿育王大怒道："你们怎么想让我的穷胎之子远征，你们的舌头怎么不断掉呢？有谁再敢提鸠那罗的名字，我非亲自杀了他不可。"然而，阿育王有心亲征，可身体衰弱，实难经受长途跋涉。后来，一大臣冒死进谏，终于说服了阿育王。临行前，阿育王举行了规模宏大的送别仪式，他与儿子同坐一车，抑制不住满腹的别离愁情。

其实，旦叉始罗的局势并没有想象的那么严重。原来，国王派往那里的大臣为治无道，旦叉始罗人要求将其撤换。鸠那罗乃仁慈之辈，自然满口答应，于是，旦叉始罗人民对鸠那罗十分感激，双方关系非常融洽。就这样，一箭未发，旦叉始罗的问题就解决了。

与此同时，在华氏城方面，阿育王得了一种怪病，全身毛孔溢出恶秽之物，找遍了天下名医，可就是治不好。帝失罗叉想了一个办法，他派人把全国得这种病的人都召集起来，把他们杀死进行解剖，发现是一种虫子在作怪。然后又试了几种草药,终于以大蒜杀死了这种虫子。于是,她便给阿育王服用大蒜,还真的治好了这种病。阿育王非常高兴。便对皇后说:"你要什么东西,朕就给你什么东西。"皇后一听,便说:"臣妾什么都不要,只想为王七日,好体会一下您作国王的滋味。"阿育王便同意了。

于是,帝失罗又便以国王的名义,给旦叉始罗写了一个诏书,说鸠那罗犯了重罪特处其剜眼之刑,并削其所有职权,赶出旦叉始罗城,望立即执行,不得违抗。那时,国王诏书下发要以国王的齿印为凭。帝失罗又待阿育王熟睡之后欲印诏书。可说来奇怪,阿育王竟很难熟睡,动辄惊醒。皇后问他为何突然醒来。阿育王说,他作恶梦,梦见二个鹜鸟欲挑鸠那罗的眼睛。皇后一听,大吃一惊。可阿育王说完之后又睡了过去。皇后又去印封诏书,阿育王再次惊醒,如此连续多次,每次阿育王惊醒后都说他作了有关鸠那罗的恶梦,而皇后在一旁却不断给他宽心。最后,他还是睡着了,皇后阴谋得逞,诏书很快抵达旦叉始罗。

然而,旦叉始罗人十分爱戴鸠那罗。他们认为,王子诸根调顺,无有娇慢,仁慈博爱,恒怀悲愍,是天下难得的善人。于是,他们烧掉诏书,杀死来使,众人云集一起,手握兵器,发誓宁愿遭受刑罚,也不忍心挑去王子的双眼。可鸠那罗却表示要坚决服从王命,于是他找来专门从事杀戮之职的真陀罗来执行此刑。真陀罗一见鸠那罗,大惊道:"宁愿挑我双眼,也不能损坏了这么美丽的眼睛啊。"后来,鸠那罗竟以出金万两的悬赏寻求剜眼之人,终于来了一个"人面十八丑"的恶魔剜去了鸠那罗的双眼。

鸠那罗的妻子金鬘夫人听说丈夫双眼被剜,急忙来到丈夫的营地,看见丈夫满面血迹的惨像,不禁号啕大哭,悲痛欲绝。按照诏书,鸠那罗如今已是没有任何权力的一介平民,而且必须离开部队所在的旦叉始罗城。可无论是鸠那罗,还是金鬘夫人,自幼在名门望族家庭中长大,一直靠人服侍,不堪任何苦力,也没有任何谋生的技艺,如此流落在外,将何以为生。幸亏鸠那罗能弹一手好琴,于是夫妻二人你弹我唱,相依为命,离开旦叉始罗城,沿街卖唱,乞讨为生。如此辗转流浪,几个月后回到了首都华氏城。二人来到皇宫门外,守门人见他们是乞丐,喝令其滚开。他们如实说明了自己的身份,可对方哪里相信。这也难怪,几个月的颠沛流离,风餐露宿,他们已是面容憔悴,满身污迹,昔日的风姿早已荡然无存了。二人无法,只好来到宫门外的马棚中暂住下来。

此时的阿育王虽然医好了那种奇怪的病变,但对爱子的思念却折磨得他坐卧不宁,茶饭不思。他曾下了一诏书,让儿子处理好旦叉始罗的事情后就火速返回,可几十天过去了,还是没有鸠那罗的影子。

这一天晚上,阿育王与皇后帝失罗又登上高楼。刚坐了一会儿,便隐隐听到远处有幽幽的琴声传来。这琴声是那么的哀婉怅惘，是那么的低沉凄迷，它直渗人心，荡气回肠。阿育王那忧愁烦闷的心情一下子便与这琴声合拍了。琴声似乎越来越大，越来越近，阿育王听得更加真切，更加投入。一会儿，又有悲怆的歌声伴着阵阵琴弦吟唱。那歌声由男女二重之音组成，时而男音低回颤抖，如泣如诉；时而女声婉转清越，缠绵悱恻，似乎饱涵着倾诉不尽的苦难与惆怅，埋藏着道不完的辛酸与冤屈。阿育王实在经受不了这袭人魂魄的歌声，他自感内心如大海一样翻腾，头脑一阵发昏，就什么也不知道了。

当阿育王苏醒过来时，已是第二天的上午。明媚的阳光透过窗户照射进来，形成几道迷人的光柱，清凉的晨风吹拂在华丽的幔幕上，为宽敞亮丽的宫殿增添了几分轻柔和谐的氛围。阿育王似乎忘掉了昨夜的伤感，脸上禁不住露出了慈祥的微笑。

帝失罗又急忙过来为阿育王穿戴衣帽。盥洗之后，二人走出殿外，在御花园中随意漫步起来。突然，宫门外传来一阵琴声，接着又有男女之声伴着而唱。阿育王这次听得清清楚楚，他肯定，这琴声正是昨夜琴声的再奏，这歌声也正是昨夜歌声的再起。阿育王实在摆脱不了这琴声的诱惑，他停下脚步，伫立园中，静静地倾听起来。听着听着，阿育王不禁皱起了眉头。"这琴声怎么这么熟悉？"阿育王自言自语道。帝失罗又急忙接过话题说："大王，还不是那些卖唱的穷汉，我们回宫歇息吧。"阿育王摆摆手说："莫非这是鸠那罗在弹琴歌唱？"帝失罗又强掩着内心的恐惧，急忙否定道："这怎么可能哩，王子正统率千军万马，坐镇旦叉始罗城，那里处处金莲，遍地银叶，美女清丽，山川秀美，太子要尽情享受，怎么会这么快就回来呢？"

阿育王长叹一声，只好随帝失罗又回到宫中。自从阿育王推行佛法治世策略以来，孔雀王朝的统治的确稳定了许多，朝中的政事也变得简单多了。阿育王回宫之后，很快便处理完当日的几件朝政，然后又禁不住想起了那凄凉哀婉的琴声，并由这琴声想起了他那英俊可爱的儿子鸠那罗。昔日与爱子在一起的欢快情景一一浮现在眼前。阿育王一阵高兴，一阵伤感，两行老泪不知什么时候已流到嘴边。一会儿，那凄切的琴声又缓缓地弹起，悲凉的歌声也随之在王宫上空回荡。阿育王仔细听了一会儿，心想："这不是我的鸠那罗又是谁呢？如果是他，为何又不来见我呢？"阿育王实在耐不住了，他立即派人前去查看。

王差来到宫外，寻声望去，只见远处一座马棚前面围着一大堆人。走到近旁，只听那女声唱道："同室相煎，情将何堪？"又听男声唱道："再莫诉冤，只因业缘。"一阵琴声过后，又传出清脆而幽怨的女声："人生无常，美色如幻。"紧随女声之后的，又是那激越的男声："千古一帝，何日涅槃？"

王差拨开人群一看，原来是一位失去双眼的瞎子和一位憔悴忧伤的女子在那里弹琴歌唱。王差返回王宫如实向阿育王作了禀报。阿育王一听,想起自己曾作梦梦见鸠那罗被鹫鸟啄去双眼,所以,对街上这对卖唱者的真实身份更为怀疑,他让王差再去仔细打问,若是鸠那罗,就立即请进宫内。

"走吧,走吧,让我们走向净土,再不受这迷幻世界的污染;走吧,走吧,让我们走向永恒,再不受这无常世界的摆布……"卖唱人的歌声时断时续,悠扬的琴声依然在空中袅袅回旋。王差斥散人群,问卖唱人:"你是谁家的孩子,你叫什么名字"?卖唱人弹起琴弦,用他的歌声将自己的身世和遭遇诉说一遍。王差听后,大吃一惊,原来他们正是阿育王的爱子鸠那罗和其妻子金鬘。王差急忙恭敬施礼,然后带他们向王宫走去。

身处王宫的阿育王,听着外面那如泣如诉的歌声,内心焦灼不安。《阿育王经》卷4对阿育王此刻心思的刻画非常精细:"我所闻声似鸠那罗,而声清妙复兼悲怨。闻此声故令我心乱,如象失子而闻子声,其心回遑。"而当王差领着鸠那罗夫妻二人来到他的面前时,他却一点都不认识了:"是时,使人将鸠那罗及其妇至宫中。时,阿育王见鸠那罗风日曝露,以草弊帛杂为衣裳,形容改易,不复可识。时,阿育王心生疑惑,而语之:'汝是鸠那罗不?'答言:'我是。'阿育王闻,闷绝堕地……旁人以水洒王,令其得醒。还至坐处,抱鸠那罗,置其膝上,复抱其颈,啼哭落泪,手拂头面,忆其昔容,而说偈言:'汝端严眼今何所在……? 谁无慈悲,坏汝眼目;汝于世间,谁为怨仇? ……懊恼心火,今烧我身,譬如霹雳,摧折树木,懊恼之雷,以破我心。'"

这段文字对阿育王当时的悲痛刻画得非常形象生动。接下来,阿育王便一再询问凶手是谁? 鸠那罗只说自己前世造业,今世命该如此。后来在阿育王的不断追问之下,鸠那罗便把接到皇诏的事讲了出来。阿育王一对日期,才知道这是皇后帝失罗叉所为。阿育王受不了这突如其来的打击,顿时便气昏过去。

第二天,阿育王亲自护导鸠那罗到菩提树伽蓝瞿沙罗汉处医治,鸠那罗身体稍得恢复。可不久传来帝失罗叉被阿育王以火刑处死的消息。鸠那罗内心十分伤感,病又复发,几天后便告别了人世。

阿育王在极度的忧伤中强撑着衰弱的身躯,继续着孔雀帝国佛法治世的梦想。然而,此时的孔雀帝国已是危机四伏,风雨飘摇。各地反对佛教的异端势力进一步发展起来,而非暴力的政策早已使帝国的军事力量名存实亡。大夏希腊人在西北方虎视眈眈,羯陵伽人在南方蠢蠢欲动,边远各省的分离倾向日益明显,而帝国内部,权臣竞起,尔虞我诈,机构松散,效率低下,依佛法为基础的仁德教化也未能阻止腐败之风的不断蔓延。鸠那罗死后,皇族成员觊觎皇位,相互之间明争暗斗。整个帝国如同阿育王的身体一样随时都有崩溃的可能。

公元前 237 年，阿育王立鸠那罗的儿子三波提为太子。这时的阿育王虽然还不到花甲之年，但病痛不断，身体业已十分虚弱。太子三波提年纪幼小，根本不能为祖父分担任何忧愁。宰相罗提掘多年近古稀，虽还在位上，但风烛残年，昔日的威力早已丧失殆尽。于是，朝中大臣们各怀野心，他们以各种手段拉拢、利用三波提，这位年仅五六岁的太子纯粹成为他们手中的傀儡。

公元前 235 年，阿育王病情转重，卧床不起。此时的阿育王一味迷信佛教的神力，把挽救自己和挽救帝国的希望全都寄托在佛教上，所以依然忘不了对佛门的大量布施。其实，阿育王自从亲近佛教以后，他对佛门的布施就一直未断。正式皈依特别是虔诚信仰佛法之后，这种布施的规模更为惊人。据法显和玄奘旅印时看到的石柱铭文记载，阿育王在位时，曾三度以整个帝国的疆土进行布施。这同中国的梁武帝以身布施一样，都是佛教史上别出心裁的布施形式。

据说阿育王皈依佛门之后，曾问优波笈多，佛在世时最大的布施者是谁。优波笈多回答说，佛在世时，长者须达多曾以真金供佛，此为最大布施。阿育心想："一位长者能作如此布施，我身为一国之主，岂可落在其后，于是，他发下誓愿：今生要作总数为百亿两黄金的布施。为了实现这个誓愿，阿育王广建塔庙，举行无遮大会，养护菩提树，结集佛教典籍。如今，他重病不起，预感在世之日不久，便让人把过去的各种布施合计了一下，总共可折合黄金九十六亿两，离百亿两的目标还差四亿。

这一天，阿育王把罗提掘多叫到跟前，十分伤感地对他说："我快不行了，这一生怎么这么短促呢？"说着，禁不住掉下泪来。罗提掘多安慰道："人生无常，难免一死。大王福德深厚，来世定会康健富贵的。"阿育王很艰难地摇摇头说："我并不是因为自己将要命终而难过，也不是因为将要失去帝位而痛楚，我只是因为还没有实现自己昔日的誓愿啊。"罗提掘多知道阿育王是说那百亿黄金布施的事情，便安慰道："大王已完成了九十六亿，只差四亿，据臣所知，目前国库还很充裕，再拿出四亿是不成问题的。"阿育王破泣为笑，对罗提掘多说："你我相伴一生，只有你最了解我了，这事就由你去办吧。"

这时，朝中一些大臣对太子三波提说："阿育王即将命终，他不顾一切地布施，等到你继承皇位之后，国库恐怕就空了。从来国君都以库藏为支撑，您若不阻止他的布施，将来怎么作皇帝啊。"三波提认为言之有理，于是，随同诸朝臣一起，拒绝拨付任何费用。阿育王得知后，十分气愤，诏三波提入宫训示。可三波提在朝臣的扶持下，对其命令置之不理。阿育王万万没有想到，自己的孙子竟如此无情，他更没有想到，当初能呼风唤雨并拥有整个帝国疆土的人今天竟落到这种地步。如今他重病在身，孤苦无助，只能有泪肚里流。没办法，他只好尽其所有让侍者把给他送饭用的金盘布施给佛寺。三波提对此也不满意,便命令用银盘送饭,阿育王又将银盘施舍出去。后来,三波提又相继换成铜盘、铁盘直至瓦盘,阿育王统统施舍出去。最后,大臣们唆使三波提不要再送饭给阿育王。

这一天,侍者偷偷送给阿育王一个庵摩勒果。饥饿中的阿育王连皮也没削便吃了起来。突然,他又想起布施之事,便将吃剩的半个果子留下,对侍者说:"你说如今谁是大地的主人?"侍者说:"您为皇帝,当然是大地的主人。"阿育王说:"你在骗我,我如今只是这半个果子的主人。"阿育王不禁潸然泪下,他拿起那半个果子,以微弱的声音对侍者说:"今天我再让你作最后的一件事情,请把这半个果子拿到鸡雀寺,布施给众僧们,就说这是我最后的布施,请他们务必收下。"侍者眼含泪水点了点头。

当鸡雀寺众僧正在饮用庵摩勒汤时,这位曾经威震十方、叱咤风云的阿育王终于在饥饿和病痛的煎熬中默默地离开了人世。

阿育王死后,罗提掘多对继承帝位的三波提说:"阿育大帝临终前已把整个国土布施给了佛门,您如今要作皇帝,只有再把国土赎回来才行啊。"三波提只好从国库中拿出四亿两黄金,交给佛门,以求作个名副其实的皇帝。至此,阿育王百亿黄金布施的梦想总算圆满实现了。不久,鸡雀寺僧人们把阿育王最后布施的那棵庵摩勒果核珍藏起来,建塔供养。玄奘去印度时,还曾看见到这座庵摩勒塔。

奥古斯都

——古罗马的始皇帝

夏遇南

中国皇帝的历史是从秦始皇开始的,他创立了皇帝这一称号,成为千古一帝。奥古斯都是罗马的始皇帝,他结束了罗马的共和时代,开创了罗马的帝政时代,揭开了罗马历史新的一页。

一、恺撒养子

奥古斯都是一荣誉称号,就像皇帝是中国君主的尊称一样,不是名字。奥古斯都的原名是盖乌斯·屋大维。古罗马人的姓名由三部分构成,第一部分是名,第二部分是氏族的名称,第三部分是姓。盖乌斯是名,屋大维是姓。

屋大维公元前 63 年 9 月 23 日生于一个罗马骑士家庭。骑士是罗马平民中较富裕的阶层,不是贵族,多从事工商业。屋大维的祖父是磨坊主,也有说是货币兑换商的,当过地方官吏。父亲也叫盖乌斯·屋大维。父子同名,这在中国是万万不行的,因为对儿子来说,父亲的名字是神圣的,不要说同名,甚至语言文字中直呼或直书父名也是种大不敬行为。但西方,父子同名是亲密的表示。老屋大维是个小城镇的高利贷者,很有钱,是元老院元老。屋大维的母亲叫阿提娅,是恺撒的姐姐优利娅的女儿。恺撒家族据说是爱神阿芙洛狄特之子埃涅阿斯的后裔,家系十分显赫。恺撒是屋大维的外舅祖父,很疼爱屋大维。恺撒除和埃及女王克里奥帕特拉非法生有一子外,只有一女,因此早就想把屋大维培养成自己的继承人。正是由于有恺撒这样一位地位显赫的亲戚,有恺撒的关怀和照顾,屋大维才有可能后来登上权力的顶峰。

屋大维身材矮小,自小就体弱多病,面容苍白。从流传下来的他的塑像和画像看,他四肢匀称,五官端正,双目有神,脸部表情,虽平静而又温和,但也不乏帝王的威严。屋大维 4 岁时,他的生父就去世了。他的母亲改嫁给马尔库斯·腓力普斯。

马尔库斯·腓力普斯地位比老屋大维要高,曾担任过执政官。屋大维也就随母到继父家,由继父抚养。继父很喜欢他,让他接受了很好的教育。12岁时,屋大维的外祖母,也就是恺撒的姐姐,优利娅去世,他在葬礼上致悼词。这是屋大维第一次在公共场合抛头露面,显示了他和恺撒家族的亲密关系。公元前48年,恺撒被推举为终身独裁官,成了集军、政、司法、宗教诸权力于一身的无冕之王。这一年屋大维15岁,由于恺撒的关照,被选入大祭司团。大祭司团只有16名成员,是罗马国家宗教的重要教职,对于还是孩子的屋大维来说,这是不同寻常的荣誉,也是他步入罗马社会的一个良好的开始。这以后,屋大维就经常陪伴在恺撒左右。恺撒的献牲仪式有屋大维在场,恺撒看戏也有屋大维陪同。恺撒的凯旋式上,屋大维和恺撒同乘一辆战车。屋大维与恺撒的亲密关系,尽人皆知。为了培养屋大维的军事才干,恺撒让他担任自己的骑兵长官,并在公元前45年秋,把他送到伊利里亚的阿波罗尼亚去学习军事。

公元前44年3月15日,恺撒被贵族共和派阴谋刺死。屋大维的母亲阿提娅立即写了一封短信给正在阿波罗尼亚学习的屋大维。屋大维这时只有18岁,知道这一消息后,悲愤交加,心灵受到极大的震撼。这不仅因为恺撒对他关怀备至,而且因为恺撒生前已决定把他收为养子。甥孙成了养子,外舅祖父成了父亲,这种事情是不会发生在中国的,因为这乱了辈份。但在古罗马,这样做却是惯例。养子的地位是很高的,一般地说,是法定的继承人。这样一位亲人遭人刺杀,对屋大维的打击太大了。他决心去罗马为恺撒报仇。

但是,屋大维的恺撒的养子身份并没公开宣布,也没有得到罗马显贵的承认。因为罗马的贵族是看不起出身骑士阶层的年仅18岁的屋大维的。当时有两条路摆在屋大维面前。一是公开以恺撒继承人的身份,率兵去罗马为恺撒复仇。屋大维得知恺撒遇刺的当天,就有不少人向屋大维表示支持;马其顿一带的军队也明确表示支持他;他的同学阿格里帕建议他率领马其顿各军团向罗马进军,采取这种办法是孤注一掷,而且恺撒养子的身份也没明确,名不正言不顺,是十分冒险的。二是谨慎从事,摸清情况,再采取进一步行动。屋大维决定采取后一种办法,这符合屋大维的性格,后来屋大维一生奉行"急事慢做"的格言,这时便已显端倪。

屋大维在和恺撒的一些老部下秘密商议了一番之后,决定只带少数人悄悄地从希腊渡海回意大利。他没有直奔罗马,也没选择意大利的另一大城市,而是在离布隆迪西不远的小镇卢比伊上岸。他在这里住了七天,收集有关情报,密切注意罗马形势的发展。

对于屋大维来说,从罗马传来的消息,有好的,也有不好的,有令人振奋的,也有令人不安的。好的、令人振奋的是恺撒的遗嘱指定屋大维为继承人,谋杀恺撒的共和贵族派人士在罗马已失势；不好的、令人不安的是恺撒的部将、执政官安东尼已掌握罗马局势，并以恺撒的继承人自居，有排斥屋大维作为恺撒继承人的趋向。

刺杀恺撒是少数主张共和的贵族所为。罗马的平民对恺撒是抱有好感的。元老院迫于罗马平民的情绪，在恺撒被刺杀后，不敢宣布恺撒为暴君，也不敢没收他的财产和废除他的一切法令，只是宣布大赦杀死恺撒的凶手。安东尼原是恺撒的副手，是当年的执政官。恺撒遇刺时，他侥幸免于难。他在主持恺撒的葬礼上，向群众公布了恺撒的遗嘱，遗嘱除指定屋大维为继承人，授与他恺撒称号和遗产的3/4外，还有将他的在罗马台伯河对岸的私人花园赠给罗马人民，并分给每个罗马公民75块银币，甚至还有把刺杀他的元凶布鲁图斯列为第二继承人的内容。罗马的民众感激恺撒的慷慨，憎恨布鲁图斯的忘恩负义，群情激动。安东尼乘机用恺撒的功绩和对罗马人民的关照来激发群众对恺撒的感激怀念，又用恺撒的被刺了23个洞孔的血衣来煽动对凶手的仇恨。在安东尼的鼓动下，群众发出了怒吼："为恺撒报仇"，愤怒的群众冲向元老院，冲向那些参与刺杀恺撒者的家庭，吓得他们东躲西藏，纷纷逃出罗马。安东尼很快就控制了局势。同时，为了笼络人心，壮大自己的力量，安东尼又宣布赦免一批谋杀恺撒的阴谋分子，俨然以恺撒的继承人的身份行事。

屋大维搞清了罗马的局势和安东尼的所作所为后，认为是去罗马和安东尼较量和维护自己的恺撒养子和继承人地位的时候了。决心已下，立即行动。他的母亲阿提娅苦苦相劝，要他不要去罗马冒险。安东尼既是执政官，又是手握重兵的统帅。屋大维这时既无兵又无权，怎能和安东尼抗衡。但年轻气盛的屋大维却以初生牛犊不怕虎的气慨对他母亲说："我有长矛和盾牌，那就是义父恺撒的名字。"的确，屋大维这时足以自恃的，只有恺撒的名字。恺撒在士兵和公民中仍有巨大影响，他的名字仍有巨大号召力。为了更好的利用这支长矛和盾牌，按照恺撒遗嘱的意思，屋大维把自己的名字改为盖乌斯·尤里乌斯·恺撒·屋大维，把恺撒的名字放在自己的名字里，表示自己是尤里乌斯·恺撒家族的人，要继承恺撒留给他的一切。

屋大维带领很多自愿追随他的人来到罗马，找到安东尼，要求安东尼把恺撒的遗产还给他。他告诉安东尼，他要按照义父的遗愿，把金钱散发给平民。他还指责安东尼不为恺撒报仇，包庇杀害恺撒的主要凶手布鲁图斯。安东尼面对这个瘦削的年青人的无情指责和合理的要求，先是吃了一惊，然后傲然地以居高临下的口气对屋大维说"假如我允许表决给予凶手们以杀戮暴君的荣誉，那么恺撒就会被宣布为暴君，他就不能有合法的儿子，也不能有财产，他的财产会被没收。全靠我冒着危险同元老院斗争，你才能够享受你目前的显赫地位。你，年轻人，在和长辈说话时，最好为了这些事向我表示感激。除了恺撒的名字，你还想得到什么呢？钱，你的父亲早已使国库空虚了。我的钱也没有多少了。难道你还要恺撒的权力吗?"安东尼已看出,他和屋大维之争,其实是权力之争。恺撒尸骨未寒,凶手仍逍遥法外,恺撒的部将和养子就为填补恺撒死后留下的权力真空而针锋相对地斗起来了。恺撒地下有知,可能会大发雷霆。

屋大维在这场斗争中,不仅有年青人的勇气,也不乏政治家的机智权谋。这对于一个18岁的青年来说,是十分少见的。他利用元老院和安东尼的矛盾,拜会了元老院贵族的首领西塞罗,取得了西塞罗的好感和同情,使他在元老院得到安东尼不可能得到的信任和期待。

但没有实力是无法和安东尼抗争的。他毅然变卖了恺撒的地产,然后用所得的钱和恺撒养子的身份招募和吸引恺撒过去的部下。很快就组成了一支有3000人的装备相当精良的军队,分成两个军团。有了军队,屋大维成了罗马不可忽视的人物。元老院不仅赞同屋大维招募军队,而且还对归附于他的两个马其顿军团支付饷银。元老院的领袖西塞罗在极力攻击安东尼的同时,对屋大维大加颂扬,说他是天神似的青年,把自由的国家看得比什么都珍贵。元老院的目的是要借屋大维的力量对抗安东尼。屋大维在自己羽毛未丰时,也必须借助元老院的支持。他们的结合是暂时的。

公元前44年,安东尼不顾元老院的反对,操纵公民大会通过决议,委派他在卸任执政官之后任高卢总督。但安东尼去赴任时,恺撒生前任命的高卢总督迪希默斯·布鲁图斯由于得到元老院的支持,不肯让出高卢,安东尼派兵把他包围在穆提那。公元前43年4月,元老院派两名执政官和屋大维联合出兵,征讨安东尼,解救迪希默斯·布鲁图斯。屋大维和元老院的联军在穆提那附近两次打败安东尼,迫使安东尼退到山北高卢。但两个执政官都战死了。穆提那战役是屋大维取得的第一次战场上的胜利。屋大维要求担任执政官,元老院却要他交出兵权。屋大维当机立断,毅然在7月,回兵罗马,迫使元老院进行特别选举,选举他为这年的执政官,代替死去的执政官。他不仅使自己的恺撒的继嗣权得到正式批准,而且让罗马元老院通过法案,取消大赦,对刺死恺撒的阴谋者报复。这样,年仅19岁的屋大维就靠自己的恺撒的养子身份和过人的机智才能,一跃而成为罗马炙手可热的人物了。

二、三头同盟

屋大维和元老院的合作很快就破裂了。有人认为这是元老院对屋大维侮慢轻蔑造成的。实际上,双方合作的立场和目的是水火不相容的,元老院是要恢复它以前左右一切的地位和制度,屋大维是要继承恺撒的事业,要实现恺撒未竟之志。合作只是双方的权宜之计。屋大维一旦羽毛丰满,元老院就成了他打击的目标了。他不会忘记,恺撒是在元老院会堂被刺杀的,凶手是在元老院的包庇下逍遥法外的,屋大维的士兵大都是恺撒的老兵,他们也不能容忍屋大维联合元老院同同是恺撒的部下的安东尼作战,他们要求屋大维和安东尼和解。重新组合是不可避免的了。

公元前43年11月,屋大维撇开元老院,和安东尼以及另外一个手握重兵的、原恺撒的骑兵长官雷必达在意大利北部的波洛尼亚城会晤,屋大维和安东尼握手言欢。三人缔结了协定,成立"三头同盟",为了和历史上的恺撒、庞培和克拉苏的三头同盟相区别,近代学者把第一次称为前三头同盟,这一次称后三头同盟。两次同盟都是三个军事巨头为对付主张共和的贵族元老和瓜分权力而勉强凑合在一起的,他们各怀鬼胎,互相利用又互相水火。安东尼认为雷必达是个庸才,屋大维是个乳臭未干的小孩。屋大维则始终把安东尼看成是他前进路上的最大障碍,但他清楚地知道,他的力量还弱,他必须等待时机,迂回前进,必须暂时和安东尼联合。后三头和前三头不同的是,前三头是秘密的,而后三头是公开的。后三头不仅在"安定国家的三头政治"的名义下,赤裸裸地夺取了五年的独裁权力,而且在会晤之后,率军占领罗马,解散原来的政府,强迫公民大会作出决议,批准他们的协定。从而使三头合法地拥有了处理罗马国家政事的大权。执政官以下的共和国各机构虽仍然存在,但权力却掌握在三头手中。除意大利由三头共同管理外,三头瓜分了行省。由于东部行省还控制在刺杀恺撒的元凶布鲁图斯和卡西乌斯手中,三头主要是瓜分西部行省,屋大维取得阿非利加、西西里和撒丁诸岛,安东尼取得高卢大部分地区,雷必达取得西班牙和那尔波高卢。

三头大权在握,做的第一件事便是进行"公敌宣告",三人拟定了一份公敌名单,列入名单的有杀害恺撒的凶手,也有三头的私人仇敌。凡被列入名单的,都被褫夺了公民权,人人可捕而诛之,并凭人头领奖。三头还授意人们互相揭发,并鼓励奴隶揭发主人,杀主报官的可获得奖赏并脱离奴籍。公敌宣告使罗马成了恐怖世界,城门失火殃及池鱼,有些妇女和未成年的小孩也被牵连而遭杀害。贵族共和派遭到致命打击,有300元老和2000名骑士被捕杀,大都是富人,他们的财产都被没收。西塞罗虽不是杀害恺撒的凶手,但由于安东尼对他恨之入骨,而被列入名单的第一名。据说屋大维曾努力营救他,但没成功。他被安东尼的部下捕杀,头和手被砍下来送给了安东尼,安东尼把它们放在餐厅里,用餐前总要看上几眼、狂笑一阵,直到看厌了才让人拿到罗马广场上示众。三头将没收来的土地财产分赐给自己的亲信和部属,以换取他们的支持。

屋大维和安东尼三头在罗马大杀政敌时，逃到希腊的贵族共和派重要人物、杀害恺撒的元凶布鲁图斯和卡西乌斯在这里聚集了一支共有 19 个军团、总人数达 8 万的庞大军队，准备为挽救失败的命运，作最后一搏。不过，这支军队，人数虽多得吓人，却大都是从东部行省招募来的雇佣兵，他们只是为钱而战，素质不高，战斗力并不很强。公元前 42 年，屋大维和安东尼率领了也有 19 个军团的十万余人的大军，越过亚得里亚海，征讨布鲁图斯和卡西乌斯。10 月，两军在马其顿东部的腓力比城进行了第一次激战。屋大维在右翼，被布鲁图斯击溃，险些成了俘虏。安东尼在左翼向卡西乌斯猛攻，一战而胜。卡西乌斯溃败时，又误把布鲁图斯派来报捷的骑兵当成敌方追兵，绝望中自杀了。第一次腓力比战役互有胜负。但布鲁图斯方折了大将，影响了士气。二十天后，两军又进行了第二次腓力比战役。这一次，屋大维和安东尼合兵一起，包围了布鲁图斯。布鲁图斯虽奋勇抵抗，终因兵力悬殊，不敌而溃败。布鲁图斯的残兵，不愿再战，要求他和敌人和解。布鲁图斯见大势已去，便和卡西乌斯一样，自杀了。布鲁图斯是贵族共和派中杰出的人物，虽是刺杀恺撒的元凶，安东尼仍称赞他为大丈夫，屋大维也命人用隆重的葬礼埋葬他。腓力比战役成了罗马共和制的坟墓，罗马贵族共和派的最后一支武装力量被消灭了。

腓力比战役后，安东尼去了东方，屋大维则回到意大利。屋大维在意大利实行把城市居民的土地分给退伍士兵的政策，同时，又屠杀了一些贵族，引起了意大利有产者的憎恨。安东尼的弟弟，公元前 41 年的执政官鲁乌斯基·安东尼和安东尼的妻子福尔维亚乘机招募军队，到处煽起反屋大维的骚乱。他们的口号是消灭三头、恢复共和和保护一切被压迫者。屋大维对骚乱采取严酷的手段，坚决镇压。公元前 41 年末 40 年初，鲁乌斯基和福尔维亚被屋大维的亲信阿格里帕包围在佩鲁西亚城中，弹尽粮绝，走投无路，几次突围，均告失败。公元前 40 年 2 月，鲁乌斯基和福尔维亚不得不率部投降。屋大维虽赦免了他们，但收编了他们的军队，并放任部下将士在佩鲁西亚城中随意抢劫。

安东尼对他妻子和兄弟反屋大维的失败并没放在心上，但对屋大维收编他在高卢的军队、占领高卢的土地、扩大势力的行为却耿耿于怀，不能容忍。他急忙从东方返回意大利，和屋大维交涉摊牌。

这时，罗马东边各行省面临帕提亚的严重威胁，西边庞培的儿子塞克斯杜斯·庞培控制了西西里和西部地中海，他有一支有海盗和奴隶参加的强大海军，控制了地中海的商路，并不时向意大利进行海盗式袭击，给罗马的粮食和其他商品的供应造成很大困难，在这种情况下，由于雷必达等的从中调解，屋大维和安东尼再次言归于好。公元前 40 年 10 月，三头在意大利东南角的布隆迪西乌姆港重申前盟，缔结了新的协议，重新三分天下：安东尼统治东方行省，负责对帕提亚的战争；雷必达管辖非洲;屋大维管理西方行省,负责征讨塞克斯杜斯·庞培。为了加强同盟关系,由于安东尼的妻子福尔维亚在希腊去世,经阿格里帕作媒,屋大维把自己的守寡的姐姐屋大维亚嫁给安东尼为妻。屋大维在定下这门亲事时对安东尼说:"我把一个姐姐,一个从来没有哪个弟弟这样爱过的姐姐送给你了,让她永远把我们的国土和我们的心结合在一起,永不再行离叛。"安东尼回答说:"从现在起,让兄弟之情主宰我们的爱,支配我们的计划。"美丽而又贤惠的屋大维亚似乎使屋大维和安东尼的合作和结盟牢不可破了,但实际上,情况并没有这样美妙! 安东尼热恋着埃及女王克里奥帕特拉,娶屋大维亚完全是出于政治的需要,而不是出于爱情。这场婚姻从一开始就注定是悲剧的收场。

布隆迪西乌姆会议后,塞克斯杜斯·庞培成为屋大维的心头之患,他的以西西里为基地的海军是无以匹敌的,是海上的霸主,不满三头统治的人纷纷投靠他。屋大维虽想立即剿灭他,但心有余而力不足,只好采取先退一步,等待时机再前进的策略。公元前39年,屋大维、安东尼和雷必达三头和小庞培达成协议,承认庞培为海军的统帅,治理西西里、撒丁尼亚和伯罗奔尼撒,答应归还被没收的他父亲的产业,赦免逃到他那里的遭三头通缉的罗马公民,给在庞培军队中服役的奴隶自由。但小庞培并不满足,还想获得更大的权力。安东尼不让他在伯罗奔尼撒收税,使他又干起了袭击商船的海盗式勾当。三头和小庞培之间的和解很快就结束了。

但征讨小庞培并不顺利,公元前38年,屋大维的海军被小庞培的海军和风暴所摧毁。

公元前37年春,三头的五年独裁权力到期了。三头在塔林敦缔结了一个新协定,将三头权力延长五年,并规定在反对小庞培和帕提亚的战争中互相支援。

屋大维并没有什么过人的军事指挥才能。他似乎和中国的刘邦一样,虽不善于将兵却善于将将。他是靠他的部将取得一连串军事胜利的。但他善于审时度势,把握时机。小庞培在公元前38年取得了对屋大维海军的胜利后,并没能巩固和利用战场上的胜利,而屋大维不仅积极备战,还争取到安东尼和雷必达支持他对小庞培的战争。公元前36年,屋大维的助手,天才的战将阿格里帕率领屋大维的舰队,在西西里的瑙洛丘斯湾外彻底击溃了小庞培的舰队,庞培逃到米利都,被安东尼所追杀。雷必达参加了对庞培的战斗,但他想独占西西里岛,而他的军队却前线反戈,倒向屋大维。屋大维乘机剥夺了他的军权,兼并了他所管辖的非洲行省,只让他保留个祭司长的空头衔回到意大利,并被软禁起来。这样,三头只剩下两头,三头同盟也实际上结束了。

三、双雄争霸

塞克斯杜斯·庞培被击溃，雷必达被逐出政治舞台，在罗马左右政局的大人物就只剩下屋大维和安东尼了，但斗争并没有就此结束，罗马社会需要一个集权的强有力人物一统江山，天无二日，他们是不能并存的，条约、婚姻都无法化解两人的势不两立的敌对态度。两雄争霸，最后只有由武力来决定由谁来统一罗马世界。

屋大维一步一步地巩固自己对罗马西方行省的统治，增强自己的军事实力，提高自己在罗马的威信和地位，特别是在战胜了塞克斯杜斯·庞培，扫清了海盗，保障了罗马的粮食供应，给屋大维带来了极大的声誉。和屋大维的成功和深谋远虑形成鲜明的对比，安东尼在东方行省虽也加强了自己的统治，但对帕提亚的战争劳而无功，并沉湎于爱情、逸乐的生活而不能自拔。安东尼是一位很有才能的军事统帅和政治家，但生活放荡、迷恋埃及女王克里奥帕特拉，演出了一出为美人而丢掉江山的悲喜剧。

克里奥帕特拉是古代埃及有名的美人，一笑倾人城，再笑倾人国。恺撒就曾拜倒在她的石榴裙下，帮她巩固了王位。安东尼获得主管东方行省的权力后，在小亚细亚的滨海城市塔尔索斯召见克里奥帕特拉，想就她帮助贵族共和派之事严加问罪，谁知一见那打扮得如同爱神维纳斯的美人后，神魂颠倒，问罪之辞早丢到九霄云外去了，竟随她去了埃及首都亚历山大里亚，过起那逐日设宴、寻欢作乐的东方帝王生活来了。整日处在软玉温香中，哪里还有心思处理政务，东方事务只好完全交给自己的副将去管理。和屋大维亚结婚也没能中止安东尼对克里奥帕特拉的迷恋，新婚过后，安东尼返回东方，又一头扎进克里奥帕特拉的怀抱。恺撒和克里奥帕特拉私通，和她生子，甚至把她带到罗马，大肆宣扬，罗马公众还能接受，因克里奥帕特拉是在恺撒的控制下。但罗马人民对安东尼的所作所为却心怀不满。因为人们怀疑安东尼处在克里奥帕特拉的控制之下。

安东尼在战场上也遭到挫折。公元前36年对帕提亚的战争失败，损失巨大。公元前34年安东尼虽征服了亚美尼亚，俘获了亚美尼亚国王，但却一反惯例，没有回到罗马，而是在亚历山大里亚举行凯旋式，这严重损伤了罗马人的感情。他和罗马疏远了，似乎成了一位东方的君主。

公元前32年，三头权限期满，屋大维与安东尼的关系彻底决裂。安东尼应克里奥帕特拉的请求，正式修书遗弃其妻屋大维亚，并要把罗马东方行省的部分地区赠送给克里奥帕特拉和她的子女。这引起了罗马人的极大反感。屋大维发誓要为其姐所受的侮辱报仇。他利用安东尼的所作所为,大造舆论,攻击安东尼出卖国家利益。安东尼则扬言,屋大维无权继承恺撒的事业,恺撒与克里奥帕特拉所生的儿子恺撒里昂才是恺撒的嫡嗣、合法的继承人。当忠于安东尼的两位执政官在元老院攻击屋大维时,屋大维带领大批武装随从来到元老院,赶走了大约 300 名拥护安东尼的元老,迫使两名执政官出逃到安东尼那里去了。屋大维不顾传统习俗,从维斯塔神庙贞女处搞到了存放在那里的安东尼的遗嘱,并公布于众。安东尼在遗嘱中把东方国土赠送给克里奥帕特拉以及她和恺撒、安东尼所生的后代,并要求把他葬在亚历山大里亚。遗嘱一公布,舆论哗然,群情激愤,屋大维利用罗马群众的愤怒情绪,诱使元老院和公民大会作出决议,以侵占罗马财产为由,剥夺了安东尼执政官职务以及其他一切权力,并对克里奥帕特拉宣战。

战争还没开始,屋大维就获得了道义上的胜利。屋大维不是对同胞安东尼,而是对外国人"东方女妖"克里奥帕特拉宣战,反对屋大维就是站在外国人一边反对罗马人,屋大维挟"天子"以令诸侯,打着元老院和公民大会的旗号,名正言顺,他的军队是堂堂正正的正义之师,是讨伐不义,因为外国人侵占了罗马人民的财产。和克里奥帕特拉联合的安东尼则陷于一个十分尴尬的不利境地。

双方都进行了大规模的动员和精心准备。屋大维筹集了尽可能多的钱,调集了 400 艘战船、10 万步骑兵。安东尼和克里奥帕特拉一起拼凑了 500 艘战船、步骑兵 9 万人,集中在希腊西部海岸的诸要塞。双方兵力大致相当,但安东尼麾下的那些罗马士兵大都不愿为克里奥帕特拉作战,军心涣散,士气不振。公元前 31 年年初,阿格里帕成功地从意大利渡过爱奥尼亚海,占领了希腊海岸具有决定意义的各个据点,切断了安东尼陆军与海上的联系。由于粮草供应发生困难,没经过大的战斗,安东尼的陆军就不战自溃。屋大维到达希腊后,把安东尼和克里奥帕特拉的海军围堵在安布里希阿湾。9 月 2 日,两军在海湾外的阿克兴海角进行决战。屋大维的舰只体积较小,但灵活机动。安东尼的舰只体积大,前面装有搭钩,可以钩结敌船,但比较笨重,转动不灵。战斗一开始,屋大维的舰队就先声夺人,用冲撞和火攻击伤敌舰。安东尼舰队猝不及防,出现紊乱。紧要关头,克里奥帕特拉为保存实力,迅即带领她的埃及舰队弃阵而逃,驶回埃及。安东尼见爱人跑了,无心恋战,置正在苦战的舰队于不顾,撤离战场,追随而去。只有 1/4 的舰队随他们突围出来。剩下的大部分舰队,见指挥官逃走,纷纷倒戈,投降屋大维,战斗很快就结束了。

安东尼和克里奥帕特拉逃回了埃及,但已无力再和屋大维抗衡了。公元前 30 年夏,屋大维进军埃及,把安东尼和克里奥帕特拉围困在亚历山大里亚。克里奥帕特拉背着安东尼向屋大维通款乞和,请求屋大维格外开恩,保持埃及的半独立地位。安东尼也派人向屋大维提出让他以一个平民身份住在埃及的要求。但俩人的请求都被屋大维拒绝了。绝望中,安东尼向屋大维个人挑战,要求屋大维和他进行一场单独的剑对剑的个人决斗。屋大维胜利在握,当然不屑于逞匹夫之勇,进行什么个人决斗。安东尼无计可施,在部下投降和听到克里奥帕特拉已经死去的讹传后,在8月1日,伏剑自刎了。克里奥帕特拉开始还想偷生,躲进了墓堡,被屋大维部下搜擒。当屋大维来见她时,她想旧戏重演,以美色迷惑屋大维。她把自己打扮成一个忧伤的美女,淡装素抹,轻纱掩体。屋大维不为所动,为了能把她活着带回罗马,在自己的凯旋式上展出炫耀,装出非常关心同情她的样子,答应要完全按照她自己的意愿待她,要她放心,不要效法安东尼自杀。但屋大维的表演也没骗过克里奥帕特拉,她在知道屋大维的用心后,在屋大维的严密防卫下,仍设法获得一篮藏有一条其毒无比的小毒蛇的无花果,让毒蛇咬伤手臂,中毒昏迷而死。屋大维把她和安东尼葬在一起,但把她和恺撒所生的儿子恺撒里昂以及她和安东尼的长子处死。延续了300多年的埃及托勒密王朝也就随着女王克里奥帕特拉的死最终灭亡了。屋大维消灭了这个令罗马人痛恨的东方国家,名利双收。他把埃及作为一个由自己直接管辖的行省拼入罗马,他没收了克里奥帕特拉的全部财产,结果使他比罗马国家还要富裕。

一些文学作品都把克里奥帕特拉描写成因无比的美貌和权术而把恺撒和安东尼两个罗马的统治者玩弄于股掌之中的可以改变世界的风云人物,甚至有人说:"如果克里奥帕特拉的鼻子短一些,那么整个世界就不同了。"其实,克里奥帕特拉只是个弱国的末代女皇。面对强大的罗马,为了保存她的国家,她除了以女色邀宠恺撒和安东尼还能做什么呢? 在屋大维和安东尼的斗争中,屋大维利用安东尼和她的关系打击安东尼,安东尼除了爱克里奥帕特拉以外,也是想利用埃及的力量来对抗屋大维。比起那些拱手让出国家的末代帝王来,她多少有些令人敬佩之处。

四、第一公民

公元前29年,屋大维回到罗马。罗马人民和元老院空前隆重地欢迎他的归来,为他举行了连续三天的正式英雄凯旋式,祝贺他在达尔马提亚、阿克兴和亚历山大里亚的一连串胜利。连续三天,罗马倾城出动,万人空巷,争睹屋大维的风采。屋大维站在四匹马拉的战车上,车前走着赤脚烂衫绳捆索绑的俘虏(可惜克里奥帕特拉死了),在庞大的仪仗队的前导和簇拥下,驶过罗马的街道和广场,接受人们的欢呼和瞻仰。这三天不仅是屋大维难忘的日子,也是罗马人民难忘的,这不仅是祝贺屋大维的胜利,也是庆贺罗马获得了新的土地和财富。罗马举行凯旋式是习以为常的事,但连续三天的凯旋式则不同凡响。罗马的凯旋式有两种,一种是小凯旋式,得胜的将军进城步行而不能乘战车。屋大维在腓力比打败布鲁图斯和在西西里打败塞克斯杜斯·庞培之后,都只享受了这种小凯旋式的荣誉。另一种就是屋大维这次所享受的,得胜将军乘四匹马拉的战车进城,并被授予凯旋将军的称号。拉丁文皇帝和凯旋将军是同一词,不过皇帝的含义是后来增加的。屋大维这一次的凯旋式就是正式凯旋式。这是他第一次获此殊荣。以后屋大维还曾多次进行凯旋式,他自称曾有 9 个国王或王子在凯旋式上走在他的马车前。

实际上,罗马人民和元老院这次欢迎的已不是一个一般的将军元帅,而是罗马的大权独揽者。屋大维的所有有竞争力的政敌都被一一消灭了。他成了罗马无可争议的唯一统治者,获得了他养父恺撒所曾获得的一切权力。他的威望和地位甚至已超过恺撒。他结束了罗马的长期动荡和内战的局面,地中海世界统一了。按古老传统,在整个罗马帝国在海上和陆上赢得胜利并取得了和平时,要关闭雅努斯神庙的大门。雅努斯是门神。他决定战争与和平问题。罗马广场的雅努斯神庙有两个以侧墙连接的拱门。宣战时,庙门敞开,出征部队要通过这两个拱门。和平时期,庙门紧闭。这个庙门已有 300 年没有关闭了,在为屋大维举行凯旋式时,庙门关闭了,和平来临了,而这和平是和屋大维的名字联结在一起的。

不过,尽管大权在握,屋大维却似乎没有恺撒和安东尼那样强烈而又明显的帝王欲望。有人评价他说,他既不是神,也不是传奇的英雄,而是一个人。是的,他是个人,但是是一个具有无比的政治才能和灵活的审时度势能力的人。他实际上结束了罗马共和时期,他是罗马共和戏剧的这最后一幕中气派最大、能力最高的人,也可能是当时罗马所可能产生的最好的人物。公元前 27 年 1 月 31 日,屋大维在他召集的元老院会议上,发表了长篇演说,演说表露了他的爱国热忱,掩盖了他的野心。"对他过去的作为,他深感不安,但也认为情有可原。对父母的孝心时刻要求他为他父亲的惨死报仇;他自己的仁慈天性有时又使他不得不对严峻的必然规律让步,并迫使他违心地和两个无赖共事:在安东尼还活着的时候,共和国不能容许他把她随便交到一个堕落的罗马人和一个出身野蛮民族的皇后手中。他现在可以自由地履行他的职责和按照自己的意愿行事了。他庄严地使元老院和一般人民完全恢复了他们的古老的权利;他唯一的愿望是能和他的同胞在一起生活,同他们一起分享他给他的国家带来的幸福生活。"他宣布:"我将不再领导你们……请从我手中取回自由共和国,请接受军队和被征服的行省并且按你们自己的意愿来治理罢。"

元老院理所当然地一面感激并赞扬屋大维放弃权力的举动;一面又众口一词地拒绝了他的辞呈,并请求他决不要抛弃掉依靠他才终于得救的共和国。

屋大维之所以要演出这还政于民的一幕。是出于他对历史的借鉴和对罗马人民心理的深刻了解。安东尼曾在公共场合连续三次把皇冠戴在恺撒的头上,每次在场群众都以沉默不语来显示他们的不满,而当恺撒拿下皇冠时,群众却以齐声欢呼来表达他们的赞赏。这清楚反映出长期生活在共和制度下的罗马人民是不愿受帝王统治的。恺撒虽没接受帝王的头衔,但任终身独裁官,终于导致被维护共和制度的贵族共和派所刺杀。养父的遭遇,一定在屋大维心里留下了深刻的印象。他虽清楚地知道,罗马已离不开恺撒式的独裁者,但公开的帝制又必然会遭到抵制,元老院不会轻易放弃自己的权利和地位,罗马人民也留恋共和制。因此,屋大维投元老院和人民之好,慷慨陈辞,把权力交还给元老院和罗马人民,恢复共和制。这既为他赢得了极大的声誉,又可使他的权力合法化。感激涕零的元老院在屋大维发表"恢复共和国,还政于民"的演说后的第四天,公元前 27 年 1 月 16 日,作为回报,授于屋大维"奥古斯都"的尊号。屋大维原希望人民尊他为罗慕路,也就是罗马的开创者,王政时代的第一任国王。但因罗慕路这一称号有企图王位的嫌疑而打消了这一想法。奥古斯都是一个含有神圣、庄严、伟大等令人尊敬的并有宗教色彩的隐意的词。和动词"增加"联结在一起,"增加"也就是"全权",它又是"占卜"的字根,而占卜是一种深深扎根于罗马传统中的古老习惯。屋大维乐意地接受了这个既表明他的至高无上的国家领袖地位、又不同于会引起元老共和分子攻击的独裁或神的称号。这样,在屋大维的名字上又增加了奥古斯都一词。在授予屋大维奥古斯都尊号的同时,在屋大维的住宅的门柱上装饰了月桂枝叶,大门上钉上象征公民城邦的冠冕,并在元老院会堂安放一面金盾,上面镶刻有"因勇敢、仁慈、公正和虔诚而授予屋大维奥古斯都尊号"等字。屋大维生于 8 月,元老院根据恺撒的前例,把 8 月命名为奥古斯都,又因他和恺撒同尊,8 月的日数就不能少于 7 月,也应是 31 日,这便是为什么西历 7 月和 8 月都是 31 天的由来。

屋大维宣布还政于人民和元老院后,原有的各种政治机器又被开动起来。元老院、公民大会和行政官职的选举制都被保留下来。但这只是表面现象,尽管屋大维已经宣布放弃一切权力,说自己只是一个普通的执政官,甚至要作一普通公民终老林下,他的近似帝王的权力并没丢失丝毫。元老院和公民大会不仅没有缩小甚至把更大的权力还给了他。但他的这种权力是在元老院和人民的请求下接受的。他一再拒绝担任恺撒曾担任的独裁官、终身独裁官,表示他不愿成为独裁者。他接受并乐意称自己为第一公民,也就是国家第一人,元老院第一名元老元首。因此,历史上就把奥古斯都所创立的国家制度称为元首制,拉丁文的元首的汉文音译为普林斯,元首制也就是普林斯制。

奥古斯都的元首制是逐步建立起来的。早在公元前 29 年,他从东方返回罗马,就获得了最高充帅的称号,军权是他一切权力的基础。军队是奥古斯都政权的主要支柱。作为最高统帅他有任命一切军事长官、征募军队及宣战媾和的权利。在政治方面,从公元前52年到公元前25年奥古斯都连任执政官,公元前19年又获得了终身执政官的荣誉职务,奥古斯都喜欢保民官这一职务,在公元前36年战胜塞克斯杜斯·庞培后,就被授予终身保民官的权力,公元前23年又被重新加以确认。保民官的职务使奥古斯都有权取消任何其他官员所采取的措施和决定,也使奥古斯都的人身成为神圣不可侵犯的,可不受任何批评和诽谤。罗马元老院和公民大会曾三次推举奥古斯都为唯一的、拥有最高权力的法律和道德监护人,实际上是授给他永久独裁权,他以不接受任何违背祖宗传统的权力为由拒绝了,而宁愿以保民官的身份行使这种职权。公元前22年,他被“赠予”召开元老院会议和在元老院会议中担任主席的权力。在宗教方面,他是宗教首脑,担任许多宗教职务,包括大祭司长。在行省治理方面,公元前25年他获得了统治帝国广袤疆域的总司令权,对帝国的一切行省都有总督权。这样,奥古斯都通过担任这些传统职务,总揽了军事、政治、宗教和行省治理等各方面的一切大权,成为事实上的独裁者,因此,一般都把奥古斯都的元首制作为罗马帝制的开始,共和制的终结。但是奥古斯都的所有职务又都无不经过元老院的推荐和公民大会的选举。官员的选举和任期仍和共和制时一样。元老院的职能也并没减少,甚至形式上还增加了,譬如,元老院有了自己的高等法院。它的政治影响减弱了,而行政职能却强化了,有时还负责处理元首或公民大会布置的事。不过,奥古斯都的元老院已不是过去的元老院,它经过奥古斯都的改造和清洗,反对奥古斯都的力量已荡然无存了,人数也由原来的900人减少到600人,奥古斯都作为主席牢牢地控制着它。公民大会除了在形式上选举事先已内定的高级官职以外,没有任何作用。无论是元老院还是公民大会都不能做任何奥古斯都不喜或不同意的事。它们实际上是奥古斯都元首制的美丽的点缀和面具,掩盖着元首制所具有的帝制的真面目。不过元首制和帝制还是有些不同的,这不仅因为它保留了元老院和公民大会,而且因为高级官员的任命在形式上还要经过它们,奥古斯都也和帝王有所不同。他的帝王般的权力不是诸如皇帝、独裁官等单一职务,而是靠集于一身的众多职务。大多数职务也是有任期的,虽然可以不断连任,而且从法律上说,因为这些职务是元老院和公民大会授予的,因而也是不能世袭的。奥古斯都和第一公民或元首都是尊称,而不是官职。第一公民这一称号除表示了他在公民中的优越地位外,清清楚楚显示他仍不过是公民中的一分子,而不是高居于公民之上的神。

当然,奥古斯都不是只依靠改造了的变了样的旧的机构,他还建立了一些新的机构来协助自己的工作。公元前27年他在中央建立了一个元老院执行委员会。

成为一个类似内阁式政府委员会的机构。它由元老院的元老组成,包括两个执政官和行政长官、营造民、保民官、监察官各一人,以及用抽签的办法选出的另外 15 名元老。它帮助奥古斯都规划元老院事务,实际上是他个人的工作班子,参加的元老有贵族也有骑士。这是共和时期从未有过而又成为元首制的一个重要特点的机构。

元首制的创立显示了奥古斯都的杰出的政治才能。它既使奥古斯都成功地保留了独裁权力,而又使自己赢得了"共和国的恢复者和自由战士"的声誉。

五、最高统帅

奥古斯都的众多职务中,最高统帅是最重要、也是奥古斯都最看重的一个。最高统帅、大将军、凯旋将军拉丁文是同一个词,是军队的统帅和总司令。奥古斯都的元首制下的帝国是一个军事帝国,它是靠军队支撑的,奥古斯都虽也说过把军队还给元老院,实际上,他一刻也没有放松对军队的控制。他如同把恺撒和奥古斯都放入自己的名字中一样,也把最高统帅放入自己的名字中,成为自己的名字的一部分。这意味着罗马统帅已经和他合二而一了。离开了最高统帅一职,他就不会是奥古斯都了。

罗马的军队,最早是公民军队,军、民是不分的,17—60 岁的公民都有服兵役的义务,公民出征须自备武装和给养。战后解散,返回家园,重操旧业,军队的中坚是罗马公民中的富裕阶层,贫苦的公民因无力自备武装和给养,也就无权服兵役。后来随着战争的频繁和扩大,改行募兵制,无权参军的贫苦公民也可当兵了,并发给薪饷,服役期限也延长了,公民兵开始变成被招募的职业兵。这样的军队有了固定的统帅,士兵只知忠诚于统帅,服从统帅、为统帅卖命,而不知国家;统帅也要千方百计为士兵谋利,提高军饷,退役后分给一块土地等。屋大维就是靠用自己的钱招募并组织这样一支军队起家的。内战结束了,这样一支职业军人组成的庞大军队,作为内战的遗产却保存下来了,这一方面是国家仍迫切需要这样一支军队来保卫国内外的和平、安宁和秩序、扩展疆域、示威境外。另一方面,奥古斯都本人也需要军队维护个人统治,有军队就不能没有奥古斯都这唯一的统帅。军权是不能分割的。军权的分割也就意味着内战的重新开始。因此,奥古斯都虽拒绝独裁官和终身独裁官的头衔,却十分欣赏并终身享有同样是有绝对权威的最高统帅头衔。他自称他曾 21 次获凯旋将军称号,可见他对军队统帅职务的重视和对军事胜利之自豪。拉丁文最高统帅这时还没有皇帝的意思,后来它的主要含义却成为皇帝了,这决不是偶然的,最高统帅就是皇帝。

奥古斯都把他的正规部队固定在 28 个军团,15 万人左右,这是支常备军。奥古斯都认为他只能支付这样多的军队的军饷,而国家也只能给这样多的军队补充新兵。军队驻扎在行省和边防要地。驻扎在西方行省的军团士兵大都是意大利的罗马公民,驻扎在东方行省的,很多是外省人,在被征召入伍时被非正式地授予公民权。各正规军团配备有人数几乎一样的辅助部队,辅助部队的士兵是从行省和附庸国的非罗马公民中征集的。奥古斯都还建立了一支驻扎在意大利、专门拱卫罗马、保卫奥古斯都本人及其家族的禁卫军,共 9 个大队 9000 多人。除陆军外,他还建立了一支常备海军,士兵都是罗马下层公民、解放奴隶和外省人。军队中的要职都由元老和骑士担任。辅助部队也由罗马军官指挥。奥古斯都的这支包括陆军和海军、正规军团和辅助部队以及禁卫军组成的军队,是一支由罗马公民或准罗马公民组成的服役期限长达 16 年、20 年甚或 25 年的、训练有素的有很强战斗力的常备军。他们都要宣誓效忠于奥古斯都,有如奥古斯都的私人武装。奥古斯都晚年不无得意地宣称:"向我宣誓效忠的罗马公民兵约有 50 万人。"军队的最重要的将领几乎都是奥古斯都的亲属或亲信,这样既便于控制,也不会危及自己的统治。奥古斯都对军队是非常爱护和优待的,他用各种方法来赢得军队的爱戴和忠诚。不仅薪饷丰厚,不是罗马公民的退役后可以获得罗马公民权,而且,服役期满后的士兵,可回原籍或到殖民地定居,并可获得土地和金钱作为服役的报酬。他在自传里列举了他为给士兵分配土地而支付的地产钱的数目和发放退伍金的数目,他还建立了退伍基金来保证退伍金的发放。因此,当兵虽要经受严格的训练,有严格的纪律,要打仗,但由于待遇优厚,成为一个颇具吸引力的职业。奥古斯都的军队是由自愿应征者组成的,兵源不成问题。甚至有些地位较高的人都愿加入行伍,以求飞黄腾达。军队将士对奥古斯都的忠诚也始终如一,在他统治的全部时间里,军队都是安定的,也是忠于职守的。

奥古斯都并不是一个热衷于征伐的人,罗马人民也厌倦了战争,但当时并不是个休养生息的时代,奥古斯都和平是靠强烈的、积极的国事活动来巩固的。只有对外显示罗马强大的军事力量和建立起一条可靠安全的边境线才能保证和平。奥古斯都的军事行动,虽不如亚历山大和恺撒那样辉煌,但也取得不少成功,极大地扩大了罗马帝国的疆域。

在南部,公元前 25 年,奥古斯都委任的埃及总督把罗马的势力延伸至尼罗河第一瀑布,经过一系列对土著的征服,合并了藩属国努比亚。奥古斯都配置了三个军团管辖地中海南岸,二个在埃及,一个在非洲行省。在东部,公元前 25 年,吞并了名为加拉提亚的小亚细亚中部的大片土地。公元前 20 年,曾多次打败罗马军队的帕提亚王朝发生了王位继承的斗争。斗争的双方都向罗马求援,奥古斯都乘机一面派提贝里乌斯率兵出征,施加军事压力,一面利用灵活外交手腕,与帕提亚签订条约,兵不血刃就迫使帕提亚国王交还了过去从克拉苏和安东尼手中夺去的包括军旗在内的一切战利品和俘虏,承认了罗马对亚美尼亚的保护权力,并送给罗马大量贡品。条约规定幼发拉底河为罗马与帕提亚的疆界。这样一来,既雪了33年前罗马统帅克拉苏在美索不达米亚的卡雷战役全军覆没之耻,恢复和保证了罗马在东方的荣誉,扩展了疆域,使罗马公民十分满意,又极大地提高了奥古斯都本人的威信。在西部,公元前26年,奥古斯都对西班牙进行征服,遭到西班牙人民的激烈反抗,直到公元前19年才把西班牙的起义镇压下去,侵占了全部西班牙领土,设立了三个行省,配置了3个军团驻守从直布罗陀到莱茵河口一带。此后,奥古斯都还想吞并不列颠,但没成功。在北部,奥古斯都在征服了高卢和消灭了住在阿尔卑斯山南坡的萨拉西人之后,在公元前16—前12年,派泰比里乌斯率军越过阿尔卑斯山,进军多瑙河沿岸,先后建立了列提亚、潘诺尼亚、诺里克和麦西亚等行省。到公元前12年,奥古斯都大体上完成了帝国的疆界,东起幼发拉底河,西滨大西洋,南至撒哈拉大沙漠,北以莱茵河和多瑙河与日尔曼人为界。四境都有天然屏障。但奥古斯都并没满足,他想把北部边境推进到比以莱茵河为边界更有利的易伯河。公元前12年,奥古斯都令养子德鲁苏斯率远征军越过莱茵河进入日尔曼境内。德鲁苏斯战胜了当地的统治者,建立起一系列基地,于公元前9年抵达易北河,不慎堕马受伤不治去世。奥古斯都又派提贝里乌斯继续征服日尔曼。经过不断的征伐,罗马军队最终占领了从莱茵河到易北河的全部地区,公元前5年,建立了日尔曼行省。被征服地区的人民并没停止过斗争,虽驻有重兵,仍不时发生起义。公元前6年,潘诺尼亚省就爆发了20万人的大起义,提贝里乌斯奉命率兵镇压,经半年才平息了叛乱。而日尔曼人的反抗斗争更给奥古斯都沉重打击。公元9年,被日尔曼部族首领阿尔米尼乌斯引诱,驻守日尔曼行省的罗马统帅瓦鲁斯率三个军团和五个辅助队离开驻地,深入到几乎无法穿行的特乌托布尔格森林中,陷入日尔曼人布置的陷阱,遭到日尔曼人的猝不及防的围攻,经四天苦战,瓦鲁斯和所有高级军官不是战死,就是自杀了,全军覆没,无一生还。这一事件震撼了整个罗马。奥古斯都在罗马全城布置了日夜岗哨,延长了各省总督任期,向朱庇特神宣誓,全国处境如能改善,将举行盛大宴会向朱庇特表示敬意。瓦鲁斯军团的灾难使奥古斯都陷入深刻的悲痛中而不能自拔,好几个月,不理发,不刮胡子,还不时以头撞门呼喊:"瓦鲁斯,把军团给我带回来。"奥古斯都要把北部边界建立在易北河的美梦也彻底破灭了。他年老了,再没雄心、也没力量继续大举进攻日尔曼人了。虽然,奥古斯都后来曾派提贝里乌斯率军去征讨阿尔米尼乌斯,并大获全胜,挽回点面子。

实际上,罗马的国力从此以后就一直被限制在莱茵河以南,而且常遭受日尔曼人的侵扰。恩格斯认为日尔曼人"同瓦鲁斯的会战,是历史上最有决定意义的转折点之一。这次会战使日尔曼尼亚永远摆脱罗马而取得了独立。"奥古斯都在晚年停止了军事扩张政策,而且劝告他的继承者也不要进行扩张。

六、祖国之父

奥古斯都另一足以自豪的不朽尊号是元老院和罗马人民授予的"祖国之父"。公元前2年,开始是一个贫民代表团要求尊奉他为祖国之父,他拒绝了,随后当他来到罗马大剧场时,一大群人再次向他请愿,最后是元老在元老会堂,由一名元老代表元老院发言:"幸福的命运和神灵的恩惠是与你的家庭同在的,为我们城市的幸福康泰而向你祈求,元老院和罗马人民一致热烈希望尊你为祖国之父。"奥古斯都眼含热泪地回答说:"在达到我的最高愿望之后,父老们,我还能向永生的神灵乞求什么呢? 我唯有诚心保持你们一致加给我的荣誉,直到永远。"同时,在奥古斯都的住宅的前厅、元老院会堂和树立在奥古斯都广场上的战车上都刻上这一尊号。这是一古老的尊号,恺撒也曾拥有过。奥古斯都接受这一称号,是因为他认为,这是他的全部努力的顶点和他的政体的最终体现。祖国之父,也就是说他是所有罗马人和意大利人以及行省人之父。这是把他的身份建立在罗马最古老的传统的基础上。按古老传统,"一家之父"是最受尊敬的关键人物,而被庇护者的保护人也常常被说成是被庇护者的父亲。在这种意义上,奥古斯都接受"祖国之父"或"国父"这一称号是遵循公元前32年和安东尼决战前夕全体意大利人向他发出的誓言,宣誓效忠于他。也就是说,所有罗马公民毫无例外地都是他的被庇护人,而他是他们的保护人。由于他的国家已不是小小的罗马,而是整个意大利,是包括许多行省和殖民地的庞大帝国,因而,他的被庇护者也就扩展到全体意大利人民、扩展到行省和殖民的人民。整个罗马帝国都是由他的被庇护人所组成的,不管是罗马人还是非罗马人。奥古斯都在追述公元前32年宣誓之事时,非常自豪地说:"整个意大利是自愿向我宣誓效忠的,高卢和西班牙诸省、阿非利加、西西里和撒丁等省也都举行效忠宣誓。"全体罗马人民都宣誓效忠奥古斯都,为奥古斯都服务卖命,把他看作是他们的保护人,尊敬他如同尊敬父亲。当然这中间也有被迫的违心的。按照古老的传统,作为保护人,奥古斯都也要维护被庇护人、即罗马人的利益,在一切事情上都要成为他们的顾问和朋友。确实,奥古斯都做了不少给罗马人民带来好处、得到罗马人民赞扬的事。他结束了长期不断的内战,使罗马人民开始享受安宁和和平。他扩大了罗马的疆域,把罗马的边境大大向外延伸了,从而给罗马带来了巨大的财富,满足了罗马人民渴求胜利的心理需求。他消灭了海盗,保证了地中海的航运的畅通和安全;他发给士兵丰厚的薪饷,退役后还让他们得到土地和金钱。他在罗马和意大利举行各种竞技、赛会和表演来娱乐罗马人民,他让不少贵族和骑士都有当官和发财的机会。他甚至不时地给罗马的贫穷的公民钱财和免费分发粮食,奥古斯都在自传里列举了他的此类义举。在他刚步入罗马政坛时,他就用分发钱财来收揽人心,后来又多次这样做。奥古斯都在列举他给罗马人民钱和粮时,是充满自豪的,但获得他的钱物的人是不多的,最多的一次有 32 万人,每人获得了他赠送的 240 块小银币,一般都只有 20—25 万人左右。有权得到奥古斯都赠送钱物的只是那些有公民权的罗马公民。奥古斯都关心和保护的是有公民权的罗马公民的利益。当时罗马帝国境内的居民大约在 7000 万到 1 亿之间,而罗马公民的总数,包括妇女和儿童,只有大约 500 万到 600 万。这中间还包括从 100 万增加到 200 万的外省的公民。奥古斯都三次进行人口调查,第一次在公元前 28 年,罗马公民人数是 406.3 万,第二次在公元前 8 年,423.3 万,20 年只增加了不足 20 万,第三次在公元 14 年,493.7 万,20 多年也只增加了 70 万。三次人口调查不仅说明罗马公民的人数在帝国境内居民中的比例是非常小的,而且说明,罗马公民人数的增加是极为缓慢的。这一方面是道德败坏,许多罗马公民追求享乐,不要家庭,独身主义流行,自然增长率小;另一方面是其他的人,除当兵,要获得罗马公民资格是非常不容易的,罗马公民是一个近似封闭的集团。

奥古斯都的罗马帝国是一个奴隶制国家,人数众多的奴隶是不被看作是人的,而是奴隶主的财产,没有任何权利。还有大量的外省居民,也没有罗马公民权。奥古斯都只是罗马公民之父,他们中的贫穷者,可得到奥古斯都小恩小惠的施舍,他们中的有钱者、元老和骑士,不需要奥古斯都的这种小恩小惠。他们需要奥古斯都作为他们的保护人,是希望奥古斯都保护他们的利益,让他们有飞黄腾达、发财致富的机会,其中很重要的一点是保护他们对奴隶的权利。奥古斯都就是这样做的。公元前 36 年,奥古斯都打败了塞克斯杜斯·庞培之后,密令各地驻军清查在内战时加入军队的奴隶,有 3 万名被清查出的奴隶被送交给其主人惩治,如主人不在,就将奴隶处死。从而赢得了元老贵族和骑士的支持。罗马有一古老惯例,奴隶主在家被奴隶杀死,这家的所有奴隶都要被处死。公元 10 年,奥古斯都重申了这一规定:凡奴隶杀死主人,与之同处一处或闻声未去援救的所有奴隶均处死刑。可见,奥古斯都是完全站在奴隶主的立场上保护奴隶主的利益的。对奴隶主仁慈,对奴隶则残酷不仁。在罗马,奴隶主是可以随便借故杀死奴隶的,奥古斯都虽不甚赞同无故杀死奴隶,却十分尊重奴隶主的这一权利。有一次,奥古斯都到一个骑士大奴隶主家作客,席间,一个奴隶不小心打碎了一只水晶高脚杯,主人就令人将这个奴隶扔进池中喂鳗鱼,这个奴隶向奥古斯都求救。奥古斯都发了慈悲,劝主人饶了他,主人不听。奥古斯都并没因主人不给自己面子而生气,也没强迫主人,而是自己也打碎一只同样的杯子,这样就使主人不便因奴隶做了奥古斯都同样的事而处死他。这件事虽说明奥古斯都不赞成主人随意处死奴隶,或多或少表现了他性格的人性的一面,但也证明奥古斯都是多么尊重奴隶主的权益,是否处死奴隶,最终由他的主人决定。共和国晚期,由于奴隶的不断反抗和斗争,不少奴隶获得释放。奥古斯都军中也有不少释放奴隶,甚至有的释放奴隶自己成了奴隶主。释放奴隶成为习以为常的事。奥古斯都不能容忍奴隶的大量被释放,对释放奴隶作了严格的限制。他通过立法规定:拥有 3—10 个奴隶,最多可释放 1/2,拥有 10—30 个奴隶,最多可释放 1/3,拥有 30—100 个奴隶,最多可释放 1/4,拥有 100—500 个奴隶,最多可释放 1/5,拥有的奴隶超过 500,释放也不得超过 100。只有二个奴隶,主人有权全部释放。还规定:主人在世时释放奴隶,主人年龄要在 20 岁以上,奴隶年龄要在 30 岁以上。奥古斯都这样做,与其说是限制奴隶主的权利,还不如说是维护奴隶制度。

　　奥古斯都对忠诚于他的贵族和骑士十分恩宠,给予他们各种升官或发财的机会,他在自传中宣称,公元前 36 年宣誓效忠他的 700 元老,后来有 83 人担任过执政官,有大约 170 人担任了祭司。奥古斯都给予他们种种荣誉和特权,当然前提是他们要忠诚于他并按他的意志办事,对骑士也给予种种优待,换取他们的忠诚。当时,元老必须出身贵族,而且有一定财产资格限制,元老必须有 120 万塞斯特斯(小银币),骑士也要有 40 万塞斯特斯。内战使许多骑士的财产减少了,奥古斯都放宽了对骑士财产资格的限制,规定只要本人和父母曾经拥有骑士标准的财产就可以了,而不管他现在有多少财产。他从争取民心、安定民心出发,虽也处罚过一些声名狼藉的骑士,谴责他们低利借入、高利贷出的行为,却仍从骑士阶层中提拔文武官员。骑士不仅能担任执政官、军团将校、行省长官、禁卫军长官等高级官吏,如奥古斯都任命的第一位埃及总督伽鲁斯就是骑士,而且,在保民官等元老等级的候选人不足时,骑士可以补充。受到恩宠的骑士当然对奥古斯都感恩戴德,唯命是从了。奥古斯都这种大量从骑士中任官的做法,使大商人、包税商和高利贷者都可成为帝国官吏,同时,由于骑士并不集中在罗马而是分布在帝国各地,从而使奥古斯都统治的社会基础空前扩大。

　　奥古斯都恩宠贵族、骑士,维护奴隶主利益,同时又不时对一般的罗马公民施予小恩小惠,但最使人赞颂的是他结束内战,消灭海盗,给罗马带来了所谓的奥古斯都和平。这不仅是厌倦了长期内战的罗马人民所渴求的,而且,这种和平,对于罗马有产者——元老和骑士——来说，是十分了不起的，它意味着有产者的胜利，意味着奥古斯都的政治体系中占有一席之地并分享其利的人——商人和大大小小的官吏的胜利。由于和平，无论在意大利还是在外省城市都是一片繁荣，蒸蒸日上。甚至对那些被释放奴隶，和平也带来好处。奥古斯都对他们和他们的孩子也给予特别的关注。在很多情况下，允许他们与拥有全权的公民结婚，让他们为日益增多的地方祭祀提供祭司，使他们也可分享中等阶级的福利中的相当大的一份。他们中不少人从事工商业活动，从中大发其财的，也大有人在。

这样，奥古斯都获得的赞誉是空前的，而且一直伴随着他走完生命的最后一刻。有一次，他在意大利西海岸的坎帕尼亚港外巡游，当他乘坐的航船超越了一条刚从亚历山大里亚来的商船时，商船上的人见奥古斯都在邻船上，所有的船员和乘客都穿上白制服、戴上花冠，齐聚甲板上，烧起香火，向奥古斯都——他们的国父——敬礼，并大声呼喊，他们的生命、自由和财富都归功于他。和中国的秦始皇帝相比，奥古斯都似乎没有中国皇帝那么重的神秘感，离人民近些，离神远些，因而也更得人民爱戴。罗马骑士们一致自愿主动为他祝寿，总是持续两天，各行各类的人每年都举行为他祝福的仪式，每年一月一日，他们总要带一份新年赠礼到卡尔托尔向他奉献，而奥古斯都则用这些献礼钱购买贵重的神像，竖立在罗马各城区。当奥古斯都从行省回来时，人们不仅以祈祷祝福来迎接他，而且以歌咏赞颂他。有些人在遗嘱中要求继承人向奥古斯都奉献牺牲，为奥古斯都拯救他们表示感恩。有些意大利城市把奥古斯都第一次到该城市的访问的那天作为一年之始，许多行省除建造许多殿堂和祭坛外，还在每一个城市举行五年一度的崇敬奥古斯都的赛会。当然，这仅仅是那些不足 600 万的，大都住在城市里的罗马公民而言，奴隶仍是奴隶，甚至农业劳动者也甚少得益于罗马和平，他们的负担并没减轻，生活也没什么改善，在他们眼中，奥古斯都不是他们的保护人，他们也不会有把奥古斯都尊为父亲的感情。

七、重造罗马

由于和平，罗马公民，主要是其中的有产者，生活的要求提高了。奥古斯都十分注意满足他们的需要，给他们营造一个舒适的环境。这也是他被尊为国父受到赞扬的重要原因。

在罗马，宗教气氛是非常浓的，许多活动都是通过宗教仪式进行的。长期内战，使人们的宗教信仰减弱了，宗教活动也减少了。奥古斯都本人似乎是罗马古老宗教的虔诚信奉者,奥古斯都这一称号就具有宗教色彩。他为恺撒复仇的终点,是把恺撒尊为神,立庙祭祀,而他自己也就成了神子。奥古斯都和平也是通过关闭雅努斯神庙的大门来体现和象征的。罗马的宗教活动无所不在,罗马城林立着各种神庙和祭坛,有古老的源于希腊的罗马诸神,也有被征服地区和国家所信奉的各种神。宗教活动成为罗马人民的最重要的活动。但由于长期内战,罗马境内的许多宗教活动的场所——庙宇、祭坛等,不是遭到破坏,就是年久失修。担任众多祭司职务,包括大祭司长的奥古斯都,把宗教作为他统治的重要支柱,一方面大力提倡恢复罗马古老的宗教崇拜;一方面不惜花费巨大财力修复或重建各种神庙和祭坛。这既是他宗教感情的驱使的结果,也是赢得罗马人民爱戴的不可取代的手段。仅在公元前28年,他就在罗马城修复了82座神庙。待修的神庙没一座被忽略。他先后还新修了许多神庙,其中有名的有公元前31年开始修建的帕拉丁山上的阿波罗神庙及其柱廊。阿波罗是太阳神、战神,奥古斯都公开宣称阿波罗是他的保护神,也有人说他就是阿波罗神的化身,他还为纪念这位大神而创立了百年大祭和各种演出比赛。还有神圣朱理亚庙,复仇者马尔神庙,卢佩卡尔神龛,卡皮托尔山上的朱庇特神庙,奎里努斯神庙,阿芬丁山上的米涅娃、天后朱诺和朱比特诸神庙,位于神圣大道起点的教育神拉瑞斯神庙,维利亚山头的灶神培那戴斯神庙,以及帕拉丁山上的青年神庙和大母神庙等。他不仅自己出钱修建,还鼓励他的部属和其他有钱人出钱修神庙,其中阿格里帕做得最为出色,他创建的万神庙是罗马最有名的神庙之一,后来被破坏了,哈德良皇帝时又重建了,是古代罗马所有大建筑物中保存得最好的。这是一洞穴式的宏伟建筑,大厅中央屋顶有一圆孔,象征太阳,光亮从这里投射到大厅内,进入大厅里的人会感到自己的渺小并会有处在众神的注视之下的感觉。这就是万神殿的意思。

奥古斯都不只是热心修庙,还不时向神庙赠送礼物,他一次就向卡皮托尔的朱庇特大庙赠送了13000磅黄金和宝石珍珠等,价值5000万塞斯特斯,他甚至下令把在罗马为他树立的80座白银塑像全部溶化掉,并把由此而得到的钱财用来向阿波罗神庙奉献礼品。这些宗教建筑外形壮观雄伟,装饰相当豪华美丽。它们的建立不仅改变了罗马的面貌,也激发了罗马人民的宗教感情和活跃了罗马人民的宗教生活,使罗马成为一个宗教中心。

奥古斯都大兴土木,也还兴修了其他一些建筑物,有在他私人地产上用大理石建造的奥古斯都广场,这是罗马的最为宏伟的建筑之一,广场周围环绕着柱廊和神庙,是罗马人民的重要集会场所,罗马原有两个广场,规模较小也满足不了罗马人民的需要,因而奥古斯都又新建这一广场。有元老院会堂和与之相连的卡尔齐迪大殿,有始建于恺撒而由奥古斯都完成的朱理亚广场和卡斯托尔神庙和萨图恩神庙的大会堂。还有一些剧场和竞技场，如弗拉米尼竞技场的屋大维亚柱廊、大竞技场的观礼台、庞贝剧场等，大会堂和广场是人们聚会交流的场所，竞技场和剧场则是罗马公民娱乐的地方。娱乐活动是和平环境下罗马公民生活中不可缺少的，不仅元老贵族和骑士热衷于竞技场和剧场所提供的角斗、戏剧、军事竞技、体育比赛和其他各种表演，罗马的近 20 万靠国家救济的平民也迷恋这些娱乐。罗马境内的其他城市也都兴建不少剧场和竞技场。这种圆形的四周或三边有观礼台的宏伟建筑，类似今天的露天运动场，大多数竞技场中央场地之下都建有曲折复杂的地下室，包括运送布景的通道、提升野兽和演出装置的机械和角斗士室。奥古斯都在剧场和竞技场举办了许多赛会、竞技、角斗甚至海战表演。在他简短的自传里，他不厌其烦地列举了他兴办的这类娱乐活动。他是把它们作为他毕生的功绩来写的，可见他对这些活动的重视，也可反映出罗马公民是非常喜爱这些活动的。他经常举办角斗表演，这是罗马人民所热衷的古老的残酷娱乐。角斗士都是经过专门训练的奴隶，观看的有上层贵族、骑士，也有下层平民。角斗士厮杀时，观众狂呼乱叫，一旦某个角斗士受伤倒下，无力角斗。他的生死就由观众决定，观众高兴满意，就可饶他一命，不满意，武器就会戳入他的心脏。竞技场上溅血过多，就在上面撒上一层新沙，继续表演。奥古斯都曾驱使一万多人参加这种血腥的角斗表演。除角斗外，他还举办各种比赛，他曾三次从世界各地聘请运动员进行体育表演。赛会不断，不少赛会是宗教性的，如公元前 17 年举行的百年节，这是奥古斯都作为 15人祭司团团长而举办的新时代大庆赛会，是罗马人民庆祝新世纪开始的节日，是祀奉神祇的活动，要连续不断地进行三天三夜。又如公元前 2 年，奥古斯都在罗马历史上第一次举办了马尔神赛会。马尔神是战神，是罗马最重要的也是最受尊敬的神祇之一，罗马历的第一个月就是献给他的，称马尔契。马尔神赛会是军事竞赛。公元前 2 年以后，每年都举行。他还多次举办猎兽表演，把竞技场、圆形剧场变成猎兽场。在他举办这种表演中，总共猎杀了 3500 头从非洲运来的野兽。奥古斯都还别出心裁地在罗马的台伯河对岸举办了一次海战表演。为此，专门挖了一个长1800 尺、宽 1200 尺的水域，动用了 30 艘三列桨或二列桨的尖头船和许多小船，不算桨手，参加的战士就有 3000 名。规模相当大。

奥古斯都性格内向，生活严谨，并不是一个热衷游乐的人，他如此频繁地举办各种赛会和表演，除宗教性的，有出于他本人的对宗教的虔诚因素外，其他的，都和他施恩于罗马人民的其他措施一样，是他取悦罗马人民、宠络人心、提高自己的威望、巩固统治的一种手段。当然，也满足了罗马人民的精神生活的需要。

奥古斯都为保证罗马的供水，修复了因年久失修而损坏的水道的引水管道，还把一条新的水源引入一条被称为马尔齐亚的水道，使这条水道的水量增加一倍。

清水渡漕都是用方石砌成，十分坚固壮观。他还建立一支专门管水队伍，设立并任命水利总监负责分配供水，没有奥古斯都的批准，不准向任何私人供水。供水成了奥古斯都的恩赐，当时，罗马的用水量是很大的。罗马人除看竞技外，上澡堂也是一大嗜好，奥古斯都和阿格里帕都修建了一些宏大的公共浴池，富人还都有自己的豪华浴池。浴池也是罗马的重要公共设置和颇具特色的建筑。

奥古斯都经多年大兴土木，在罗马林立起一座座有花岗石和大理石层面，规模宏伟壮丽、结构坚固实用、装饰豪华美观的各种建筑物，再加上其他富豪显贵追随奥古斯都兴建的一些建筑物和众多豪华的私人住宅，罗马的面貌已焕然一新、广厦如云、大殿密布。正如奥古斯都自己所说："我接受了一座砖瓦之城，却留下了一座大理石之城。"

在奥古斯都的治理下，罗马的交通也发生了质的变化。奥古斯都以罗马为中心，大修驰道以通达各省，形成了延伸到全意大利和行省的综合道路网。这些道路的分布、设计、建筑和排水，都认真考虑了当地的材料和条件，既系统又灵活。这些驰道都以大块石料砌成。它们跨越河流的坚固的高耸的桥梁和穿越高山的隧洞，令人赞叹。"条条大路通罗马"，四通八达的驰道成了罗马经济和组织的最重要的方式。在以后的千百年中，在近代的铁路和公路未铺设以前，罗马的驰道一直是南欧陆上交通的主要干线。海上的交通也因为奥古斯都消灭了海盗和建立了一支常备海军而变得安全可靠方便迅速。

奥古斯都在罗马还建立一支由三个大队组成的罗马城市警察队伍和一支防火队来保障罗马日常生活的安全。

奥古斯都不仅在物质上重修罗马，而且也力图在精神方面重修罗马，当时的罗马，古朴敦厚的民风已荡然无存，人们醉生梦死，追求灯红酒绿、声色犬马的腐化生活，道德败坏，奢侈成风，家庭观念越来越淡薄，不少人终身不娶，而离婚和通奸也成了司空见惯之事，因此奥古斯都极力倡导恢复罗马的道德传统。倡导爱国、虔诚、忠贞、俭朴。他恢复了一些古代的习俗和宗教仪式。制定一系列法规，限制用于宴会和节日活动的开支，限制离婚，严惩第三者，向独身男子征税，奖励孩子多的家庭，惩戒放荡行为，节制奢侈。他对一些官吏的贪污腐化和横征暴敛严加惩处，他自己更是身体力行，不仅自己生活简朴，要求严格，力图为罗马树立一个恢复古代美德的榜样，对子女出格行为也决不姑息。他的唯一的女儿和孙女都因行为放荡而被他放逐。

奥古斯都在这方面的一系列措施，效果虽不如大兴土木那样显著，但也为他赢得了古代道德标准修复者的美誉。

八、黄金时代

奥古斯都统治下的罗马,不仅政治上、经济上达到了空前的昌盛和繁荣,在文学上也是一个黄金时代,以致后来,"奥古斯都时代"就成了"黄金时代"的同义词。奥古斯都本人并没有他养父恺撒那样的文才,也没留下什么令人称誉的富有文学色彩的文字。他留下的文字都给人一种公文式的干巴巴的味道。但他却喜好结交文人,甚至与文人为友。在他周围不仅聚集了罗马一些享有世界声誉的伟大作家,而且赢得了他们的好感和赞誉。有人说,聚集在奥古斯都周围的诗人和作家所组成的小团体,是奥古斯都的宣传部,这当然是偏颇之词。单纯的御用文人是无法获得世界声誉的。不过这也说明,奥古斯都结交这些文人的一个重要目的就是希望他们宣传和歌颂自己,即被人称为宣传部。可见,目的达到了。不过,奥古斯都对这些文人是友好的、仁慈的,并没强迫他们违心地为自己服务,但他对那些对自己不友好的文人,则和对待自己的政敌一样,是严酷的。

奥古斯都亲近文人的中介是他的最亲密的、与阿格里帕并列的顾问梅塞纳斯。梅塞纳斯出身骑士,十分富有,是奥古斯都政治和外交方面的得力助手。他雅好风骚,热心于赞助有名的文人。许多诗人和作家都投入他的门下。他和有名的诗人维吉尔、贺拉西等结下了经久不渝的友谊。奥古斯都正是通过梅塞纳斯结纳了维吉尔、贺拉西等。梅塞纳斯和奥古斯都都希望诗人们能用诗歌赞颂罗马和奥古斯都的伟大业绩。但诗人们却并没因友谊和得到奥古斯都和梅塞纳斯的庇护和赞助而放弃人格。一般说,他们都选择了自己的路。

维吉尔是罗马最伟大的诗人,出身农家,对农村和农民怀有深厚的感情。后三头当政时,他父亲的家产被没收。公元前37年,他完成第一部新作《田园诗》(《牧歌》),就以奇特风格在罗马文学界引起一片惊叹。除描述他理想的田园世界、抒发个人的感情外,《田园诗》还反映出这样一种普遍的信念:救世主将出现并将把世界从长期苦难中解救出来。他虽没在诗中提名,但显然是把拯救世界的责任归之于屋大维。《田园诗》的发表使维吉尔声誉鹊起,并因此结识了梅纳塞斯,又通过梅纳塞斯的引荐,受知于屋大维,得到许多赏赐。随后写的4首较长的《农事诗》就是献给梅纳塞斯的。《农事诗》赞美乡村生活,体现了作者对罗马化的意大利的热爱,这种热爱是时代的特征,是奥古斯都和平的核心,奥古斯都也因此在诗中受到赞扬。维吉尔的最重要著作是历经11年(前30—前19)写成的英雄史诗《埃涅阿斯记》,它描述罗马的建立者埃涅阿斯历经磨难,通过不断的胜利而导致和平,并成为一个道德的真正楷模的经历和它所体现的罗马的成就。这与奥古斯都结束内战、实现和平，并努力唤起罗马人民的自豪感，要求罗马人民重视自己的古老宗教和传统的道德观念是一致的。它反映了维吉尔的、也是奥古斯都的理想：罗马有责任征服世界并在各民族中传播文明和法治。对奥古斯都给长期受战争磨难的罗马带来和平，维吉尔是深怀感激之情的。但在史诗中，他也形象生动地告诉我们，战争留下的是遗骸、废墟和厌倦。这说明，一切战争的胜利，包括奥古斯都所取得的胜利都是建立在痛苦之上的。

公元前 19 年，奥古斯都在希腊巡游时，碰到了也在那里的维吉尔，奥古斯都劝他陪同自己返回意大利。但在维吉尔随同奥古斯都通过亚得里亚海，回到布隆迪西时，一病不起，竟去世了。《埃涅阿斯记》还没来得及完稿，在他病逝前，他曾让他的文学上的遗嘱执行人在他万一去世后把诗稿全部烧掉。但他死后，奥古斯都下令不要考虑他的遗嘱，完全按原稿出版《埃涅阿斯记》，从而保存了这部不朽之作。

贺拉西是奥古斯都时期的另一位杰出诗人，也是最为奥古斯都器重的诗人之一。他的父亲是一个释放奴隶，当过一个拍卖官的助手。贺拉西在公元前 42 年腓力比战争中，是屋大维等三头的敌手布鲁图斯方面的军官，战后，他父亲的农庄，和维吉尔的一样，被没收了。贺拉西几无容身之地，后在罗马结识了维吉尔和梅塞纳斯，并得到奥古斯都的赏赐，梅塞纳斯赠送给他一所舒适的庄园。奥古斯都请他任自己的私人秘书，他以健康不佳为由拒绝了，但奥古斯都仍多方对他加以照顾。当然，贺拉西对奥古斯都对他的关怀照顾和奥古斯都所带来的和平是感恩戴德的，因此，他不时发表一些歌功颂德或奉命之诗作，因此，被人称为宫廷诗人。公元前 17 年，他曾奉命为奥古斯都恢复世代竞赛创作颂歌《世代竞赛者》。他的赞美罗马光荣伟大，歌颂奥古斯都的丰功伟绩之作，为奥古斯都和他的事业起了很好的宣传作用，提高了奥古斯都的威信。不过，诗人仍保持了独行其是的温和而又独特的个性。他与奥古斯都的友谊一直保持到公元前 8 年去世时，他的重要作品《歌集》和《书扎》对西方文学产生了极大的影响。

奥古斯都时代另一位伟大诗人奥维德却没有维吉尔和贺拉西那么幸运。他的最有名的作品《变形记》是一部由各种神话、民间传说和轶事组成的宏大的天方夜谭。奥德维的作品虽也偶尔提及奥古斯都的光荣，却并没大多迎合奥古斯都之所好，因而他虽一度因诗才敏捷而深得奥古斯都恩宠，却终因生活放荡不羁，或如他自己所说的"诗和错误"，诗是指《爱的艺术》，奥古斯都认为他太不道德了，错误可能是指卷入了奥古斯都孙女朱莉亚因通奸而被流放的有关事情中，而在公元前 8 年被奥古斯都放逐到黑海西岸的托米城，直到公元 17 年死在那里。

奥古斯都文人圈子里还有一位伟大的史学家李维。他没参与任何政务活动，而是在奥古斯都供养下，专心从事《罗马史》的写作，耗费了 40 年的时间，才完成了这一部通史性质的史学巨著。他是西方通史体类的史学著作的首创者，李维的书，不仅文字优美，而且洋溢着爱国主义情绪。由于奥古斯都认为自己不是一个独裁者，而是古代共和制的方式和习惯的恢复者，所以，他支持李维自由地探索过去的光荣传统和美好时光。李维对罗马的传统英雄和他们行为的生动而又富于感情的描述，是符合奥古斯都愿望的，因为，这些英雄中，最受人尊敬的就是奥古斯都。在历史学家李维心中，奥古斯都是他的朋友。

九、家庭生活

奥古斯都虽贵为天下第一人，但生活俭朴，并没有像中国的始皇帝那样放纵自己。他信奉斯多葛哲学，追求理智和道德的生活，提倡恢复古老的道德传统。他虽也经常安排各种娱乐活动和宴会，但那只是工作的需要，满足人们的喜好。他本人并不热衷美酒歌舞。他不屑于和贵族那样锦衣玉食，甚至不拿国家俸禄。他穿的是自家妇女纺织的衣服，住的是帕拉丁宫殿里的一间狭小的房间。这并不完全是做给人看的，即使离开了众人的视线，孤身独处，他也仍过着哲人般的简单生活，而毫无帝王式的奢侈豪华。

奥古斯都是个政治人物，甚至他的家庭生活也充满令人无法忍受的政治气氛，他为人严谨，从不随便说话。他在公开场合发表的演说都是事先经过精心准备的，即兴演说是没有的。他的这种习惯也带到家庭生活中来了，他和自己的妻子也不随便说话，有事不得不说时，都要事先写好稿子，然后照稿宣读，这种夫妻关系也可谓海外奇谈。

奥古斯都结了三次婚。

公元前 43 年，年仅 20 岁的屋大维和安东尼的妻子富尔维亚与前夫所生的女儿克历狄亚订婚。目的完全是强化他和安东尼的关系，他们的结合是政治的，而不是爱情的，结果第二年就解除了婚约。公元前 40 年，在梅塞纳斯的说合下，屋大维和庞培妻子的姑母斯克里波尼亚结婚，目的是为了和当时拥有强大军事力量的赛克斯杜斯·庞培搞好关系。屋大维是斯克里波尼亚的第三任丈夫。斯克里波尼亚为他生了一个女儿优利亚。因名声不好，只维持了两年，斯克里波尼亚就被屋大维休弃了。

屋大维的第三次结婚，政治结合的气味不是那么浓。但他看上的却是个有夫之妇,名叫利维亚·德鲁西拉,是个大美人,她的丈夫叫提比里乌斯·克劳狄乌斯·尼禄,也是罗马的名门望族。公元前38年屋大维强迫她与丈夫离婚嫁给自己。利维亚与屋大维结婚时,腹中还怀有前夫之子。也就是后来的奥古斯都养子杜鲁苏斯。利维亚是个权力欲望极强而又善于玩弄手腕的女人,她常参与政事,为丈夫出谋划策。在奥古斯都晚年年老多病,体力不支时,利维亚任性使权,把奥古斯都玩弄于手掌中,管得服服贴贴。她和奥古斯都没有孩子,她让自己与前夫的两个儿了都作了奥古斯都的养子。她的儿子提贝里乌斯成了奥古斯都的继承人,有人怀疑,奥古斯都病情恶化、突然去世都是利维亚暗中捣鬼所致。奥古斯都统治世界却最终受制一个女人。

奥古斯都只有一个女儿优利亚。公元前25年,年仅14岁,奥古斯都就让她嫁给了她的表哥,屋大维亚的儿子马塞卢斯。但只过了两年,马塞卢斯年纪轻轻就死了。奥古斯都又把还只有16岁就守寡在家的女儿嫁给了自己最亲密的助手、原来的同学阿格里帕。阿格里帕和奥古斯都同岁,现在成了他的女婿了。优利亚和阿格里帕生了五个孩子——三男两女。奥古斯都对这些外孙非常疼爱。公元前12年,阿格里帕去世后,奥古斯都又强迫女儿嫁给利维亚与前夫之子提贝里乌斯。这是一次违背两人意愿的悲剧性结合。提贝里乌斯已有娇妻,奥古斯都强迫他和妻子离婚,娶他本人不愿娶的优利亚。优利亚也不愿嫁给他。两人婚后,感情仍格格不入。优利亚变得行为放荡,淫名远扬。提贝里乌斯无可奈何,公元6年,干脆一个人跑到罗得岛上过隐居生活去了,不过也暗纵情欲。奥古斯都对女儿的行为忍无可忍,公元前2年,把她流放了。优利亚的同名女儿也有母风,后来也因淫乱行为被奥古斯都流放了。

奥古斯都无子,选谁当继承人就成了长期困惑他的一个困难问题。奥古斯都继承人的确立是一波三折,几经反复的。奥古斯都开始选定的继承人可能是他的外甥马塞卢斯,不仅把唯一的女儿嫁给他,而且赋予他重任,提拔他担任祭司和高级营造官,带他一同去出征西班牙。马塞卢斯虽名声不错,又非常得宠,却天年不遂,公元前23年,年仅19岁就去世了。奥古斯都非常悲痛,安葬时,亲自宣读悼词。维吉尔的史诗《埃涅阿斯记》中也有一段专门颂扬他。奥古斯都选定的第二个继承人选可能是阿格里帕。公元前23年,他不考虑年龄的悬殊,让自己刚死了丈夫的女儿嫁给了他,阿格里帕战功卓著,并多年担任奥古斯都的助手,曾不止一次任执政官。公元前18年,奥古斯都甚至让他分享自己的保民官的权力。可惜,老天不遂人愿,公元前12年,阿格里帕又染病去世。奥古斯都又一次参加自己选中的可能的继承人的葬礼并致悼词。奥古斯都在选择继承人的问题上犹豫不决,长时间下不了决心。有时,有两个甚至更多的人选,他宁可等待,而不急着在他们中确定一个。奥古斯都把利维亚和前夫的儿子提贝里乌斯和德鲁苏斯都收为养子,但并不想确定他们中的那一个做继承人。公元前17年,阿格里帕还未去世,他就把阿格里帕和优利亚的两个儿子盖乌斯和卢基乌斯过继为自己的孩子,这等于把他们纳入他的继承人人选中。他们当时一个3岁,一个只1岁。特别受奥古斯都宠爱。奥古斯都可能是想在他们两人中择一的。在他们年满15岁时,就都被元老院指定为当选执政官,也就是候补执政官,并成为贵族青年的领袖。另外两个继承人的有力竞争者是提贝里乌斯和德鲁苏斯兄弟,他们比奥古斯都的两个外孙年长得多,而且早入政界,军功显赫,又有母亲利维亚这座靠山。特别是提贝里乌斯,阿格里帕去世,优利亚嫁给了他。所以他和盖乌斯、卢基乌斯虽都是奥古斯都的养子,都叫奥古斯都父亲,他其实是盖乌斯、卢基乌斯的继父。公元前9年他的兄弟德鲁乌斯在前线去世。公元前6年,他被提升分享他的养父奥古斯都保民官的权力,但正在他如日中天时,却戏剧性地放弃一切职务,离开罗马,退隐到罗得岛。提贝里乌斯这样做的原因,有人认为是对妻子的放荡淫乱行为不满的结果,也有人认为是由于盖乌斯的妒忌造成的。后一原因可能更合情合理,如果奥古斯都有意要确立盖乌斯为继承人,那就必须除掉提贝里乌斯这个最大的竞争者。也许提贝里乌斯见情况不妙不得不如此。因为提贝里乌斯在罗得岛一呆就是8年,他心里显然不平静,而是牢骚满腹。同时,在他退隐后的第二年,盖乌斯就被大肆宣染地引进公共生活,三年后,他的兄弟卢基乌斯也是如此。在奥古斯都内心里,外孙显然比提贝里乌斯这个和自己毫无血缘关系的养子更亲近些。提贝里乌斯名为退隐,实际上,也许就是种放逐。但是令人不解的是,盖乌斯和卢基乌斯不久就相继死去(公元4年和2年)。他们的死亡有可能是提贝里乌斯的母亲利维亚暗下的毒手。

这样一来,奥古斯都的养子就只剩下退隐在罗得岛的提贝里乌斯一人了。在利维亚的要求下,年老的奥古斯都别无选择,只好召回提贝里乌斯,重新赋于重任。利维亚为了扫清她儿子接班的障碍,竟借故把奥古斯都仅剩的一个外孙波司图姆斯也放逐到地中海的普拉纳西亚岛上。有人说波司图姆斯生理有缺陷,是个白痴,这显然是利维亚和提贝里乌斯等造的谣,真如此,奥古斯都一死,提贝里乌斯就不会那么急忙地下令把他杀害了。实际上,奥古斯都这个外孙虽没什么特别令人赞美的优点,生性蛮勇甚至粗野,但也没什么秽行丑闻,只是十分痛恨利维亚。在奥古斯都心里,这个唯一活着的外孙仍然是继承人的候选人,当时的社会舆论也把他看作是可能的未来统治者的。公元13年,奥古斯都可能知道来日不多了,便把遗嘱存放到罗马的维斯塔神庙里,同时,又不顾年迈有病,瞒着利维亚,只带几个心腹乘船到普拉纳西亚,看望在那里的外孙阿格里帕·波司图姆斯,爷孙俩一见面,便抱头痛哭一场。这件事,奥古斯都虽严密封锁消息,但还是被利维亚知道了,从普拉纳西亚返回到罗马南边的诺拉时,奥古斯都的病情急剧恶化了,有人怀疑是利维亚搞的鬼,因为她担心奥古斯都改立继承人。刚刚到达伊里利库姆的提贝里乌斯也被她母亲的一封急信召回了意大利。

公元 14 年 8 月,奥古斯都走完了他 77 年的生命历程,在诺拉去世。他的遗嘱被从维斯塔神庙的贞女手中取出,遗嘱包括对他一生的概述、他的遗产的安排和政治遗言。他的财产按照遗嘱,除一部分馈赠给罗马人民外,余下的 2/3 给提贝里乌斯,1/3 给利维亚。他的地位和权力,从法律上说,是无法继承的,因为构成他的地位的各种权力与职务,随着他的死亡而不存在了。其他的人只能从元老院和罗马人民得到这些权力与职务。不过,奥古斯都最后实际上不仅选择提贝里乌斯作他的财产的继承人,也选择他作他的政治继承人,让他继承他的带共和色彩的帝政。提贝里乌斯在奥古斯都死前就已经和奥古斯都共同执政,担任保民官在内的许多重要职务,拥有一人之下万人之上的非常广泛的政治权力。但奥古斯都死后,提贝里乌斯也和当年奥古斯都一样,要把权力交还给元老院。而元老院也同当年对奥古斯都一样,把奥古斯都曾拥有的各种权力和称号又都授给他。提贝里乌斯成了继奥古斯都之后的第二位元首。

奥古斯都死了,他创立的元首制帝国延续下来了,他奠定的和平和秩序也没因他之死而瓦解。他的旧瓶装新酒的作法,也就是以共和国之名行帝政之实的作法,是成功的,对后世的影响也是巨大的,作为一个伟大的政治家,他是不朽的。

世界名帝正传

查理曼

——雄才大略的法兰克皇帝

夏遇南

查理曼(742—814)的本名是查理。由于他的功绩和权势,世人在他的名字上加上了"伟大的"这个形容词。"曼"就是拉丁文"伟大"的音译,这个加上去的词和原来的名字不可分地连在一起,以致竟成了他名字的一部分。也有把查理曼译成查理大帝的,这是同一个意思,大帝也就是伟大的皇帝。"大帝"和"伟大"这样的词也常常加在其他一些君主的名字后面,但只有查理曼或查理大帝才这样不可分地连在一起。这一方面是西方叫查理的人太多,叫查理的皇帝也很多。只说查理实在说不清是哪一位查理,因此必须再加上别的什么,诸如形体特征、绰号之类,以示区别。另一方面,这也是对查理曼历史功绩的肯定。

查理曼当了46年的国王和皇帝,打了50多次战争,建立了一个疆域几乎和今天的欧洲共同体的版图一样大的帝国,"伟大"二字,对他来说,是当之无愧、名副其实的。

一、继承祖业

查理是法兰克人。法兰克人是被罗马人轻蔑地、侮辱性地叫做蛮族的日尔曼人的一支。其实,他们和罗马人有共同的祖先,不过较罗马人落后而已。西罗马帝国被蛮族灭亡之后,法兰克人在墨洛温家族领导下,在今天的法国东北部建立起法兰克王国。它是日尔曼诸蛮族国家中最强大、持续时间最长的。查理的祖辈是法兰克王国的贵族,历位高官,地位显赫。

查理的曾祖父丕平,是法兰克的奥斯特拉西亚的宫相,被称为奥斯特拉西亚丕平。当时的法兰克王国实际上分成了奥斯特拉西亚、纽斯特里亚和勃艮第等三个王国。丕平家族是奥斯特拉西亚最富有、最有权势的大贵族之一。从丕平的祖父起,宫相这一职务就由丕平家族的人世袭。宫相起初只是王宫的总管,是国王的仆人,管理宫廷财产和服务人员,但后来权力日重,渐渐执掌机要。到公元7世纪时,宫相不仅控制内政,"挟天子以令诸侯",也成为军队的最高首领。大多数宫相都由国王任命,但也有由贵族推选的。法兰克墨洛温王朝后期的国王都是些懒散成性、不理朝政的人,被人们称为"懒王"或"庸王",是些一事无成的国王,大权完全掌握在宫相手里。不过,国王的懒散并不是王权旁落的唯一原因。根本原因是封建贵族势力的膨胀,而贵族势力的增长又是历代国王不断把大量土地赏赐给贵族造成的。这种赏赐同时又削弱了王室的力量。一位法兰克历史学家曾这样描述当时国王的无权地位:"除了国王的空洞称号以外,什么都没有了,因为国家的财产和权力都入了宫廷长官——宫相之手,由他们操纵令权。国王是满足于他的空洞称号的。他披着长发,垂着长须,惯于坐在宝座上,扮演着统治者的角色,他倾听来自任何地方的使节的陈词,在他离去的时候,向他说一说别人教给他或者命令他回答的辞句,好像是出于自己的意旨似的。这就是他所执行的唯一职务。因为除了空洞的称号,除了宫相凭自己的高兴许给他的不可靠的生活费以外,他自己只有一处收入很微薄的庄园,此外一无所有。"但也有一些宫相支持国王,反对贵族。纽斯特里亚离罗马较近,受王权至高无上的影响较深。这里的宫相一般都支持国王。奥斯特拉西亚是日尔曼人集中的地方,它的宫相大都是贵族的代表。丕平任奥斯特拉西亚宫相期间,打败了纽斯特里亚的宫相,成为法兰克王国的实际统治者。

查理的祖父查理·马特是丕平的私生子。714年,丕平死,他的妻子把握大权,将查理·马特投入监狱。但随即发生叛乱,查理·马特乘机逃出监狱,召集军队,平定叛乱,继任宫相。查理·马特任宫相期间,法兰克王国面临阿拉伯人从南部、萨克森人从北部的侵略。查理·马特打退了他们的进攻,并在732年的普瓦提亚战役中,击败了阿拉伯骑兵,迫使阿拉伯人退到比利牛斯山以南,保卫了法兰克王国的独立。由于查理·马特在作战时,总是手握一把锤子指挥战斗,因而赢得"马特"(意为锤子)的称号。查理·马特把墨洛温王朝无条件赏赐土地的旧制改为采邑制。在这种制度下,接受分封采邑者,必须服骑兵兵役,这成为后来的骑士制度的基础。受封者死亡,采邑归还封主,不得世袭。但是在9世纪,采邑逐渐变成世袭领地。采邑制的推行,使上下之间结成封主与附庸的关系,领主有责任保护附庸,附庸要宣誓为封主效忠,随时应召为封主作战。大小封主一级一级地封授采邑,从而形成中世纪的封建等级制度。由于封授采邑以效忠封主和服骑兵兵役为前提条件,因而采邑制的推行,大大加强了查理·马特的政治、军事力量,并成为查理·马特控制贵族的重要手段。

741年,查理·马特病故。按照法兰克人遗产平分制度,他的两个儿子,也就是查理的父亲矮子丕平和他的伯父卡洛曼继承宫相职位平分国土，不过，表面上仍听命于国王。他们一上台，就面临外寇入侵的严重威胁，而查理·马特的一个私生子又积极网罗党羽，策划阴谋，反对他们两个兄长，要求继承权。在这种处境下，两人通力合作，战胜了外寇，平定了内乱。随后，兄弟俩又发生冲突。746年，卡洛曼在兄弟矮子丕平的逼迫下，放弃权力，进修道院做了隐修士。也有人说，卡洛曼窜入空门是出于对世俗事务的厌烦和对忏悔祈祷生活的喜爱。不管是出于那种原因，矮子丕平就这样成了法兰克王国的唯一的实际统治者，但名义上的国王仍是墨洛温家族的希尔德里克。大权在握的矮子丕平对这种虽有国王的权力却没有国王之名的地位十分不满。法兰克人对长期以来都听命于宫相、却还有一个不理事的国王这样名不副实的状态也迷惑不解。贵族要宣誓效忠国王，而国王却不过是宫相的傀儡。矮子丕平决心采取行动，夺取王位。他在取得本国贵族的赞同后，派使臣到罗马谒见教皇扎加利，吁请他给予支持。这时罗马正面临着伦巴德人的威胁，也想得到强大的法兰克王国的军事支持。因此，当矮子丕平的使者问教皇："是徒有虚名的人做国王好，还是让真有实权的人做国王好?"教皇马上讨好地回答："在我看来，让真有实权的人当国王好些。"他还宣称："整个民族可以合法地在同一个人身上把国王的头衔和权力结合起来。而那个不幸的希尔德里克，这公共安全的牺牲品，则应免去职务，剃光头发，关进某个寺庙，到那里去度过他的余生。"有了教皇的支持，矮子丕平就在751年正式废掉了墨洛温王朝的最后一位国王希尔德里克三世，把他送进了隐修院，自己登上了王位。在教皇的安排下，为他举行了两次加冕礼。教皇亲自把王冠戴在他头上，罗马主教卜克法斯为他鎏上圣油，并祝福。这样，法兰克王国墨洛温王朝就被加洛林王朝所取代，因这个王朝最有名的国王查理的拉丁文名字为"加洛林"故名。矮子丕平当上国王，是连续四世担当宫相的必然结果，是法兰克人的选择。同时，由于加冕，也就成了上帝的选择。日尔曼人的首领成了救世主。丕平的王权是神赐的，反对国王就是反对上帝。基督教也就成了加洛林王朝统治的重要精神支柱。

矮子丕平为酬谢罗马教会对他篡夺王位的支持，在754和755年间，两次亲自率兵远征意大利，迫使占领拉文纳总督区和罗马地区的伦巴德人交出所侵占的领土，撤兵它去。矮子丕平以"赠献"的形式把拉文纳总督区交给罗马教皇。教会史上把一事件称为"丕平献土"。"教皇国"开始形成。不过"丕平献土"并没把罗马交给教会，因为这时罗马名义上还归东罗马帝国管辖。

矮子丕平是个强有力的统治者，他统治下的法兰克王国也十分强大。768年，丕平病逝巴黎。按法兰克人的惯例，召开了一次庄严的民众大会，选举他的两个儿子查理和卡洛曼继任国王，平分国土。两兄弟共同管理国事，矛盾不断。查理还能宽容地忍受兄弟的寻衅和干扰,从不招惹兄弟,而卡洛曼的许多党羽则力图破坏他们兄弟之间的联盟,甚至煽动战争。但这种敌对状态,却由于卡洛曼在771年病死而意外地顺利消除了。卡洛曼早死才使查理能全部继承祖业,才使法兰克人避免了内战的威胁。查理合并了他兄弟的领土,成为法兰克人的唯一国王,开始大一统统治。而失去了丈夫的卡洛曼的妻子却不甘心就此屈从查理,她偕同她的儿子们和一些贵族逃亡到意大利,寻求伦巴德国王的保护。

二、东征西讨

查理继承的是一个强大的王国。由于他的先辈的改革和长期统治,这个王国有着一支主要由领得采邑而服骑兵兵役的骑士组成的强大军队,它和罗马教会也保持着良好的关系。从某种意义上说,查理所要做的只是贯彻他的先辈所开创的事业,并把它继续向前推进。

查理是一个典型的中世纪骑士。和他父亲个子低矮相反,他身材魁梧奇伟,精力过人。喜爱骑马、打猎、游泳,直到晚年,还不知疲劳和疾病为何物。他的一生大部分时间都是在战争中度过的。东征西讨,开疆辟土,是他所完成和发展他的先辈所开创的事业中,做得最为出色的。他是一位伟大的军事天才,一位征服者。每年春天,只要农作物有所增长,足以保证兵员和马匹的足够供应,军队就会聚集在练兵场。这是查理发布所有重要政治决定的场合。然后,大军在他的指挥下出发,在战场上度过夏天,秋天回师,解散,进入冬天的休养。就这样,年复一年,这一统治模式几乎无变化地持续了47年。查理一生共进行了53次扩张战争,亲自参加了30次远征,把从他的父亲继承来的疆土扩大了一倍以上。后世流传的歌谣把他形容成战无不胜的神话般的人物。

查理率军征战的头一仗,是由他父亲发动,却没结束的阿基坦战争。那时,他还和他的兄弟分治王国。他请求他的兄弟给予援助,而他兄弟卡洛曼却没有遵守诺言出兵。但查理仍以最大的精力和不屈不挠的毅力不断向阿基坦人进攻,迫使阿基坦的首领胡诺尔德放弃阿基坦,撤退到加斯康尼。查理紧追不舍。他挥兵渡过加龙河,并派使臣去见加斯康尼公爵,命令他交出逃亡者。769年,加斯康尼公爵在大军压境下,不但交出了胡诺尔德,自己管辖的地区也归附于查理治下。

平定阿基坦之后,查理便转而征伐意大利北部的伦巴德王国。查理的第一个妻子就是伦巴德国王的女儿,但这时已被他离弃。他出兵伦巴德可能还想抓获伦巴德国王庇护下的反叛他的他的弟媳和她的儿子以及一些追随她的法兰克贵族。

不过,正式的冠冕堂皇的理由是应罗马教皇安德里安的请求。773—774 年,查理亲率大军,翻越高耸入云的阿尔卑斯山,进攻伦巴德王国。他采取分兵奇袭、围困逼降的战术,经五次大战,彻底打败了伦巴德人,俘虏了他们的国王、他过去的岳父,占领了他们的全部领土。随即进入罗马,受到教皇热烈而隆重的欢迎。他向教皇重申了他父亲许下的诺言,把意大利中部奉献给罗马教皇。意大利南部的本尼文托公国在查理的武力威逼下成了法兰克王国的附庸。他的弟媳和她的子女落入查理手中,消声匿迹,不知所终。

772 年,查理开始了他征服北部萨克森人的残酷的、旷日持久的战争。居住在莱茵河以东的萨克森人也是日尔曼人的一支,此时,还处在部落社会阶段,崇信鬼神,好斗强悍,被信奉基督教的法兰克人视为异教徒。他们热爱自由,对法兰克人的侵略和奴役进行了顽强的殊死的抵抗。由于力量悬殊,萨克森人曾多次被迫投降,向查理送交人质,并宣誓效忠。但只要一有可能,就立即掀起大规模的起义。782 年的萨克森人的起义,席卷全境。查理调集大军,用残酷的手段把起义镇压了。他一次在同一地点就砍掉了 4500 名萨克森人的头。但萨克森人的起义仍时起时伏,连续不断。经过 18 次战斗、历经 32 年,付出了惨重的代价,直到 804 年,查理才最后征服了萨克森人。在征服萨克森人的过程中,查理还利用萨克森人各部落之间的矛盾,破坏他们之间的联合,甚至不惜以重金收买萨克森贵族。785年,萨克森贵族的著名代表人物、反法兰克人斗争的最重要的组织者之一,威都金公爵就被丰厚的礼物所收买,背叛了萨克森人,投向查理。查理强行迁徙被征服的萨克森人,使他们离开故土。易北河两岸的约一万居民、连同他们的妻子儿女,被分成多批,移植到日尔曼和高卢各处。他用基督教作为巩固征服的手段,在萨克森地区建立大教堂,强迫所有的萨克森人改信基督教,规定对于侵犯教堂和教士、不信基督教、不守教规、保留异教习惯者均可处死。各地居民都必须给教会提供土地、房屋、劳役和交纳什一税。查理用血腥的手段,强迫萨克森人做他的顺民,并把所征服的大片土地以采邑的形式封赐给法兰克骑士和投降的萨克森贵族。

查理最为人津津乐道、也是最著名的征战是对占据西班牙的阿拉伯人的战争。阿拉伯人被欧洲人称为萨拉森人。他们的一支从北非进入西班牙,建立了哥尔多瓦王国。778 年,查理率领了一支他所能召集的庞大远征军,越过比利牛斯山,兵分两路,进攻西班牙的阿拉伯人,取得了一些胜利,接受了一些城镇和要塞的投降。但在查理准备进一步扩大战果时,传来了萨克森人叛乱的消息,只好放弃进攻,率军撤退。在他回军途中,发生了一次可能并不十分严重,但却非常有名的失利的战争——朗塞瓦尔峡谷战役。查理大军在通过比利牛斯山这一峡谷时,后卫部队遭到山地的土著居民的伏击,全军覆没,辎重全被夺走,有一名叫罗兰的军官也在战斗中身亡。当查理回师援助时，伏击者却在夜色掩护下逃走了。这次战斗由于著名史诗《罗兰之歌》而广为人知。在史诗中，罗兰被颂扬为中世纪骑士的楷模，而查理则是骑士应为之效忠的封建君主的典范。在这之后，查理还多次远征西班牙，经12次战斗，夺取了大片土地，把阿拉伯人赶到原布罗河以南。811年，建立了"西班牙边防区"。

查理在向西、向北扩张的同时，也向东扩张，787年，巴伐利亚公爵受欲为父亲伦巴德国王报仇的他的妻子的怂恿，与东邻阿瓦尔人结盟，对抗法兰克，向查理挑战。查理立即率领大军进行讨伐。面对查理的强大军队，巴伐利亚公爵束手无策，只好投降。查理几乎是兵不血刃就吞并了巴伐利亚。他废黜了巴伐利亚公爵，把他幽禁在修道院，让他削发为僧。

吞并巴伐利亚后，原巴伐利亚的东邻盟国阿瓦尔汗国就成了查理的兼并目标了。阿瓦尔汗国是亚洲的游牧部落柔然人迁往欧洲建立的国家，曾经强大一时，但这时已非昔比，开始衰落了。788年，查理发动了对阿瓦尔人的战争。这是除萨克森战争以外，查理进行的规模最大的战争，一直打了8年，到796年，战争才以查理的胜利而告结束。战争使昔日富饶的潘诺尼亚等地一片荒凉，渺无人迹。可汗的宫殿竟残破得连一丝居住的痕迹也没留下。所有的阿瓦尔贵族都在战争中死亡了，他们长期积累起来的金银财宝被掳掠一空。法兰克人发了大财，一直被认为是很穷的法兰克人富起来了，查理王宫里塞满了劫掠来的金银财宝。

经过这样一系列战争，查理把法兰克王国扩大成为一个西起大西洋、东止多瑙河、南到地中海、北抵波罗的海，其地域囊括今天的法国、比利时、德国、荷兰、瑞士及匈牙利、西班牙和意大利2/3以上土地的庞大帝国。

查理之所以打了无数胜仗，几乎是战无不胜、攻无不克，最主要的是他拥有一支随时可召集起来的、装备精良训练有素的强大军队。他建立了统一的兵役制。他的军队的中坚是骑兵，是由宣誓效忠于他的领取采邑的附庸组成的，还有人数几乎和骑兵相同的由贫苦百姓组成的步兵。打仗时，他的部队组成一个个方阵的战斗队形前进。弓箭手走在最前列。率领这支军队的查理，有让人一见就心惊胆战的威严。一位见过查理大军的人这样描绘查理和他的军队："他头上戴着铁盔，手上罩着铁手套，他那铁的胸膛和宽阔的肩膀掩蔽在一副铁的胸甲里，左手高举着一支铁矛，右手永远停放在他的无敌的铁剑上面，他的盾牌整个是铁的，他的战马是铁颜色，并有一副铁石心肠。所有走在他前面、走在他身旁、走在他后面的人，整个军队装备都是尽可能地密切效法他。田野和空地上都充满了铁，太阳的光芒被铁的闪光反射回去。"面对如此强大的声威吓人的由铁的统帅率领的铁的部队，许多对手几乎不战而降。

查理治军严厉,赏罚分明。平民立了战功也一定得到奖赏;贵族子弟违反军纪同样受到处罚。在与萨克森人的战斗中,有一次,有两个部卒,组成了一个猛攻队,非常勇敢地破坏了一座极其坚固的城堡的城墙。战后,查理在征得他们俩人的主人的同意后,委托一个为莱茵河和阿尔卑斯山之间地区的长官,赐给另一个一块土地。与此同时,有两个贵族子弟担任守卫国王帐篷的职务,却在一天晚上,喝得酩酊大醉,像死人一样,躺在地上。被夜里起来巡视的查理发现。天明,查理召集国内的显贵,问他们对向敌人出卖法兰克国王的人应处于什么惩罚。这些显贵不知发生了什么事,齐声回答应当处死。把那两个玩忽职守的吓得要死,查理看到他们已知自己错误的严重,并已达到教育大家的目的,便只是严厉斥责了他们一顿,从轻发落。这说明,查理治军,不仅严厉,而且很讲策略。对于那些临阵脱逃者,无论是贵族还是平民,一律处死,决不宽恕。

查理之所以不断获得胜利,还因为他的对手相对来说较弱,大都是些矛盾重重、没有联合起来的较落后民族。实际上,查理从未遇到过在人数、装备和训练上和他旗鼓相当、势均力敌的敌人。

当然,查理的胜利和他的军事才能、他的不屈不挠的毅力和他那令人惊奇的无比旺盛的精力是分不开的。他不打无准备的仗。每一次打仗前,他都要收集有关敌人的详细情报,调查敌方的兵力配置、兵器的种类和作战方法。战斗时,他往往兵分几路、从不同的方向发动攻击,打乱敌人的阵脚,然后集中力量攻击敌人要害,一举获胜。

三、加冕称帝

查理十分重视基督教。他的一些战争就是以征伐异教徒的名义发生的。他不仅用战争等强制手段强迫其他不信奉基督的民族改信基督教,而且用战争消灭了威胁罗马教廷安全和地位的伦巴德王国,把意大利中部地区奉献给教皇。查理为罗马教廷消灭了一个个敌人,但也把自己变成了罗马的主子,教皇的保护者。774年,查理第一次来到罗马时,受到罗马教会和贵族的隆重而热烈欢迎,行政官员和贵族们举着旗帜,离城30英里迎接。在弗拉米尼亚大道上,在一英里长的大道两旁,站满了人群,青年高举武器,小孩手执棕榈或橄榄枝,为他们的伟大救星查理唱赞歌。教皇安德里安率领他的教士团在梵蒂冈的门廊上恭候。教皇和查理见面时,像朋友和兄弟一样拥抱,实际上,他们之间的关系并不是像朋友和兄弟那样平等的,查理是以罗马教皇的恩主的身份去罗马的,教皇的安全和地位是由他提供的和保护的。不过,查理也并不十分炫耀自己。他的举止显示他是一个基督教的虔诚信徒,在到达梵蒂冈前面的一排神圣的十字架和信徒们的徽章前面时,他立即从马上下来,领着他的贵族队伍徒步走向梵蒂冈。而当走下那里的阶梯时,他虔诚地亲吻着信徒们进出的通道中的每一台阶。

罗马教会们隆重热烈接待,除了显示对查理的感激之情外,还希望,通过和强大的法兰克王国结盟,能摆脱君士坦丁堡的控制,并使罗马教廷多年来孜孜以求的和东方教会争夺基督教首席地位的宿愿能最终实现。因此,他们一再宣扬法兰克王国的伟业,宣扬罗马帝国的复兴,宣扬"法兰克王国在查理国王统治下已成为新的罗马帝国"。但查理对"他是罗马帝国复兴者"之类的别有用心的拍马屁的话却并不那么欣赏。

776年,教皇安德里安去世。利奥三世被选为新教皇,但遭到罗马贵族的强烈反对。为了取得强有力的支持,利奥给查理送来了"圣彼得墓"的钥匙和一面旗帜,以象征查理具有统治罗马的权力,并想借此挑起查理和君士坦丁堡之间的矛盾。查理对利奥送来的礼物没有太大的兴趣。他在给利奥的回信中写道:"正如我们同您的前任安德里安达成的协议一样,我们同样愿意同您建立牢不可破的关系。这种关系是建立在我们虔诚的信仰和仁爱的团结基础上的。……"我的天职是用武力保卫教会,使它不受异教徒的攻击和蹂躏,在教会内部确保教会的纯正信仰。而圣父,您的职责是用祈祷支持我的武力。"查理在这里明确地阐述了双方的关系和职责。799年,利奥三世遭到罗马反对派贵族的攻击,被暴打了一顿,险些弄瞎了眼睛和失去说话能力。在法兰克使臣的帮助下,他仓皇地潜逃出罗马城,向查理求救。查理并没立即行动,直到800年12月,查理才亲自带兵把利奥三世送回罗马,以武力召集所有的主教、神职人员和贵族举行会议,使利奥重新登上教皇宝座。利奥对查理感激不尽,力图报答查理的恩典。这一年的圣诞节,在查理应利奥的请求,身着贵族服装,在圣彼得教堂跪拜祈祷时,利奥突然将罗马皇帝的皇冠戴在这位法兰克国王的头上。在场的所有的人立即发出震耳欲聋的欢呼声:"生命和胜利,永远属于由上帝加冕的、罗马人的、伟大、和平的皇帝查理·奥古斯都!"随后,查理的头和身体被隆重地涂上御用的油膏。这样,一位蛮族的国王就成了罗马皇帝,查理成了查理大帝或查理曼。查理曼后来在谈及此当时,强调他事先完全不知道利奥三世要为他加冕,如果知道,他会设法躲开的。但有人认为查理的话不可信,是此地无银三百两。加冕仪式准备那么充分、进行得那么顺利和他自己过去不止一次地宣称要夺回皇帝头衔等都证明加冕称帝,是他向往已久的预谋的行动,他不会事先不知道。

不过,不管加冕称帝查理曼是否事先知道,他对此事的渴望程度的确不如罗马教会。对罗马教会来说,给查理曼加冕,是十分重要的历史事件。它不仅使罗马教会和一个强大的帝国不可分地联结在一起,从而在和东方教会争夺首席地位的斗争中处于优势地位,也极大地提高了罗马教会的地位,皇帝由罗马教皇加冕,也就等于承认罗马教皇的神权高于皇权。因此,罗马教会的确急不可待地要尽早给查理加冕。而且,给查理加冕也得到罗马和西方民众的欢呼和称赞。他们渴望昔日的罗马帝国复兴。

然而,对查理曼来说,加冕称帝的确也有使他犹疑不决的因素。一是他一直在考虑和君士坦丁堡的美丽的女皇艾琳的婚事,想通过联姻使自己成为东、西两个帝国的大君主,加冕,称罗马皇帝,显然侵犯了以罗马帝国的继承者自居的东罗马帝国的权利,不仅婚事告吹,还树立了一个强大的敌人。二是对教皇擅权反感,他不愿意还有一个高于自己的权力的神权。他之所以否认他事先知道利奥要为他加冕,也可能是处于这样一种心态,有意贬低加冕的意义,以显示他是至高无上的。不管查理曼如何考虑,结果是他接受了利奥三世为他加冕,他在加冕式上也许诺维护教会的信仰和特权,随后又向罗马教廷赠送了一笔丰厚的礼物作为加冕的回报。

教皇为查理曼加冕所产生的影响是深远的。它揭开了中世纪神权和王权之间的持续不断的斗争的序幕。

四、统治帝国

查理曼被称为查理·奥古斯都,加洛林帝国被看成是罗马帝国的复兴。其实,两者是完全不同的。查理曼是虔诚的基督教徒,而奥古斯都时,还没有基督教。奥古斯都也是一个虔诚的宗教信奉者,但只能称是异教徒,耶稣也是被罗马帝国的行省总督送上十字架的。查理曼是被罗马人视为蛮族的日尔曼人的代表,奥古斯都是罗马文明的象征。查理曼帝国和罗马帝国除了疆域广大、基本上统一欧洲这点有些相似外,也毫无共同之处,一个是奴隶制帝国,一个是封建帝国,与其说查理曼帝国是罗马帝国的继续,还不如说是蛮族的法兰克王国的继续。查理曼基本上是走在他的先辈所开创的道路上的。

在查理曼统治下,早就开始了的自由农民转化成依附农民的过程加速了。由于连年征战,大量农民破产,为了求得生存,只好委身于人。委身后的农民可从主人处得到一小块土地,代价是要尽力为主人服务,要优先耕种主人自用地,随主人出征,为主人辩护,向主人缴纳各种捐税等。随着农民的破产和农奴化的加剧,以领主为核心的封建庄园成了查理曼帝国的经济基础。庄园的土地分成两部分,领主自用地和农奴占用地。一个庄园就是一个独立的经济单位。大约在800年,查理曼颁布了一个庄园敕令,是给王室庄园管理人员的指令、共有70条,对庄园的经营管理作了细致甚至显得过分零碎的规定,成为各地庄园法规的蓝本。敕令命令每个管理员每年必须将庄园的一年的收入向他作详细报告,敕令列举了报告的项目,对庄园的经营和管理也提出了具体的要求。甚至规定庄园内必须饲养天鹅、孔雀等观赏性禽鸟,来增加庄园的美观。庄园有生活设施俱全的厅室,有抵挡敌人的武器,有各种工人,总之应有尽有。王室庄园不仅给查理曼带来大量的经济收入,而且成了他的行宫别墅。查理曼经常带着家属、王室大臣和侍从,巡回于各王室庄园。

面对小农的日愈减少和农奴化趋势的加剧,查理曼曾想以准许较穷的农民每组只出一人服兵役和对最穷的农民豁免一般战场服役的办法来减缓这种趋势,但作用甚微。而军队和军事服役的制度化和委身制和豁免制的推行,却为以后的封建制度的发展奠定了牢固的基础。

查理曼对帝国的统治是一种集权统治。他把帝国划分成48个郡,原有的部落大公大部分被消灭了,郡的政务由查理曼任命的伯爵治理。不少伯爵是查理曼的亲信。大部分伯爵是原来的地方上的大贵族,拥有大量地产,在地方上很有势力。伯爵是终身职务,但也常被撤换。有一个故事说明伯爵的任免完全取决于查理曼的好恶。有一次,波斯派使臣给查理曼带来许多礼物。查理曼亲切地接见了他们,并和他们谈得十分融洽。于是,他们便借酒壮胆,向查理告起状来了。他们说:"皇帝陛下,您的威权诚然伟大,但比起流传于东方各国的关于这方面的报导来,却要小得多。"查理曼感到奇怪,反问他们:"你们为什么会有这样的想法呢?"他们乘机回答:"我们波斯人、印度人、帕提亚人以及所有的东方居民对您比对我们自己的统治者要畏惧得多。马其顿人、希腊人对于您凌驾一切的伟大感到的恐惧,超过了对爱奥尼亚海的波涛的恐惧。我们一路上经过的所有的岛屿上的居民对您也都是倾心归附。但是,就我们看来,您本国的贵族,除非是在您面前,对您是不那么敬重的。因为,当我们作为远客来到他们那里,并且请求他们看在我们打算晋见您的份上,给我们一些照顾的时候,他们对我们毫不在意,反而把我们赤手空拳地打发出去。"查理曼一听,勃然大怒,下令把这些使臣所经过的地方的伯爵和修道院院长全部免职并罚交大量款项。这些免职者可能想不到竟会由于一次外事活动礼貌不周而丢官吧!伯爵的权力是很大的,他拥有对所辖地区的行政令权。他负责执行国王敕令,征收赋税,维持治安,征集物质和劳役,召集并指挥军队。因此有很强的分离倾向。查理曼为有效控制伯爵和限制地方滥用职权,作了种种努力,采取了不少措施。他规定一个伯爵只能管理一个郡,伯爵要经常向皇帝参觐述职。他和伯爵

世界名帝正传

建立领主和附庸的关系，他授予伯爵采邑，伯爵们则要向他宣誓效忠，802年，他设立了被称为"皇帝的眼睛"的巡按使，全国分为若干巡按区，每年都向各巡按区派出数批巡按使，通常一地两人，一教一俗。巡按使是查理曼派往一个特定地区巡国视察的官吏，除传达皇帝旨意外，还设有自己的法庭，仲裁重大案件，甚至有权依法罢免伯爵，负责监督地方的财政司法和教会、行政。巡按使是查理曼派驻地方的钦差，成为地方和中央的重要纽带。查理曼还在边界地区设立权力更大的统领几个伯爵区的边区，任命亲信担任边区侯。侯爵是比伯爵更高一级的官吏。查理曼还向大量没有担任伯爵的地方贵族授予采邑，使他们成为"国王的附庸"，其中有一些还享有"特恩权"，不受地方的管辖，有司法、征税等权力。他们对地方伯爵起了一定的监督和钳制作用，伯爵之下还有子爵和吏佐。

查理曼在中央设立了自己的私人秘书机构—秘书部，成员大都是教士，他们主要负责为皇帝草拟法令、文书、颁发文告、管理档案。地位不高，作用很大。查理曼还经常不定期召集一些教士、学者、宫廷学校教师、侍从人员和进宫参观的地方官吏及贵族开会，讨论国事。查理曼保留了地位最高的中央机构公民大会，即"五月校场"（因为大会于五月在校场召开故名），但实际上却把它变成了主要由僧侣和世俗贵族参加的贵族议事会。会议的召开和讨论的内容，都取决于查理曼的个人意愿。770—813年，查理曼共召开了35次公民大会。会议对查理唯命是从，很少出现反对意见。但公民大会给查理的个人集权统治多少抹上了一点集体意志的色彩。

查理曼帝国是由许多种族不同、语言各异、发展水平不一、法律和传统习惯差异甚大的地区组成的。因此，要维持和巩固这样一个帝国，就必须制定一部可通行全国、不论哪个地区、哪个种族都必须遵守的法规。查理曼为此花了不少精力。他下令把帝国领域内一切部族的法律和规章都收集起来，未形成文字的，写成文字，并对原有的法律进行整理，增补所缺少的部分，调和它们的歧异、订正内容或文字方面的错误。他一共颁布了65个敕令，包括1151项条款，其中有政治的、刑法的、教会法规的、民事的、道德的、宗教的和家内事务的，触及社会生活的各个角落。查理曼力图通过这些敕令，统一法规，将全国真正联结在一起。查理曼还改革了审判制度，建立了陪审作证制，但又规定任何人也不得以任何借口出席法庭为无理的人辩护。

查理曼的统治也是一种神权统治。他本人既是虔诚的基督教徒，也是基督教罗马教会的太上皇。他在帝国都城阿亨兴建了一座雄伟、美丽的教堂，饰以金银、配以烛台、正门、旁门都用坚固的黄铜制成，教堂的大理石柱是专门从罗马和拉文纳运来的。只要健康许可，清晨、傍晚、夜间和献祭时，他都到教堂去。他和罗马教皇关系十分密切,得知教皇安德里安去世时,他甚至悲伤得抱头痛哭。但他认为他是罗马教会的保护人,罗马教廷是他的附庸。他从来不承认教皇对他的统治权。在他看来,教会的职责只是"向天堂举起他的双手"为他的事业的成功而祈祷。他也并不认为罗马是基督教的中心,在他统治的 47 年里,他只去了罗马四次,而且每次都有明显的政治、军事目的,而不只是宗教原因。他实际上是把帝国的首都作为宗教中心,把他自己作为高居于罗马教皇之上的宗教领袖。他命名首都阿亨为"新罗马"。他坚持教会事务和世俗事务一样,都属于他的管辖范围。他对教会实行集权统治,不仅牢牢控制罗马教皇的人选,各地主教的任免权,派自己的亲信操纵教会事务,而且还掌握着召开和主持宗教会议、颁布教会法规的权力。查理曼在位期间,亲自主持了 16 次宗教会议,会议的决议都以查理曼敕令的形式公布,在查理曼的心目中,教会的主教等神职人员和他属下的封建贵族、地方官吏没什么不同。789 年,他颁布了一个有 82 章的有关教会的敕令,其中规定:主教和修道院院长应该按照所辖教区和修道院规模的大小、财产的多少,为法兰克王国的军队出人出钱。这和对世俗贵族的要求没什么两样。他甚至还经常以"敕令"的形式对宗教信条和宗教仪式的细节予以法律性质的规定,违反者,由国家监禁判罪。宗教法规被纳入了查理曼的统一法规之中。

为了控制和利用教会,查理曼对教会制度进行了一系列整顿和改造。他恢复了早已废弃的大主教区制,设大主教区。到他晚年,全国共建立了 22 个大主教区,管辖全国 22 个城市,包括罗马。大主教直接对查理负责,对于辖区内的一般主教有裁决和惩治权。和对世俗贵族一样,他也授给大主教等教会贵族采邑,和他们建立封主与附庸的关系。主教和修道院院长等教会贵族,不但享有世俗封建主的各种权利,还掌握控制人民思想意识和日常社会生活的专属教会的权力,是查理曼帝国的重要支柱。查理曼的许多行政要职也由教士担任,如巡按使等。文职官员一般都是由高级教士担任,因为这些人有文化。

查理曼在重用教会人士的同时,也对他们提出了一系列要求。他专门颁布敕令,要求教会人士必须依照宗教法规过"规律的生活",主教、住持要谦虚、勤勉,为群众作表率。修道院的住持和僧侣要遵守清规戒律,服从主教命令,任何人都不得瓜分教会财产。一切神职人员都要遵照教规和信徒的准则去执行职责,不要过分地追求虚荣和世俗名利。有一个主教,骄傲而又好世俗俗利,查理曼听说后,想教训他一下,就让一个犹太商人就其力之所及、不管用什么方法狠狠地骗一下这个主教。这个商人常常去迦南圣地,并从那里带回一些稀世珍宝,运往海外国家。听了查理曼的话以后,捉了一只普通家鼠,在老鼠体内填满各种香料,然后拿上它去向那位主教兜售,说这是只前所未见的珍贵动物,是他从犹太国带回来的。主教听了商人的话,认为宝贝到家门口,是意外的运气,十分高兴,出价3镑银子购买。犹太商人说:"对这样贵重的东西,三镑可真不是个好价钱啊!我情愿把它扔到海里去,也不愿任何人以这样低贱的、可耻的价钱买到它。"这个极为富有但从不济贫的主教为得到这稀世宝货,出价10镑,商人仍不卖,并继续欺骗说:"亚伯拉罕的上帝不许我这样丧失我的劳动和长途跋涉的果实。"主教又增加到20镑,犹太商人仍不松口,假装怒气冲冲地拿上货物要离去。主教被犹太商人的花言巧语彻底蒙骗了,出了大量的银子,才得到这件"无价之宝"。商人把所得银子拿去见查理曼,向他报告了全部经过。几天后,查理曼在王宫召集全体主教和地方首脑开会。会开完后,查理曼叫人把那笔银子全部搬来放在宫殿中央。然后对大家说:"长老们和保护者们,教会的主教们,你们应该帮助穷人,或者,更确切些说,帮助附着在穷人身上的基督,而不应追求浮华。但是,现在你们的行为与此相反,你们又虚荣、又贪婪,其程度超过所有其他的人。"他这样把所有的在场的主教和地方首脑责备和告诫了一顿后,接着说:"你们中间有一个人曾经为一只假老鼠,把这全部银子给了犹太人。"那个受骗的主教汗流浃背、羞愧难当,扑倒在查理曼的脚下,请求恕罪。结果又被查理曼严厉斥责了一顿。

802年,查理曼颁布了一道敕令,规定全国人民都必须对皇帝"宣誓效忠"。王国之内的每个人,不管是教士还是世俗人士,都要按照自己的誓言和职业,对皇帝表示忠诚,就像以前他是国王时,对他表示忠诚一样。凡年龄在12岁以上的男子,以前如没有宣誓效忠,必须宣誓效忠。宣誓必须在公共场合、在众人观注下进行。他用这种办法使全国的不同种族的各族人民都成为效忠于他的子民。

五、复兴文化

复兴文化是查理曼又一被人津津乐道的不世功绩。它的意义甚至可能超过了他的扩疆辟土。

西罗马帝国被蛮族灭亡后,蛮族的剑和铁骑不仅摧毁了罗马的政治和经济,使昔日繁盛的城市成为一堆废墟,农村满目疮痍,也摧毁了不朽的希腊、罗马古典文化。西方的历史进入了被称为"黑暗时代"的中世纪。蛮族的贵族首领都是些除了骑马打仗,别无所能的莽汉,许多人目不识丁,甚至还有贵至国王却写不好自己的名字的。在这样一个崇尚武力,轻视和践踏文化的社会。查理曼的出现,他对文化的重视和提倡,确实是西方文化的一大幸事。

查理曼本人的文化水平并不高,他开始学习文化的时间也很晚。少年时代可能没有学习文化的机会。流传下来的关于他的文化水平的叙说，可能夹杂了不少阿谀和夸张的成分。如当时人写的，被认为每一句都是正确的一本查理曼传中是这样描述查理曼的，"他的谈吐轻松而流畅，能够极其清晰地随心所欲地表达心中的想法。他对自己的母语并不满意，所以花时间钻研外国语，他对拉丁语的纯熟达到了与说母语不相上下的程度，而对希腊语，他的理解要比会话强得多。有时他的话滔滔不绝近于啰嗦，他充满激情的汲取人文学科的养料，对那些教他的人满怀敬意并赋予他们很高的荣誉，他试着书写，他习惯于在床上的枕头底下放一些羊皮纸和书板，以便在起卧闲暇之时，练习着写字，不过他这个方面尝试得太迟，结果不很成功"。这里虽用了些可能言过其实的形容词，但却也透露出查理曼的真正文化水平。他的书写能力极差，到晚年也只能学着写字，除讲母语外，会讲拉丁语，希腊语能听懂一点。他的这点文化，如果用今天的标准，还不如小学生。但他的可贵之处，在于他对知识的尊重和对文化的追求和学习的鼓励。正是这一点，有人称赞他是所有君王中的一位最热切地寻求有识之士、并提供一切便利让他们安心痛快地思索研讨的君王。

在他唯我独尊地统治世界西部的开始之时，在他的王国内，探求学问之事几乎已被遗忘。有一天，有两个来自苏格兰的对宗教和世俗之事都颇为精通的人来到高卢海岸，他们在周围群众进行货物交易时，却日复一日在那里高喊："嗨，谁需求知识，请靠近来，从我们手中领取，我们出售知识。"他们希望人们在购买货物时也买些知识，也可能他们是有意如此以便引起查理曼的注意。大家对他们的目的不理解，甚至认为他们是疯子。渴求知识的查理曼听说这件事后，便令人把他们请来，询问他们是不是真的像传闻那样，随身带来了知识，他们回答说："我们两人都有知识，并且乐于以上帝的名义把它传给那些配得上寻求它的人。"查理曼问他们要什么代价，他们回答说："啊，国王，我们不要任何代价，只要一个适当的地方来讲学和一些明快的头脑来受业；另外就是要有食物可吃，有衣服可穿，要是没有这些，我们就无法完成我们人生的历程。"查理曼听了他们的回答非常高兴，把他们留在身边。后来他让其中一个留居高卢，给他派去许多男孩子，名门巨第、中等人家和寒门小户出身的都有，供给他们所需要的食物，和适于学习的房屋。把另一个学者送到意大利，并把帕维亚附近的圣奥古斯丁修道院赠送给他，使那些有志于学的人聚集到那里跟他学习。

查理曼这种礼贤下士的举动，使许多博学之士慕名而来。查理曼不管他们来自何方、什么身份，只要真正有学问，都亲切接待，委以重任。这样，当时西方世界几乎所有的知名学者都投入他的门下，聚集在他周围。他们中有意大利的比萨的副主祭彼得，一个颇有造诣的语法学家，可能是查理曼的第一个老师。语法学家和诗人、弗留利的包利努斯，也是个神学家，后来查理曼委任他为阿魁利亚主教。出身伦巴德贵族家庭的保罗，语法学家、诗人、历史学家。西班牙人西奥达尔夫，诗人，也被委任为奥尔良主教并应查理曼之托写下了一系列神学著作。菲利克斯，也是西班牙人，乌尔吉尔的主教。还有爱尔兰人、语法学家克莱门斯、司各特斯。圣德尼的修士邓格尔，查理曼从他那里学到了"黑暗的性质"和在810年观察到日全蚀。迪奎尔，对算学、地理学和天文学有所专长。

查理曼周围的这些人的核心是英格兰人阿尔克温。他是位以虔诚和博学而蜚声于世的著名学者，当时人认为他对于学问无所不通，而且高居于那个时代的众人之上。查理曼是781年3月在罗马碰见这位博学之士的。查理曼邀请他帮助法兰克王国朝廷和教廷的教育和改革，他接受了。查理曼对阿尔克温是非常尊重的，终生都把他留在身边，甚至称自己是阿尔克温的学生，称阿尔克温为他的老师。阿尔克温也全心全意地把自己奉献给查理曼的目标的贯彻。从782年到790年他主要献身于查理曼本人及其宫廷的教育，后来在图尔的圣马丁修道院从事著述。

查理曼之所以如此尽力网罗并重用学问之士，目的是提高国内的学术和教育水平。这和他扩疆拓土建立一统的帝国的目的是一致的。他需要在精神上统一全国，他是虔诚的基督教徒，他认为，他的权力是上帝给的，他必须保护教会，维持臣民的道德，眷顾他们的信仰，因此，他必须让教士通晓信仰方面的问题，并在他们的布道中传授给人民，而要达到这一点，就必须有一部准确的、完整和统一的《圣经》文本。当时，多数教会只有不完整的《圣经》版本，而且顺序也不尽相同，还有许多歧异和互有出入之处。因此，查理曼要求"将天主教的书籍全部仔细地订正一遍。"这一任务理所当然地落在了阿尔克温身上。阿尔克温在查理曼的关怀下，从797年开始，经数年努力，在800年圣诞节查理曼登上罗马皇帝宝座的加冕典礼上，把《圣经》订正手稿赠送给了查理曼。这是查理曼在两个不同领域所取得成就的两座高峰的奇妙巧合。阿尔克温的《圣经》文本是在校勘订正各种不同的《圣经》手稿的基础上产生的，被教会普遍接受，成为学习和布道的范本，产生了广泛的影响。其他的"天主教著作"的订正和统一也在查理曼的关注和敦促下一一完成，如礼拜仪式方面的著作。阿尔克温对"圣礼书"进行了修正，查理曼在800年后不久，下令在他的领土上统一施行这本修正的圣礼书所记述的礼拜仪式。执事保罗完成了"布道书"，按查理曼的要求，规定了基督教牧师对教徒会众布道时所要遵守的基本要求。在修正整理天主教著作中，查理曼还令人抄写了大量古典和早期基督教的著作加以保存，因此得以流传至今。

同时，查理曼还鼓励并力图在每一个方面都使用文字记录。他令人把那些只是口头代代相传的一些种族的民俗用文字记录下来，处理法律问题的法规要诉诸文字,皇帝的各种指令、赦令以及会议的日程,要留下文字,王室领地的管理人员也必须定期写出财产清单、报告和账目。查理曼的这种作法在当时是十分令人惊奇的。它反映了查理曼的这样一种思想,只有将这些东西一一写下来,国家才可能有秩序、稳定和安定。

查理曼提倡人们学习书写的文字主要是拉丁文,他自己也带头学拉丁语,虽不能书写,但却说得很流利。他周围的那些博学之士都同时是拉丁语法学家。阿尔克温就为他的学生写过拉丁语法书教材。他们不仅用拉丁语写出了一些优秀作品,而且在拉丁语的语法研究方面也颇有成果,丰富了拉丁语词汇。

查理曼把拉丁语作为官方行政和文化语言。各种法律文件、牧师会法规、箴言录和契约都使用拉丁语。拉丁语从查理曼的宫廷里扩展到作为一个整体的法兰克教士阶层中,拉丁语后来成为正统的书面语、教会语、文化和行政语以及欧洲的统一的一个因素,和查理曼的提倡不无关系。

但查理曼也并不排斥其他语言文字。他还想学习希腊语。他对他的母语法兰克语也很重视,他敦促手下人把一些蛮族的诗歌译成法兰克语,这些诗歌歌颂了他们往昔的国王的故事和战斗,他不想让这些事迹被遗忘。他还进一步着手为其家乡提供语法,并用其母语给所有的月份命名,他称1月为冬月,2月为泥月,3月为春月,4月为复活节月,5月为快乐月,6月为耕作月,7月为割草月,8月为收获月,9月为风月,10月为葡萄收获月,11月为秋月,12月为冬月。在这之前法兰克人所知的月,不是拉丁语的就是蛮族语的,他还给东、西、南、北风起了名字,他也为12种管乐器命了名。在他之前,最多只有9种有法兰克语的名称。

他虽然使《圣经》的拉丁文本得到修正和传播,并使拉丁语成为礼拜仪式的专用语言,但也不排斥其他语言在祈祷和布道中的作用。他让教士布道时使用人们听得懂的语言,从而使人们可以用每一种语言去崇拜上帝。查理曼对语言的这种态度对欧洲民族语言的产生起了促进作用。

要满足查理曼的要把一切都用文字记下来,把一切可形成文字的都形成文字的要求,就必须有一定数量的受过教育的人,他们能阅读和书写这些文件,正确理解它们,并把它们誊抄下来,而当时这样的人才是非常短缺的。因此,查理曼急切想通过教育来培养这样的人。他自己带头学习。他在自己的宫殿里,设立一个宫殿学校,教育那些被送进宫服侍君王的人,可能还吸收其他一些选送来的查理曼意欲加以培养的学生。他自己和他的王族成员也定时来听课。阿尔克温就曾主持过这所宫廷学校,他讲课时,面对一群难得的听众,有时查理曼也在其中,按他自己的话说,"充分享受",所有的人都静静地聆听着他侃侃而谈"的乐趣。有一则故事说,查理曼有一次亲自对这里的学生的学习情况进行考查。他让学得好的孩子聚集在他的右方,而让学得不好的孩子聚集在左方,对在右方的孩子说:"我的孩子们,你们深得我的喜爱,因为你们竭尽全力去执行我的命令。你们今后要继续好好学习,以期达到完善;我将赐给你们主教管区和华丽的修道院,你们在我的眼睛里永远是光荣的。"然后转向左方的孩子,严厉的斥责他们:"你们这些贵族,你们这帮大官们的少爷,你们这群超等的花花公子,你们仗着出身,仗着财产,对我让你们自己谋求上进的命令竟敢置若罔闻,你们忽视探求学问,你们恣纵于奢侈和嬉戏,沉溺于游物好闲和无益的玩乐。"说到这里,他抬起头,举起他的右手,继续怒斥他们:"上帝在上,我看不上你们的高贵的出身和漂亮的仪表;虽然别人或许因此而羡慕你们。千万要明白,除非你们发奋读书,弥补从前的怠惰,你们永远不会得到查理的任何恩宠。"有人怀疑这则故事的真实性。但不管如何,它的流传说明,查理曼鼓励人们努力学习文化,把人的知识看得比人的出身和财富更重要的态度是广为人知并受到赞颂的。

查理曼兴建了许多学校。他在 798 年颁布的《普通告诫》中,要求各教区都"要设立学校教孩子读书,要在每一个主教区和每一个修道院里教授赞美诗及其曲调,教授圣咏,计算和语法,要让教士们都有一丝不苟地订正过的书。"在一封写于794—799 年之间的给一位修道院院长的信件中写道:"由基督的恩典托付给我们管辖的主教区和修道院,除了应遵守修道纪律和宗教生活的实践外,还应当对于那些被上帝赋予学习能力的人因材施教,热心地教他们读书写字。""让我们挑选那些有决心、有学力、并有教授别人的欲望的人来承担这一任务。"

通过设立地方小学,以及主教区和修道院所提供的略高一级的水准的教育,查理曼希望能给基督徒一些基本的宗教知识,同时又能吸收并教育一批能胜任工作的教区教士。当然更希望能给那些贵族出身的、将来要担当世俗和教会的高级职务的人足够的训练和教育。

查理曼对学习的课目和内容也作了规定。主要是基督教义和语法修辞、辩论、算术、几何、天文、音乐等内容的所谓古代七艺。在 805 年发出的一份指示中还列出这样一些内容:"阅读、歌咏、书写以使他们文通字顺、法律、其他学科、计算、医术,"他还让人给学校提供学习用的课本,阿尔克温就编过语法教材。他修正的"圣经",成为全国通用的《圣经》课本。

查理曼自己文化水平不高,但喜欢附庸风雅,爱好文艺。他的书写能力极差,但却用他的名字发表了许多作品。他贵为皇帝,当然有人给他写文章和送他文章,也不会有剽窃之嫌。查理曼还创立了一个帕拉丁纳学院。其实是不定期但经常召开的学术研讨会,出席会议的主要是查理曼和他周围的那些博学之士。在这种会议上,查理曼和他的朋友都不谈国事,全身心地投入到学问的争论中去。他们在会上，忘形地而又很有些情趣性互相起绰号，而不以官衔和名字相称，绰号不是取自《圣经》，就是取自古典作品。查理曼被叫做大卫，阿尔克温被叫做弗拉克斯，安吉尔伯特为荷马，宫廷侍从麦艮弗莱德和管家西奥达尔夫则成了维吉尔诗中的人物塞尔西斯和默纳尔卡斯。会上还有吃喝，据西奥达尔夫的描述，在这种会上，"大卫（查理曼）手握节杖坐在当中主持，分给每人一份吃喝，以免发生混乱。""阿尔奥纳斯长老（阿尔克温）只管坐着，偶尔冒出几句奇特的话，并用唇和手从容地吃着食物。每当盛着啤酒杯或白酒杯的盘子顺着圆圈传到他手边的时候，他便随意地接下一杯。因为他课教得比别人更好，当他吹起学问之笛时，他的笛管中流出的乐音也更加动听。"西奥达尔夫对其他参加会议的人也一一作了生动的描述。他在说到后来写了有名的《查理曼传》的个子矮小的艾因哈德时写道："纳达勒斯（艾因哈德）这儿转转，那儿转转，从来闲不住，他那像蚂蚁一样前跑后蹿的停不下来的脚板在地上敲出嗒嗒的音响。一个伟大的客人寄居在这么小的躯壳里，伟大的思想也填满了他那细小心腔的空隙。"西奥达尔夫给我们描绘出一副多么生动的查理曼和他的朋友无拘无束地探求学问的画面。有人评价说，对追求学问的鼓励无疑反映出查理曼性格方面的最纯洁、最可喜的光泽。

显然，倡办文教事业是查理曼的特别受人赞誉的活动。尽管他创办的文教事业，从内容到形式都渗透宗教教育和神学的气味，他鼓励探求的学问大都是神学方面的，他办的学校、教师都是教士，学生学习的内容，也大都是为迷信服务的，它仍然给处在中世纪的黑暗愚昧之中的人们带来一线追求知识、学问的光明，它所取得的成就后来被称为"加洛林文艺复兴"。

六、蛮族遗风

查理曼的蛮族出身，使他身上保留了不少蛮族的古老传统。他喜欢骑马、打猎、游泳和吃起烤肉来毫无限制，和法兰克人本是游牧民族是一脉相承的。他一生从不知疲倦，马不停蹄的东奔西跑，除了打仗外，平时，他也很少在一个地方长住，不停地在各地巡游，他的这种活动也是民族的习惯所然。法兰克人的游荡生活一般就是消磨在狩猎、进香和军事冒险中的。查理曼的不同只在于，他的奔波、巡游、作战随员众多和具有更重大的目的而已。

查理曼的穿着也是民族的。他平素喜欢穿法兰克人的服装，里面是麻布制的衬衣、衬裤，外面罩一件镶丝边的外套，脚穿长袜，腿上横缠着袜带，两只脚套在鞋子里。冬天则加穿水獭皮和貂皮做的短上衣来保护臂膀和胸部。他穿蓝色的衬衣,经常佩带着一支有着金或银的剑柄和剑带的长剑,他不喜欢穿外国服装。只有二次例外。一次是由于罗马教皇安德里安的请求,另一次是罗马教皇利奥的请求,他才勉强穿上长外套、外衣和罗马式的鞋子。他平时的服装与普通人没什么区别,只有在节日,他才穿起织金的袍服、缀有宝石的靴子、外衣系上金束带、还戴上分外耀目的黄金和宝石的王冕,显示他的至高无上的皇帝身份。

查理曼的家庭生活也是法兰克人的,而和昔日的罗马的帝王相差甚远。他从小除传统的骑马、打猎的训练外,没受过什么其他教育,以致成年后还要刻苦学习文化。父亲死后,他按法兰克传统与兄弟卡洛曼分治法兰克,他的母亲和他生活在一起一直到老。他对母亲尊敬备至,从未发生过争执。只有一次例外。就是他的第一次婚姻。他奉母命娶了他可能不愿娶的伦巴德国王的女儿。他母亲死后,他把她葬在父亲埋骨之地圣德尼大教堂里。他只有一个姐妹,叫吉斯拉。她从小就专心过宗教生活,一生都在修道院里渡过。

他妻妾成群。这点和西方的皇帝不一样,而有点近似东方的君主。西方的帝王,虽然可以有无数情妇,但决不能同时有两个妻子。查理曼先后迎娶了四位妻子,另外还娶了五个姨太太。这在东方不算什么,但却遭到西方人的非议。被认为是好色的证据。查理曼的第一个妻子是伦巴德国王的女儿。查理曼一开始就不满意,结婚仅一年,就被查理曼以体弱多病,不能生育为由离弃了。随后和出身于士瓦本族的名门望族的希尔迪加尔德结婚。希尔迪加尔德为他生了三男三女。希尔迪加尔德死后,他又娶了东法兰克人、也就是日尔曼人法斯科拉达。法斯科拉达为他生了两个女儿。法斯科拉达死后,又娶了阿勒曼尼族的柳特加尔德为妻,她没有生孩子。他的姨太太或妾为他生了 6 个子女,查理曼的家庭是个人丁兴旺、儿孙满堂的大家庭。

查理曼对他的孩子的教育比他父亲对他的教育要进步,但也没脱离法兰克传统。除了让他的儿子在年龄适合时,学习真正的法兰克人那样骑马和训练他们使用武器和打猎外,他还让他的儿女们全都学习他本人非常重视的语法、修辞、辩论和算术、几何、天文、音乐"古代七艺"。他要女儿们学习毛纺技术、用心操运梭子和线杆,以免闲散怠惰,并使她们养成高贵的品质。

他对继承人的考虑和安排完全是法兰克人式的。法兰克人的继承制度是诸子平分土地。查理曼本人也没有能跳出这一窠臼。平定阿基坦人的叛乱后,他就立其三子路易为阿基坦国王。774 年灭伦巴德王国后,又将他的次子丕平立为意大利国王。781 年查理曼专门访问罗马,请教皇为他的儿子丕平和路易分别正式加冕为伦巴德国王和阿基坦国王。806 年,查理曼经慎重考虑,立下了遗嘱,把他的帝国平分给他的三个儿子查理、丕平和路易。他们三人都是查理的第二个妻子希尔迪加尔德所生。按照查理曼的遗嘱,只要他一死,他的帝国就分成三个国家了,他为之奋斗一生的统一大帝国就不存在了。烟飞星散了。后来,只是由于丕平和查理先后于 810 年和 811 年先他而去,他的帝国的分裂才稍稍推迟了。查理曼的这种安排继承人的办法是很原始的,是原始社会后期的平分死者财产的遗风。在查理曼眼中,他的帝国是他个人财产,因此必须由他的儿子平分。

查理曼重视家庭,对他的儿女感情很深。他的长子、次子和长女在他生前就先后去世,从不轻易落泪的查理曼,竟悲痛得不能自持,热泪长流。丕平留下一个儿子和五个女儿。丕平一死,查理曼立即指定丕平的儿子伯纳德继承父位,并把五个孙女接到宫中和自己的女儿一起抚养。

他对他的孩子的疼爱到了无以复加的地步。他一生公务繁忙,但只要在家,总是和孩子们一起吃饭。出游时,也总是带着他们一块去,他的儿子同他一起骑马,女儿跟在后面,有专门挑选出来的侍卫保护。去温泉沐浴游泳,也邀请儿子一起去。他的女儿众多,个个漂亮异常,查理曼对她们竟钟爱得舍不得把她们嫁出去,既不许配给本族人,也不许配给外国人,只有大女儿曾在 781 年和东罗马帝国的皇帝君士坦丁订婚,但不久婚约又解除了,直到查理曼死,他的女儿竟没有一个嫁出去的。查理曼自己说是因为他不能够离开她们,恋女情绪严重到如此地步,也实在是骇人听闻。成群的妻妾陪伴还不满足,竟要女儿也常年陪伴在自己周围,这也只有这位蛮族出身的皇帝才做得出来。查理曼这样做不是爱女儿,而是害了女儿。查理曼和他的一个个无比妖艳的女儿的亲密关系,不仅使查理曼名声大损,丑闻秽事远播,也败坏了女儿们的名声。查理曼好色还由于不时发生的许许多多的下流而短暂的爱情活动和他给教堂送去的大量私生子而得到进一步证实。当然,这只是查理曼个人品德的污点,并不会给人民的幸福带来什么严重的影响。他的品德在其他方面似乎是无可挑剔的。在查理曼死后 11 年,有一个僧人撰写的维尔廷幻境中,查理曼被描写为和一只秃鹰同处在炼狱中,秃鹰一直不停地啄咬他的那有罪的生殖器,而作为他的品德象征的身体其余部分却安然无恙。这个编造的神话,从一个侧面反映了人们对查理曼好色的不满。

查理曼对儿女们也不是一视同仁的。他的那些私生子,是得不到他的爱的,他们生活在教堂里,连父母是谁也不知道。妾生的儿子和妻生的儿子待遇也不一样。他有一个庶子,名字也叫丕平,长得很漂亮,但是个残疾人,被人称为驼背丕平,不为父亲所爱。丕平心怀不平,在 785—786 年,在查理曼征战在外时,装病在家,和一些法兰克人的首领策划反对父亲的阴谋。这些法兰克人答应事成之后,让他当国王。结果,阴谋计划被查获。查理曼总算还有一点父子之情,没有砍去他的头,而只是剪去了他的头发,送到普鲁米亚修道院,让他去做一名修行的僧人,了其一生。

查理曼身体强壮,但晚年,身体每况愈下,去世前的四年,经常发烧,最后,一只脚也跛了。但即使这样,他也仍自行其是,而不听医生劝告,他甚至有些憎恨医生,因为医生劝他为了健康放弃他酷爱的烤肉改吃煮肉。

他自知来日不多了,813年,他把他仅存的儿子阿基坦国王路易召到首都阿亨来,然后召集全国的法兰克贵族,让他们同意由路易和他共同治理国家,并继承皇帝称号。查理曼把皇冠加戴在路易头上,让大家称他为皇帝和奥古斯都,向他朝贺。查理曼的这一决定得到在场的人的热烈拥护。查理曼自己为儿子加冕也充分说明了,在他的眼中,他自己是高于教皇的,皇权是高于神权的。决定由谁来继承自己的皇帝之位,或如何分配自己的帝国,都是自己的家事,是无须考虑教皇的意见的,即使加冕这样代表上帝的神圣的事,也无须劳驾教皇,自己也完全有这样做的权利。这时教会还只是查理曼的工具,还无法与世俗政权分庭抗礼。倒是路易有点心虚,他继位之后,仍不放心,在816年让教皇替他重行加冕。他已经没有他父亲那样的傲视一切的气度了。

查理曼给路易加冕后,又把儿子打发回阿基坦去了。他自己虽年迈体弱,疾病缠身,却仍不改旧习,还要到距阿亨宫殿不远的地方去打猎,而且乐此不疲,一去就是一个秋天,直到秋尽,冬天来临,才罢猎,并于11月初回到阿亨过冬。在阿亨过冬时染上了严重的热病,并且一病不起。按法兰克人的传统,实行禁食,想通过这种自我锻练来恢复健康。但结果又并发了肋膜炎,病情更加严重复杂。他却仍继续坚持禁食,只偶尔喝点东西维持体力,这样,一直延续到814年的1月28日才咽下了最后一口气,享年72年,在位47年。

据当时人的记载,查理曼末日临近时,出现了许多怪异的征兆。预示他将去世。如他在世的最后三年,经常发生月蚀和日蚀,太阳连续7天出现黑斑。皇宫和教堂之间巨大坚固的走廊在基督升天节突然倒塌,而且一直塌到房基。一座查理曼花了十年之力,以奇妙的技术修建的横跨莱茵河的木桥出人意外地突然起火,三个小时,就烧得除泡在水里的那部分以外连一片木板也没剩下。还有什么流星掠空而过、阿亨皇宫常常震动等等,这和中国皇帝死前都有征兆的说法是一个调儿。中外的天命观有异曲同工之妙。不过,查理曼对这些征兆毫不在意,他不怕死,也不像中国的秦始皇那样忌讳"死"字。他死前也曾想到他的那些妾生的儿女,他曾立下遗嘱让这些儿女继承他一部分遗产,但他的计划着手太晚,没能实现。不过他死前三年,曾当着朋友们和大臣们的面,把财富、金钱、袍服和其他动产加以分配,他请求在场的人在他死后出面承认和维护他的这种分配。

查理曼还在留下的遗嘱中再一次对他的财产进行了分配。他的遗嘱只是一份分赠文书,一份详细的他的财产的分配方案。人之将死,其言也善,从这份遗嘱,我们可以了解查理曼死前的心理活动和他所最关心的事情。他在遗嘱中说明了他订立这份分赠文书的目的,一是保证用他自己的财富进行基督教徒的布施,二是使财产的分配毫无争执、毫无分歧,因为他把一切都规定得清清楚楚。分配的东西是他的全部财产和动产,包括御库里的所有金、银、财宝和皇宫里一切可搬动的值钱的或不值钱的器物和御用衣服。除了不动产土地庄园房屋外,他的一切财产都在他死后分光,一点不留。分配方式是把他的御库里的财产分成三份,他在写下这份遗嘱时就已经划分好了,放置在御库里,前两份又分成 21 份,也已分好了,分给他的领域内的 21 个由大主教管辖的城市,这些城市中包括罗马。第三份,在他未死前,留作日常之需,在他死后又分成四小份,一小份并入上述 21 份内,第二小份由他的子女及孙子孙女享有,并在他们之间加以公平合理的剖分,第三小份专用于济贫事业,第四小份用来维持宫中服役的男女仆役们的生活。这第三份除了御库里的那份外,还包括宫里的一切器物、武器、衣服和一切可搬动的东西,在储藏室或贮衣室里所能找到的任何其他东西。

从查理曼的这份遗嘱中可看出,查理曼最关心的是教会,他的布施第一个对象就是教会,是 21 个大主教辖区,这说明查理曼不仅以教会的保护者自居,也是一个虔诚的基督教徒,当然,他这样至死不忘给教会、给基督教徒众布施,不只是为了博得虔诚的乐善好施的美名,也是为了死后进天国。他也十分关心他的家庭成员,他的子女和孙子孙女,但有一点值得注意,遗嘱中没有给他的妻妾分任何财产。这只能是法兰克的传统的结果。遗嘱中还反映了他对穷人的关心。济贫也是他遗嘱中的重要内容,他甚至要求把他大量收藏在他图书馆里的那些书籍卖掉,然后把所得的钱送给穷人。这虽是他的仁慈的一面。但,读书这件事也说明查理曼尽管热心学习文化,终究还是一个缺乏文明传统的蛮族首领。他本来是要把国土也分掉的,只是由于他三个儿子死了二个,才没分成。这种把死者的一切财产都分光的作法显然也是法兰克传统的。遗嘱中唯一不准分的是礼拜堂。礼拜堂的所有物品,包括他本人收集和赐予的,以及从他父亲那里继承来的,都必须保持完整,不得进行任何瓜分。礼拜堂是他死后唯一完整保存下来的东西。

查理曼对自己死后的安排,对他自己来说,简直是场悲剧。他为之奋斗一生的统一大帝国,他的巨大财富,他的一切一切,按他的本意,是都要瓜分的,是全部分光的,如何维持他的帝国,如何继承他的事业,竟在遗嘱中找不到一字,好像这已不是他的事,真是死后万事空啊!

他的遗体被安葬在阿亨的大教堂里,坟上树立了一座镀金的拱门,上留有他的雕像和铭文。铭文很简单:"在这座坟墓之下,安息着伟大的信奉正统宗教的皇帝查理,他崇高地扩大法兰克人的国家,隆重地统治了 47 年。"这里只突出了两点,一是查理曼信奉正统宗教,一是扩大了法兰克人的国家。对于他的其他功绩和众多的头衔,一字未提,罗马人的皇帝,奥古斯都,复兴文化等等,在法兰克人看来,毫无意义。

814 年路易继位,因奉教诚笃,被称为虔诚者路易。除对宗教的虔诚和他父亲相比有过之而无不及外,其他方面皆有天壤之别。他既不是一个能干的军人,也不是个合格的统治者。即位只有 3 年(814—817),他就把帝国分给他的三个儿子,从而引起了一系列的瓜分斗争,兄弟阋于墙,内战不止。加洛林帝国实际上处于分裂状态。843 年,他的儿子们终于签订了凡尔登条约,帝国一分为三,西法兰克王国,占有现在法国的大部分地区;东法兰克王国,占有今德国的大部分;中部王国和意大利王国,包括意大利北部和法德边界两边的一条开阔地带。后又经过进一步瓜分,成为近代法国、德国和意大利王国的源头,三国开始分道扬镳。

哈伦·拉希德

—— 文武双全的阿拉伯帝国哈里发

郭宝华

哈伦·拉希德是阿拉伯帝国阿巴斯朝第五任哈里发。他是一位出色的将军，一位干练的施政者和文化艺术的伟大赞助家。在他的统治下，阿巴斯王朝达到了鼎盛时期，国都巴格达发展成为一个惊人的财富中心、文化圣地和具有国际影响的大都会。

一、崭露头角

公元 762 年，阿巴斯王朝的伟大奠基者曼苏尔哈里发宣布破土动工修建新都巴格达。同年，他的孙子哈伦在帝国东部地区的赖依城来到人间。当时呼罗珊爆发了反对朝廷的叛乱，哈伦的父亲马赫迪受哈里发派遣来此指挥平叛，由于平叛有功，在哈伦两岁时，他的父亲被哈里发指定为王储。哈伦在赖依度过了 6 个春秋后，跟随父母迁居日趋繁荣的新都巴格达。为了迎接他们的到来，曼苏尔在底格里斯河东岸为他们特意建造了典雅舒适的鲁萨法宫，开始了都市化的宫廷生活。马赫迪十分重视对子女的教育培养工作，他在巴格达聘请了一些有名望的乌莱玛负责哈伦的宗教和阿拉伯语知识方面的教育工作。在哈伦 12 岁的时候，哈里发曼苏尔驾崩，其父马赫迪继承王位，任命哈伦的哥哥哈迪为王储，同时，把培养教育哈伦的责任交给了波斯血统的宰相哈立德·本·伯尔麦克之子叶海亚。

以哈立德为代表的伯尔麦克家族，在阿巴斯朝廷中享有盛誉，他的成员博学、聪慧且豁达，文韬武略身手不凡。这个家族与哈里发的关系非常亲密，据说哈伦在赖依时，曾由叶海亚的妻子哺乳，而叶海亚的儿子法德勒曾由哈伦的母亲哺乳。正是由于这个原因，哈伦有时称叶海亚为父亲。

少年哈伦勤奋好学，聪明伶俐，叶海亚则按照哈里发继承人的标准，培养要求他，除了教他宗教、文学知识外，还向他传授当时知道的哲学和自然科学知识。另外,骑马、射箭、狩猎也是不可缺少的训练项目。在恩师的谆谆教诲和哈伦的努力下,几年光景,他便掌握了丰富的科学文化知识,吟诗作赋成为哈伦的一大爱好,这为他日后执政打下了坚实的文化底蕴。

哈伦的父亲马赫迪是一个能征善战的将军,继位前曾多次领兵去呼罗珊地区平息叛乱和起义。在他执政后,哈里发帝国和拜占廷帝国之间断断续续进行了近百年的战争,又重新开始了。由于哈里发帝国内部的战乱和倾轧,边境防御力量削弱,拜占廷皇帝君士坦丁五世乘机将其帝国的国境,沿着小亚细亚和亚美尼亚边界,向东推进,而哈里发帝国的边境相对后退。面对拜占廷咄咄逼人的攻势,叶海亚承袭了穆斯林统治者的远征传统,决定发动反对宿敌拜占廷的圣战,夺回被蚕食的土地。他派使者给拜占廷皇帝送去了一封包着黑芥子粒的信,信中警告他说,将派一支如他所见到的芥子粒数一样多的军队去攻打拜占廷。随后即组织了一系列远征。经过几次交锋,双方各有胜负,远远没有达到马赫迪的目的。

公元 780 年,马赫迪决定御驾亲征,与拜占廷决一雌雄。他点兵 10 万,命其子哈迪留守巴格达,命哈伦随他出征。部队行至布尔丹,马赫迪传令安营扎寨,然后派哈伦统率远征军向拜占廷边境挺进,陪同哈伦出征的有叶海亚和大将军拉毕阿·本·尤努斯。

当时哈伦年方 18,但身材高大,面色白里透红,肩披铠甲,腰悬宝剑,英俊威武。他率领大军长途跋涉,抵达边境地区的哈达斯,开始勘测地形,在此修筑临时防御工事,作为前线根据地。然后命令部队突破拜占廷边境防线,夺取艾尔比斯坦城,接着包围了塞马鲁城堡。由于守军抵抗凶猛,一时难以攻破。为减轻穆斯林士兵伤亡,哈伦采取围而不打的战术,消耗守军的给养,迫其不打自降。经过 38 天的围困和弩炮的轰击,饱受饥渴威胁之苦的城内守军坚持不住了,向哈伦提出了三点投降条件:第一不要杀害他们;其次不要驱散他们;第三不要将他们迁移他乡。哈伦同意了前二项要求,但出于自身安全的考虑,最后还是把他们集体押送回国,将他们安置在巴格达一个专门为他们设置的区域内。

面对哈伦的进攻,拜占廷企图袭击塔尔苏斯地区的穆斯林边防要塞,控制叙利亚与安纳托利亚的通道。米哈伊勒率领 9 万拜占廷军队向正在建设中的哈达斯要塞方向扑来,负责迎击的阿拉伯守将阿布杜·卡比尔被敌方的浩大声势所吓倒,虚晃几刀,便全军溃退。叶海亚闻讯后,勃然大怒,将败将投入牢房,并命哈伦统率大军继续出征,狠狠打击拜占廷的锐气。

哈伦一声令下,远征军以排山倒海之势横扫艾尔比斯坦地区,接着踏平安卡拉,直逼博斯普鲁斯海峡和马尔马拉海的尼古米特亚地区,征服了沿途的马吉达城堡,重创试图阻挡哈伦大军前进的拜占廷骑兵团,其统帅尼基塔被哈伦的大将叶济德刺伤落马。接着，一路拼杀，大军长驱直入，抵达与拜占廷首都隔海相望的克利索波列。这样通往君士坦丁堡的大路被打通了，这是近50年来穆斯林军队第一次站在这座骄傲的首都城墙之前。

面对半壁江山失陷和兵临城下的严峻局势，当时代表君士坦丁六世摄政的爱利尼皇太后，惊恐万状，急忙向阿巴斯哈里发求和。叶海亚同意休战，并指令哈伦负责和约条件的谈判。一时间，双方使臣在哈伦与爱利尼之间穿梭往返，讨价还价。哈伦提出的最后条件是，拜占廷政府每年向阿巴斯王朝交付贡税9万第纳尔，分两期付清；归还被拜占廷房去的全部穆斯林；在穆斯林大军的回程路上开设市场，供穆斯林战士进行买卖活动；为穆斯林军队提供官方向导，确保穆斯林军队平安顺利返回。拜占廷政府被迫在这份屈辱性的和约上签字。

哈伦的远征战果辉煌，除了获得了迫使对方定期纳贡的和约外，还获得了大量的战利品，俘虏敌方5643人，缴获配带鞍具的战马2万匹，牛羊1万头，至于兵器铠甲更是多得不计其数。穆斯林士兵将大量战利品在沿途市场上出售，一匹驮马卖一个迪尔汗，一头骡子不到10个迪尔汗，铠甲一个迪尔汗一件，20把剑才卖一个迪尔汗。

这次远征所取得的伟大胜利，为哈里发帝国增辉添色，更为哈伦赢得了声誉，他坚韧不拔的毅力，顽强的斗志，勇敢的胆略和恰到好处的指挥，在军队中广为流传。他的父亲马赫迪为此欣喜若狂，当哈伦班师回国后，马赫迪在宫内大清真寺为远征大捷举行了隆重的庆功大会，皇亲国戚，达官贵人纷纷前来祝贺，对哈伦的功绩赞口不绝，有些诗人即席赋诗，气氛十分热烈。马赫迪打破常规，在大庭广众面前庄严宣布，哈伦为第二王储，在他的哥哥哈迪之后继任王位。接着，赠给哈伦"拉希德"（意为正义者）的光荣称号，从此，拉希德成了哈伦的美称。马赫迪鉴于哈伦的才干和功绩，授权他掌管自幼发拉底河以西的马格里布地区，任命叶海亚为他的文书，协助料理政务。哈伦正式开始了他的政治生涯。

二、争夺王位

哈里发马赫迪任命哈伦为第二王储的目的，一是为了嘉奖他的功绩，再者是想保证哈里发王位后继有人。然而，伴随着两个王位继承人的出现，在政治利益的驱动下，宫廷内逐渐形成了支持哈伦和支持哈迪的两股势力。哈伦的母亲赫祖兰及其恩师叶海亚是他的强大后盾，而哈迪的支持者也不乏皇亲国戚，达官显贵，阿布杜·马立克亲王、法德勒·本·拉比阿和叶济德·沙巴尼将军则紧紧站在哈迪一边。围绕着王位优先继承权问题，双方展开了一场怵目惊心的较量。

这场斗争是由哈伦派发起的。哈伦在取得第二王位继承权的初期，已经心满意足，在叶海亚的辅佐下，兢兢业业地治理着他管辖的西部地区，使那里秩序井然，经济发展，政府收入好转，人民安居乐业。哈伦的成就，鼓舞了他的支持者，也增加了他的权力欲望，他们认为哈伦与其兄哈迪相比，更适合作第一王位继承人，而实现这一愿望的关键，在于转变哈里发马赫迪的态度，得到他的认可。于是由王后赫祖兰首先出面，在马赫迪耳边不断吹风。

赫祖兰出身于东部地区一官宦之家，后因战乱家境败落，沦为奴隶，曼苏尔哈里发在麦加奴隶市场将她重金买下，许配给马赫迪为妻。赫祖兰知书达理，聪明漂亮，深受马赫迪宠爱，因此，她的话对哈里发颇有影响。

与此同时，叶海亚及宫内一些支持哈伦的侍从，也向哈里发频频举荐，大赞哈伦的才干和能力，请求调整原来的任命，改立哈伦为第一王位继承人，以服天下。他们的话虽言之有理，但成命难收，且哈迪也并非无能之辈。起初，马赫迪没有采纳他们的意见，然而也没有表示反对。于是哈伦派加紧攻势，继续上谏。而哈迪派也不甘示弱，据理力争，由于哈迪当时在东部地区戈尔干平叛，他在京城的力量显得有些势薄力单。最后马赫迪接受了哈伦派的建议，废除哈迪第一王位继承权，改立哈伦，并派使者去戈尔干将这一决定通知哈迪。

传旨的使者抵达戈尔干后，哈迪拒不接旨，并将使者痛打一顿。马赫迪闻讯后，决定亲自去戈尔干说服哈迪。但是当马赫迪一行离开巴格达不久后，便从他们宿营的马西占镇传来了哈里发猝死的消息。对于他的死因说法不一，有的说哈里发外出狩猎，在追赶一只羚羊时，从马上跌下而死，而更多的说法则是哈迪布下的阴谋，他派人买通哈里发身边的宫女，将放有毒药的梨敬献哈里发食用，致使他中毒身亡。在当时的情况下，要想保住哈迪的第一继承人的地位，摆在他面前的只有一条路，那就是在新的任命没有正式生效之前，必须除掉改变主意的哈里发。马赫迪成了争夺王位继承权的第一个牺牲品。

马赫迪死时，哈伦正在马西占的军营中，他怀疑父亲的死与哈迪派有关，但一时拿不出确凿证据。这时，军队乱作一团，士兵们叫喊着要杀回巴格达，惩办那些被他们认为与此事件有关的上层官员。在此情况下，哈伦没有推波助澜，以免引起动乱，他通过发放饷银的方法，把军队安定下来，并顺利带回巴格达营房。

马赫迪的死，使哈伦眼看到嘴的鸭子飞了，在突变的现实面前，哈伦派采取了韬晦之计，以保有实力，来日争雄。另外，无论如何，哈伦已成了新哈里发的第一王位继承人。哈伦在巴格达为其兄哈迪的登基大做准备，他向哈迪敬献忠心，并派人给哈迪送了登基仪式安排程序。叶海亚派其子给远在戈尔干的哈迪送去贺礼。

18 日后,哈迪率军队回到巴格达,叶海亚立即登门拜见,当场表达了他的一片忠心。

哈伦派人士的热情表现,虽然表面上缓和了兄弟之间紧张气氛,但并没有真正打动哈迪的心。因为哈迪忌恨哈伦由来已久,他的父母偏爱哈伦,在他心中产生了一种不平衡感,尤其是马赫迪曾给他和哈伦叙述过的一个梦,更令他愤愤不平。梦中马赫迪给了他们哥俩每人一支树枝,哈迪拿到的树枝,仅在枝头稀稀拉拉挂着几片树叶,而哈伦拿到的枝条却是从上到下挂满树叶,碧绿诱人。就是说,他们俩即使都能称王,哈迪的执政时间不会太长,而哈伦不仅时间长,而且事业兴旺。

哈迪登基后,首先提拔和重用他的亲信,打击迫害哈伦派,哈伦、叶海亚、乃至其母赫祖兰则是重点打击对象。他委任艾布·法德为宰相,然后解除了哈伦西部地区总督的职位,而交由穆罕默德·本·法鲁德将军负责,哈伦的免职也就等于免去了叶海亚的职务。对于其母赫祖兰,严禁她干预朝政,让她在宫中安分守己,好自为之。

哈迪安排好朝政,局事稳定后,开始了新的计划,他打算废除哈伦的王位继承权,改立其不足 8 岁的儿子贾法尔为王储。他找来亲信、近臣一道商讨此事,会上出现分歧。以叶济德为首的一些人同意哈迪的意见,他们认为哈伦受其文书叶海亚左右,把王权交给这样的人是不妥当的。但曾经反对马赫迪废除哈迪继承权的艾布·法德勒等人,也不同意哈迪现在的作法。会后有人将哈里发的意图及会上的情况透露给了叶海亚,哈伦也十分注意着事态的进展。

哈迪根本不想放弃他的计划,想方设法除去哈伦的继承权。一天,他把哈伦召进宫来,劝他自己放弃王位继承权,并许诺给他丰厚的物质回报。在沉重的政治压力和巨大的物质引诱面前,哈伦并未改心移志,但又不知如何回答。便去找叶海亚商量,叶海亚劝他万万不可答应,一句空话怎能与哈里发职位相提并论,况且朝廷内不赞成哈里发提议的也大有人在。

哈迪得知此消息后,又把叶海亚召来,当场赐给他封地和金钱,然后征求他对解除哈伦继承权,改立贾法尔的意见。叶海亚说:"众信士的领袖,恕我直言,如果你纵使人们损害信仰,他们的信仰就会松懈,他们就可以解除你与他们订立的契约。倘若让你兄弟哈伦的继承权维持原状,而立你儿子贾法尔为第二王储,那我一定也将效忠他。"叶海亚的这番无懈可击的话,令哈里发不知所措,只好随声附和了一句,便令叶海亚退下。但叶海亚走后,他大发脾气,非要把他和哈伦制服不可。

几天后,哈迪又把叶海亚召来,但这次首先等待他的不是封地和金钱,而是牢房。哈迪先给他来个下马威,然后把他从牢中带来,继续追问关于罢免哈伦继承权之事。叶海亚仍然坚持原来的态度,奉劝哈迪不要废哈伦而立其子,并说,即使先王马赫迪没有传位哈伦,你也当立你兄弟为王储,立一个未成年的孩子为王储,阿巴斯王室的长老们也不会通过。退一步说,到了他成年之后,哈伦可以将王位继承权拱手相让。

在辩论方面,哈迪不是叶海亚的对手,只好凭借手中的权柄,加大了对哈伦的压制力度,来迫使哈伦屈服。他在众臣中明确地表示了他对哈伦的态度,唆使贴身侍从在公开场合攻击哈伦,对哈伦发出的任何命令可拒不服从,怂恿他的将军散布哈伦的坏话,掀起撤换哈伦的舆论浪潮,甚至禁止哈伦的车队享有王储的礼仪待遇。哈伦在京城的处境极其艰难,找来叶海亚商议对策。他决定暂时离开巴格达,到外边躲避一段时间,然后再见机行事,首都的事则由叶海亚和太后应付。于是,他以外出狩猎为名获取了哈迪的恩准。

哈伦一去不归,哈迪生了疑心,给他传旨速返京城,而哈伦百般托辞,拖延不回,哈迪更是疑心百倍,大发雷霆。赫祖兰担心哈迪会对哈伦下毒手,与叶海亚商量对策,叶海亚说,事到如今,必须硬着头皮走下去,屈服未必能换来安全。

哈迪见不到哈伦,就把叶海亚召去,先是把他大骂一顿,然后质问叶海亚,你是否希望哈伦做哈里发,而你做宰相? 叶海亚指主发誓,我对你和对他都忠心耿耿……。哈迪不容他多辩,下令把他关入监狱,控制起来。太后听到叶海亚被捕的消息以后,心急如焚,赶紧派人给哈伦送信,叫他速回京城拜见其兄,以探虚实。根据母亲的意思,哈伦晋见其兄,但二人相见后没有寒暄几句话便分手,哈伦没有再提继承权的问题,哈伦一时有些不解。但当他出宫与贾法尔骑马同行临近一座小桥时,哈伦径直向前走去,准备过桥,猛听有人大喝一声,"停下! 等王储过去后你再过。"哈伦如梦初醒,原来哈迪已经罢免了他的王位继承权。

哈伦回来后,把会见及路上的情况一一告诉了太后,他们觉得哈迪不会就此善罢甘休,现在已经到了你死我活的地步。果然,几天之后哈迪下令逮捕哈伦,把他关在一座专门的监狱中,监狱戒备森严,禁止探视。现在摆在哈迪面前的两件大事是,一要尽快除掉哈伦和叶海亚,不留后患;其次是为其子的继位事宜加紧准备。由于哈迪近来日夜操劳,在哈迪与其亲信秘密策划杀害哈伦和叶海亚计划时,他突然昏倒,侍从们将他抬入寝室,卧床休息。哈迪病倒的消息传到太后那里,她心中一阵喜悦,觉得除掉他的时机已到,遂带领一些贴身宫女前去探望,见哈迪软弱无力的样子,计上心来,趁室内无旁人之际,示意她的宫女用枕头堵住哈迪的嘴,将这位年轻的哈里发活活窒死。哈迪仅仅执政了一年零三个月,就成了这场斗争的第二个牺牲品。

赫祖兰得手后,首先跑到关押叶海亚的监狱,狱卒见太后驾到,赶紧打开牢门。叶海亚听到咔咔的开门声时,还以为是哈里发派人处决他来了。看守告诉他太后来了。太后见到叶海亚的第一句话就是："那个人寿终正寝了。"然后叫他马上拟文，以哈伦的名义给各省总督发信，通知他们哈迪已死，哈伦继位，各就各位，忠于职守。然后派人抄写，发往各地。

叶海亚稍做安排后，就去找哈伦，当时他正在那里睡觉，叶海亚喊道："众信士的领袖呀，快起来吧。"哈伦听到此言，惊喜交加。怎么我已成了哈里发了吗？是的，千真万确。接着叶海亚把哈迪已死的情况一一讲给哈伦，这时门外突然传来哈里发喜得贵子的佳音。一日双喜临门，哈伦高兴不已。

三、治国安邦

在叶海亚精心组织设计下，拉希德在巴格达的永恒宫隆重登基，成为阿巴斯王朝第五任哈里发。宫内张灯结彩，气势恢宏。到场的文武百官，贵人墨客纷纷向他祝福，敬献忠心。永恒宫沉浸在一片欢乐的海洋之中。此情此景，拉希德心潮澎湃，思绪万千，他的脑海中正在勾划着他的施政大纲，他要使他的帝国繁荣昌盛，经久不衰。在登基公告中，他向全国穆斯林臣民庄严宣布，他是受真主默助的信士们的领袖，人们当绝对服从他的旨意，而不得违抗。同时，向人们许诺，他以慈悲为本，给臣民以精神和物质上的关怀；稳定内部秩序，加强边防建设，确保国泰民安。

常言说，一朝天子一朝臣，拉希德执政后，清算了与他为敌的旧臣，经过深思熟虑后，决定任命他的恩师伯尔麦克人叶海亚做他的宰相，辅佐他治理这个幅员辽阔的大帝国。拉希德的这一选择，决不仅仅是为了报答叶海亚为他获取哈里发地位所付出的努力，更重要的还是看中了他的渊博学识，出类拔萃的施政才干，以及对拉希德本人的一片忠心。拉希德要借助伯尔麦克人的智慧，巩固、壮大阿巴斯人的天下。

拉希德把叶海亚召进宫来，坦诚而彬彬有礼地说："父亲呀，我已决定将管理国家的大权委托于你，请根据你的意思去治理，任用你想任用的人，撤换你认为不称职的人……我不干预你的所作所为。"叶海亚说，愿为主公尽犬马之劳。拉希德几乎把除任命王储之外的一切权力都授给了他的宰相，并且可按世袭的原则把宰相的职位转给他的儿子。但这并没有剥夺哈里发根据具体情况对国家进程施加各种影响和做出最后决定的权力，因为哈里发是政治权力与宗教权力的最高体现者，他既然可以任命他的朝臣，也就可以收回他的任命，对这一点拉希德是深信不移的。拉希德不是那种贪图享乐，远离朝政的昏君，而是一个有理想有抱负的开明君主，他将日常具体事情分离出来，则可以专心致力于国家朝纲大政和体验民情。

叶海亚虽然大权在握,但他也晓得这一地位的脆弱性和危险性,自阿巴斯王朝建朝以来,有好几位宰相死在了哈里发的屠刀下。因此,他办事十分谨慎,重大问题尽量征得哈里发的同意,而不自做主张,自行其是。他的两个儿子法德勒和贾法尔,也非平庸之辈,他俩与拉希德的关系也比较密切,他们是童年时代的朋友和"兄弟",但他二人相比,因贾法尔脾气温和,拉希德更喜欢贾法尔。当拉希德听说人们称法德勒为小宰相后,便问叶海亚,父亲呀,人们为何称法德勒为小宰相,而不这样称呼贾法尔?叶海亚回答说,那是因为我公务繁多,我把一部分工作交给了法德勒代办。拉希德听后说,请你也把类似的工作交给贾法尔办吧。并命令叶海亚传旨,将玉玺转交给贾法尔掌管。叶海亚不敢怠慢,一一照办,贾法尔也荣获小宰相之美称。从此,鞍前马后为哈里发日夜操劳。

拉希德在伯尔麦克人的协助下开始了紧张有序的工作,以实现他的承诺及其宏伟目标。他首先提高军队官兵饷银,保证军队给养,以稳定军心。开仓放粮,赈济灾民,以安民心。另外,组建了平反院,供黎民百姓诉苦申冤,纠正行政部门和政治部门的误审错判案件。此院由叶海亚直接负责,拉希德也为自己规定了专门的日子,亲自聆听人民上诉。为了体察民情,他还时常与小宰相贾法尔、行刑官马师伦化装成商人模样上街巡游,了解百姓疾苦,关心人间暖凉,除暴抑恶,扬善安良,一时传为佳话。他曾使因误解而关系破裂的新婚夫妇,重新言归于好;使勤劳善良的穷苦渔夫,旧貌换新颜,过上了富裕生活……这些看上去平凡而琐碎的事情,大大提高了这位年轻哈里发在人们心目中的地位,人们支持他,拥护他,对于巩固哈里发政权产生了无形的力量。

阿巴斯王朝与拜占廷帝国之间的关系,是执政后的拉希德所关注的重要问题之一。两国间虽然订有和约,但他对拜占廷的诚意是存有戒心的,一纸协议,还要靠强大的国防做后盾,才能有效持续执行。为了防患于未然,他重新审核,制定了与拜占廷接壤地区的防务规划。提出了以防为主,兼顾反击的方针,加固旧城堡,修筑新要塞,以点带面,保障边境安全。他将沙姆要塞与美索不达米亚要塞分离为两个独立的军事防区,加大每个防区的人力物力投入,提高每个要塞的防御、进攻能力。沙姆防区中的塔尔苏斯,是由叙利亚至安纳托利亚的重要通道,自哈里发曼苏尔时代以来,一直是双方的重要战场和争夺之地。因此,对它提出了特别的要求和投入。拉希德集中人力物力,从严从快建设西部防务体系,战略要地塔尔苏斯筑有两道城墙,一道护城河,五座城门和87座城楼,最初布兵8000,以后又不断增加。以他父亲马赫迪和他的名字命名的两个新要塞,也是固若金汤。经过几年努力,在西部边陲形成了一条设施完备,进可攻,退可守的坚固军事防线。使拜占廷望而生畏,不敢轻举妄动。为了鼓励和吸引官兵扎根边疆、建设边疆,拉希德制定了优惠政策,提高边疆官兵的军饷,发放边疆生活补贴,修建房屋,赠授可用于农耕的封地。哈里发的这一举措,确实富有成效,随着时间的推移,这些要塞不仅是军事堡垒,而且发展成了经济中心,乃至学术中心。昔日被战火烧焦了的土地,如今生长着绿油油的庄稼,一些谈兵论战的帷帐,成了学者们讲经布道的殿堂,边疆不再有以往的荒凉,它与内地一样充满活力和希望。

除了加强陆路防御外,拉希德还把眼睛转移到海上,他不仅希望保持阿巴斯帝国的陆军优势,还要建立一支强大的海军力量。他把海军基地放在埃及和叙利亚的地中海沿岸,以便与拜占廷相抗衡。拉希德的这一计划是以前的阿巴斯哈里发们想都未曾想的事情,他为此付出了巨大的心血和财力。几年后,哈里发的舰队终于在地中海海面上乘风破浪,一展风采。由于阿拉伯的将军们习惯且善长于陆战,他的这项计划进展相对缓慢,其海军力量远远没有赶上陆军的发展水平。

为了增加国家实力,巩固政权,满足王室及臣民生活需要,哈里发十分重视发展生产。农业是哈里发国家财政收入的主要来源,因此哈里发奖励农耕,注意改善种植条件,在宰相叶海亚的协助下,制定了在埃及、伊拉克、叙利亚以及呼罗珊,河外地等农业区兴修水利规划,疏通旧河道,开凿新运河、挖沟修渠,形成了许多灌溉网,扩大了灌溉面积,提高了土地的使用率。这些地区的农业得到迅速发展,五谷丰登,瓜果飘香,一派欣欣向荣的景象。

拉希德提倡和保护地方手工业,并积极主张吸收境外产品的长处,在原有的基础上不断翻新和改进,创造出更新、更美的工业品来。在拉希德的统治下,帝国的手工业出现了长足发展,生产各式各样产品的手工业作坊如雨后春笋。埃及、伊拉克、波斯的纺织品精美华丽,叙利亚的玻璃制品晶莹透明,美观实用,深受世人喜欢。兵器、皮革、珠宝、家具、纸张等制造业,也很兴盛。哈里发对此十分自豪。

工农业生产的大发展,促进了国内外贸易活动,帝国国内贸易空前活跃,外国客商纷至沓来。巴格达不仅是帝国的政治中心,而且成了世界巨大的工商业城市。巴格达底格里斯河畔的码头,不断扩建延伸,以满足来往商船的需要,在长达9英里的码头,经常停泊着上百艘商船,来自遥远中国的船只也屡见不鲜。市场上除本地产品外,还有从中国运来的瓷器、丝绸和麝香;从中亚运来的红宝石,从俄罗斯运来的蜂蜜、黄蜡和毛皮;从东非运来的象牙、金粉和黑奴……

为了便利和控制地中海和印度洋之间的贸易,拉希德决定挖一条运河,将地中海和印度洋连接起来。但叶海亚对哈里发这一宏伟计划感到有些冒险,便上谏书,过去拜占廷的骑兵闯入麦加,打劫朝觐人,此运河一经修通不就又给他们的海盗行径开了一道方便之门吗?望众信士的领袖三思。叶海亚的这番话对拉希德来说还是起了作用,鉴于帝国海军力量与拜占廷海军力量相比稍逊一筹,他也感到有些后顾之忧,决心难下,就这样一拖再拖,直至他去世也没动工。

阿巴斯帝国农、工、商业的大发展,为拉希德王朝的国库提供了充足可靠的税收来源,据记载,每年仅现金税收入一项就高达7200万第纳尔。此外,还有数量可观的实物税。这是阿巴斯王朝史无前例的成就。拉希德看到如此巨大的成果喜出望外,以至有一天他躺在宫廷院内的凉床上,仰望着天空中的一朵白云诙谐地说:"快走吧,不然我可要收你的赋税啦。"

巨额的财政收入,一部分被用来解决军费支出及社会公共福利事业,而另外相当一大部分,则成了哈里发本人及皇亲国戚、达官贵人奢侈生活的资金。

四、赞助文化

在学识渊博的伯尔麦克人的教育熏陶下,拉希德从小就喜欢读书,崇尚科学文化知识。执政后的拉希德,在这方面的兴趣不减当年,他除善长吟诗作赋外,还对哲学和自然科学颇有研究,他本人就可以称得上是一名造诣不浅的文人、学者。作为一个大国国君,他意识到文化科学知识对国家强盛所起到的作用,因此,慷慨解囊,大力赞助、扶植文化事业。他不分宗教畛域,招贤纳仕,广罗人材,尊重知识,尊重人材,在他的周围聚集了许多文人学者。

希腊和波斯民族的伟大历史文化遗产对拉希德有着极大的魅力,在他看来那里似乎蕴藏着无穷无尽的奥秘和取之不完的知识,他要揭开那里的层层奥秘,攫取其中的点点知识,给阿拉伯穆斯林启迪,进而发展、应用之。为达到此目的,搜集、翻译希腊、波斯的历史文化典籍,就是一条必不可少的途径。拉希德一方面在被征服的叙利亚、埃及、波斯地区注意搜寻和收买珍本,另一方面在对拜占廷的入侵活动中,号召官兵不要只把眼睛盯在敌方的牲畜、生活用品上,还要注意搜集各种希腊写本,对缴获写本者给以奖励。他的号召得到官兵响应,他们从拜占廷的阿摩利阿姆和安卡拉带回了不少写本,拉希德见后大喜,重奖写本获得者。然而阿拉伯穆斯林不懂希腊语,而懂希腊语的大都是叙利亚的异教徒,为了获取知识,不计宗教之嫌,以能者为师,他把希望的目光欣然投向处于保护民地位的异教徒学者,求助他们翻译整理。

叙利亚基督教徒叶海亚·伊本·马塞维,有很好的希腊语功底,且对医学有一定研究。拉希德闻知此人后,便派侍从将他请到宫内,热情款待,然后将自己的意图一一道给他听,并陪他参观了希腊珍本收藏室。哈里发对科学知识的执著追求和礼贤下士的精神,令叶海亚十分感动和敬佩,愉快地接受了哈里发要求,并表示竭尽全力完成好这项工作。为了保证这项翻译工作的顺利进行,拉希德给他提供了一套环境幽雅的工作室,配备了几名娴熟的抄书员及一些助手。拉希德在翻译期间经常前去了解他们的工作情况和生活情况,他答应帮助解决叶海亚提出的各种要求。哈里发的关心,激励了这位学者,他兢兢业业,勤奋工作,向哈里发交去了一份又一份的希腊文医学著作译文,受到了哈里发的嘉奖。

拉希德治学严谨,精益求精,在他阅读早期的某些翻译作品时,一旦发现文理不通,或者怀疑存在翻译问题时,便及时组织人对这些作品进行修订,甚至重译。欧几里得的《几何学原理》和托勒密的天文历表《天文大集》两部伟大著作的早期译本,就被重新校订。

拉希德喜欢读书,也喜欢藏书,他对书籍的使用价值有着深刻的认识,希望能把各种书籍储存在一个地方,供文人学者查阅、研究。于是出资在首都巴格达建立了一所大型图书馆,他对作为保存和传播文化的机构——图书馆的管理组织格外重视。任命天文学者法德勒·伊本·诺伯赫特为图书馆馆长。他曾为拉希德把几篇波斯文天文著作译成阿拉伯文。他的家族许多人都以天文学著名于世。哈里发领头向图书馆捐赠书籍,并号召学者文人将他们手中多余的写本献给图书馆,使之成为人们的共同精神财富。在哈里发的号召下,图书馆的藏书量与日俱增。天文、哲学、医学、宗教、文学等学科的书籍均被收藏。许多文人学者都被吸引到这里,以至图书馆成了科学研究和科学讨论的场所。一些显贵、富商也效仿哈里发,出资在一些地方建立了图书馆和书店。

相传伊斯兰教先知穆罕默德曾说过,学问有两类:一类是教义学,一类是医学,这句话说明阿拉伯人对医疗科学是感兴趣的,但先知时代的阿拉伯人并没有给后人传下多少医学知识,蜂蜜几乎被看作是包治百病的灵丹妙药。拉希德广阅医书,十分钦佩希腊、波斯的医学水平,敬重境内医术高超的异教徒医生,他要用他们的医学知识和技能,弥补穆斯林医学的不足。他按照异教徒利用医院医治患者的方法,在巴格达创建了一所医院,聘请祖传世医波斯景教徒伯赫帖舒为医院院长,他的父亲曾为哈里发曼苏尔治好了难以治愈的胃病。拉希德还把伯赫帖舒聘为御医,每年给他放血两次,付给酬金10万第尔汗;每半年给他开一个轻泻药方,又付予他同样酬金。以后又将其子迦伯利任命为他的御医。一次拉希德所宠爱的一个女奴害歇斯底里性瘫痪症,拉希德请他诊治,他装做要在大庭广众面前剥掉她的衣服,这样治好了她的病。令哈里发叹为观止。

拉希德尊重知识,善待学者,允许他们各抒己见。一天,拉希德在宫内设宴款待著名学者艾布·穆阿维叶。用毕餐后,拉希德亲自为他倒水洗手,而他却一点不知,当他发现是哈里发在给他倒水时,以赞叹的口气说:"众信士的领袖呀,您这样做是由于您尊重学问吧?"拉希德点点头说:"千真万确。因为知识是最尊贵的。"

次日,拉希德又备了一桌席,款待他的诗友,清客。宰相叶海亚的长子法德勒也在座。大家入座后,哈里发把诗人艾布·阿塔希亚叫过来说:"请你先给我们围绕着今世的幸福这个题目吟上几句诗吧,给大家助助兴。"诗人环顾了一下四周,沉思片刻,然后说:

> 在这富丽堂皇的宫殿中
> 你当正确享用面前一切

拉希德情不自禁地叫了一声"妙",并追着问:"那后边呢?"

> 否则在临终前的哀鸣中
> 你才恍然大悟虚度一生。

听到这里,拉希德流下了眼泪。法德勒指责艾布·阿塔希亚说,岂有此理,众信士的领袖是叫你来使他高兴的,你却让他伤起心来。拉希德制止法德勒,并说,没关系,由他说吧,他是认为我们误入迷途,怕我们继续滑下去。他的心地是善良的。拉希德的话,使场上气氛得到缓和,犹如什么事情也没发生。

诗歌对拉希德而言,如同空气和水一样不可缺少,他喜爱各种体裁的诗歌,无论是宫廷赞颂诗、祝酒歌、歌女演唱的情歌、沙漠流行的诗歌,还是滑稽诗,甚至那些敢于向宗教争自由的讽刺诗歌。他在宫中专门设有座谈室,供他公毕以后与诗人、歌手讨论诗歌创作技艺和发表诗歌新作使用。这里常常荟萃着风格各异的著名诗人。

放荡诗人艾布·努瓦斯是哈里发的清客,拉希德夜间化装出游有时由他相伴,他曾用生动的语言,描绘那个兴盛时代有趣的宫廷生活,他理解哈里发的心思,每次为他即席口占,他的诗技颇受哈里的赏识,但他那辛辣的讽刺,有时也令哈里发勃然大怒,欲置他于死地而后快,而他又常常情急智生,凭借他那伶牙俐齿,化险为夷,转危为安,甚至还可能获得哈里发的赏钱。

诗人因其诗歌博取哈里发的欢喜而得重赏者大有人在。著名赞颂诗人梅尔万·伊本·艾比·哈夫萨因一首短小的赞诗竟获得了5000第尔汗、一件大礼服、许多女奴和一匹马。

五、心向天房

阿巴斯王朝是建立在伊斯兰教基础之上的。当阿巴斯人当初胜利的时候,人们欢迎他们,认为他们用真正的哈里发国家和神权政府代替了伍麦叶人的纯世俗政府。为了巩固阿巴斯人的威信，每逢节日，哈里发都要穿上他的叔曾祖先穆罕默德所穿的斗篷，以使自己的崇高职责带有宗教色彩。此外，还在人民群众中灌输、培养这样一种观念：政权当永远掌握在阿巴斯人的手中，直到他们最后把它交给救世主伊萨为止。后来进而宣传这样一种理论，哈里发政权如果被破坏，世界的秩序就要紊乱。在这方面，拉希德与他的父兄们的看法是一致的，认为伊斯兰教是国家的支柱和他赖以统治的基础。如果失去了宗教这棵参天大树，他的统治就难以维持。因此，捍卫宗教，保持信仰，履行伊斯兰教规定的基本功课，成了他的重要职责和义务。

从政治宗教权力方面来讲，拉希德是众信士的领袖，从信仰方面来讲，他是一个普通的穆斯林，他的双重身份，使他的宗教活动具有了双重作用，既有磨炼自身意志、深化信仰的效应，又有影响穆斯林礼团的社会效应，而二者正面效应的结合，对确立、巩固他的统治的宗教合法性无疑是有益的。正是基于这一点，他大力致力于体现宗教价值的事宜。

伊斯兰教规定，穆斯林每日应面向伊斯兰圣地麦加天房方向礼拜五次，以纪念真主的尊名，拉希德身体力行，只要条件允许，他都按照要求严格进行礼拜，礼拜时他口诵古兰经"法谛海"章，频频俯身，有时跪拜 100 次之多。

施舍是伊斯兰教规定的善行义务，按照先知穆罕默德的说法，左手给出去的东西，右手闻所未闻，拉希德决不错过出现在他面前的施舍机会，也不拖延。在他化装巡游途中，常常把钱财、衣物送给穷困的陌生人。然而更多的施舍还是公开场合，拉希德的慷慨家喻户晓，在他以前的哈里发没有一个人像他这样出手大方。

按照伊斯兰教的规定，每个穆斯林在有条件的情况下，一生至少要去天房朝拜一次。平时去麦加为小朝，而在伊斯兰教历 12 月的集体朝拜为大朝，前来的穆斯林要在那里举行一系列宗教仪式，别有意义。拉希德非常重视大朝，只要有条件，他必定前往。他甚至克服千难万险，徒步朝觐。据说，他执政后共去过 9 次麦加。

拉希德去麦加朝觐既是一次重大的宗教活动，也是一次政治活动和工作旅行。是他与世界穆斯林交融感情的极好机会。拉希德每次出行都要携带大量的钱财，陪同前往的文武官员、教律学者及其亲属，少则上百人，多则上千人，浩浩荡荡，好不威风。在通往麦加的路上，每到一处，他都召见当地长官述职，对尽职者奖、失职者罚，此时，百姓可直接拜见哈里发，向他反映情况或吐诉冤情。因此，在朝觐之月，沿途官员分外谨慎小心。拉希德行走一路，施舍一路，使百姓深感皇恩浩荡。

到达麦加后，哈里发拉希德如普通穆斯林一样，不穿缝制的衣服，以受戒者的身份进入圣地，绕天房克尔白环行七周，再在附近的赛法和麦尔瓦两个丘陵之间奔走七趟。然后进驻阿赖法，再进行规定的其他一些仪式，直至 12 月 10 日在米那宰牲,迎来穆斯林的重大节日宰牲节,然后开戒,与当地的人民共度佳节。

有一次朝觐仪式结束后,拉希德把他的两个儿子艾敏、麦蒙及叶海亚父子三人找来,他与叶海亚坐在一起,艾敏与法德勒坐在一起,麦蒙与贾法尔坐在一起,他们各准备了一份大礼,相继赠给前来的穆斯林群众,一时轰动麦加,人们称这一天为"三赠礼日"。

拉希德对天房有着特殊的感情,当他自己因故不能亲自朝觐时,为了表示他的心意,就派300人携带巨款和庄严典雅的天房克尔白绸帐前往,在那里替他施舍和敬献忠贞,每年朝觐季节,不管拉希德去不去麦加,他的心却是和天房连在一起的。

为了方便穆斯林朝觐,拉希德拨巨资修建了朝觐各地的多条道路。大得穆斯林之人心。他的种种善行所得到的回报,则是广大穆斯林群众对他的赞颂和支持,甚至对于他的某些并非检点的行为都予以原谅。拉希德曾用两个词来描述自己:"哈只—卡兹",即朝觐者和圣战者,从宗教的角度看,他对自己的定位恰如其分,毫不夸张。

六、奢华宫廷

随着哈里发帝国经济文化的日益繁荣,巴格达的豪华与日俱增,一幢幢楼堂馆所拔地而起,一条条整洁街道四通八达。富丽堂皇的哈里发宫殿,变得更加灿烂辉煌。凤阁龙楼,巍然矗立,雕梁画栋,极为华美;宫内陈设皆为世间珍品,引见大厅气势磅礴,雄伟壮观;幅幅帐幔多姿婀娜,地毯、褥垫精美绝伦。御花园内奇花异草,珍禽奇兽,无所不有。哈里发拉希德与后妃享尽人间荣华。

哈里发的妻子祖白黛,在她的桌子上只允许摆放金银器皿和宝石镶嵌的用具,哈里发与小后妃的穿戴更是华贵雍容,拉希德的一件衣着即价值数万第纳尔,祖白黛的鞋子都用各式宝石点缀。宫内侍奉哈里发及其后妃的宫娥、阉人不计其数。

拉希德是一位性格开朗、兴趣广泛的哈里发,他的生活内容丰富多彩,他的慷慨大方把诗人、才子、乐师、歌手、舞女、猎犬和斗鸡的训养师以及有一技之长、能引起哈里发的兴趣,供他娱乐的各式各样的人都吸引到首都来了。他们的表演和奉献,一旦博得哈里发的喜欢,便可获得令人难以置信的赏金。

拉希德宫中不乏美色,但对才貌双全的女奴、艺妓尤为喜欢。有一美丽艺妓,名叫痔妞,歌声优美动听,拉希德花7万第纳尔买了她,后来由于一阵猜忌把她赏给了一个男仆。有一天拉希德发誓,无论她提出什么要求他都答应。最后按照她的要求,委任她的丈夫做了法里斯的长官,为期7年。一次拉希德听说首都来了位艺艳双全的女奴，为了考核她是否真如人们所传的博学多才，拉希德把巴格达的法律、天文、哲学、音乐、历史等各学科专家学者请来，组成考试委员会，结果，她获得了辉煌成绩。拉希德以10万第纳尔将他买下，入宫后深受哈里发宠信。

拉希德喜爱歌舞，有时还在宫中举行歌舞会，一次他召来百名舞女为他演出，她们穿着薄如蝉翼的华丽舞装，体态优美动人，在柔和的舞曲伴奏中翩翩起舞，拉希德情不自禁地随着音乐唱了起来，表演完毕后，拉希德给每个舞女10万第纳尔赏金。

酒是伊斯兰教规所禁止饮用的，但拉希德饮酒已不是什么秘密，作为拉希德的清客一般都要会饮酒。当时皇亲国戚，达官贵人中的饮酒者为数不少。拉希德喝的酒，是用葡萄或椰枣浸在水里酿制而成的，不易醉人。饮这种饮料酒在上流社会几乎成为一种时尚。拉希德的清客艾布·努瓦斯为他做过许多咏酒诗。

拉希德喜欢喝酒，但不喜欢独自闷饮。他有时举行酒会，邀请他的酒友们参加，酒会上大家都穿着色泽艳丽的酒席装，而且用麝香水或蔷薇水洒在胡须上，客厅用龙涎香熏过，酒席上你来我往，好不热闹。需要时还叫歌妓演唱助兴，有时只召一两个清客陪饮。拉希德一般都能掌握饮酒量度，然而酒后失态也并非没有。

一日晚上，拉希德召见宰相贾法尔进宫，陪他饮酒谈心，他君臣二人越谈越高兴，越喝越起劲，直至喝得酩酊大醉，语无伦次。哈里发突然说到："贾法尔，听说你买到一个出色的女奴，不瞒你说，我早就想把她弄到手，现在把她卖给我吧。"贾法尔舍不得卖，拒绝了拉希德的要求，拉希德接着说："既然你不把她卖给我，就把她送给我好啦。"贾法尔也舍不得。拉希德又说："如果你不把她卖给我，也不肯把她送给我，那我发誓我的后妃祖白黛就等于被我休过三次了。"拉希德表了决心，非要那个女奴不可。"我若是出卖她，或者把她送给你，那我发誓我的妻子无异被我休过三次了。"贾法尔也不甘示弱，坚持自己的决心。就如此这般争执一番，毫无结果。过了一会，当他二人清醒过来，想到酒后失言，为一个女奴，拿自己的妻室当儿戏，任意赌咒发誓，深知违反了教律，造成了最大过失，他俩一筹莫展，窘迫不堪。后来拉希德突然想到他的法学大师艾布·优素福，足智多谋，善解难题，便派人连夜把他请来。艾布·优素福听过二人述说后，轻轻一笑，给他们出了个点子，叫贾法尔把那个女奴分成两部分，一部分卖给哈里发，另一部分献给哈里发，这样既解决了问题，又不犯他二人的咒愿，二人同意艾布·优素福的提议，才平安度过难关。

宝石是哈里发宫廷所喜爱的物品，珍珠、蓝宝石、红宝石、钻石深受宫廷青睐，拉希德对宝石的酷爱人所共知。巴格达商界有一位享有盛誉的大珠宝商人伊本·格尔诺肃，他是哈里发的朋友，拉希德把他作为自己在宝石卖买中的代理人，帮助他收买名贵宝石。在阿拉伯的历史上最著名的宝石是一块大红宝石，曾为几位波斯国王所保存,这块宝石如果在夜间放在一间房子里,像一盏灯样发亮。拉希德作为当代大名鼎鼎的哈里发一心想拥有这块稀世珍宝,最后终于打听到宝石的下落,花了四万第纳尔将它买到手,并在上边刻上自己的名字,使他的尊名像宝石一样永远发光。

拉希德最喜爱的室外活动是狩猎和赛马。在空闲之时,他带领侍从和一些清客骑马去郊外去围捕野物,那无穷的乐趣常使他流连忘返。拉希德喜欢赛马运动,因此他到处收寻骏马,一旦发现,他不管价钱多贵也要买下,在赖依举行的一次赛马会,他的骏马以头名入选,亲自观看这场比赛的拉希德感到十分高兴和自豪,当然获奖的马却将得到一笔可观的奖金,而拉希德参加赛马完全是出于兴趣,而不是冲着奖金而来,因此,许多赛马场都留有他的足迹。

在拉希德时代,从波斯传入的印度游戏象棋已经普及。这是一种室内活动,他对这种游戏颇有兴趣,他是第一个下象棋的哈里发,他还向宫内推广象棋,后来成为贵族们喜爱的一种游戏,拉希德棋艺很高,他很喜欢与他的清客文人下棋,下棋时,清客可与主公"分庭抗礼"而无大不敬之罪。拉希德后来还把一个做功精美的棋盘作为礼品赠给欧洲的查理大帝。

七、君臣反目

在拉希德执政的第17年,阿巴斯朝廷发生了一件石破天惊的事情,那就是哈里发拉希德突然下令处死跟随他多年的宰相贾法尔,将为阿巴斯王朝繁荣兴盛立下汗马功劳的伯尔麦克人打入监牢,使他们永远被排除在政权之外。

哈里发为什么要将赫赫有名的伯尔麦克人铲除呢?事情的发生决非偶然,它是君臣间多年来矛盾积淀、发展的结果。他们之间的矛盾至少从哈里发执政的第10年起就初见端倪。

虽然拉希德在执政之初将许多权力都授予了叶海亚,但是他并不想做一个徒有虚名的哈里发,他时时关注着朝政的运转,特别是随着年龄的增加和阅历的丰富,其权力欲日趋加强。而伯尔麦克人在拉希德时代的初期为国家建设所付出的努力及所取得的成就可谓有口皆碑,但随着他们政治势力的巩固与发展,也出现了自负和专权的倾向,朝廷内外许多人为他们的权势所折服,把投靠伯尔麦克人视为升官发财之道。但他们的自负和专权也引起了一些朝中官员的反感和妒忌,尤其是他们的一些政敌。他们见缝插针,寻机报复,抓住一点蛛丝马迹就向拉希德告黑状,离间他们之间的关系。

拉希德对伯尔麦克人的不满最初始于经济事务。伯尔麦克人掌握财政大权，对财政支出管理严格，就连拉希德要钱，没有正当理由也很难拿到。由于拉希德出手大方，他和他的家人挥金如土，时常出现手头紧张的状况。一次他向贾法尔要1万第尔汗，贾法尔说："我们一个第尔汗也没有。"把拉希德顶了回去。还有一次拉希德在巴士拉巡视，他的家人向叶海亚要100万第尔汗，被叶海亚断然拒绝，而他在呼罗珊的岁入为600万第尔汗，他从中提出150万分给当地官员，拉希德只好通过他的朋友尤努斯向别人借贷。拉希德从他的耳目那里得知，叶海亚曾给什叶派暴乱首领叶海亚·本·阿布杜拉偷偷送去20万第纳尔，以加强什叶派的力量。拉希德气愤地对行刑官马师伦说："他们掳夺了我的财产，窃据了我的国库，我使他们富有了，他却让我的儿子们受穷。"他对伯尔麦克人在经济方面的不满，开始向对他们政治权力的不满过渡。

据说，在执政初期，他坐在永恒宫的城垛上，听到从宰相办公厅传来的阵阵喧哗声，他知道这是上诉人的诉苦声，便说："愿安拉赐福于他，他减轻了我的负担，减少了我的麻烦，他代替我工作，他是我的好助手。"而如今，拉希德从同样的地方，听到同样的声音，却发出了截然不同的感叹："愿安拉处罚他，他垄断国事，而无视我，他想怎么干就怎么干，而不管我是否愿意。"

如果说那些经济上的问题引发了拉希德对伯尔麦克人的某种不满和不悦的话，那么他们在政治领域的一些作法，则引起了他的真正不安以及对他们的忠诚产生疑问。

公元794年，拉希德任命法德勒·叶海亚去掌管帝国东部地区，他奉命到达呼罗珊后，利用伯尔麦克人的威望与当地社会名流、封建贵族及百姓打得火热，他在那里大量招兵买马，很快组织起一支50万人马的正规军队，他把这支军队命名为阿巴斯亚，即阿巴斯人的军队，在一个地区还从未集结过如此庞大的军队，整个呼罗珊地区成了伯尔麦克人的政治、经济、军事基地。次年，法德勒带兵2万到巴格达，使之变为御林军，其余的部队交由其弟穆萨指挥。

接着，拉希德经法德勒·本·拉毕阿得知，贾法尔未通过他的准许，私自将在押的暴动首领叶海亚·本·阿布扎拉从狱中放走。当拉希德查问此事时，贾法尔毫无顾忌地承认确有此事，拉希德对他这目无王权的举动怒不可遏，大声对他喊着说："你干得太好了，如果我不杀掉你，真主就用拨正迷误的宝剑杀掉我。"

拉希德再也不想这样继续下去了，他决心铲除伯尔麦克人的势力，摆脱政治威胁，他也深知自己处于伯尔麦克人势力的层层包围之中，因此他确立了平稳长期的行动方案。

他首先进行了一系列人事调整，逐渐换上他所需要的人。795年，首先解除了法德勒在呼罗珊的总督职务,只负责脱白里和鲁延两个省,一年后又将这两个职务解除。同年将玉玺从贾法尔手中转交其父叶海亚,而由他接替法德勒的职务,然而拉希德却拖着贾法尔,不让他去赴任,因为他这样调动的目的仅仅在于寻找一个解除法德勒职务的一个理由。任命仅仅20天后,又免去贾法尔的这个职务,而改任为哈里发卫队首领,接着又免去这一职务,而将此职交给了伯尔麦克人势力外的哈尔萨马将军。

拉希德免去贾法尔呼罗珊职务的理由是,将它让给阿巴斯家族的耳萨·本·贾法尔亲王。他是哈里发的妻子祖白黛的哥哥。对于任命一个王室重要成员的事,伯尔麦克人是不好说三道四的。但这不过又是拉希德所采用的又一个移花接木的手腕而已。很快就又将耳萨的职务交给伯尔麦克人的一个重要对手阿里·本·马汗。

拉希德命阿里立即赴呼罗珊上任,他到那儿后所做的第一件事就是切断阿巴斯亚部队的军饷和给养,将其遣散,并对忠于伯尔麦克人的当地名流、富商进行惩办,没收他们的财产,甚至杀头示众。阿里的作法引起当地各界人物的不满,他们组成代表团,赴京告状。虽然拉希德也觉得阿里的举动有些过分,但鉴于他在抗衡伯尔麦克人势力方面的努力,仍继续留任。

颇有才干的法德勒·叶海亚的权力实际上已被完全撤消了,但拉希德并没到此收兵,他命人将什叶派领袖穆萨·本·卡基姆·萨迪克带到法德勒那里,让他惩罚他,以破坏伯尔麦克人与什叶派人之间的关系。然而法德勒没对萨迪克进行任何处罚,萨迪克在那里谈笑风生,逍遥自在。拉希德听说后,便派警察局长信迪鞭笞法德勒,并把叶海亚召来说:"法德勒不服从我的旨意,我要诅咒他……"最后法德勒被迫离开京城,在其母亲陪同下迁往赖卡。

这时叶海亚已经意识到哈里发对伯尔麦克人的态度发生了改变,并可能对他的家族采取行动,他找来亲信商讨对策。有人说哈里发贪财爱子,把一部分田产、钱财送给哈里发的儿子们,可能会扭转目前的紧张关系,挽得政治上的平安。叶海亚认为此路难以收效,没有采纳,一时也拿不出好主意。但他无论如何必须要为自己的前途命运着想了。

799年以后,叶海亚的四子穆萨与呼罗珊的地方势力联系,企图获得他们的支持。然而穆萨的这一行动被拉希德在呼罗珊的耳目所获,总督阿里也向拉希德报告了同样消息,并指控他蓄意谋反。穆萨似乎闻到风声,突然销声匿迹。伯尔麦克人放出风来说,穆萨欠了一屁股债,出去躲债去了,但拉希德怀疑他可能隐藏在呼罗珊,命令搜捕。叶海亚感到事情有些不妙了,派人转告穆萨,速向哈里发自首,以求宽恕。穆萨趁哈里发朝觐归来兴奋之际,到希拉拜见拉希德,将实情向他一一交待,当然不含谋反之意,即使这样,拉希德还是把他打入监牢。作为拉希德乳娘的穆萨母亲赶紧前来求情,叶海亚也为其子担保,才答应释放,叶海亚一直俯身感谢哈里发的恩典。

802年底,哈里发带其子艾敏、麦蒙去朝觐,他任命艾敏为第一王储,麦蒙为第二王储,将写有此任命的诏书悬挂在天房的墙上:在他百年以后,他哥俩按序继位。伯尔麦克人实际上是支持麦蒙的;当诏书挂好后,拉希德见贾法尔把艾敏带到麦蒙跟前,叫他盟誓说:"如果我遗弃麦蒙,安拉就遗弃我。"拉希德对贾法尔的做法当时感到很不高兴,瞅了一眼贾法尔就走了。在返回巴格达的路上,忽然接到一封密信,说贾法尔与王室的阿布杜·马立克亲王串通起来,企图废黜拉希德而将王位转给阿尔杜·马立克。检举人为阿布杜·马立克的儿子和他的文书。看过信后,拉希德恼怒之极。在此前他对此也有所觉察,阿布杜·马立克是王室中有一定实力的成员,在拉希德与其兄哈迪争夺王位时,他站在哈迪一边,也是叶海亚的怨家对头,而近来两家往来频繁,关系密切,拉希德也有些不可思议,现在好像事情一下子大明天下了。拉希德再也压制不住心中的怒火,立即命令行刑官马师伦带领士兵将贾法尔抓来。接旨后,马师伦很快将贾法尔捆绑押解到哈里发大帐门前。听到马师伦的禀报,拉希德大喝一声:"将他的首级取下献上来。"贾法尔闻听此言大吃一惊,急忙前去争辩,请众信士的领袖明察。然而拉希德根本不容他说话,将手中的一根小棍狠狠地朝贾法尔扔去,你自己办的事你还不清楚吗,今日就是你的死期。然后把手一挥,示意马师伦将他拉出斩首。不一会儿,马师伦提着贾法尔血淋淋的头颅请哈里发过目。看过后,又令马师伦把他的头挂在巴格达的一座桥上,将他的身子剖成两半挂在另外的两座桥上,以儆效尤。接着又传令将叶海亚及其儿子逮捕入狱,查抄伯尔麦克家族的全部财产。据日后核计,仅动产总计就达3067.6万第纳尔,此外还有大量的田产、房产和什物家具。

拉希德解决了伯尔麦克人问题以后,马上又转到阿布杜·马立克那边。他命令法德勒·本·拉菲阿将罪犯阿布杜逮捕,审判。拉希德见到阿布杜后,指责他的卑鄙行为,但阿布杜一口否定有此事,说他对哈里发拉希德及其父兄一直忠心耿耿,从无邪念,岂有夺权篡位之说,拉希德让他的文书作证,他说他的文书是无耻小人,言不可信。当他的儿子前来作证时,他说其子是一个受人指使的不孝逆子,怎能听他的话呢。拉希德站起来说,我将忍耐到真主满意你为止,真主是你我的仲裁者。阿布杜则说,我喜欢真主作你我的仲裁者,当政者的意志是不会影响真主的满意的。阿布杜拒不交待。审判毫无进展。第二天拉希德又把阿布杜叫来审判,他一如既往,决不改口。拉希德大发雷霆,指着他的鼻子说,我要不是怜惜哈希姆人,非把你的脖子拧下来不可。后把他关进牢房,一直监禁到拉希德去世。

审过阿布杜后，拉希德又去监狱提审叶海亚父子，要他们交待阴谋的详细情况。叶海亚说，他没参与此事，也不知道有此事。"我是国家的执法者，他怎会把这事告诉我呢？如果我参与了此事，宁愿用更重的刑法处治我。求真主保佑你，千万不要这样认为。阿布杜·马立克是一个很能克制自己的人，我那时为在你的家族中有这样的男子汉而高兴，我委任他职务，是出于公心，而不是为了谋取私利。"拉希德则威胁叶海亚说，如果不招供内情，就将他的儿子法德勒也处死。"你掌握着我们的命运，你想怎么干就怎么干吧。"叶海亚把话已说到尽头。尽管如此，拉希德并不改变伯尔麦克人参与了这件阴谋的看法，他拒绝要求赦免伯尔麦克人的任何说情，甚至包括他的乳娘及一些非常亲近的人。他说："你们不必求情，如果我认为他们的心地善良、纯洁，我立马让他们官复原位。然而他们是一些忘恩负义之徒，欲加害于我，谁如此对待我，我就决不饶恕他。"伯尔麦克人所建立的这个驰名家族，就这样一败涂地、一蹶不振了。叶海亚和法德勒在拉希德的监狱中相继死亡，拉希德将他出让的权力全部夺回手中。

八、再振雄威

自拉希德登基至伯尔麦克家族陷于灭顶之灾的十几年间，在阿巴斯帝国与拜占廷帝国的边境区域，双方虽然也都采取过军事偷袭活动，但总的态势还算是比较平静的。迫于阿巴斯强大军事力量的威慑，拜占廷摄政女皇爱利尼一直遵守和约的规定，按期向巴格达进贡纳税。滚滚而来的黄金不单增加了王朝的国库岁入，还增添了哈里发的统治权威，拉希德的威名远扬东西。

然而，就在伯尔麦克人倒台前夕，君士坦丁堡出现了重要的政权更迭，奈赛福拉斯将军发动军事政变，废黜爱利尼女皇，自己登上王位宝座。奈赛福拉斯是一名勇猛的骑士和妄自尊大的统帅，执政后，为了迅速树立自己的威望和获取国人的支持拥护，他撕毁了女王与拉希德订立的和约，向东部边界地区大量调兵遣将，使双方关系骤然紧张起来。接着他给拉希德送去了一封措词强硬的信件，他在信中断然否定前任女皇所缔结的和约中的一切条款，并强烈要求拉希德退还已经交纳过的全部贡税，否则将刀枪相见。拉希德看过信后，怒不可遏，命人拿来笔墨，在奈赛福拉斯信的背面挥笔写下如是答复：

"奉至仁至慈真主之名，

信士们的领袖哈伦给罗马人的狗奈赛福拉斯。

不信道的母亲所生的儿子，我确已阅过了你的来信。我的回答是叫你用眼睛看的,而不是叫你用耳朵听的。平安。"

拉希德对于无视他崇高权威的人,采用如此轻蔑的腔调予以报复,表明他决不容忍触犯哈里发的威严。然而奈赛福拉斯的来信对拉希德说来,并非完全是一件坏事,甚至从某种意义上说帮了他的忙。因为他除掉伯尔麦克人后,他本人的权力固然得到强化,但才能出众的伯尔麦克人的离去,使人们对阿巴斯政府机构的办事效力产生了某些疑虑,而伯尔麦克人的一些支持者为他们鸣冤叫屈,人心趋散。在他看来,发动一场反对罗马人的圣战,或许是进一步确立他的政治、宗教权威和把全国穆斯林紧紧统一在他的旗帜之下的重要途径。正当他着手筹策此事之际,收到了奈赛福拉斯的挑战书,这为拉希德的圣战宣传创造了极好的机会。他要用铁的事实教训奈赛福拉斯,用辉煌的胜利铸造他的威严。

拉希德是说到就做到的,在圣战的名义下,迅速组成10万余人的远征军,他在自己所偏爱的城市赖盖指挥,该城位于幼发拉底河畔,控制着叙利亚的边境。公元804年春,阿拉伯远征军越过边境,与敌方要塞守军展开了激战,在阿拉伯军队的不断攻击下,拜占廷的要塞纷纷失陷,拉希德命令捣毁攻克的城堡,并派一支大军向安卡拉方面挺进,而他自己则率领一路军队向拜占廷重镇赫拉克利亚扑去。奈赛福拉斯企图阻止他的前进,在与阿拉伯军队的战斗中,他身受三处重伤,被迫逃离撤退。4月,拉希德登上了赫拉克利亚城楼,接着,他的另一支大军的先遣部队占领了安卡拉。阿拉伯军队战斗力如此之强,向前推进如此之快,是奈赛福拉斯始料不及的,短短数日战斗,就使他损兵折将4万之多,眼前的现实令他惶恐不安,只好向拉希德求和,并表示愿意继续交纳贡税。拉希德接受了他的求和要求,但条件是除奈赛福拉斯本人及其儿子外,每个成年拜占廷人交纳一个第纳尔的人头税;被毁坏的城堡不得重建。拉希德在给奈赛福拉斯的回信中虽然凌辱了他,但在停战条件中还是给这位皇帝及其继承人留了很大面子,没有将他们与其臣民等同起来。

奈赛福拉斯虽然承认了对方的条件,然而他心中并不服输,也不想真正履行和约,拉希德班师回国后,就开始在安卡拉、萨夫萨夫、达布萨等地重建城堡,并派军队袭击阿拉伯的一些村镇,俘获穆斯林。拉希德闻讯后,怒火万丈,命令边境部队加强防守,随时痛击来犯之敌,同时决定给拜占廷一次更加沉重的打击。

次年6月,拉希德集结了一支近14万人的远征军及为数可观的后备队。同时指令海军做好随时出击的准备。11日,拉希德戴着一顶写着"远征者、朝觐者"字样的帽子,统率千军万马浩浩荡荡开赴战场,对赫拉克利亚城经过一个月的包围后,阿拉伯军队占领了它,俘虏了大量拜占廷人,其中包括奈赛福拉斯儿子的未婚妻。出于对奈赛福拉斯毁约的报复,阿拉伯军队将该城洗劫一空后,进行了大规模的破坏。拉希德的军队还对小亚细亚进行了扫荡,他们攻克了一个又一个城堡。

除了陆路进攻外,拉希德命令哈米德·本·马阿尤夫指挥地中海的阿拉伯舰队袭击塞浦路斯岛,令突尼斯的艾格莱布人向希腊的一些岛屿发起海上攻势,破坏那里的港口和码头。海上袭击打了奈赛福拉斯一个措手不及,哈米德的舰队俘虏拜占廷16000人,其中包括岛上的一名主教,他们被押解到幼发拉底河畔。那个自认为不可一世的奈赛福拉斯皇帝遭到重大挫折,元气大伤,无力反击拉希德的进攻,为保住自己的王位,不得不再次向拉希德求和。

拉希德以胜利者的姿态同意了奈赛福拉斯的议和乞求,然而提出的条件要比上次刻薄得多,他无意再给拜占廷皇帝留任何情面,他要把这个不守信义失败者打入哈里发的保护民行列。拉希德提出的第一个条件是拜占廷政府须交付30万第纳尔贡税金,其二奈赛福拉斯皇帝须每年交纳人头税4第纳尔,其子每年交纳人头税2第纳尔,其三规定拜占廷人在边境地区不得修建军事要塞,将萨马拉等地建筑的城堡转交给阿拉伯军队。对这些条件,虽然令人难以接受,而奈赛福拉斯还是全部同意了,因为他当时已不具有任何讨价还价的资本。他所提出的唯一要求是赎回被俘去的未婚儿媳。拉希德满足了他的这一请求,并且在遣返那个美丽的姑娘回国时,还赠送给她一些绸缎及精美的礼品。

拉希德的这一伟大胜利,再次显示了他作为阿拉伯大帝国之首哈里发的威严,在排除了伯尔麦克人后,他依然无往而不胜。他的这次远征实现了他的原定目的。

九、魂断征程

拉希德远征军大胜拜占廷,举国皆大欢喜。然而奈赛福拉斯并没有被彻底击溃,经过一段修整后,又蠢蠢欲动。他派军队袭击阿拉伯边防要塞,伤害边境区域的穆斯林。当时拉希德尚在赖盖,针对敌方的攻势,他采取了以防为主的新方案,要求各边防要塞加固工事,增加兵力,相互配合,迎头痛击来犯之敌。作为对奈赛福拉斯毁约的报复,拉希德对生活在阿巴斯帝国内的基督教徒实行了前所未有的歧视性措施,规定基督教徒保护民必须穿戴有别于穆斯林的特定服装,他们的房屋不得高于穆斯林的房屋,他们的坟墓不得高于地面,他们外出只准骑驴、骡,命令破坏要塞区内的基督教堂,并传令巴格达警察总长沙希尼,对违反规定者严惩不贷。

就拉希德的胆略及阿巴斯王朝当时的国力而言,他完全有能力再杀奈赛福拉斯一个回马枪,但是突然接到拉菲·伊本·雷斯在撒马尔罕发动武装叛乱的消息,他的注意力被转移到帝国的东方。

拉菲原是河外地的一名将领,他因拐骗叶海亚·本·艾什阿斯的美貌妻子,而被告发至哈里发处，拉希德曾责令呼罗珊总督阿里处理此事。接到哈里发手谕，他将拉菲逮捕入狱，由于看守不慎，拉菲越狱潜逃。他在故乡撒马尔罕纠集一伙人举行武装暴动，杀死当地统治者，自立为王。阿里在除掉伯尔麦克人的行动中，曾发挥了一定作用，但在平息这场叛乱中却很不得力，特别是他那横征暴敛的专蛮行径，促使不少人追随拉菲。拉希德意识到，要平息叛乱，须先除掉声名狼藉的阿里，稳定局势，安抚民心。于是，拉希德任命哈尔萨玛为呼罗珊新总督，并派他立即走马上任。根据哈里发的密令，他上任后立即将阿里及其爪牙逮捕归案，没收他们的非法所得，然后押解回京。当地人闻讯后，纷纷走上街头，拍手称快，感谢哈里发为他们铲除了一大祸害。

哈尔萨玛在撒尔马罕的平叛工作进展得并不顺利，拉菲人多势壮，撒尔马罕固若金汤，哈尔萨玛虽对该城进行过包围，但效果不佳，几股援军的到来，一度使哈尔萨玛自顾不暇。对政府军来说，最大的战果或许要算在一次外围战中俘虏了叛将拉菲的兄弟巴希尔。

拉希德人在赖盖城，心在呼罗珊，迟迟不见有成效的平叛行动，使他焦急万分，他不想再在这里继续等待，他要御驾亲征，狠狠教训一下逆臣拉菲。尽管当时他已感到身体有些疲劳。

他一经决定后，就立马进行安排部署。他吩咐三子卡赛姆镇守他所偏爱的城市赖盖，组织反击拜占廷的入侵工作；吩咐长子艾敏镇守巴格达，负责国家日常事务，命次子麦蒙及大臣法德勒伴驾东征。

809 年初，哈里发拉希德率领一支浩浩荡荡的大军，离开巴格达，踏上了通往呼罗珊的征程。经过长途跋涉，部队抵达呼罗珊的图斯时，拉希德突然发病，卧床不起。次日，病情未见好转，为了不耽误平叛的进程，命令麦蒙领部队继续朝东挺进，他留下来养病。但他的病情日益恶化，身体虚弱，双腿发沉，疼痛难忍。卫士们见到主人忍受剧疼的惨象，使他们不寒而栗，担心不幸之事可能会很快出现。拉希德似乎也预感到自己的情况不妙，要求侍从把他扶上战马，再最后亲自检阅一次他的威武之师。侍从们用了九牛二虎之力将他搀架到马背上，但遗憾的是他不能挺起身，只好又将他抬回床上。这时，外边有人禀报，叛将拉菲之弟被押解到此。拉希德传令把他带上来，斥责一番后说，我若不重病在身，非要亲手杀了你不可。遂命武士们将他乱棍打死。

在拉希德生命垂危之际，侍从们为他从当地请来一位波斯医生诊治。医生询问了他的病情，又看了看他喝过的水及盛过水的瓶子，然后摇了摇头，说他的病已无法治愈，人们都知道，喝了这种水的人是注定要死的。请他立遗嘱。拉希德听到医生的话后，不由自主地流下了热泪。

他吩咐侍从将军营中的哈希姆人召集到他身边，向他们托咐了三件事，一是要他们维护哈希姆人的领袖地位；二是忠于他们的领袖；三要精诚团结，确保王储艾敏及其他王储按序继位，避免纷争。接着他叫侍从为他挖掘墓穴，准备后事，然后把大臣法德勒叫到跟前，对他吟诗一首：

> 曾经令我担心的时刻业已来临，
> 人们的目光全要投到我的身上，
> 昔日争强好胜的我将作古归真，
> 去忍耐那痛苦结局的沉重磨难，
> 我为离弃我们间的友情而哭泣，
> 我为失去那愉快的日子而悲伤。

吟罢诗后，他的双眼转向鏖战的东方……，从此，这位称雄一世的阿拉伯帝王永远离开了人间，这一天是公元809年3月24日，按照伊斯兰教丧葬从快从简的习惯，他被埋在他养病的那间普通房屋的地下边，这里成为他一生征程的顶端。

拉希德为阿巴斯王朝的国库留下了大约9亿迪尔汗的巨额资产。然而，令他在九泉之下难以安息的是，他的两个儿子艾敏和麦蒙都没有遵循他的遗言，一场争夺王位的残酷战争，在他们二人之间又展开了。

苏莱曼大帝

——"真主在大地上的影子"

王新刚

苏莱曼大帝,即苏莱曼一世,生于1494年,卒于1566年,奥斯曼帝国第十任素丹。全名苏莱曼·本·赛利姆·本·巴耶济德。1520年继承其父赛利姆一世之帝位,1566年9月在他第13次远征中,病逝于匈牙利锡格特瓦尔军营中,终年72岁。

一、苏莱曼大帝其人

苏莱曼大帝是世界历史上声名显赫的封建帝王。在位46年期间,奥斯曼帝国趋于极盛。他承继祖业,继续开疆拓土,曾13次率军远征。并建立起强大的海军,称雄地中海等。

在他的统治下,奥斯曼帝国领土囊括今天的欧、亚、非三洲近40个国家和地区,面积达600多万平方公里。因此,他曾以"真主在大地上的影子"、"众素丹之素丹"、"众君主之君主"等桂冠自诩,并以"苏莱曼大帝"之盛名著称于世。在位期间,他不仅武功显赫、军功盖世,而且在治国方面亦颇多建树。他励精图治、整顿朝纲、改革军事、加强中央集权,使国势日趋昌盛,政权日益稳固。苏莱曼大帝以"立法者"闻名于世,重视经济发展,积极推进伊斯兰教的传播,并奖掖学术、保护科学,被历史学家们称之为"有教养的开明君主"、"精明的战略家"和"科学和艺术的保护者"。

苏莱曼大帝自幼接受传统的伊斯兰教教育,信奉逊尼派教义,遵行哈乃斐学派教法。15岁开始担任帝国政府的重要职务。1509年,苏莱曼受命于其祖父巴耶济德二世,前往克里米亚的卡法担任总督。其父赛利姆一世在位期间因长期离境征战,作为独子,苏莱曼独掌帝国政务大权,代父治理伊斯坦布尔和埃迪尔内,并于

1517 年任小亚细亚西部马尼萨总督。1520 年,赛利姆一世因病去世,同年 9 月,26 岁的苏莱曼继素丹帝位,史称苏莱曼一世。苏莱曼大帝虽是第 10 位奥斯曼帝国素丹,但他在位期间,被征服的阿拉伯帝国阿拔斯王朝最后一位哈里发穆塔瓦基勒于 1543 年将哈里发职权移交给奥斯曼帝国的统治家族。因此,苏莱曼大帝成为奥斯曼帝国历史上第一位正式兼有哈里发称号的素丹国君主。在以后的年代中,奥斯曼帝国素丹们据此沿用哈里发称号,奥斯曼帝国从此成为兼有素丹国(君主国)与哈里发国(教长国)双重职能。

苏莱曼大帝继位时,奥斯曼帝国历经先辈们近 200 年的开拓与经营,其国势已颇为强盛。14 世纪中叶,奥斯曼帝国利用拜占廷帝国的衰落,逐步开始向欧洲扩张。1453 年穆罕默德二世占领君士坦丁堡,将其确定为帝国的新首都,改称伊斯坦布尔。此后,帝国的疆土不断扩大和巩固。1499 年,巴耶济德二世与威尼斯爆发战争。1503 年,双方缔结和约。在东方,帝国与波斯战端频繁。以易司马仪什叶派为国教的波斯帝国,不断成为奥斯曼帝国素丹们打击的对象。1512 年,巴耶济德二世禅位给其子赛利姆一世,翌年,赛利姆一世亲率大军挺进东方。1514 年,在卡尔狄朗河谷击败波斯沙赫易司马仪,攻占其首都大不里士。同时,赛利姆一世又组织了对迪亚巴克尔、库尔德斯坦、伊拉克北部和幼发拉底河以东叙利亚的征战,并占领这些地区。1516 年,塞利姆一世率大军在阿勒颇以北达比克草原击溃马木鲁克军队。继此,阿勒颇、大马士革、贝鲁特和其他众多阿拉伯城市向土耳其人敞开了大门。1517 年年初,赛利姆一世统领军队进迫埃及的开罗,经数日激战,开罗被占领。至此,一个横跨欧、亚、非三洲的军事封建大帝国的雏形开始出现。

苏莱曼大帝的先祖们多为开疆拓土、能征善战的军事家。仅赛利姆一世在其短短的 8 年统治其间,帝国疆域就扩大了一倍。苏莱曼大帝继承历代素丹对外征战的传统,继续推进对外征服运动。在他执政期间,帝国的禁卫军兵团——亚内恰尔,以及由各地封建采邑主提供的封建骑兵——西帕希更加犀利无比、所向披靡。奥斯曼帝国是建立在不断对外征战基础上的封建军事帝国,对外征服、对外扩张是帝国生存的源泉。当帝国日益强盛之日,正是帝国进一步对外征战扩张之时。苏莱曼大帝大大推进了对外扩张的进程,对外征服是苏莱曼大帝执政时期帝国重要的活动。战争生涯是苏莱曼大帝执政 46 年的一条基准线。在他的战争生涯中,帝国的征服运动空前绝后,帝国版图迅速扩大。在一系列征服运动中,苏莱曼大帝在西方同匈牙利、奥地利、西班牙、威尼斯,在东方同波斯帝国的战争交替发生。苏莱曼大帝建立的帝国海军逐渐控制并称雄于地中海、红海和黑海之上,是苏莱曼征服北非、红海两岸地区及抗衡南欧国家的一把利剑。

二、挥戈远征匈牙利

　　苏莱曼大帝一生亲历 13 次对外征战。其中多次征战匈牙利。在他当政的第二年,即 1521 年,便发兵进军东南欧的贝尔格莱德。这座古城曾成功地抵抗了奥斯曼帝国素丹穆罕默德二世的进攻。苏莱曼大帝统领亚内恰尔和西帕希进抵贝尔格莱德时,匈牙利守军顽强抵抗,坚守城池 7 天 7 夜。苏莱曼大帝一如此后历次战役中的表现,身先士卒、沉着指挥,在帝国炮兵的猛烈轰击下,攻陷了这座多瑙河上的战略重镇和通道,打开了进攻匈牙利的门户。苏莱曼进城后的第一件事便是把主要的天主教堂统统改为穆斯林清真寺,以此为据点传播伊斯兰教。两年后于 1523 年苏莱曼大帝乘胜进军罗德斯岛。罗德斯岛是从海上通往埃及最便利的路线,是彻底征服埃及以及由此向西进军的捷径与跳板。为此,苏莱曼派遣一支 300 艘舰船、先后有 8000 名亚内恰尔参战和 100 门土耳其大炮组成的庞大舰队向罗德斯岛进军。驻岛守军主力是来自南欧地区的骑士兵团,数量不过 600。其余则为仅受过简单训练的、以农民为主的士兵,人数不过 4000。守岛将士在利斯尔·亚当大公的指挥下坚守海岛 9 个月。罗德斯岛战役极为惨烈。海岸要塞坚固无比,可以抵御土耳其大炮的轰击。苏莱曼大帝在 9 个月的海岛攻坚战中,损失士兵逾千。当时由于疾病流行,亚内恰尔的战斗力被削弱。但是海岛守军终因寡不敌众,被迫弃岛纳降。当面对英勇而年迈的大公时,苏莱曼大帝不无感慨地说道,他后悔逼迫如此年迈又英勇无比的大公阁下背井离乡。根据投降条约,生还的守军将士可以携带个人财产及物品,前往当时是不毛之地的马耳他岛。由于马耳他岛在地中海的重要战略地位,在此后苏莱曼大帝称雄地中海、征服北非的对外扩张中再次成为苏莱曼大帝觊觎的对象。苏莱曼在多年之后派遣原为海盗的、当时任奥斯曼帝国海军司令的皮埃尔指挥舰队围攻、封锁马耳他,拉瓦里特大公率领骑士团骑士奋力抵抗,最终挫败了皮埃尔的封锁与围攻。

　　夺取罗德斯岛之后的两年中,苏莱曼大帝为了整肃国内因他长期离境而日益混乱的秩序,暂时停止了对外扩张的步伐。这一举动遭到亚内恰尔部分将帅的激烈反对。对外征战对帝国来说是为了征服更多的土地,统治更多的臣民,打击异教徒及其宗教影响,消除帝国周边地区国家对帝国的威胁;而对亚内恰尔及西帕希来说,战争是他们抢夺更多的战利品,聚敛更多财富的机会。没有战争就没有战利品,财富之源便会枯竭。对下层军官及士兵来说,战利品甚至是维持生计的唯一途径。因此,他们渴望战争,渴望战利品。部分上层军官此时发动暴乱,以此发泄不满。暴乱者抢劫达官显贵,甚至劫掠大维齐尔——帝国首相的财物。苏莱曼镇压了暴乱,同时着手准备新的对外征战。也就是在这段时期,苏莱曼大帝开始卷入欧洲霸权斗争的旋涡,奥斯曼帝国从此跨入了欧洲国际关系的迷宫。

苏莱曼大帝执政初期,欧洲国际关系中的基本矛盾是,法兰西华洛亚王朝和哈布斯堡王朝争夺欧洲霸权的斗争。在查理五世时代,哈布斯堡家族的领地在欧洲达到空前的规模。法国国王弗朗西斯一世力图冲破哈布斯堡家族的包围,并意欲夺取意大利领土。因此,弗朗西斯一世与查理五世爆发了长时期时断时续的战争。1525年,弗朗西斯一世在巴威亚战役中被查理五世生擒。为了与哈布斯堡家族抗衡,弗朗西斯一世转向东方,寻求盟友。弗朗西斯一世两次派遣使臣拜谒苏莱曼大帝,请求奥斯曼帝国的援助。此时,正值苏莱曼大帝着手准备新的战争。查理五世是苏莱曼大帝进军中欧地区的最大障碍。因此,苏莱曼大帝在法国使臣的请求下,与法国缔结反对哈布斯堡的正式同盟。这一同盟致使欧洲国际关系更趋复杂,列强之间的竞争日趋激烈。但这一态势有利于进攻势头十分强劲的奥斯曼帝国的对外扩张。然而,欧洲政治迷宫对苏莱曼大帝的后代素丹们有如永远无法摆脱的阴霾。在近代历史上,奥斯曼帝国终于被那些从工业革命中崛起的欧洲列强所绞杀。

1526年4月,在弗朗西斯一世的请求下,在大维齐尔伊布拉欣的辅佐下,苏莱曼大帝亲率10万大军挥师北进,经贝尔格莱德进入匈牙利。8月27日,抵达当时的匈牙利首都莫哈奇。苏莱曼大帝的优势兵力注定了这次战役将是一场速决战。战役结束后,亚内恰尔屠杀了城中2万名男性居民和4000名被俘士兵。8位大主教、大部分居住在城内的贵族被屠杀,甚至国王路易斯二世也未能幸免。9月10日苏莱曼继续北进,到达布达佩斯。布达佩斯的贵族们将城池献于苏莱曼大帝。特兰西瓦尼亚沃伊沃德领地贵族扎波里亚伯爵被选为匈牙利新的国王。除部分亚内恰尔留守要塞外,大部分军队随苏莱曼返回小亚细亚。苏莱曼大帝短暂的占领给匈牙利造成了巨大损失。据西方有关史料估计,有20万匈牙利男子被屠杀。莫哈奇和布达佩斯被洗劫。土耳其军队班师回国时将10万多被俘男女带回伊斯坦布尔,作为奴隶在市场出售。

扎波里亚伯爵在征服者的授意下选为国王后,为苏莱曼大帝再次进攻匈牙利埋下了祸端。并由此引发了奥斯曼帝国与奥地利之间的战争。费迪南德公爵——查理五世的胞弟作为奥地利国大公宣称他是匈牙利王位继承人。在匈牙利西部地区贵族的推举下,费迪南德公爵继位称王。随后费迪南德借助武力将扎波里亚逐出匈牙利。苏莱曼大帝闻讯后勃然大怒。大维齐尔伊布拉欣接见费迪南德公爵使臣时说,"我们已经将匈牙利的国王路易斯斩首,他的王国就属于我们或由我们赐于他人。王冠并不能决定国王,决定国王的是利剑。是利剑使人们臣服,利剑获得的必须由利剑维护。"苏莱曼大帝以言辞安抚了扎波里亚的使臣后,怒斥费迪南德的使臣,宣称他将在维也纳城下的战场上与费迪南德相见。1529年,苏莱曼大帝再次挥戈直指匈牙利。夺取布达佩斯后,再次把扎波里亚伯爵扶上王位。随后,苏莱曼大帝率20万大军于同年9月27日进抵维也纳城下,将该城团团包围。这便是历史上著名的维也纳两度遭到奥斯曼土耳其军队大围困中的第一次大围困。这次围困标志着奥斯曼帝国与德意志皇帝查理五世之间间接冲突的开始。查理五世统治下的德意志帝国是当时欧洲最为强盛的帝国。查理五世除领有奥地利、匈牙利两个王国外,还先后继承了西班牙、尼德兰、那布勒斯、西西里等王国的宗主权。1519年查理五世被选为德意志皇帝,在位36年。他是同时代中苏莱曼大帝在欧洲最为强劲的对手。当苏莱曼大帝围困维也纳时,查理五世正在意大利与奥斯曼帝国的盟友法兰西王国交战,因而无暇顾及维也纳方向的战争。坚守城池的奥地利守军在西班牙援军的配合下,固守城池3周之久。奥地利西班牙联军的英勇抵抗,使苏莱曼攻城的信心开始动摇。同时,由于雨季来临,道路泥泞,令人生畏的土军炮队行进缓慢,后勤输送也难以为继。奥地利守军在奥斯曼土耳其军队到来前,坚壁清野,一切可能被掠夺的物品被烧掉或被带入城内。亚内恰尔可掠夺的战利品所剩无几,因而军心浮动。土耳其军队无奈之下大肆屠杀维也纳四郊的青壮年男子,掳掠妇女,退回小亚细亚。此次围困维也纳受挫,标志着奥斯曼帝国在欧洲强劲的西进势头被扼制。苏莱曼大帝的威名也因此受到损害,认为他没有实现征服费迪南德的诺言。帝国首都伊斯坦布尔谣言四起,称他有意隐瞒维也纳城下的败绩。亚内恰尔也因空手而归愤懑不平。

1532年,苏莱曼大帝再次御驾亲征匈牙利,并发誓必取维也纳而后快。查理五世此次亲任奥地利军队总指挥,并严阵以待,准备决战,其情形好似两位帝王就要决出谁是最强者一样。但是苏莱曼大帝统领的军队却在一座名叫冈斯的小要塞前滞留了3个星期。当最终占领冈斯要塞后,苏莱曼放弃原定进军维也纳的计划,转向斯底里亚城,摧毁该城堡后,苏莱曼大帝班师回朝了。查理五世似乎也放弃了与其对手决一雌雄的念头,尽力避免引发新的大战。苏莱曼班师回京后,匈牙利并未因此安享太平。苏莱曼扶持的匈牙利国王扎波里亚与费迪南德公爵之间的内战时断时续,直至1538年。这一年扎波里亚王位得到查理五世的认可,领有东部匈牙利和特兰西瓦尼亚。而费迪南德作为西部匈牙利的统治者得到扎波里亚的承认,苏莱曼也默认了既成事实。1534年后,苏莱曼大帝把矛头转向东方和地中海及北非地区。匈牙利暂时摆脱了奥斯曼帝国铁蹄的蹂躏。1547年,苏莱曼大帝与奥地利签约,奥地利保留匈牙利小部分领土,但须向奥斯曼帝国缴纳3万杜卡特年贡。至此,双方紧张对峙状态略有缓解。10年以后,即1566年苏莱曼最后一次远征匈牙利,这时他已是 72 岁高龄的老人了。这是他一生中第 13 次,也是最后一次亲率大军挥戈远征。在这次远征中,苏莱曼大帝在匈牙利锡格特瓦尔军营中病逝。

三、称雄地中海和北非

苏莱曼大帝在远征匈牙利的同时,在地中海建立了一支强大的海军舰队。苏莱曼大帝在地中海的劲敌是西班牙。起初西班牙地中海舰队并不是苏莱曼大帝的对手。但是西班牙人联合威尼斯人组成联合舰队,并得到教皇国的支持。因此他们在舰船吨位及海军人数上明显优于奥斯曼帝国的地中海舰队。但是在两次决定性战役中,苏莱曼大帝取得了胜利,并在他执政期间始终保持对地中海的制海权。苏莱曼称雄地中海为他远征北非创造了条件。实际上称雄地中海与征服北非是一个交替进行的过程,两者彼此呼应使苏莱曼大帝称雄地中海、征服北非的霸业得以实现,并最终将北非除摩洛哥以外的地区纳入了奥斯曼帝国的版图。

北非地区在苏莱曼执政初期主要由先知穆罕默德的后代所统治。在北非腹地这一统治十分薄弱。沿地中海地区的城市和乡村历来是海盗劫掠的对象。海盗们劫掠的地区不仅限于北非地区,他们也时常出没于西班牙、意大利、法兰西,甚至英格兰和爱尔兰沿海地区。在赛利姆一世时期,帝国就极为重视发展帝国海军。在他的推动下,帝国海军的舰船数量及海军人数已有较大增加。苏莱曼大帝秉承父业大力扩建帝国海军。不过苏莱曼大帝虽然建造了大量的舰船,却缺乏统领舰队的指挥人才。帝国海军的将领们无法与凶猛强悍的海盗首领相匹敌。苏莱曼巧妙地把一些富有指挥才能与海战经验的海盗们召至自己的麾下,并委以重任,利用他们为帝国的对外扩张服务。第一个受到苏莱曼大帝重用的海盗首领便是那位在历史上极富恶名的红胡子巴巴罗萨。巴巴罗萨原名赫伊尔丁,希腊人后裔,兄弟 3 人自青少年起便开始了海盗生涯。巴巴罗萨的两个兄弟命丧海底,而他在无数次历险中保全了性命。他劫掠商船,横行于地中海,曾率众海盗攻占阿尔及尔,并自封为王。在奥斯曼帝国强大的海军面前,他深感势单力薄,在苏莱曼的引诱下于 1520年归降苏莱曼大帝。1534 年苏莱曼命他进攻突尼斯。巴巴罗萨轻而易举地拿下突尼斯城,将突尼斯的统治者穆里·哈桑素丹逐出突尼斯城。情急之下,穆里·哈桑向查理五世乞求援助。

查理五世亲自担任 500 艘战舰、3 万名水兵组成的舰队司令,在突尼斯城下一举击溃巴巴罗萨,夺取了所有停泊于港湾的舰船。巴巴罗萨被迫遁入突尼斯内陆地区。查理五世受突尼斯素丹穆里·哈桑的邀请来到突尼斯。突尼斯城的居民们也未给予巴巴罗萨任何支持。但查理五世却授意西班牙军队屠杀和洗劫了突尼斯城，被杀的无辜平民逾 3 万之众，1 万余平民被卖身为奴。所有清真寺化为灰烬，所余主要建筑均被捣毁，其惨烈程度无与伦比。由此，巴巴罗萨曾一度成为拯救突尼斯的救星。奥斯曼帝国也曾数次在此恢复过它的统治。但是奥斯曼帝国与西班牙争夺突尼斯的战争呈现出拉锯状，直至 1574 年突尼斯最终落入奥斯曼帝国的掌心之中。

苏莱曼大帝十分器重巴巴罗萨的指挥才能。巴巴罗萨在争夺突尼斯城战役中的英勇行为颇受苏莱曼的赏识。在保卫突尼斯城战役时，苏莱曼大帝正在东方与波斯帝国激战。因此无力增援远在北非的巴巴罗萨。当奥斯曼帝国与西班牙海战爆发后，苏莱曼立即召回巴巴罗萨，任命他为帝国海军上将，统帅帝国海军迎击西班牙、威尼斯联合舰队。在普雷维扎近海大海战中，巴巴罗萨以劣势兵力击败了西班牙、威尼斯联合舰队。这次战役是一次决定性战役。此役之后，苏莱曼称雄地中海的霸业初步实现。此后，巴巴罗萨更加受到苏莱曼大帝的宠信，并伴驾出征威尼斯。进军威尼斯途中，苏莱曼大帝受挫于科福岛海战，被迫退回本土小亚细亚。科福岛战役的失利以及此前围困维也纳的失败是苏莱曼大帝战争生涯中为数不多的以失败告终的战例。科福岛战役尽管以失败收场，但巴巴罗萨却在爱琴海攻战了许多较小的岛屿，为苏莱曼大帝控制地中海北部创造了条件。

1546 年，巴巴罗萨死于伊斯坦布尔。苏莱曼随即启用另两位与巴巴罗萨同样臭名昭彰的海盗头目德拉加特和皮埃尔。德拉加特是克罗地亚人，早年生涯与巴巴罗萨极为相似，作为海盗经常出没于西班牙及意大利沿海。他原本对苏莱曼不屑一顾，他拒绝奥斯曼帝国政府——波尔特的招降，并率众海盗袭击摩洛哥，曾一度在这里建立基地。苏莱曼为了成就海上霸业，数次邀请他归顺奥斯曼帝国，并允诺他拿下的黎波里后任命他担任总督。当时的的黎波里正由马耳他岛的圣约翰骑士团统治。德拉加特在帝国海军的支援下攻占了的黎波里，德拉加特也因此而获得了总督职位，并把的黎波里并入了帝国的版图。1565 年，当苏莱曼大帝进军马耳他时，德拉加特率部增援，在这次战役中德拉加特命丧黄泉。

皮埃尔的海盗生涯与巴巴罗萨、德拉加特如出一辙。归降苏莱曼大帝后，皮埃尔曾被任命为帝国海军司令。他率领帝国海军击败西班牙、威尼斯联合舰队企图夺取的黎波里的进攻。皮埃尔乘胜进军，并占领阿尔及尔以西的奥兰地区。1565 年，苏莱曼大帝进攻马耳他岛，这是苏莱曼一生中最后一次海战战役，而这次战役正是由皮埃尔指挥的。

进军马耳他战役的失利，使年逾 7 旬的苏莱曼一蹶不振。他决定重整旗鼓，亲率大军出征匈牙利。翌年，即 1566 年苏莱曼不顾体弱年迈发兵进军中南欧。此时他已是 72 岁的高龄,虚弱的身躯已无力驾御心爱的坐骑,不得不坐在御轿中指挥作战。但是苏莱曼仍不失英雄本色。他命随从把御轿抬到阵地的最前沿以显示其威武不屈、身先士卒的英雄本色。他一如既往,事无巨细、事必躬亲。在向锡格特瓦尔进军途中,一位帕夏曾指挥部队以一天的时间赶完了两天路程,因而打乱了事先做出的周密计划。苏莱曼一怒之下将这位过于积极的帕夏斩首示众。随后苏莱曼指挥军队围攻锡格特瓦尔,城内守军拼死抵抗,固守待援。苏莱曼久攻不下,精疲力竭,突然中风,于次日死于军营之中。"真主在大地上的影子"骤然消失。

苏莱曼大帝病逝后,伴驾出征的大维齐尔隐瞒实情、封锁消息。为此将随驾出征的御医立即处死。苏莱曼大帝的继承人谢里姆得到密报后,迅即赶到贝尔格莱德。谢里姆与大维齐尔以苏莱曼的名义继续发布命令,指挥作战,直至撤退途中才宣布苏莱曼大帝已经病逝的消息。

四、东征波斯直逼南洋

当苏莱曼大帝在欧洲、地中海及北非地区进行扩张之时,在东方与波斯帝国的战争并未停息。苏莱曼大帝登基时,奥斯曼帝国与波斯帝国争夺伊拉克的战争时断时续已进行了半个世纪。16 世纪初期,波斯帝国的沙赫易司马仪日益崛起。他宣布什叶派教义为其国教。奥斯曼帝国决不允许一个外国君主的异端思想在国内传播,因此双方冲突日趋激烈。苏莱曼大帝的祖父巴耶济德二世及父亲赛利姆一世都曾多次发兵征讨波斯帝国。苏莱曼大帝执政之初,由于扩张矛头主要指向匈牙利等中南欧地区,两大帝国的战端略有缓解。但是 1534 年,苏莱曼大帝突然发动征讨波斯帝国的战争。这是苏莱曼大帝亲自指挥的第六次远征。此时沙赫易司马仪已不在人世。他的继承人沙赫塔尔马斯是一位性情懦弱、平庸无能的君主。苏莱曼正式发兵前,首先命令将所有囚禁于加利波利的波斯战俘全部处死。同时,命令大维齐尔伊布拉欣先期出兵。伊布拉欣选择捷径突然直捣大不里士,在未遇任何抵抗的情况下占领大不里士。第二年春,苏莱曼大帝统帅主力大军与伊布拉欣会师,并由大不里士出发,挥师南下攻打摩苏尔,进军巴格达。由于地形复杂、气候多变,奥斯曼土耳其军队艰难地并最终抵达巴格达。巴格达驻军司令不战而降、俯首称臣。摩苏尔、巴格达两省最终被纳入奥斯曼帝国版图。1548 年、1553 年、1554 年,苏莱曼大帝又 3 次发动征服波斯的战争。由于恶劣的气候、复杂的山区地形,加之奥斯曼帝国的驻军及运输补给线不断遭到游击队的骚扰,帝国远征军后勤给养十分困难。平庸无能的沙赫塔尔马斯也无意收复摩苏尔和巴格达两省。至此,两大帝国争夺伊拉克的百年之争,以奥斯曼帝国占据上风而结束。此后,双方大规模战争日益减少,双方不战不和的状态一直持续到1917年,最终以奥斯曼帝国的彻底崩溃而告终。

苏莱曼大帝在东方与波斯帝国争夺伊拉克的同时,还在红海地区扩张势力范围。奥斯曼帝国在红海北端苏伊士建筑海军基地,派遣皮里帕夏筹组海军红海舰队。皮里不辱使命,很快组建起一支强大的舰队,并以苏伊士为基地向红海南部及红海两岸拓展势力。在红海西岸地区,皮里帕夏在北非驻军配合下占领了尼罗河上游苏丹埃及交界处的努比亚地区。同时红海舰队向红海南部发展,在控制了红海的同时又向红海南端的也门和亚丁出击,为1568年最终占领这里提供了海上安全保障。在此之前,奥斯曼帝国意识到红海在商业、战略、政治和宗教等方面的重要性,已经夺取了麦加及伊斯兰教其他圣地。红海舰队还从苏伊士出发南下印度洋,并绕过阿拉伯半岛抵达波斯湾地区。在印度的西南沿海地区(今天的巴基斯坦沿海)与早期的殖民主义者葡萄牙人发生冲突,与葡萄牙人的冲突虽以失败告终,但成功地占领了波斯湾沿岸的哈萨地区。

苏莱曼大帝的对外征服运动,把奥斯曼帝国推向了极盛时期。当他去世时,一个横跨欧、亚、非三洲的奥斯曼军事封建大帝国最终形成。它的幅员在亚洲,除本土小亚细亚外,占有阿拉伯半岛、叙利亚、巴勒斯坦、伊拉克、亚美尼亚和格鲁吉亚的一部分;在欧洲,占有整个巴尔干半岛和匈牙利大部;在非洲,占有埃及、的黎波里、阿尔及利亚和突尼斯以及努比亚地区。同时,帝国海军横行于黑海、红海和地中海,是地中海上无可比拟的海上霸主。

五、驾驭战争能力非凡

苏莱曼大帝的战争生涯充分展示了他作为一位军事统帅的指挥才能和驾驭战争的能力。他作为最高统帅,统揽全局,指挥有方,在46年的执政时期,连年征战,全线出击,陆战海战交替进行。除在马耳他战役和围困维也纳等极少数几次战役中失手外,几乎每战必胜,战果辉煌。在他御驾亲征的13次远征中,他的战马总是冲在阵前,并率先垂范,激励士兵勇往直前。

苏莱曼大帝不仅勇猛善战,而且知人善任,唯才是用。帝国海军的不断壮大与发展、并击败西班牙、威尼斯联合舰队最终称雄地中海、红海和黑海,与苏莱曼重用海盗出身的巴巴罗萨、德拉加特和皮埃尔密不可分。不仅如此,当他们帮助苏莱曼大帝成就海上霸业的同时,他们在征服北非的战争中也是屡建战功。

在苏莱曼大帝46年的执政生涯中,先后有9位大维齐尔协助他治理朝政。其中第二位大维齐尔伊布拉欣是苏莱曼最为宠信的大臣和爱将之一,并深得苏莱曼的重用。伊布拉欣不仅辅佐苏莱曼治理朝政,同时经常伴驾出征、或代驾出征。在他担任大维齐尔的13年中,不仅政绩卓著,而且在沙场之上也是勇猛机智,在奥斯曼帝国对外征服运动中屡立奇功。但是伊布拉欣却是一位奴隶出生的孤儿。他生于希腊,幼年时被海盗掳掠到帝国境内,由一位寡妇抚养成人,并接受过良好的教育。在一次出游中,苏莱曼无意中发现了他的才能。苏莱曼大帝起初被伊布拉欣的音乐天赋所吸引。他立即把他召入进宫,命他任宫廷乐师。随后委派他担任侍从大总管。伊布拉欣思维敏捷、知识渊博,语言天赋极深、通晓多种语言,在历史方面的知识更是十分丰富。他与苏莱曼朝夕相处,说古论今,议论国是,治理朝政。伊布拉欣与苏莱曼大帝的妹妹成婚后,苏莱曼更是对他倍加宠信。他于1523年起担任大维齐尔,并数次担任帝国军队总司令。当苏莱曼因病或离境出征时,伊布拉欣便代驾执政,或代驾出征。在20至30年代,苏莱曼大帝远征匈牙利、征战地中海以及东征波斯等一系列战役中,伊布拉欣都发挥了极其重要的作用,是苏莱曼大帝在军事等方面最重要的顾问与谋士。除此之外,苏莱曼大帝还将许多其他谋士良臣及英勇惯战的猛将招至麾下,为其服务。这一切都充分说明苏莱曼知人善任、唯才是举的天赋和能力。

苏莱曼大帝在战争的组织及后勤保障方面也表现出非凡过人的才干。每一次战役都是在精心策划下组织实施的。苏莱曼在每一次战役中都是集中和投入数倍于敌的优势兵力,沿用奥斯曼土耳其式的传统战略战术,把陆军组织成严密的战术方阵冲击敌阵。随后将骑兵及炮兵投入战斗。配备火炮的炮队时常让对手闻风丧胆、闻风而逃。除因恶劣的气候及疾病流行等因素导致士兵死伤外,在战斗中兵员伤亡的数量相对较少。实际上除攻打莫哈奇、围困维也纳和攻打罗德斯岛及进攻马耳他等少数几次战役外,在苏莱曼亲自指挥或由其部将指挥的无数次战役中,奥斯曼帝国的军队都是以速决战的方式、以较小的代价击败对手。这表明苏莱曼大帝对战役的指挥有方、组织得当。

后援补给是每一次战役的关键环节。奥斯曼土耳其军队在早期的战争中主要是通过以战养战解决后援补给。但是帝国军队连年征战、东征西讨,被入侵国家和地区民穷国贫,可供掠夺并作为补给物资的战利品日渐稀少。苏莱曼大帝不得不从本土小亚细亚运送补给物资。战争如此频繁、战线如此之长,加之气候地形复杂多变,战备物资的补给与运输十分困难。但是苏莱曼大帝成功地组织了后勤补给工作,在他的战争生涯中,在后勤补给方面只有一次失败的记录。这就是围困维也纳时由于运输线过长,加之恶劣的气候导致粮食与弹药供应中断。

在同时代中,在亚洲、非洲、甚至欧洲,苏莱曼大帝指挥战争的艺术、驾御战争的能力几乎无人可以望其项背。或许欧洲的查理五世是唯一一位能与苏莱曼大帝在战场上同日而语的封建君主,但奥斯曼帝国的进攻势头受挫维也纳城下之时,这两位封建帝王却擦肩而过。

六、雄才大略治国有方

战争生涯是苏莱曼大帝生命的主旋律。他金戈铁马、戎马一生,建立了鼎盛一时、威震四方的军事封建大帝国。他不仅是卓越的军事家,且战功辉煌,同时在治国方面亦显示出非凡的能力。他在位期间,战事十分频繁,战争连绵不断。奥斯曼土耳其军队几乎在东西南北各个方向全面出击,而且陆战、海战并举,战线之长在世界战争史上实属罕见。在繁忙的战争生涯中,他又以极大的精力治理国家,把帝国推向了繁荣昌盛的极盛时期,充分显示了一代明君治国安邦的雄才大略。他的英名与业绩长期以来被后代所景仰、为后人所传颂。

苏莱曼大帝在治国方面的建树十分丰富。他从 15 岁起便开始参与朝政,先后受其祖父和父亲的委派担任过 3 个帝国境内最重要的省份的省督。因此在继位前就已经积累了丰富的参与政务的经验。26 岁登基时已经是一位有 10 余年参政经历的、干练的国务活动家。苏莱曼大帝执政后极为重视以法治国,在法制建设方面建树颇多,在历史上留下了苏莱曼·卡农——立法者苏莱曼的美名。奥斯曼帝国是信奉伊斯兰教为国教的封建帝国,伊斯兰教对帝国的政治、文化、思想、司法等诸多方面有重大影响。但是帝国的版图不断扩大,宗教信仰及派别日益复杂,种族及民族成分不断增多。特别是伊斯兰教教派林立、教义繁多、教法也极不统一。为了统一教法、规范教义,并为完善司法制度奠定基础,苏莱曼独尊哈乃斐教派,将其定为官方教法学派。同时以此为前提,苏莱曼大帝以伊斯兰法院为基础,建立起一整套从中央到地方完善的司法制度,并由此出发,即在完整的教法基础上完善国家的行政建制和行政立法。他颁布的法令涉及到统治机构中官吏的承袭、俸禄、职级和礼仪等。同时,修改商事和行政条例,充实刑法等。为此,他多次责成著名伊斯兰教学者及其大臣等编纂成文法。在他亲自参与或授意下编订的著名法典有:1530年叙利亚阿勒颇学者易卜拉欣·哈莱比所编的《群河总汇》,1532 年由大维齐尔伊布拉欣帕夏主持汇编的《埃及法典》,1566 年由帝国大穆夫提力艾布·苏尤蒂主持编订的《苏莱曼法典》。《群河总汇》系为消除封建统治阶层内部混乱和遏制贵族权力而编订,内容包括重新确立分封制、规定"瓦利"(即省督)、"贝伊"(即县知事)等无权私赐土地,一切采邑土地的授予必须经素丹批准等。《埃及法典》系根据大维齐尔伊布拉欣在治理埃及半年期间所作出的法令和决定等整理汇编而成,其条款几乎相当于宪法。《苏莱曼法典》最为完善,内容包括军事采邑制度、非穆斯林臣民的社会地位、社会治安和刑法、土地法、战争法等。其中尤为强调国家的行政立法必须符合伊斯兰教法,突出"卡迪"(即伊斯兰教法执行官)的地位和作用,规定各地区的卡迪系当地的司法首脑,地方警官和市场检查官为其下属官员,卡迪的司法权限根据素丹委任状中的规定行使。《苏莱曼法典》最终划定了帝国境内的行政建制。根据法典,帝国共分为21个省,这些省下又分为250个区。另外,法典还把全国土地进行分类,全部土地基本上分为三种类型:官地("马不列克特",或称"米里"),素丹为最高所有者;宗教寺院土地(在叙利亚和伊拉克称为"瓦克夫",在埃及称为"里兹基",在北非称为"哈布斯");私有土地("木尔克")。不过在某些地区仍保留土地村社所有制。法典对这些土地的规定不十分详细。

苏莱曼大帝在东征西讨、南征北战的沙场上表现出刚毅、果敢的良好素质。在治理国家方面也同样表现出干练、果断的优秀品质。同时在特定的环境下也不时表现出公正与同情心。在他执政的中期以前,在整顿吏制、治理腐败方面为人所称道。

奥斯曼帝国地域辽阔,民族、文化、宗教等情况千差万别。被征服的民众反抗与暴动在他近半个世纪的执政期间虽不算多,但也时有发生。对此,苏莱曼大帝都予以严厉的镇压,以维护统一的封建帝国的完整和中央集权的巩固。例如他执政初期就残酷地镇压了1521年叙利亚地区和1524年埃及等地的暴动。但是另一方面他极力主张对帝国境内不同地区执行一视同仁的政策。甚至有时对弱小民族还表现出一定的同情心。这与他本人较为宽厚仁慈的性格有一定关系。在他执政期间,帝国境内的"拉雅"——农民及纳税阶层的处境优于匈牙利和俄罗斯等国的农奴。帝国莫里亚地区被征服的希腊民族与威尼斯人的统治相比,更喜欢土耳其人的统治。有些匈牙利的自耕农自愿搬迁到奥斯曼帝国境内的鲁美利亚地区,因为他们更愿意接受较为仁慈的土耳其人的统治。因此,在苏莱曼执政期间,在受到本土小亚细亚地区民众的爱戴的同时,其他被征服地区的民众在慑于他的威严之余,也表现出对他的崇敬与爱戴。在他派往各地的省督及地方官吏中,歧视被征服民族,压制被征服民族经济、文化及宗教信仰的现象十分普遍。苏莱曼有时对此也进行过严厉的处置。有时对某些官员革职查办、甚至处以死刑。他执政时为此处死官员的事例并不鲜见。

苏莱曼大帝曾对渎职腐败行为深恶痛绝。他执政伊始的第一个重大举措就是将一大批前朝平庸腐败的官员革职罢官。此后,苏莱曼大帝严惩腐败官员的事例屡见不鲜。其中处死他的佳婿费拉德帕夏是一个典型的例证。费拉德帕夏以其过人的才华深得苏莱曼大帝的宠信。苏莱曼将自己女儿许配与他。但费拉德帕夏担任省督期间，不能秉公执政，对臣民们十分残酷尖刻，并通过受贿聚敛钱财，有负素丹对他的重托。为此苏莱曼革去他的省督职务。在公主和苏莱曼母亲的一再请求下，苏莱曼一度重新启用费拉德为省督。然而费拉德帕夏不思悔过，故伎重演，再度触怒了素丹。苏莱曼不仅革其职务，并且将他处死。但是不可否认的是，有时苏莱曼也容忍一些腐败官员，对他们的腐败行为视而不见。例如苏莱曼大帝的宠臣与爱将伊布拉欣担任大维齐尔13年间聚敛的财富不计其数。另一位大维齐尔鲁斯底姆帕夏在位15年间更是行贿受贿、买官卖官、聚敛到万贯家产。他去世时拥有815个农场、476眼水井、1700名奴隶、2900只绵羊、8000条缠头巾、760把宝剑、600本古兰经、5000册图书、两百万杜卡特（金币）。伊布拉欣虽然也未得善终，但他招致杀身之祸的原因是，苏莱曼的宠妃格丽姆为她侄儿与他争夺大维齐尔职位所致。苏莱曼对伊布拉欣和鲁斯底姆的放任态度主要是缘于对他们非凡的才华十分偏爱。伊布拉欣能文能武、才华横溢。鲁斯底姆帕夏则精于理财，另外他还是苏莱曼大帝另一位女儿的夫婿。

到苏莱曼大帝的晚年，他虽然仍对腐败行为十分厌恶，但对当事人则区别对待。他对一些失宠的官员和某些腐败官员的处罚的目的在晚年也逐步发生变化。每当将一些官员革职或处死后，他们的家财便立即充公。久而久之，没收家财成为国家财政收入来源之一。苏莱曼执政后期帝国各级政府中的腐败现象开始蔓延并日益猖獗。

苏莱曼大帝在治国方面的众多建树之一是重视经济。由于资料所限，对此不能详述。但是从财政等方面看，可以对苏莱曼时期经济状况略见一斑。苏莱曼深知财政对帝国的重要性。帝国军队连年征战并建立强大的海军，其耗资之巨大不言而喻。但令人惊奇的是，据史料记载，在苏莱曼46年的执政生涯中，帝国政府只有两年征缴过额外的税收。在大部分年份中，帝国的财政收入殷实而稳定。相对以后的帝国政府的税收，苏莱曼时期民众的纳税负担并不十分沉重。首先主要是苏莱曼与其先辈们一样，采取了以战养战方式以解决因连年征战给国计民生可能带来的负担。通过强迫被入侵国或被征服地交纳年贡的方式以及出卖战俘等途径筹集到大量资金。其次，由帝国直接供养的亚内恰尔的人数并不巨大。他们的人数基本保持在5至8万人之间。战争爆发时，封建采邑主对帝国政府负有提供兵员和马匹的义务。他们提供的兵员人数约10万余人。这些军队并不需要帝国政府供养。他们战时出征、平时耕田。因此，战争对帝国政府来说其负担并不十分沉重，甚至反而是带来财富的捷径。因此，国库并不因为战争而空虚。除边远地区以及交战区之外,国计民生较为平稳。

同时,苏莱曼十分重视基本建设。苏莱曼大帝曾在帝国境内修建了不少道路、桥梁等,兴建了许多学校、医院、驿站、旅社、浴池等。他投入巨资和大量人力美化环境。首都伊斯坦布尔和许多其他中心城市被装饰和美化一新。

苏莱曼大帝与许多先辈们一样,酷爱文学,对诗歌更是偏爱。他本人擅长写作诗歌和散文,对古兰经阿拉伯文书法也有浓厚兴趣。他敬重和爱护学者、文人,并与他们交往频繁。例如他与著名教法学家艾布·苏欧德,史学家凯米尔·扎德、桂冠诗人阿卜杜勒·巴基和著名建筑大师锡南等过从甚密,锡南是苏莱曼大帝时代最富盛名的建筑大师。据史料记载,锡南在伊斯坦布尔等地设计、修建了许多著名的清真寺。他在帝国境内负责设计和督建的大型建筑共计335座。由于苏莱曼大帝对建筑艺术十分厚爱,他与锡南的交往最为密切。特别值得一提的是,为了展示帝国的强盛、伊斯兰教的影响,并显示他本人的丰功伟绩,苏莱曼敕令锡南于1550年至1557年设计和督建了驰名世界的苏莱曼清真大寺。苏莱曼清真大寺是苏莱曼时代建筑艺术的结晶,是伊斯兰建筑风格的杰作。它是宗教与建筑完美结合的体现,同时又极具实用性。其富丽堂皇、宏大气势,即使从现代人的角度看也令人叹为观止。它坐落在伊斯坦布尔城,总体结构呈长方形,主体礼拜殿由前厅、正厅、侧厅组成,由3个大跨度的拱顶连成一体。殿上正中覆盖着大圆顶,直径31米,由4根方柱支撑的4个人字形拱门承托。大圆顶的四面连着更多的半圆小屋顶,这些小圆顶建在大殿的四角之上。大殿四周由连拱廊环绕。礼拜殿的巨壁和后墙都是用波斯式彩釉瓷砖装饰,圆柱嵌着各色大理石。藻井顶部为车轮圆周形,中轴黑底金字,书写有《古兰经》第35章"创世者"的节录。寺内有4座宣礼尖塔,上边均建有阳台,共有10个,是为了纪念苏莱曼大帝,因为他是奥斯曼帝国第10位素丹。此外,寺院两侧曾设有伊斯兰经学院和医院,南边是穆斯林名人墓地。史学家们一致认为,苏莱曼清真大寺是奥斯曼帝国建筑中"最富丽堂皇的纪念碑"。

另外,苏莱曼大帝还有一部名著流传后世。这就是他根据自己的亲身经历以及对人物、事件的判断与评述写成的《战争日录》。苏莱曼大帝在繁忙的战争与国务活动中,每天坚持写作日记,其中最主要的部分是关于战争的记述。这部著作是后人们认定他为"精明的战略家"的主要依据之一。

作为哈里发教长国教长,苏莱曼大帝积极推广和传播伊斯兰教。在他和远征军所到之处都积极兴建或修缮清真寺,以战利品资助伊斯兰教团体和组织,并派遣伊斯兰教法官和传教师,使伊斯兰教在东南欧地区得到广泛传播。1535年,奥斯曼帝国军队占领巴格达后,他下令在城内为哈乃斐教法学派创立人艾布·哈尼法建造清真寺和祠殿,对屡遭破坏的苏菲派卡迪里教团创始人吉拉尼的陵墓进行重修。在积极推广伊斯兰教、扩大伊斯兰教影响的同时,苏莱曼大帝对帝国境内的基督教徒采取宽容政策,允许他们信仰自己的宗教、遵行自己所属教派的教义,并同法兰西等基督教国家订立条约,允许它们的侨民在帝国境内建立自己的宗教法庭。

七、仁义与冷酷的封建帝王

苏莱曼大帝文能治国、武能安邦,是奥斯曼帝国历史上少有的一代开明君主。他领导的对外征服运动,对欧洲、亚洲、非洲的历史进程产生过不小的影响。他本人也是影响世界历史发展的重要人物之一。他的治国方略,特别是以法治国,以及创立和编制的典章制度等对中世纪时期的西亚、北非、东南欧洲、甚至中亚地区的封建政治制度、经济、文化、司法、宗教、军事、教育、土地管理等诸多方面产生过重要影响。

但是苏莱曼大帝毕竟是一位中世纪时期的封建君主,他既不可能超越历史时代,更不可能摆脱阶级立场和阶级地位对他的影响。他代表的是封建统治阶级的利益,又生活在蒙昧黑暗的中世纪。他确有许多超凡脱俗的政治、军事等举措,是他所处时代中的"有教养的开明君主",但是他终究不能摆脱时代与历史的局限性。

苏莱曼大帝是虔诚的伊斯兰教徒。从幼年起便深受伊斯兰文化思想的熏陶,并接受了良好教育。继位之后,他所创造的业绩一方面表现出他非凡过人的能力,另一方面也与他良好的修养与品德不无关系。《土耳其帝国》一书的作者之一伊夫尔斯利勋爵对苏莱曼大帝有过如下评述:"他高贵、儒雅的品格是所有前辈素丹及后辈中无人可与之相媲美。在军事才能、勇猛果敢以及个人勇气等方面,他都是出类拔萃者。同时他把这些品质与处理行政事务的能力完美地结合起来,是一位伟大的国务活动家和立法者。在执政前就已在公正对待他的臣民方面赢得了声誉。他的私生活中丑闻并不多见。他以其仁慈和宽容著称于世。在他亲自指挥的战役中,也曾发生过大屠杀,但这主要是由于他不能完全有效地控制嗜血成性的亚内恰尔和西帕希。与其前辈相比,屠杀现象也是比较少见的。"但是从苏莱曼大帝一生经历看,在他性格中也不无残忍冷酷的一面。在有些方面与其先辈素丹相比有不少共同之处,并有不少十分残酷的举动。作为唯一的帝位继承人,苏莱曼大帝不像其他历代素丹那样面临着十分激烈的争夺帝位的斗争。因此,他的继位十分顺利。但是他却时刻警惕着家族中任何一位可能威胁其地位的人物。攻占罗德斯岛后,苏莱曼曾允诺投降的驻岛守军将领和家族可以保全性命与家产。然而两年后,他却违背诺言把获得赦免的德吉姆亲王的一个儿子及 4 个王孙处以死刑,以此震慑敢于反抗的被征服者。更有甚者,苏莱曼处死了两个亲生儿子。其中大儿子穆斯塔法帕夏是苏莱曼3个儿子中最有才干的亲王。他在担任省督时已充分显示了过人的能力,他几乎具备了其父亲各个方面的品质,一度成为军队的象征和帝国的希望。

苏莱曼大帝与历代素丹一样,后宫中妻妾成群、嫔妃满堂。苏莱曼虽不沉溺于女色,但对他晚年中的一位妃子却恩宠有加。这位俄罗斯出生、名叫格丽姆的宠妃就是那位奥斯曼土耳其历史上有名的"罗塞兰娜"。她对苏莱曼有很大的影响,这一影响力一直持续至苏莱曼大帝的晚年。由于苏莱曼深受格丽姆的影响,穆斯塔法对此十分疑虑并心怀不满,计划对苏莱曼逼宫,促其退位。格丽姆则为了自己的儿子能够继位,在苏莱曼父子之间施以奸计。在1553年第二次出征波斯时,苏莱曼将穆斯塔法诱骗至自己的营帐中,命部下将其生擒后绞死。苏莱曼亲眼目睹了处死儿子的全过程。苏莱曼另一个儿子巴耶济德亲王的惨死或许理由较为充分。1561年,巴耶济德亲王受后宫唆使,计划除掉格丽姆的儿子、苏莱曼大帝的另一个儿子谢里姆亲王。然而计划败露,巴耶济德被迫逃亡波斯。起初他受到塔尔马斯沙赫的款待。但是苏莱曼强令沙赫塔尔马斯引渡巴耶济德亲王。苏莱曼以战争相威胁,同时又以40万金币作诱饵。塔尔马斯被迫屈服。他把巴耶济德亲王的胡须与头发剃光,连同亲王的4个儿子交给了谢里姆亲王的使臣。在中世纪土耳其帝国,胡须与美发是帝王将相高贵与尊严的象征。巴耶济德亲王及4个儿子押解回国后立即被处死。

穆斯塔法和巴耶济德两位亲王被诛杀后,苏莱曼与格丽姆所生的儿子谢里姆成为唯一的帝位继承人,并于1566年继位。他在奥斯曼土耳其历史上常常被称为"酒鬼谢里姆"。他既无帝王之相,也无治国领军之才,丝毫没有苏莱曼大帝所具有的素质。他执政后,奥斯曼封建帝国的中央集权和统治根基开始动摇,统一的多民族封建帝国开始分裂。

大维齐尔是帝国政府中权倾一时的重要官员。在苏莱曼执政后所任用的9位大维齐尔多为颇有才华的帅才。其中有些人能文能武、文武双全;有些人则一专多能,才华出众。他们的身世、经历、地位和种族等互不相同,但苏莱曼重其才能、用其所长,使他们人尽其才,各显其能,为国服务。最富传奇色彩的当属伊布拉欣和鲁斯底姆两位大维齐尔。伊布拉欣奴隶出身,凭其才能一再受到苏莱曼重用,他加官进爵,官拜大维齐尔。然而,他遭到许多官员及部分苏莱曼家族成员的妒忌。伊布拉欣在位的后几年中,苏莱曼也对他产生了疑心。宠妃格丽姆为了使自己侄儿鲁斯底姆帕夏能够得到大维齐尔职位,向苏莱曼屡进谗言,致使伊布拉欣遭杀身之祸。1536年夏天的一个晚上,伊布拉欣像往常一样,来到苏莱曼的宫殿与他共进晚餐。第二天早上他的尸体在宫里被发现，传说苏莱曼亲眼目睹了伊布拉欣被杀的场面。当他目睹这一场面正欲大声惊呼时，格丽姆冲上前去拥抱住苏莱曼，用狂热的亲吻堵住了因惊恐而张开的大嘴。格丽姆的侄儿、也是苏莱曼的女婿如愿以偿，得到了大维齐尔的职位。由此可见后宫参与宫廷内部争权夺利斗争的程度之深。鲁斯底姆帕夏担任大维齐尔达15年之久。他善长理财，他在位期间帝国国库更加殷实。但是他却开启了苏莱曼大帝执政期间买官卖官的先例。起初，所有文职官员在得到任命时都须向政府及鲁斯底姆本人交纳不同数额的钱款。进而，鲁斯底姆征得苏莱曼的同意，把加官进爵时须交纳的钱款数额按比例作为官员们薪金的固定部分按月支付。这一恶劣的先例被后来的素丹们争相效仿，其范围和规模不断扩大。在苏莱曼时期这一现象仅限于文职官员，苏莱曼大帝之后，这一现象蔓延到军队当中。官员们为了升迁，不择手段聚敛钱财。而得到官位者必定是那些出价最高的。如此恶性循环，导致极为严重的腐败现象。苏莱曼时代还有一位很有天赋的大维齐尔，名叫阿基米特。他以直言敢谏所著称。也正是由于他直言进谏的行为惹怒了苏莱曼大帝，结果被苏莱曼当即处死于大维齐尔的议事厅中。在苏莱曼执政后期，遭此厄运的高官显贵越来越多。

苏莱曼大帝个人品质与性格实际上是仁慈、宽容和冷酷无情的混合体。他同其前辈、后代以及同时代的帝国君主们一样，不可能摆脱封建王朝内部争权夺利的斗争。他诛杀大臣、滥杀无辜，虽有许多客观因素，但也充分暴露了他内心世界的阴暗面。残酷的内部争斗是中世纪封建王朝政治生活中普遍存在的现象，苏莱曼虽然以立法者著称于世且较为开明和仁慈，但作为封建君王，他不可能列于其外、超越时代。

八、功过是非任评说

苏莱曼大帝的后代们以及历史学家们在评述苏莱曼大帝的丰功伟绩时，都曾给予他无数的赞美之词。他的英名长久以来被土耳其民族所传颂。但是历史学家们不仅对他的个人品质做出过细致入微的分析，对他执政时期的是非功过也进行了许多令人信服的评述。他执政时期的政策失误，决策错误屡见不鲜。特别是一些历史学家们认为，他虽然创制了大量的典章制度，开辟了奥斯曼帝国历史上以法治国的先河，是帝国历史上立法方面的集大成者，但他的行政管理及政府制度中存在着不少弊端。这些弊端在他执政后期及其以后的继任素丹们的时代中日益显露出来，甚至有人认为这些弊端是帝国最终走向衰落的众多根源之一。

奥斯曼土耳其帝国历史上一位著名的历史学家考特基贝伊在对苏莱曼大帝所做的研究中认为,苏莱曼大帝尽管是帝国历史上伟大的帝王之一,但他也是帝国衰落的主要根源。考特基贝伊的判断从今天的角度看不无偏颇之处。对历史人物的评判不能脱离其时代背景,更何况奥斯曼帝国的衰落固然有许多内部因素,但外部环境的变化以及来自外部欧洲诸列强的挑战是决然不可忽略的重要因素。不过考特基贝伊以下4个方面的分析也是不无道理的。

第一,他认为苏莱曼大帝在执政的中后期已基本停止参加帝国政府的大国务会议,为后代素丹们树立了一个恶劣的先例。执政初期,他积极参加国务会议,中期后他便开始垂帘听政。苏莱曼在大国务会议议事厅隔壁墙上修建一个墙口,在上面挂上帘布,或躲在后面偷听一些大臣们的讨论、或一边做着其他事情、一边留意一下大臣们的议论。有时甚至远离议事厅,对大臣们的讨论和决定不闻不问。他的一些后继者们干脆将垂帘听政也取消了。苏莱曼停止参加国务会议,并且变得越来越独断专行。包括大维齐尔在内的大臣们在国务活动中的影响越来越小。由于苏莱曼毕竟是一位智慧非凡的帝王,他在世时这一弊端似乎并不显得十分突出。大臣们早已被他的非凡才干所倾倒,同时也慑于他的威严,认为苏莱曼缺席国务会议是十分正常自然的事,甚至认为苏莱曼大帝如与他们这般俗人为伍岂不损害了他的才智与威名。但是在某些平庸无能的后继者时代中,这一弊端恰好成为后宫干政、大臣专权的便利条件。到他的晚年,苏莱曼不再信任一些有责任感的大臣,也不再理会大国务会议,而是听信一些奸臣佞党的谗言,在一些重大问题上也一度被后宫嫔妃所左右。甚至喜好结交一些腐化堕落的外来者,接受他们的谄媚阿谀之词。

第二,苏莱曼大帝在位时提拔任用了大批重要官员。某些官员甚至是从低级的职位上一举提升为大维齐尔的。其中某些官员出生于奴隶,有些曾长期从事海盗活动,有的则是被征服地区改信伊斯兰教的叛教者,有时苏莱曼也重用宦官。因此,他们的民族成分、文化背景以及原先的社会地位千差万别。他在世时,特别是在他执政中期以前,苏莱曼以其慧眼基本上能够做到唯才是用、唯才是举。他所任用的高级官员中不乏贤能之辈。但是考特基贝伊认为,这种直接从中下层提拔任用官员的作法存在着明显的弊病。首先,这种大幅度越级升迁,除一部分大智大勇者之外,多数因缺乏磨炼才能与积累经验的过程,而不能完全胜任职务。其次,这些人的背景之复杂,对他们监督与控制变得十分困难。苏莱曼因各种缘故、以不同方式不断撤换官员、提拔官员,致使官员的流动速率极快,导致行政管理部门的工作效率日益低下。苏莱曼是一代明主,在他执政时情况尚且如此,而当这一现象继续在其后代素丹中沿续时,特别是当一些平庸无能的昏君当政时,其弊端显露无遗。苏莱曼大帝的后继者们多数都不具备苏莱曼慧眼识才的能力。他们的宫廷及各级政府中充斥着各种不同背景的人，他们的利益各不相同，争权夺利现象日甚一日。结果是奸臣佞党当道，后宫嫔妃专权。因此，许多历史学家认为，苏莱曼时期吏制不整、弊病百出，并且遗害后世。

第三，贪污腐化问题。苏莱曼大帝执政初期，即鲁斯底姆帕夏担任大维齐尔以前，帝国政府内部腐化现象并不严重。这与苏莱曼严厉惩罚腐化行为有很大关系。例如前文所述，他执政伊始就严惩了一大批腐败官员。伊布拉欣担任大维齐尔的13年中，以及此前在位仅两年的大维齐尔时期，帝国吏制的弊病尚未显露出来。那时帝国的土地分封制度、纳税制度以及战利品的分配制度都极为严格。特别是《埃及法典》颁布后，对帝国行政管理、官吏管理等各个方面均做出极为严格的规定，同时某些制度也能得到严格执行。在这一时期也有许多腐败现象存在，但主要集中在战利品的分配、战俘的处置等方面。这一时期许多官员也积累了许多财富，这些财富的主要来源是分封的土地，分配的战利品以及苏莱曼大帝基于他们卓越的才能和显赫的战功而给予他们的奖赏等。通过贪污腐化、行贿受贿途径获得的财富，其份额与鲁斯底姆帕夏任职后的现象相比并不巨大。鲁斯底姆帕夏作为苏莱曼大帝的女婿和苏莱曼宠妃格丽姆的侄儿，在宫廷争权斗争中获胜之后长期担任大维齐尔，是苏莱曼执政时期在位时间最长的大维齐尔。苏莱曼十分欣赏他的理财能力，同时也由于他与苏莱曼的特殊关系，他在位期间专横跋扈、恣意妄为，正是他开启了帝国公开买卖官爵的先例。在苏莱曼时代之后，这一恶劣的现象蔓延到包括军队在内的所有部门，成为滋生腐败的最大温床。考特基认为，苏莱曼对此负有不可推卸的责任。

第四，苏莱曼大帝在用人方面有明显的只重其才、不重其德的现象。某些官员在任职初期尚可称得上德才兼备。但是随着地位的升迁，逐渐变得腐化起来。他们聚敛财富的方式及奢靡的生活方式为其他官员所效仿。他们把获得官职与爵位当作取得巨额财富的最佳途径。官员们争先恐后地显示奢华。奢侈与豪华一时成为一种十分流行的时尚。

苏莱曼执政时期还出现了另一种现象，虽然同他执政前期一样，在他执政后期也严厉惩罚了许多有腐败行为的高级官员，但其性质和目的开始发生变化。其目的已不在于惩治腐败，而是通过惩治拥有家财万贯的高官，没收其财产以充实国库。大量没收得来的财产成为国库收入的重要来源。在苏莱曼之后，那些或因战争或因挥霍等原因导致国库空虚的当政者们继续沿用这一作法，致使这一现象日益普遍，并逐渐成为一种惯例。

后宫干政是奥斯曼帝国历史上长期存在的一大隐患。这一隐患在苏莱曼之后愈演愈烈。长期以来历史学家普遍认为,这一恶劣现象的存在是奥斯曼帝国走向衰落的众多内部原因之一。苏莱曼也未能避免后宫干政的恶劣影响。苏莱曼时代能够干预朝政的后宫嫔妃为数并不很多,但是其危害却十分严重。这一危害的罪魁祸首就是宠妃格丽姆。格丽姆聪颖过人、花言巧语、能言善辩,是一位极具诱人之魅力的俄罗斯妇女。在伊布拉欣在位后期,她对苏莱曼的影响力逐步扩大。苏莱曼的母亲曾经对她十分厌恶,一度迫使她离开了苏莱曼。然而,苏莱曼失去格丽姆后茶饭不思,夜不能寐,格丽姆又被召回宫中。格丽姆对她能够随意影响苏莱曼依她的意愿而行事十分得意。临终前,她曾不无得意地说:"我可以使他做任何我想做的事。"王公大臣们对她一方面十分惧怕,另一方面取悦她、利用她以达到加官进爵、获取利益的目的。由此,格丽姆也聚敛到大量财富。格丽姆干预朝政、参与争权夺利的斗争而因此获得巨大利益的行为,成为以后的嫔妃们争相效尤的典范。

苏莱曼大帝一生中最大的错误或许是他错杀自己的大儿子穆斯塔法。穆斯塔法帕夏之死对苏莱曼大帝本人,对他创建的基业都是一大悲哀。穆斯塔法被处死前已充分显示出各个方面的才能。他具备继承祖业的优秀品质和条件。他与巴耶济德的死为"酒鬼谢里姆"登上帝位铺平了道路。苏莱曼深知谢里姆才疏学浅,嗜酒如命,并一再规劝其改邪归正。但事实证明,这些努力都是徒劳无益的。谢里姆虽不具备继承大业的天赋,但却十分热衷于宫廷中争权夺利的斗争。"酒鬼谢里姆"的继位也许是对苏莱曼错杀长子穆斯塔法的报应。谢里姆即位后的事实证明,他不能胜任奥斯曼帝国素丹职位,有负于先祖创立的江山与基业。有些历史学家认为,谢里姆是帝国走向衰落的第一人。

在奥斯曼土耳其历史上,苏莱曼大帝可谓功高盖世、举世无双。无论是他的前辈素丹,还是后继素丹中,可与他相媲美的人几乎寥寥无几。他是历史的产物,也是时代的宠儿。但是,他也创造了历史、开辟了新的时代。其功过是非可以任人评说,但他创造了历史,改变了时代却是无法改变的历史事实。他的伟大之处也正在于此。

阿克巴大帝

——文韬武略的印度古代名君

尚劝余　郝振方

阿克巴大帝（1542—1605 年生卒，1556—1605 年在位），是印度中世纪莫卧儿帝国的皇帝。他是印度历史上继孔雀王朝阿育王之后最卓越、最有作为的开明君主，也是世界历史上不可多得的、颇具远见卓识和文韬武略的杰出政治家。

阿克巴在位期间，不仅东伐西讨、南征北战，统一了四分五裂的印度，建立了统一的庞大帝国，而且以杰出政治家的深谋远见和开明精神，实行了一系列政治、经济、军事、社会、宗教、文化改革，给数百年来战火不息的印度带来了稳定与繁荣，开创了一个空前昌盛的辉煌时代，史称大治。阿克巴的声誉传播世界，人们称誉他为阿克巴大帝。

一、继承祖业

莫卧儿帝国（1526—1857），是中亚外族征服者在印度建立的庞大帝国。它开创了印度次大陆政治统一和封建社会经济文化发展的时代，是印度封建社会由它的发展中期向晚期转变的阶段，也是衔接中世纪印度与近代印度的重要历史时期。

阿克巴是莫卧儿帝国的第三代君主，他的丰功伟绩是他的祖辈和父辈业绩的承继和拓展。

阿克巴的爷爷巴卑尔（一译巴布尔或巴贝尔，1482—1530 年生卒，1526—1530 年在位），是印度莫卧儿帝国的开创者。

巴卑尔是一个察合台突厥人，父系为帖木儿（一译铁木儿）的子孙，母系为成吉思汗的后裔。

由于他具有蒙古血统，因此，他在印度开创的帝国便称为"莫卧儿帝国"（莫卧儿为阿拉伯语或波斯语"蒙古"的谐音）。

巴卑尔出生于中亚的大宛,11 岁继承父亲的王位,在中亚锡尔河上游称王,并成功地挫败了来自四方的吞并阴谋。

他的梦想是成为当年帖木儿一般的征服者。然而,他在中亚的战绩不佳,被乌兹别克人打败,逐出中亚,成为无家可归的流浪者,四处漂泊,正如他本人在自传中所写的那样:

"国王像在棋盘上一样,在格子之间移来移去。"

这种流浪生活使巴卑尔少年时代就经常东奔西走,在战斗中长大。他晚上往往睡在露天地上,把身体锻炼得异常强壮,他能在 100 度以上的强日下骑马奔驰终日,也能在雪山中驰过急湍的冰流。

巴卑尔不得不放弃重建帖木儿帝国的美梦后,将注意力从西北转向东南。

他乘阿富汗境内混乱之机,率领一批蒙古兵越过艰难险阻的兴都库什山,攻占阿富汗,以喀布尔为首都,建立了自己的国家。

他随之联合波斯人,重征中亚,企图恢复失去的故土,重振在中亚的雄风,但未能如愿,他对中亚的野心遭到了彻底的破灭,遂再度退回喀布尔。

巴卑尔艰难困苦的早年生活,表面看起来是祸事,实际上却是幸事,它使巴卑尔的意志得到了充分磨炼,使他日后能与升沉不定的命运作顽强的抗争。

流浪期间,巴卑尔从他避难的一位乡村头人的母亲——一位 111 岁的老妇人那里,听到关于他的祖先帖木儿在印度的丰功伟绩的故事。他决定步他祖先的后尘,将目光转向印度。

印度的财富引发起巴卑尔的冒险精神,激发了他的幻想,而德里苏丹国家瓦解后北印度出现的政治混乱局面,则为巴卑尔征服印度提供了良机。

巴卑尔开始整编军队,生产火器,改进战术。他三次亲赴旁遮普,视察印度的一切。

他看到印度人的强壮体力逐渐消失,丧失了前几代的那种雄志,全印度分崩离析,没有一个强大的中心势力。

他估计自己生长于寒冷山地的坚强军队,可以少胜多,各个击破,于是便下定了入侵印度的决心。

1525 年,巴卑尔率领 12000 人,从喀布尔出发,进入旁遮普,向德里推进,一路所向披靡。易卜拉欣·洛提国王率领 4 万大军、1000 头大象北上迎战。

1526 年,在帕尼帕特(一译班尼帕特),莫卧儿军和德里军进行了决定印度命运的大决战,史称"第一次帕尼帕特战役。"

帕尼帕特历来是决定印度命运的地方。从西北入侵的敌人如果不在开伯尔堵住的话,萨特里日河和朱木拿河之间的开阔平原(帕尼帕特所在地),就自然成为决战地点。一旦攻克此地,即可长驱直入德里。

虽然巴卑尔在军队人数上处于绝对劣势,但他有着坚强的性格和沙场宿将的经验,而他的敌人则如巴卑尔本人所说:

"是一个没有经验的人,行动粗心大意,前进时没有秩序,驻军或撤退时没有规划,而在作战时又没有深谋远虑的布置。"

易卜拉欣自负拥有大军,以为只要把他的象队冲杀过来,便可踏平蒙古军的这支小小队伍。

而巴卑尔的军队北据帕尼帕特城堡,南据掘好的一道道的战壕,排放许多砍倒的树木,分兵防守,防备敌人的侧击。

城堡和战壕之间,向西布置好主力的阵地,派他的长子胡马雍率领右翼,米尔柴率领左翼,自己统率中军。

西面构筑一长条的工事,排列着他唯一的利器大炮和他的弓箭手,准备在敌人的象队冲来时,用炮火的力量予以摧毁。

此外,巴卑尔用一道战车加强了脆弱的前线,把敌人牵制在一道漫长的防线上,以便他向两翼进军。

易卜拉欣带领大军缓缓地向帕尼帕特前进,对巴卑尔军中的大炮毫无所知,他自己和他的将领们连大炮这个名字都未听说过。他到达帕尼帕特就驻扎休息了。

第二天早晨,太阳已从东方升起,易卜拉欣见巴卑尔方面毫无动静,便用象队领先,后面跟着大军,向巴卑尔阵地猛扑过来。

巴卑尔的军队并不出来迎战,只等敌人的前锋到达射程之内,才命令炮手一齐开炮。

"轰!轰!"

一阵雷鸣般的炮声划过长空。

烟雾起处,只见易卜拉欣的象队纷纷倒下。

那些受伤,受惊的象队,回身便向自己方向奔逃,反而把自己的队伍冲散和踏伤。

易卜拉欣的军队顿时乱作一团。

于是,巴卑尔命令左右翼向敌人后方包抄,自己则指挥中路军踏过炮兵阵地,向前冲杀。

一场鏖战,到中午时分,已经决定胜负。

易卜拉欣的军队死伤过半,遍地的死尸中间也躺着易卜拉欣自己的尸体,其余部队不是被俘,便是逃散。

巴卑尔采取骑兵协同炮队作战及两翼包抄敌军后方的战术,全歼印度军,取得第一次帕尼帕特战役的胜利。巴卑尔就此写道：

"感谢真主的仁慈，我化险为夷了！半日之内这支强大的敌军就陈尸遍野。"

帕尼帕特战役一结束，巴卑尔当天便派长子胡马雍领兵进袭亚格拉，另派先锋部队进取德里城。

巴卑尔自己在朱木拿河休息一会，一路上游览名胜古迹，然后走进德里城，去登上他早已梦寐以求的皇帝宝座。

4月27日，在德里大清真寺的礼拜仪式上，巴卑尔宣布为"印度斯坦皇帝"，结束了德里苏丹国在印度320年的统治。

巴卑尔虽为征服者，但他和他的继承人，并不把自己当作外来的贵人，高居人民之上，而是把印度当作自己的祖国来治理。

当巴卑尔的军队进入德里城时，老百姓听说跛子帖木儿的子孙杀来，他们异常惊恐。但巴卑尔的军队并不杀人放火。

巴卑尔进城后，仍叫德里苏丹国洛提王朝的臣子们帮他做事，还派人保护易卜拉欣的母亲，让她仍住在王宫里。

于是，全德里的人都安下心来，渐渐觉得巴卑尔比洛提王朝的国君好得多，都心悦诚服地拥护他了。

印度没有中亚的良马、驯狗、花园、清泉、葡萄、甜瓜，而且天气酷热，部下都闹着要撤回凉爽的阿富汗，巴卑尔给他们非常优厚的待遇，让他们同享荣华富贵，一定要回去的也不勉强，立即遣送回去。

他还派人到喀布尔，把自己的爱妻月光夫人和留在喀布尔的儿女们，都接到印度来。

这样，稳定了军心，他的部下许多人都愿意留下来，而且他过去统治的地方不少人也投奔他的麾下。

以后的几年里，巴卑尔轻而易举地征服了从旁遮普到比哈尔的北印度平原，成为西起阿姆河，东至格拉河，北起喜玛拉雅山，南至瓜廖尔，这一广大地区的统治者。

他的胜利为莫卧儿帝国的建立，奠定了第一块基石。

然而，烈酒、鸦片、长期的流亡征战和印度酷热的气候，损坏了他的身体，1530年，他47岁死于亚格拉。

巴卑尔是亚洲历史上，最富传奇性的，最令人感兴趣的人物之一。

他是一个具有大无畏精神和卓越军事才能的人，但他并不是喜好无故杀戮、肆意破坏的残暴征服者。

他是慈爱的父亲、善良的主人、慷慨的朋友，他坚信真主，热爱大自然和真理，而且擅长音乐和绘画，富有文学天才，是诗人和作家。

他能用土耳其文和波斯文写漂亮的文章，最出色的是他的自传，用土耳其文写成，由他的儿子胡马雍誊写，后来由他的孙子阿克巴译成波斯文。

他的自传记录了他的各种思想和感受，如伊尔费斯通所说：

"他的传记包含了一个伟大的鞑靼帝王一生的极其详尽的叙述，还自然地流露出他的见解和情感，他没有做作和保留，也没有极端坦白和直率的毛病。

"他的风格朴素、雄伟，而且生动有趣，它表现了他的同胞和同时代人的面貌、风度、志向和行动，就像在一面镜子里那么清楚。

"在这一方面，它几乎是亚洲真实历史的唯一范本——他绘出了每个人物的形态、衣饰、爱好和习惯，还描述了好些地方、气候、风景、物产，以及艺术品和手工业品。

"但作品最动人的地方在于著者的性格。这是一件突出的事情，在冷酷无情的亚洲历史中，我们竟发现有一个皇帝能连日哭泣，并告诉我们，他是为了童年时代的伴侣而流泪的。"

更重要的是，巴卑尔是给印度莫卧儿帝国这座大厦奠基的第一个建筑师，他杰出的孙子阿克巴就是在这个基础上建立起它上面的建筑的。

正如莱恩普尔所评论的那样：

"他是中亚细亚与印度之间，以掠夺为生的游牧民族与帝国政府之间以及帖木儿与阿克巴之间的桥梁。

"亚洲两大灾星——成吉思汗和帖木儿的血液融合在他的血管里，他把波斯人的教养和温文尔雅与鞑靼游牧民族的勇敢和好动结合了起来。

"他以蒙古人的干劲、突厥人的勇武征服了懒散无力的印度教徒。

"他本人是一个幸运的战士，却不是帝国的缔造者，然而他却给他的孙子阿克巴所建成的辉煌建筑物奠定了第一块基石。

"他在历史上的不朽地位在于他征服了印度，从而为一个帝王世家开拓了道路。"

阿克巴的父亲胡马雍(1508—1556 年生卒，1530—1556 年在位)，是莫卧儿帝国的第二代君主。

"胡马雍"这三个字的意思，本来是"幸运"。他有一个勇敢慈祥的父亲，又把王位传给他，是最幸运不过的了。

可是他即位后的遭遇却很不幸，没有谁比他更倒运。

胡马雍 22 岁登基，但他从他父亲巴卑尔那里继承的是一个问题成堆的帝国。

这个帝国结构松懈，没有建立起行政、司法和财政制度；

皇族内部很不团结,胡马雍的三个异母兄弟都在觊觎王权,他们能向长辈巴卑尔效忠顺服,但对平辈的胡马雍却是嫉恨在心;

宫廷中的贵族也在策划阴谋,企图谋取王位;

军队的成分十分复杂,有察合台人、乌兹别克人、波斯人、阿富汗人、印度人,是一个由互有利害冲突、民族各不相同的冒险家组成的混合体;

胡马雍面对的敌人亦不可轻视。阿富汗人还没有被彻底粉碎,比哈尔的舍尔汗(后称舍尔沙)在东方崛起,成为随时准备反叛的阿富汗贵族的新的领袖,古吉拉特的巴哈都尔沙军力强盛,对胡马雍也是严重威胁。舍尔汗和巴哈都尔沙,在东西两方面对他形成夹攻之势。

当时的形势需要一个兼有军事天才、外交手腕和政治智慧的统治者。但是,所有这一切,胡马雍都不具备。

事实上,他本人就是他自己的大敌。

他虽然知书识礼、喜爱文化、勇敢慈祥,可是缺乏他父亲所具有的智慧、谨慎以及坚强的决心和坚韧不拔的精神。

正如莱恩·普尔所评论的那样:

他不能坚持不懈地努力,取得瞬间的胜利,就隐居于后宫,在吸食鸦片的极乐之中,虚度宝贵的光阴,而他的敌人却正在紧叩大门。

他生性仁慈,该惩罚的时候,他却给予宽恕;他无忧无虑,喜欢交际,该备鞍上马的时候,他却在席前畅饮。他有引人注意的性格,但决不以势压人。

在私人生活中,他可能是使人喜欢的伴侣,忠实可靠的朋友。但是,作为国王他是不称职的。

他的名字的意思是'幸运',然而从来没有一个倒运的君主,比他更加名不相称了。

巴卑尔去世后,胡马雍想征服全印度,实现他父亲的遗愿。可是,原先被巴卑尔打败的拉其普特诸侯,又重整旗鼓,向胡马雍的国都亚格拉进攻。

胡马雍亲自出战,把叛军击退。正向前追击,不料阿富汗人舍尔汗又在后方向亚格拉进攻。胡马雍只得赶快回军向东,去征讨舍尔汗。

舍尔汗战败逃跑,胡马雍随后追赶,舍尔汗逃到山上碉堡避难。这时,胡马雍放弃追赶,在高尔饮酒狂欢作乐,纵情享受,一晃就是九个月。

这时,印度的雨季到来,一连几天,大雨滂沱,河水陡涨,低洼地带被洪水淹没,变成一片汪洋泽国,胡马雍的运粮道路被截断。

就在这时,舍尔汗的军队忽然从山上冲下,向胡马雍的营地突袭,胡马雍的军队乱作一团,狼狈不堪。

胡马雍虽然想挣扎，可是士兵与马匹都受不了这样的湿热，一批又一批病倒了。胡马雍只得与舍尔汗讲和，承认舍尔汗提出的条件，在孟加拉一带独立称王。

胡马雍在讲和后，整顿军队，准备返回亚格拉。他的军队到达恒河边，因为人困马乏，便解甲休息，预备翌日渡河。

四更时分，胡马雍的部队都在营帐中熟睡，打着鼾声，舍尔汗的军队突然偷袭。

因为舍尔汗并不以和解为满足，他要把胡马雍置于死地，以便进攻北印度，自己做印度皇帝。

胡马雍的军队从睡梦中惊醒，猝不及防，被杀无数。

胡马雍丢掉妻室，落荒而走，在匆促中带了几个随从，骑上马背，把马赶下恒河，向恒河对岸逃去。

那时，恰逢恒河水涨，又阔又深，水势又急，马匹不易泅渡。胡马雍的坐骑被水冲向下游，他从马背上跌入水中，几乎淹死。

这时，来了一个背着羊皮袋的灌水夫，把皮袋吹饱，叫胡马雍伏在浮起的皮袋上，用劲划水，才从万分危急中拣了一条命。

这位莫卧儿皇帝答应灌水夫，等他回到亚格拉，将让灌水夫坐上他的王座，做三个钟头的皇帝。

当胡马雍回到亚格拉，这位灌水夫骑着牛，带了他的灌水袋来了。

胡马雍很守信用，果真让这位低贱的灌水夫，坐上他的王座，做了三个钟头的皇帝。

灌水夫坐上王座，下令把他曾经救了胡马雍生命的羊皮袋，割成一块一块的小圆块，打上印记，作为钱币使用，又下令赠送许多财物给他的亲戚朋友。

胡马雍都照着灌水夫的命令，一一做了。

舍尔汗打得胡马雍丢弃妻室、落荒而走后，于1539年12月自立为王，称舍尔沙，并以他的名字铸造钱币。

从此，胡马雍避居德里，闭门不出。但是，舍尔沙仍不肯罢休，紧迫不舍。

1540年5月17日的曲女城之役，胡马雍再次败于舍尔沙之手，他的4万大军丧失殆尽。

胡马雍逃到旁遮普，向他的三弟乞求援助。可是，他三弟非但不理他，反而出兵攻击他。于是，他又退到信德。

在舍尔沙和他三弟的追击下，胡马雍再也无法立足于印度这块土地，于是，逃亡波斯，开始了他长达15年的流浪生活。

正如《印度通史》所写的那样——

"他从最近不由他统治的每一个地方被驱逐出去，深恐自己可能落到他弟弟的手里,他决定放弃他父亲的帝国,投奔到一个陌生人那里去,求助于人家那种可疑而未经尝试过的慷慨去了。"

巴卑尔奠基的莫卧儿帝国,在胡马雍手里暂时丢失了。

舍尔沙占领德里和亚格拉后,建立了历时 15 年的苏尔王朝,并把势力扩大到拉贾斯坦、马尔瓦、旁遮普、木尔坦和信德。

为阻止胡马雍卷土重来,舍尔沙采取高度集权的、开明的君主专制统治,实行了行政、经济、司法、军事、宗教等改革,使苏尔王朝成为一个幅员辽阔、国力强盛的帝国。

然而,正当舍尔沙的霸业顺利进展的时候,1545 年,他突然在一次火药爆炸事故中丧生。

在印度中世纪历史上,舍尔沙是一个出类拔萃的人物。

他是一个勇敢的战士和成功的征服者。他全凭自己的功绩和才能,以非常卑微的地位,上升为阿富汗人复兴的领袖和印度所产生的最伟大的统治者之一。

他在军事上的性格特征是谨慎和胆略的罕见的结合;他的政治行为是公开而仁慈的;他的宗教态度摆脱了中世纪的偏执;他为自己修建的宏伟陵墓,直至今日,仍充分证明了他对建筑的杰出鉴赏力。

然而,舍尔沙在印度中世纪史上具有重要地位,不仅在于他成功地驱逐了莫卧儿入侵者,建立了强大的王朝,更主要的是他在行政方面做出了一系列对后世、特别是对阿克巴大帝发生过深远影响的改革和创新。

如《高级印度史》所评论的,舍尔汗"五年短暂的统治时期的特点,是对一切行政部门进行了谨慎而有益的改革。其中有些改革所采取的方法是恢复和改革印度教徒以及穆斯林的各种旧的印度行政制度的传统特点,而其他一些改革则完全是独创性的,确实构成了古代印度和现代印度之间的桥梁"。

"事实上,他的统治的真正意义在于,他从自己的身上体现了,在印度建立一个民族国家所必须具备的那些品质,还在于他从多方面,为光辉灿烂的阿克巴体制奠定了基础"。

舍尔沙所建立的阿富汗帝国,在他逝世后没有持续多久。

这位坚强有力的人物的消失及其继承者的软弱,导致了阿富汗贵族的妒忌心理和不服管束的痼疾的再度复发,使整个王国陷入无政府的混乱状态之中,从而为莫卧儿人卷土重来铺平了道路。

胡马雍经过 10 多年颠沛流离,含辛茹苦的流浪生活后,在波斯萨非王朝的帮助下,出师重征印度平原,占领拉合尔、德里和亚格拉,恢复了莫卧儿王朝的统治。

胡马雍抓住时机,收复了由于他自身的软弱和优柔寡断,而丧失的领土的一部分,挽回了以往的失败,为日后莫卧儿王朝的牢固建立开拓了道路。

但是,他在德里统治了仅7个月,就在一次晚祷时,意外地失足从藏书楼的楼梯上跌下来,摔破头壳,两天后不治死去。

阿克巴被指定为继承人。

部下为了避免引起骚乱,对胡马雍的暴卒一直保密,直到阿克巴继位的准备工作就绪才宣布。

重振莫卧儿帝国的重任,就这样落在了阿克巴的肩上。

二、初为人王

阿克巴是在父亲的流亡生涯中出生的,历经艰辛。

胡马雍在信德不毛之地流浪期间,于1542年初,和哈米达·巴努贝加姆结婚。哈米达·巴努贝加姆是谢赫·阿利·安巴尔·贾伊尼的女儿;谢赫·阿利·安巴尔·贾伊尼曾经当过胡马雍的弟弟欣达勒的导师。

结婚不久,胡马雍在信德呆不下去了,又流浪到阿尔科特。

1542年11月23日(一说10月15日),阿克巴在阿尔科特呱呱坠地。

按照蒙古人的习惯,当第一个王子出生的时候,国王要把金银珠宝分送群臣,以示庆贺。

可是,这时的胡马雍穷困潦倒,一无所有,他的口袋里只有少许香料。

他就把香料分给随从,于是,馥郁的香气立刻充溢在空气之中。

胡马雍说道:

"我希望当我的儿子做皇帝时,和香料一样散播出香气来,使它充满天下。我给他起名叫阿克巴就是'伟大',我希望我的儿子是一个伟大的皇帝。"

阿克巴的童年是在东奔西走、颠簸漂泊中度过的。

胡马雍身遇不测去世时,阿克巴年仅13岁。

当时,阿克巴任旁遮普的省长,他父亲的老战友拜拉姆(一译培拉姆或白拉姆)为他的保护人。

当胡马雍不测的死讯,传给阿克巴和拜拉姆后,阿克巴便在旁遮普小城兰诺尔的一个花园内,举行了登基典礼。

由于阿克巴继位时年幼,由拜拉姆摄政。拜拉姆任宰相兼摄政大臣,掌握帝国实权。

1556—1560年的4年,是所谓的"摄政时期"。

初登王位的阿克巴面临着严峻的局势。

莫卧儿王朝的统治很不稳固。

胡马雍去世时,莫卧儿王朝所掌握的领土,实际上只有德里和亚格拉地区,其余均在莫卧儿朝廷控制之外,大部分仍在阿富汗首领和苏尔王朝留下来的几个贵族手里,这些贵族还想重掌王权。

拉其普特人也在坚持斗争。西北边境的坎大哈时时受着波斯人的威胁。此外,经过连绵战争,很多省份一片荒芜,北方已经两年连续饥荒,政府经济窘迫,帑藏虚竭。

比所有这些困难更直接的威胁,来自一个印度教首领喜穆(一译黑姆或希穆)。

喜穆出身吠舍阶层,是前苏尔王朝贵族阿迪尔沙的将军,一个精明干练、经验丰富的政治家。

喜穆在胡马雍去世后,起兵反叛,很快攻占了亚格拉和德里,控制了以瓜廖尔到萨特累季河的领土。

喜穆在德里建立王朝,号称"超日王"。

可见,阿克巴即位之初面临的局势,是非常严峻的,他的世袭遗产是朝不保夕的,他建立一个帝国的任务确实非常艰难。

正如史密斯写的那样:

"阿克巴必须证明他自己胜过各个图谋王位的竞争者,至少要夺回他父亲失去的领土,才能不仅在名义上而且在事实上成为帕德沙。"

喜穆攻陷德里称王后,阿克巴的群臣建议阿克巴退守喀布尔,摄政王拜拉姆力主进军德里。阿克巴采纳了拜拉姆的主张。

1556 年,两军在帕尼帕特决战,这就是印度历史上著名的"第二次帕尼帕特战役"。

喜穆依靠优势兵力取得了最初的胜利。

莫卧儿军用迂回战术攻敌两翼,同时利用中锋向前推进,使敌阵混乱,并充分发挥炮火和弓箭手的威力,攻击敌军战象,获得重大战果,使喜穆两员大将阵亡。

喜穆为扭转不利战局而发动攻击,但眼睛中箭深入脑部,立即昏倒在地。

阿富汗军因失去主帅而惊慌溃逃,莫卧儿军发动总攻,取得了最后胜利。

当喜穆昏迷不醒的时候,被拜拉姆活捉。

拜拉姆将喜穆带到阿克巴面前,请求年轻的国王对喜穆处以死刑。

阿克巴看着倒在地上昏迷不醒的囚犯,若有所思地说:

"我怎能杀死已经受伤的俘虏?"

于是,拜拉姆拔出佩剑,剑光一闪,喜穆的脑袋与身体分了家。

阿克巴皱了皱眉头，两眼茫然，仿佛看到了他的先祖帖木儿的影子。

成吉思汗的孙子帖木儿，在征服了波斯、阿富汗和美索不达米亚后，于1398年远征印度。

他远征印度的借口是德里的苏丹容许偶像崇拜，但真正目的则是为了掠夺，他似乎没有把印度并入他的帝国的念头。

帖木儿身材高大，指粗腿长，眉清目秀，仪表非凡。他的一双光亮的眼睛，十分威严，像两把利剑。他看人时，锐利的目光像爱克斯光一般，可以透过人体，把人的肺腑都能看透。

但他是一个跛子，印度人都叫他跛子帖木儿。帖木儿的性格非常残暴，喜欢杀人，印度人说帖木儿的心是石头做的。在印度杀人最多的就要数他了。

帖木儿于1398年9月渡过印度河，便大肆杀戮，到达古城塔拉姆巴，从伊斯兰教总督处获得大量的贡物，又掠夺大小村庄。

帖木儿在进军德里的途中，碰到拉奇普特人同伊斯兰军联合死守巴脱尼尔城，经过一场大战，攻陷了城堡。进城后，帖木儿将城中的男女老幼，一概杀死，不留一人。在他身后，留下的是一汪血海和一片荒凉。

帖木儿于12月到达德里附近。那时他发现俘虏还是太多，仍有10万人，对他的行军和战斗是一种累赘。但是他又不肯放走，于是，下令对军营中所有印度教徒的俘虏，进行了一场大屠杀，一天之间杀死了10万人。

帖木儿于12月18日占领德里。由于穆斯林神学家的调停，他同意赦免德里的市民。但是，猎取财富的帖木儿士兵的凶暴，迫使印度教徒起来反抗，结果又遭到了侵略者的大屠杀。只有几天功夫，德里、西里、查汉巴那和旧德里4个城市都成了废墟。

帖木儿在德里停留15日，杀人无数，掠货无数，满载北上，引军返回土耳其。

帖木儿留在印度人心目中的是残暴、肆虐。

阿克巴定了定神，眼前突然一亮，他的爷爷巴卑尔的形象映入了他的眼帘。

巴卑尔是一位斗士，打起仗来像狮子一样的勇猛，但内心深处又是一个慈悲为怀、和善可亲的人，尤其在家庭中是一个不可多得的慈父。

他对儿子爱护备至。他虽然让胡马雍跟他一同出征打仗，要他增加阅历，以便将来担当大任，但他总给他带领最精锐的部队，给他最好的助手。

每当胡马雍远离巴卑尔时，巴卑尔总是天天挂念他，叫他时时写信告诉他一切情况。

如果胡马雍因忙碌而忘记写信，巴卑尔和月光夫人就会议论和推测儿子不写信的原因，便要写信去追问。

如果儿子的信写得太短或草率,他便要写信说:"接到你的信,虽然使我很高兴,但是你要认认真真地写,不可太草率"。

当他的家属从喀布尔到达亚格拉的时候,他骑马出城迎接。这时,他完全不像一个煊赫的皇帝,也不像是一个威武的大将,而是一个普普通通的慈爱的父亲。

当他望见家属的车马时,他竟快活得从马上跳了下来,跑步上前,像小孩子似地抱住他最心爱的小女儿,眼泪从眼眶里直流出来。

巴卑尔留给世人的是勇士加慈父的形象。

胡马雍继承了巴卑尔勇敢慈祥的秉性。

阿克巴的血管里流淌着祖辈和父辈的血液。

拒绝杀害昏迷不醒的受伤俘虏,是阿克巴慈悲天性的写照。

第二次帕尼帕特战役结束了莫卧儿人与阿富汗人之间的长期斗争,粉碎了阿富汗人再度复兴的希望,标志着莫卧儿帝国对印度的统治权的确立,并走上了领土扩张的道路。

阿克巴虽然取得了第二次帕尼帕特战役的胜利,真正开始了印度莫卧儿帝国的统治,但是帝国朝政仍旧为拜拉姆所控制,阿克巴还不能独立行事。

拜拉姆是土库曼人,他曾随同波斯军队援助巴卑尔,征服撒马尔罕和布加拉,后留在巴卑尔和胡马雍手下做官。

在胡马雍远征孟加拉时,拜拉姆起过很重要的作用。有一次,他以勇猛和机智拯救了皇帝的前卫部队。

曲女城战役后,拜拉姆被舍尔沙俘获。舍尔沙想笼络这个有才气的年青勇士为他服务,但所得到的回答只是说真正的忠诚是永远不能改变的。

拜拉姆后来逃走了,在倍德加入了胡马雍的部队,成为胡马雍的总顾问和挚友。

胡马雍在昆达哈尔和西尔兴德的胜利,大部分应归功于这个忠实随从的才干,因之,他被指定做阿克巴的保护人。

作为阿克巴的保护人,拜拉姆不得不面临困难的境遇。

为了在他所指挥的小部队中保持纪律和朝气,他不得不采取严厉的措施,比如逮捕谋叛的贵族,处死打败仗的将领。

这些严厉措施的结果,"原来以为自己至少等于卡伊科巴德和卡伊考斯(古代波斯王)的察合台官员,这时才发觉必须要听从拜拉姆汗的命令,并静静地屈服于他的权威之下"。

拜拉姆拒绝了向喀布尔撤退的胆怯的劝告,而勇敢地前去迎击喜穆。在第二次帕尼帕特战役前夕,他作了一次激昂慷慨的演讲,驱散了失败主义的阴云,从而在帕尼帕特取得了决定性的胜利。

拜拉姆为莫卧儿王朝作出了重大贡献,对阿克巴早期的成功和莫卧儿人在德里统治的稳固起了关键的作用。

拜拉姆的摄政期延续了近4年。

作为摄政大臣,由于他专横地行使权力,结果树敌太多,开始失势。

阿布勒·法兹勒写道:"人们对拜拉姆汗的所作所为终于容忍不下去了。"

阿克巴此时已经18岁,羽毛渐丰,不再愿意接受拜拉姆的严厉管束,想做一个有名有实的国王。

拜拉姆的骄傲和专断也触怒了过多的宫廷大臣,他们对他们所认为的拜拉姆的暴虐独裁强烈不满。

拜拉姆是一个什叶派信徒,而皇族和多数大臣却是正统的逊尼派信徒,他的一些行为引起正统逊尼派的愤懑。

阿克巴的母后和乳母及其亲属,是倒拜拉姆的主要策划者,他们劝诱、怂恿阿克巴维护自己的权利,除掉摄政王。

1560年,阿克巴正式通知拜拉姆,他决定亲政,并免除他的职务。拜拉姆无可奈何地服从了阿克巴的决定,并同意前往麦加。

阿克巴委派皮尔·穆罕默德护送拜拉姆出帝国国境,皮尔·穆罕默德是拜拉姆的旧部下,也是拜拉姆的私敌。

拜拉姆认为阿克巴的这一做法,是对他的一种侮辱,于是反叛了。他在贾朗达尔附近战败被俘。

不过,阿克巴非常明智,考虑到拜拉姆过去的劳绩而宽恕了他,仍允许他以合乎他的身份的排场到麦加去。

拜拉姆在去麦加的途中,在古吉拉特被一个阿富汗人刺死,此人的父亲曾被拜拉姆指挥下的莫卧儿军队杀死。

这个阿富汗人把拜拉姆带的东西洗劫一空,但拜拉姆的家眷未遭凌辱,他的小儿子得到了阿克巴的保护,被带进宫廷,长大后受封为大汗。

拜拉姆的倒台,并没有使阿克巴马上能完全亲理朝政。

有两年时间(1560—1562),朝政大权仍旁落于后宫集团,即阿克巴的养母马哈姆·阿纳加及其子阿达姆汗之手。有些史学家把这一时期称为"牝鸡司晨的乱政时期"。

阿克巴不堪忍受后宫势力的掣肘,处死了阿达姆汗,四十天后,阿达姆汗的母亲悲伤而死。

这样,到1562年5月,阿克巴开始摆脱后宫的影响,真正掌握中央权力,莫卧

三、征略兼并

阿克巴生性是个有着强烈的帝国雄心的人,他的野心是做一个巨大帝国的统治者。

阿克巴曾被描写为"一个坚强而刚愎的并吞论者,在他的太阳面前,大贺胥爵士这颗和顺的星就显得黯然失色了"。

阿克巴热心于征略兼并,是历史上最伟大的帝政主义者之一。他曾说:"既为帝王,就应时刻不忘征略,否则他的敌人就会起兵打他。"

这句话明白地道出了一般的帝王所怀有的雄心。

阿克巴一生是在马背和军营中度过的,他终其一生没有停止过扩大领土的战争。

经过40多年的频繁的征略兼并,阿克巴实现了几乎整个北印度和中印度的政治统一。

由阿克巴设计的道路,为他的继承人忠实地追随着,直到莫卧儿帝国的领土,在奥朗则布统治下,扩张到最大限度为止。

收复莫卧儿失地的工作,在"摄政时期"和"牝鸡司晨期"就已经开始了。

那时,瓜廖尔·阿其米尔和遮普尔,一个接着一个被征服。这对于德里和亚格拉周围的阿克巴领土的逐渐巩固,起了很大作用。

对马尔瓦的征服经历了一番曲折。

阿达姆汗和皮尔·穆罕默德使用种种手段,打败了巴哈都尔,实现了对马尔瓦的初步征服(1561)。

阿达姆汗被阿克巴召回之后,皮尔·穆罕默德被委任管辖这个还没有完全征服的省区。

不幸,皮尔·穆罕默德在追击巴哈都尔时,被水淹死,他的继承者终于驱逐了巴哈都尔。

但不久,巴哈都尔又收复了马尔瓦,直到1571年,他才最终归顺了阿克巴。

在马尔瓦,广为流传着巴兹·巴哈都尔国王和王后鲁布摩蒂之间的爱情故事。

鲁布摩蒂有一副闭月羞花之貌、沉鱼落雁之容,巴哈都尔被她的美丽和银铃般的歌声所迷醉。

在一次征战中,巴哈都尔阵亡沙场。鲁布摩蒂失去了丈夫,终日愁苦,最后自

杀身亡。临死前,她写了一首诗,表达了她悲伤的心情:

为妻无你心肠断,声声血泪把你唤。

鲁布摩蒂好悲苦,不见巴慈在眼前。

阿克巴接着征服的地方是冈德瓦那(一译冈达瓦那或贡达瓦纳)。

冈德瓦那当时处于加拉·卡坦加王国统治之下。王国的国王比尔·纳拉扬尚未成年,他的母亲,一个极其美貌、十分英勇、精明干练的拉其普特妇女杜尔加瓦,以摄政的身份统治着这个王国。

在她当政期间,她的王国有很大发展。阿克巴看到她王国威望日益增长,很感不安,便派人送给她一架金纺车,意思是,作为一个妇女,应该坐在家里纺纱织布,管理国家不是妇女的事。

杜尔加瓦做了一把金弹花弓,回赠阿克巴,意思是,如果妇女的任务是纺纱织布,那么你阿克巴也应该从事弹棉花的工作。

阿克巴见了弹花弓之后,恼羞成怒,立刻向杜尔加瓦宣战。

1564 年,阿克巴派遣阿萨夫汗,率领一支庞大的军队,征服冈德瓦那,直捣加拉·卡坦加王国的京都贾巴尔普尔。

杜尔加瓦虽系女流,但善使枪骑射,领兵打仗,她有 2 万军队和 1000 头大象,她毫不示弱,毅然迎战,进行了英勇顽强的抵抗。

但是,在加拉和曼达拉之间发生的一次战役中,杜尔加瓦受到了挫败。面对失败,她没有辱没她的拉其普特祖先,她以真正的拉其普特人的精神,宁死不屈,割腹自杀。"她的死正如她有益的一生一样崇高而忠诚"。

年轻的国王比尔·纳拉扬,以勇武骑士的气概与征服者作战,直到阵亡。

妇女们都按照可怕的"兆哈尔"(一译乔哈尔)仪式,在熊熊燃烧的火葬堆上,集体自焚。

阿克巴著名的军事冒险,是对齐图(一译奇托尔)的围攻和占领(1567—1568)。

齐图是拉其普特土邦梅瓦尔(一译密瓦尔或美华尔)的首府。

梅瓦尔是北印度到古吉拉特各商港的必经之路,在商业上具有重要的地位。

梅瓦尔土邦的统治者,属于拉贾斯坦的拉其普特人中,最受尊敬的西苏迪耶家族,他拒不承认阿克巴的宗主权,并且庇护抵抗莫卧儿的阿富汗人和反叛的莫卧儿贵族。

因此,为了实现建立一个全印度的帝国的理想,也为了该帝国的经济利益,阿克巴必欲控制梅瓦尔。

梅瓦尔的统治者拉那·辛格死后,王国内部倾轧之风盛行,新国王乌代·辛格

懦弱无能,这一切有利于阿克巴实现他的野心勃勃的计划。托德感慨地说:

"要是梅瓦尔的编年史在其君主的名册中从来也没有乌代·辛格这个名字,梅瓦尔就幸运了。"

阿克巴围攻齐图长达 4 个月之久(1567 年 10 月—1568 年 2 月)。乌代·辛格怯懦地逃到阿拉瓦利山上的森林里,把保卫齐图的重任交给部下贾伊马尔和帕塔。

阿克巴在围攻齐图时,表现了相当的耐心和技巧,他使用了三种东西:一条深长的壕沟、保护工作人员的活动盾牌、一座临视全城的高层建筑物。

要不是阿克巴一枪击中了贾伊马尔,这次围攻可能还要拖得更久。帕塔后来也战死了。

防守将领的牺牲使被围困的守军失去了信心,于是他们手握战刀冲向敌人,勇敢搏斗到全部壮烈牺牲。

妇女们在最后被俘之前,相率以"兆哈尔"仪式,投火自焚。

阿克巴遂攻克了齐图堡垒。

根据阿布勒·法兹勒的说法,有 3 万人被屠戮,这个数字似乎过于夸大。

阿克巴还迁怒于被托德称之为"王国的象征"之物。他把庞大的铜鼓(其直径为 8—10 英尺,鸣鼓宣告君主进出齐图城门之声周围数英里都能听到)拆下来,还把齐图伟大之母神宝座上的巨大烛台拆下来,一起运往亚格拉。

其他那些长期公然反抗阿克巴的拉其普特酋长,也为齐图的陷落而感到惊恐,纷纷归顺了阿克巴。

邦迪(班提)土邦的首府兰桑波尔,于 1569 年陷落,拉伊·苏尔贾纳·哈拉把要塞的钥匙交给了阿克巴,开始为帝国效劳。

同年,本德尔汗德的卡林贾尔酋长罗阇·拉姆金德,也跟着投降。对卡林贾尔的占领,大大地加强了阿克巴的军事地位,在莫卧儿帝国扩张的进程中迈出了重要的一步。

1570 年,比卡内尔的统治者和贾萨梅尔的统治者,不仅归顺了莫卧儿皇帝,而且还把他们的女儿嫁给他。

拉其普特诸酋长就这样一个接一个承认了莫卧儿的权势,唯有梅瓦尔邦始终没有臣服,一直保持独立。

梅瓦尔虽然失去了首都,但它非但没有向阿克巴投降,反而进行了几十年的英勇抵抗。

拉其普特人素以勇敢彪悍、英勇善战著称于世。拉其普特人的这种精神,在梅瓦尔得到了最典型的表现。

1572 年,乌代·辛格的儿子普拉塔普·辛格(一译布罗德卜或普罗太普)即位,他继续进行反抗莫卧儿帝国的顽强斗争。

普拉塔普是一个真正的爱国志士和领袖,他忠于他的国家的传统,对侵略者进行毫不妥协的抵抗。

普拉塔普没有首都,资力微薄,又要对抗一个当时"世界上无可估量的最富裕的君主"莫卧儿皇帝的有组织的力量。

而且,他的同辈的酋长、邻国、甚至他自己的兄弟,都缺乏拉其普特人的勇武和独立的崇高理想,而与莫卧儿人结了盟。

但对于这位拉其普特的民族英雄来说,不存在任何可以畏惧的障碍,他具有比他的同胞更为高尚的品质。如《高级印度史》所评论的:

"危险虽大却增强普拉塔普的毅力,用吟游诗人的话说,他发誓要'令母亲之乳汁闪耀光辉',并充分履行了他的誓言"。

1576年4月,阿克巴派遣曼·辛格和阿萨夫汗率军征服梅瓦尔。6月,在哈尔迪加特山的激烈战役中,普拉塔普遭到了毁灭性的失败。他的坚固的阵地一个接着一个落到了莫卧儿人手里。

普拉塔普在一位酋长无私的献身搭救之下,得以逃生。他骑上他心爱的战马退入山林,与野兽同宿,以野果充饥,坚持游击战达20余年。

用托德的无法模仿的话说:

"他独力支持了25年,抵抗了帝国的联合力量,在某一个时候,他毁灭过平原,另一个时候,他又在山岩间奔波,用本地山上的野果来养活他的家族,养育他那个当时还是婴儿的英雄阿马尔,在野兽和几乎同样野蛮的人群中,阿马尔是他那种勇敢和复仇精神的合适的承继者。"

在这次长期的战争期间,梅瓦尔的肥沃地区荒无人烟,不见一星灯火。普拉塔普终于在死前如愿收复了许多要塞。

这位拉其普特爱国志士,甚至在他一生最后一刻,还为他的祖国忧虑。他临终前强令他的酋长们"起誓不背弃他的国家,以免其落入突厥人之手"。

托德评论道:

"这位拉其普特人的一生就这样结束了,可是甚至今天所有西苏迪耶人还把他当作偶像加以崇拜和怀念。"

托德进而写道:

"要是梅瓦尔有他自己的修昔底德或色诺芬,那么无论伯罗奔尼撒战争还是'万人'退却给历史诗人所提供的丰富多彩的事件都远不及这个梅瓦尔历尽沧桑的光辉王朝的业绩。无畏的英雄主义,百折不挠的刚毅,'永受尊敬的'真诚,坚韧不拔的精神,加上任何别的民族都没有这样可以自豪的忠诚——这些都是对抗高涨的野心、指挥的才能、无穷的资力和宗教的狂热的要素；所有这一切都不足以跟一颗不可征服的心相匹敌。"

普拉塔普确实是印度历史上一个鼓舞人心的人物。拉其普特人产生过比普拉塔普更能干的将军，更精明的政治家，可是没有产生过比他更勇敢、更崇高的爱国领袖。

普拉塔普的儿子于1597年接替他，领导人民继续斗争。

梅瓦尔几代拉其普特人英勇的反侵略斗争，在印度中世纪史上，写下了可歌可泣的一页。

兰桑波尔和卡林贾尔在1569年被兼并后，阿克巴觉得自己可以自由自在地专心关注西方和东方了。他下一步征服的便是他父亲曾经征服而又失掉的重要地区古吉拉特（一译古查拉特或古甲拉特）。

古吉拉特位于印度西海岸，有漫长的海岸线和富庶繁荣的港口，具有引人注目的商业地位和特殊的经济利益，因此，德里历代统治者，包括胡马雍都对它垂涎三尺，想占而有之，虽然胡马雍对它的占领只是短暂的。

此时，古吉拉特正陷于一片混乱状态。名义上的苏丹穆扎法尔沙三世，无力控制那些犯上作乱的酋长。这种形势为阿克巴的征服提供了良机。

1572年，阿克巴亲自出征古吉拉特，粉碎了一切抵抗力量，逼近阿默达巴德，傀儡国王穆扎法尔沙三世投降，阿克巴发给他养老金，令其退位。

阿克巴接着向苏拉特推进，中途在沙纳尔的一次艰苦战斗中，他表现得非常勇敢。阿克巴围攻苏拉特一个半月后，攻占该城。

葡萄牙人这时也与阿克巴接触，希望得到他的友谊。阿克巴在坎拜和葡萄牙人签订了条约，这给麦加圣地的参谒者保证了安全的通行。

阿克巴布置了古吉拉特的行政事务后，回到新都法特普尔·西克里。

但是，阿克巴一到达首都，这个新征服的省份，就爆发了叛乱。叛乱是由难以制服的莫卧儿王公们领导的，阿克巴的几个堂兄弟也参与了叛乱。

阿克巴以惊人的速度装备了一支远征军，飞速前进，9天之内兼程600英里，抵达阿默达巴德。

阿克巴没有等待援军，以仅有的3000人的军队，对2万名叛军发动了猛虎般的突击，一举粉碎了这次叛乱。

阿克巴对古吉拉特的远征，被称为印度前所未有的最快捷的战役。

古吉拉特就这样纳入了阿克巴的统治范围，从此成为他的帝国的一个组成部分。史密斯博士评论道：

"征服古吉拉特标志着阿克巴的历史进入了一个重要的时代。"

它不仅增加了莫卧儿帝国的资源，而且还为帝国获得一条到达海边的自由通道，使它和欧洲商人（葡萄牙人）有了联系，这对印度历史产生了重大影响。

但是莫卧儿人没有建立任何海上武装的尝试，由于他们在这方面的目光短浅，便助长了欧洲商人的入侵。

阿克巴接下来征服的是孟加拉。

南比哈尔总督苏莱曼·卡拉拉尼，是一个阿富汗酋长，他利用孟加拉在位的年青国王被弑后的混乱局面，把他的势力扩大到孟加拉，于1564年继承苏尔王室，成了孟加拉的统治者。

他曾率军包围罗塔斯，当阿克巴派军解救这个堡垒时，他主动撤回孟加拉，并以赠送贵重的礼物正式承认了阿克巴的霸权。

他在位期间，一直正式承认阿克巴的封建君主地位，并与之保持友好的关系。他把首都从高尔迁到坦达，并兼并了奥里萨这个信奉印度教的王国。

但是，他的儿子达乌德（一译陶达）继位后，"对政治艺术一窍不通"，不久就"抛弃了他父亲的审慎措施"，不仅僭用皇室的一切标志，以他自己的名义诵读"呼图白"，发行钱币，宣布独立，而且向前推进，占领了莫卧儿帝国东部边境的扎马尼亚这个前哨据点。从而，触怒了当时正在古吉拉特的阿克巴。

1574年，阿克巴亲自率师讨伐这个放肆不羁、桀骜不驯的孟加拉总督。

阿克巴在印度最不利于兴兵打仗的阴雨绵绵的季节，率兵沿恒河顺流而下，一举将达乌德逐出巴特那和哈吉普尔。

阿克巴在雨季中对巴特纳的占领，几乎是史无前例的壮举。阿克巴将战事交给他的将领穆尼姆汗，自己返回首都法特普尔·西克里。

穆尼姆汗乘胜追击，达乌德连连败北，撤退奥里萨，后来战败身亡。孟加拉成为莫卧儿帝国的一部分。奥里萨于1592年也并入帝国版图。

阿克巴的异母兄弟哈基姆是喀布尔的亲王。虽然他名义上从属于莫卧儿帝国皇帝，但实际上是作为独立的统治者统治着喀布尔。

哈基姆是"一个懦夫，一个无用的酒徒"，但他野心勃勃，图谋不轨。他与东方诸省的一些贵族，以及帝国朝廷里心怀不满的官员，串通一气，结成了同盟，抱着为自己篡夺印度王位的野心率领15000名骑兵进犯旁遮普。

旁遮普的意思是五条河流域地区。按照印地语的发音，旁遮普这个名字应该译为班贾布。班吉的意思是五，阿布的意思是河，班吉加阿布便念成班贾布，即旁遮普。

最早的时候，班贾布叫班吉那德，阿克巴大帝时，根据波斯语的习惯，把梵文词"那德"改成波斯词"阿布"，于是"班吉那德"就变成了"班贾布"，即旁遮普。

阿克巴认为不应再无视哈基姆的阴谋和举动,决定予以反击,劳伦斯·宾扬写道:

"他看他的兄弟就像鹰看蚊子一样。"

1581年,阿克巴带领5万骑兵、500战象和大量步兵,从首都出发,向阿富汗挺进。

哈基姆闻风丧胆,毫无抵抗,从旁遮普逃到喀布尔。阿克巴顺利进占喀布尔,哈基姆逃遁山区。哈基姆在发誓效忠皇帝之后,被恢复了在喀布尔的统治。

在喀布尔所取得的胜利使阿克巴大为宽慰。史密斯写道,这使他"可以在其余生中完全腾出手来,这个成就可以认为是阿克巴一生事业的顶点"。

1585年7月,哈基姆饮酒过度而死,喀布尔正式并入莫卧儿帝国。

喀布尔并入莫卧儿帝国,使阿克巴不得不密切注视西北边境。

这个地带从克什米尔的西部伸展,环绕白沙瓦、科哈特和班努,然后向南延伸,沿印度河流域而下,直到信德海边,它的总长度,包括曲折在内,大约有1200哩。

这个地区在政治、军事和经济上都占有重要地位。

这个地区有许多不易防御的重要山道,它们是印度的门户,来自波斯或中亚细亚的外来入侵者,通过这个门户,便可长驱直入,轻易地进入印度。

这个地区也是一个重要的贸易中心。来自亚洲各地的商人,聚集在这里交换商品。由于葡萄牙人控制了红海,加上他们与波斯的关系不友好,因此各种货物都比以前更频繁地通过这里,从印度运往亚洲其他国家。

此外,边境上好战的阿富汗部落,如乌兹别克人和尤苏夫扎伊人,"都相当民主并酷爱自由,他们在当地山区里是很危险的人。他们的国土提供了最好的天然屏障,他们就在这块国土的要塞之中作战,他们永远反抗任何想使他们屈从于毗邻君主的企图"。他们对莫卧儿帝国的态度远非友好,不时骚乱。

阿克巴充分认识到有效地巩固这一边境地区的重要性。

他派军彻底击败了尤苏夫扎伊人,"大量尤苏夫扎伊人被屠杀,许多人被卖到土兰和波斯。萨瓦德、巴朱尔、布内尔诸国在气候、水果、食物价廉几个方面是罕有其匹的,这几个国家里为非作歹的人都被肃清了。"

接着,他又派兵5000征服克什米尔。

克什米尔多山多谷多湖,高山上白雪皑皑,终年不化,山谷地带碧绿如茵,河流纵横,湖泊密布,冬暖夏凉,春华秋实,素有"地上天堂"和"花雪丽国"之称。

关于克什米尔名字的来历,有一个动人的传说。

在古代,克什米尔地区是一个大湖,名叫萨蒂斯尔湖,湖里住了许多妖魔,魔王叫贾洛德帕瓦,他们都是些吃人的魔怪。

为了消灭这些妖魔,迦西耶布仙人修行了整整 1000 年。后来,雪山神女下凡来帮助他,拿起一块石头,向贾洛德帕瓦投去,打死了魔王。

投出的石头变成了一座山,就是现在斯利那加附近那座有名的哈里巴拉瓦德山。魔王死后,大小妖魔鬼怪都逃往他乡。

迦西耶布把湖水从巴拉木拉排出去,让人住进来。从此以后,这个地区便命名为迦西耶布·迈鲁,即迦西耶布山。

迦西耶布·迈布一词后来讹化为迦西耶布·迈尔、迦西耶·米尔、迦西米尔(即汉译克什米尔)。

1586 年,阿克巴打败克什米尔苏丹,将其并入莫卧儿帝国版图。

信德和俾路支分别于 1591 年和 1595 年被征服。

1595 年,坎大哈的波斯省长,未经抵抗,向阿克巴投降,阿克巴和平地占领了坎大哈。

这样,经过一系列征服兼并活动,莫卧儿帝国在西北边境的地位,得到了巩固,帝国的威望也随之大大提高。除了印度河彼岸一个狭长的部落地区和其他几个地区之外,阿克巴使自己成了从喜马拉雅山到纳尔马达河,从兴都库什山到布拉马普特拉河这块土地的毫无争议的统治者。

阿克巴巩固了他对北印度和中印度的权力以后,就决定把他的统治扩大到南印度,专心从事德干的征服。

阿克巴征服德干出于两个目的。首先,将德干 5 个苏丹国纳入他的霸权范围,实现他建立全印度大帝国的理想。

其次,作为一个精明的政治家,他要利用他对德干的控制,作为把葡萄牙人赶回海里去的手段。虽然阿克巴与葡萄牙人的关系表面上尚且友好,但是他认为听任葡萄牙人享受帝国的一部分经济资源并干预其政治不是明智之举。

因此,阿克巴着手征服德干的工作。

阿克巴首先于 1591 年派遣大使,分赴德干苏丹国各朝廷,要求它们接受德里的宗主权。但是,除了坎德什外,所有其他德干苏丹国对他的提议的答复,都是含糊其辞,模棱两可。

外交使团的失败,导致阿克巴诉诸武力。

他派遣大军讨伐阿马德纳加尔,并于 1595 年包围了该国。阿马德纳加尔前国王的姐姐,俾查浦尔的皇太后昌德·比比,英勇顽强,率军坚决地保卫着这座城市。

莫卧儿军队久攻不克,遂于 1596 年与昌德·比比缔结和约,年幼的国王答应承认阿克巴的霸权,割让见拉尔。莫卧儿军队离开后,阿马德纳加尔的另一派系迫使昌德·比比放弃权力,驱逐了她,违背她的意志和忠告,违反和约,与莫卧儿人重新开战。

阿克巴亲自出马,昌德·比比在内部倾轧中被谋杀,帝国军队轻而易举地于1600年8月攻克阿马德纳加尔。

这时,坎德什的新国王不堪忍受莫卧儿人的束缚,企图凭借易守难攻的阿西尔加尔堡垒对抗莫卧儿皇帝,拒不归顺帝国当局。

阿克巴于1599年7月率师南进,攻占了坎德什首府布尔汉普尔,并轻而易举地围困了阿西尔加尔这座强大的要塞。

虽然要塞内发生了可怕的瘟疫,致使许多人丧生,但被围困的守军仍然保卫着这座要塞达6个月之久。

由于他的儿子萨利姆反叛,阿克巴不愿意把围困拖延下去,遂以保证人身安全为诺言,诱骗坎德什国王到兵营谈判,国王一到,即被扣压,并被迫写信给守军,下令交出要塞。然而,守军仍然坚持抵抗,拒不投降。

接着,阿克巴又在坎德什的官员中大量分发金钱,施以贿赂。就这样,阿西尔加尔的大门,最终"被金钥匙打开了"。

这是阿克巴最后一次的征服。

经过40多年连绵不断的征略兼并,阿克巴将莫卧儿帝国的版图扩大到:北起克什米尔,南至哥达瓦里河上游;西起喀布尔,东到布拉马普特拉河广大地区。

四、怀柔宽容

为了有助于扩张领土,巩固统治,争取占人口绝大多数的非伊斯兰教徒,阿克巴改变了过去德里苏丹歧视和迫害广大印度教徒的错误政策,实行相当彻底的怀柔宽容的民族宗教政策。

鉴于德里苏丹国家统治时期,穆斯林君主对印度教拉其普特封建王公单纯采取武力征服的政策,结果导致印穆民族矛盾加深,造成削弱德里国家统治基础的恶果;同时也鉴于拉其普特封建王公的政治、军事力量日渐强大,很可能成为与莫卧儿人争夺印度统治权的劲敌,于是,阿克巴以政治家的真知灼见和开明头脑,认识到对拉其普特人既要征服,更要加以怀柔和笼络,与其建立巩固的联盟,把他们变为莫卧儿帝国统治印度的重要政治支柱。

为此,阿克巴采取与拉其普特和亲联姻的政策,他娶斋浦尔邦的拉其普特公主为皇后,娶梅瓦尔的拉其普特公主为皇妃,这种联姻为阿克巴与拉其普特的结盟奠定了持久的基础。

阿克巴对臣服的拉其普特王公封赐官爵,使其成为莫卧儿帝国的重要大臣和军事将领。拉其普特人成了皇帝最忠诚的战士,拉其普特骑兵成为莫卧儿帝国的最精锐的武装力量,占莫卧儿骑兵力量的三分之一。

　　托德把阿克巴描写为"拉其普特人的独立主权的第一个成功的征服者;他的刚毅对于这个结局是有力的补助,这也犹如以他在心理分析上的技巧及其对行动的最敏捷的反应,使得他能在用以束缚他们的锁链上镀上金光"。

　　阿克巴一改德里苏丹国统治时期,穆斯林贵族垄断高级官职的错误做法,把被征服的拉其普特王公,调到亚格拉的莫卧儿王朝中央政府,担任高级官职。

　　在地方官的任用方面,采取印穆间杂相伴的做法。他还限制穆斯林大贵族势力,力图使印穆两种力量保持平衡,使其都成为莫卧儿帝国统治的政治支柱。

　　在阿克巴时代,莫卧儿王朝的415名高级官吏中,有51名是印度教徒,而且几乎都是拉其普特人。

　　阿克巴以其明智而开明的政策,赢得了大多数拉其普特人的人心到了这样的程度:他们为阿克巴帝国作出了宝贵的贡献,甚至为之流血牺牲。

　　对骁勇善战的拉其普特人采取怀柔政策,是阿克巴的扩张得以顺利进行的因素之一,也是阿克巴帝国得以巩固的因素之一。

　　如《高级印度史》所说:

　　"阿克巴帝国事实上是莫卧儿人的杰出才能和外交手腕与拉其普特人的英勇和效劳互相配合的产物。"

　　阿克巴扩大了莫卧儿帝国统治的阶级基础,使帝国政权成为外来穆斯林军事贵族与印度教封建主的联合专政。

　　阿克巴宣称,他既是穆斯林的,也是印度教徒的,不偏不倚的君主,给予他们同等的权利。

　　他取消了印度教徒的香客税和人头税。这一政策完全归功于阿克巴本人,而不是任何顾问。据阿克巴自己说,"我没有找到能干的大臣,这是真主的恩赐。不然人民会认为我的措施是由大臣策划的。"

　　他准许所有被强迫改宗伊斯兰教的印度教徒归宗原来的信仰,准许印度教徒营建寺庙、崇拜其神祇、庆祝宗教节日,和平地宣传其宗教信仰。

　　阿克巴本人也停食牛肉,以表示对印度教习俗的尊重。他在亚格拉以西建立印度教式的帝国新首都法特普尔·西克里。他采纳印度教帝王的惯例,实行"贾罗卡"(阳台谒见习俗),每天清晨在宫廷阳台露面,接受臣民伸冤的请愿书。阿克巴被印度教徒欢呼为"世界的领导者"。

　　阿克巴不仅对印度教实行宽容政策,同时也"尽了最大努力,使印度的伊斯兰教从阿拉伯化的状态中解放出来,并使之适应印度的需要,就如波斯人发展了什叶派教义,使伊斯兰教适合于他的民族精神一样。为使伊斯兰教适应于印度的传统,一个伟大的宗教和文学运动开始于阿克巴,而以达拉告终"。

在阿克巴的统治下,突厥—莫卧儿王朝变得更为印度化,而不是突厥化或莫卧儿化。

阿克巴在新都法特普尔·西克里建筑了一座礼拜堂,用来讨论哲学和神学问题。

他首先把博学的伊斯兰神学家召集到那里,但不久他们的讨论就成了"发泄庸俗的积怨,拘泥于病态的正统观念和进行人身攻击",而且他们对阿克巴提出的一些问题,都不能作出满意的回答。

这种无聊的争论,不能满足阿克巴那颗喜欢探索的心灵,于是,他把各种不同宗教派别的有识之士召集到礼拜堂,其中有印度教徒、穆斯林、袄教徒、耆那教徒、基督教徒,辩论宗教问题。

他耐心倾听各种宗教信仰的代表人物的争论,他"对每种宗教甚至都觉得,不同的人们都有其合理的理由断言自己是一个袄教徒、印度教徒、耆那教徒或基督教徒"。

这些辩论使阿克巴明白:"一切宗教里都有光,而光总带有或多或少的阴影",即使逊尼派正统的伊斯兰教的教义也并非完美无缺。

1579 年,阿克巴决定向伊斯兰教神学家"乌莱玛"的专断挑战,他撤销法特普尔·西克里的首席布道士的职位,以他自己的名义宣读"呼图白"(宗教讲词),并颁布"无误法令",宣布他的新的王权理论,声称他是政治上的最高主宰,也是宗教上的最高权威,当伊斯兰教宗教导师解释某项法令发生意见分歧时,由皇帝仲裁。

阿克巴认识到,印度是一个多民族、多宗教的大国,他本人对宗教问题抱有极大的兴趣。

葡萄牙总督看到皇帝对宗教有兴趣,赶快派传教士来说服他入教。

但阿克巴的目的并不是要皈依哪种宗教,而是对社会和哲学进行思考,要制定出一个他的帝国的意识形态。

从以下几则他的言论中,可以看出他对宗教问题的观察与分析。

"印度教妇女们从河流、水塘和井里取水,她们不少人用头顶着好几个水罐,说说笑笑,在崎岖不平的路上走着。如果人心能像水罐这样保持平衡,任何灾难都不会降到他们身上。为什么人们在对待万能之神时做不到这样呢?"

"我从前曾迫使人们接受我的信仰,即伊斯兰教。当我的知识增加以后,感到无地自容。我自己都不是穆斯林,让别人当穆斯林是没有道理的。强迫人家信教能指望他们忠实吗?"

阿克巴还对祆教进行分析,他不相信古人拜的火是从天上下来的,他认为那是夸张,因为用镜子或者晶体对着太阳就能引燃火绒。

经过种种思考,阿克巴认为所有的宗教都含有一些共同的法则。因此,他总结这个共同法则,创立了没有上帝和教条的、折衷并杂揉了伊斯兰教、印度教、佛教、耆那教、祆教、基督教各种成分的圣教(丁—伊—伊拉希,意为"神圣信仰")。

他将圣教定为国教,自任教主,自称是人民的精神导师。他的主导思想是冶所有信仰于一炉,提倡和平与宽容,不主张大量杀生,尽量少吃肉,至少要定期把斋,在宗教仪式上拜火、日、光。

阿克巴的普遍宽容的思想确实是一种崇高的思想,十分鲜明地证明了他的理想主义。

根据对阿克巴进不妥协批判的巴道尼所提供的证据,以及那些肯定因为自己未能使皇帝改宗他们的宗教而对他不满的耶稣会教士的著作,史密斯错误地评论道:

"'神圣信仰'是阿克巴的蠢行而不是智慧的标记。全部设想都是荒谬可笑的虚荣心、无限的专制政治极度发展的产物"。

研究阿克巴的德国历史学家冯·内尔,对"神圣信仰"作了正确的评价,他写道:

"巴道尼为了一再对这位伟大皇帝进行攻击,确实是利用一切机会搜集阿克巴神化自己的想法。然而,他从来也没有深切了解'丁—伊—伊拉希',只不过是重复流行于群众中的误解而已,而这些误解又因当时一般人的理解方式而弄糟,并有了一些搀杂。阿克巴可以当之无愧地为他自己的业绩感到骄傲,但是他一生中许多事件都证明他是一个最谦虚的人。使这位兼政治、哲学和宗教制度的创立者和首脑于一身的人物成为神的是人民。他的创造之一——在宗教事务中宽宏大度和普遍容忍,确保他永远在人类的思想中占有杰出的地位"。

阿克巴崇高的思想、宽容的性格和广阔的理想,是由各种因素综合形成的。

首先,他的遗传上的影响"赋予他那些理智与感情方面的品质,使他能接受环境对他造成的印象,并以最好的方式把它反映出来"。

尽管帖木儿及其后裔都是征服者,但是他们都爱好艺术和文学,而且主要是由于他们跟苏菲派的接触而有着超脱于宗教之上的正统观念。

阿克巴的母亲是一个波斯学者的女儿,她在阿克巴的心灵中播下了宽容的种子。

其次,阿克巴早年留在喀布尔宫廷——当时有许多苏菲派圣徒在萨法维迫害的压力下逃离波斯，来到那里——期间与苏菲派的接触，以及后来他的导师阿卜杜勒·拉蒂夫的影响，使他深深感到自由和崇高的思想的价值，并且使他渴望"得到与神的本体直接接触时所具有的不可言喻的幸福"。

再次，他的拉其普特的妻子，他与印度教徒的接触，以及当时的改革运动，都对他富于想象力的头脑产生了影响。

因此，"他这个非常聪明、头脑机灵、喜欢探索的人，在出身、教养和交往方面都善于极其敏锐地觉察到那些成为他所生活的那个世纪特征的种种渴望和精神的不安。他不仅是他那个世纪的产儿，而且是它最好的反映"。

此外，他要建立一个全印度的莫卧儿帝国的政治目的，对他的宗教政策也产生了某些影响，正如政治因素在很大程度上影响了与阿克巴同时代的英国伊丽莎白女王在宗教上的决策一样。

但是，毫无疑问，阿克巴本人向往宗教，渴望真理，"在阿克巴的灵魂里泛起情感的波涛"是屡见不鲜的事。

甚至怀有敌意的批评者巴道尼也告诉我们：

"许多个早晨，他总在坐落于僻静处的法特普尔·西克里皇宫附近的一幢古老建筑的一块平坦的大石上，独坐祈祷，神情忧郁，头垂胸前，搜集清晨的天福。"

各种不同宗教派别的冲突震撼了他的心灵，因此他致力于"发展一种新的宗教，他希望这种宗教将表明是所有敌对教义的综合，能够把他辽阔的帝国各种不调和的因素统一在一个和谐的整体内。"

他的理想是广泛综合他认为是各种不同宗教中的一切精华。

阿克巴的宗教宽容政策，改变了莫卧儿人在印度当地居民心目中，作为入侵者的形象，成为帮助阿克巴扩张领土，巩固统治，使莫卧儿人最终立住脚跟的重要因素之一，同时也给遭受穆斯林入侵和破坏达数百年的印度社会带来了普遍的安定与繁荣。

五、郁郁晚年

阿克巴的晚年因悲伤和痛苦而郁郁不乐。

伤心的事件一个一个接踵而至，使他饱受连绵征战之苦的身心，一再蒙受磨难，得不到片刻安宁。

先是他心爱的朋友和诗人费济去世，接着是他的儿子萨利姆犯上作乱，自立为王。

萨利姆是阿克巴仅存的儿子,他的两个哥哥比他父亲早逝。

萨利姆在娇生惯养中长大,个性复杂多变。他是一个奇怪的混合体,他的性格由各种极端组成:有时很残忍,有时又似乎非常公正而温和。

他可以站在旁边看着人被活活剥皮,却又能热爱正义,能在高尚的交谈中度过星期四的晚上。

他可以策划谋杀某个人而毫不自责地坦率承认这一事实,又能因皇家大象在冬天用冷水喷淋自己身体时颤抖而可怜它们。

他爱好美酒和女人,喜欢寻欢作乐,性情反复无常,但又具有高超的审美能力,热爱大自然,擅长艺术和文学。

就是这样一位王子,曾几次图谋篡夺他父亲的王位,给他暮年的父亲惹来无尽的烦恼。

萨利姆利用阿克巴在南方征战的机会,于1601年在北方古城阿拉哈巴德僭行独立。

阿拉哈巴德城为阿克巴所建,又名布拉亚格,坐落于印度圣河恒河和朱木拿河的汇合处,意为"上帝之城",是印度教圣地。

萨利姆在阿拉哈巴德组织了一个独立的朝廷,发布诏谕,封授"扎吉尔"(封建军事贵族)。

不仅如此,为了达到尽早夺取王权的目的,他还不惜与欧洲殖民主义者葡萄牙人相互勾结。

更使他父亲伤心的是,他怀疑他父亲的亲密朋友和伙伴阿布勒·法兹勒,在他父亲面前讲他的谗言,于是,唆使公然反叛了他父亲的班德拉设下埋伏,在阿布勒·法兹勒从德干回亚格拉会见皇帝的路途中暗杀了他。

阿克巴伤心到极点,下令无情地追捕凶手班德拉,但是,作为首要嫌疑犯的王子,却没有受到惩罚。

由于父性的弱点,阿克巴1603年4月与儿子和解,重归于好。

关于这次和解,萨利姆在他驰名的自传中,用极其朴实的笔法写道:

"我明白一个王国该有何等的忍耐,它的基础是建筑在对父亲的敌意上的。"

萨利姆与父亲和解,回到阿拉哈巴德后,旧病复发,重建独立的朝廷。

就在此时,朝廷里一些贵族及曼·辛格、阿扎姆等人,密谋废除萨利姆的继承权。

萨利姆于是再次请求同父亲和解。

阿克巴把他当作任性的孩子,严加申斥,并禁闭10天,作为惩罚,随后,再次宽恕了他。

不久，阿克巴患了严重的痢疾，于 1605 年 10 月 17 日逝世。

临终前，阿克巴为萨利姆举行了授权仪式，将头巾和礼服授予他，并给他佩上了自己的短剑，显示了一位征战终生的帝王的慈父胸怀。

阿克巴是一位无畏的战士，仁慈而明智的统治者，思想开明，有胆有识，在印度历史上占有独一无二的地位。

阿克巴个性威严，看上去是个十足的帝王，萨利姆在他的回忆录中说，他父亲"一举一动都不像个凡人，在他身上显示出真主的灵光"。

阿克巴像帖木儿王朝其他君主一样，富有过人的勇气，非凡的膂力。他在临阵和追击时，都无所畏惧，"像马其顿的亚历山大一样，时刻准备冒生命危险，而不顾政治后果"。

他常常在雨季策马跃入洪水横溢的江河，安全地渡到对岸。

他虽然是个强有力的征服者，但并不出于残忍而滥施暴行。

他对他的亲属充满深情，不无故报复。他对他的兄弟哈基姆所采取的行动，说明他能宽恕改悔的叛变者。

偶尔，他的怒气占了上风，那么罪犯就即刻被处决，如他对他的舅父穆阿扎姆和同奶兄弟阿达姆汗就是这样。

但是，他一般能很好地自我克制，宽大为怀，如他对喜穆和萨利姆就是这样。

他风度翩翩，谈吐文雅，为此受到所有与他接触的人的高度赞扬。

他能赢得臣民的爱戴和崇敬，他们认为这位德里的统治者是世界之王。

他饮食极其节制，喜欢水果，不大喜欢肉食，晚年完全不吃肉。

阿克巴自幼爱好打猎和各种运动，不喜读书，目不识丁，总是请别人给他读书。

虽然阿克巴一生不识字，不知道如何阅读和写作，但他具有极高的文化修养。

他有出色的文学鉴赏力、浓厚的求知欲和惊人的记忆力，对各门学科，如哲学、神学、历史和政治学都有浓厚和强烈的兴趣。

他有一座藏书楼，里面装满各门学科的书籍。

他喜欢跟学者、诗人、哲学家交往，他们向他大声朗读书籍，因此，使他能通晓伊斯兰教苏菲派、基督教、袄教、印度教和耆那教的作品。

史密斯写道：

"任何一个听过他对争论的问题发表深刻而精辟的议论的人，都会相信他具有广阔的文学知识和渊博的学问，而决不会想到他是文盲。"

虽然阿克巴雄心勃勃地进行领土征服，通过征服把莫卧儿帝国的范围，几乎扩大到北印度最远的界限，可是他不是一个自私而任性的独裁者。

他不是只顾自己的利益而无视被征服者的感情，践踏他们的权利和特权。

他的王权理想是崇高的,他说道:

"任何行动方针有效与否取决于君主的行为。因此,他对真主的感激应该表现在他的公正政治以及论功行赏之上;而他的臣民的感激则应该表现在唯命是从和歌功颂德之上。"

由于具有天才的远见,他把莫卧儿帝国的政治结构和行政制度建立在所有臣民的合作和友好的基础之上。

他真正认识到,虐待占人口绝大多数的印度教徒或使他们长期处于不平等和屈辱的地位是不合理的。这表明阿克巴作为政治家的卓越才能。

他不仅公平对待印度教徒,任命他们担任要职,而且还力图消除穆斯林与非穆斯林之间的一切令人反感的差别。

他为任何一个想追求印度全国的统治者这个地位的人,开拓了一条合理的途径。

阿克巴爱好艺术。他"热情欣赏世界的奇观和壮丽",用尽一切办法鼓励绘画艺术,并且不顾伊斯兰教关于禁止描画生物外形的禁令,而赋予绘画艺术以一种宗教色彩。他说道:

"在我看来,似乎画家有认识真主的十分特殊的手段;因为要是画家在描绘任何有生命的东西的时候,在构思它的肢体、羽翼的时候,一个个终于感到他不能赋予他的作品以个性,他就不得不想到生命的赐予者——真主,因而增加他的认识。"

阿克巴也欣赏音乐艺术。有 36 位歌唱家曾享受阿克巴朝廷的资助。其中有些是在音乐方面最有造诣的人。

阿克巴爱好建筑艺术。他以其一贯的一丝不苟的作风,掌握了这种艺术的每一个细节,因为他具有开明而善于综合的智力,他以来源不同的各种艺术思想充实自己,而他召集在自己周围的熟练技师们又赋予这些艺术思想以实际的形态。

如有些人评论的那样:阿克巴"设计壮丽的大型建筑物并给他理智与心灵的作品穿上泥石做成的外衣"。帝都法特普尔·西克里即是具体印证,它"是一位伟大人物心灵的反映"。

阿克巴也爱好机械。他被认为在火绳枪的制造方面,有许多发明和改进。

由于有天赋的不屈不挠的魄力和孜孜不倦的勤奋精神,他建立了一个庞大的行政机构,并进行了全面的政治、经济、社会、法律、文化、宗教改革。

正如《阿克巴则例》所说的那样:

"他把最微小的细节看成是能反映全貌的镜子。"

从各个方面来看,阿克巴统治时期,是印度历史上最辉煌的时期之一。

劳伦斯·宾扬评论道——

站在历史的光天化日之中，阿克巴似乎处于两个朦胧而相反的世界之间：

一个是他的中亚细亚祖先的世界，这是一个人类精神十分强烈的世界，为自身而崇拜那种能力，为狩猎的狂热所迷，猎取兽类或者猎取人——这是一个狂暴行动的世界，这种行动像梦幻般飞逝；

另一个是印度的世界，它固然沉醉于豪华与残暴之中，可是它也能产生佛陀和阿育王的崇高精神，和那些野蛮的征服者相比，他们从遥远的过去对我们发言，但声音仍然是活生生的，能够感动我们。

阿克巴也为贪得无厌的能力所迷，他似乎是行动的化身，而在他的天性的深处，却有点和以上一切截然不同，它渴望思考和瞑想，它追求正义，并希望和平。

而更加引人注意的是，在阿克巴的统治下，印度人统一印度的古老理想又实现了，他要努力实现的不仅是政治的统一，而且也是文化的融合。

史密斯这样评论道——

阿克巴生来就是人中之王，称得上是人类历史上最强有力的君主之一，这种看法有其牢固的基础，这就是他的非凡的天资，创造性的思想和巨大的成就。

彼得大帝

——俄国"西化"的开拓者

陈振昌

恢宏无垠的俄罗斯,曾是远离欧亚文明中心的外缘地区。自彼得大帝(1672—1725)开创性地启动"西化"改革,把俄国变为一个濒海国家以来,这块广袤的空间所发生的变化已逐步改变着她那古老的面貌,并开始具有持续不断的性质。彼得的遗产持久地影响着他身后的历史,他的业绩和言行,曾引起无数史学家、政论家、诗人和民间歌手的热情关注和讨论。今天,新的评论仍会继续下去,因为新的改革总需要评价过去的改革。但有一点是肯定的:他接过的是涓涓细流般的俄国,留下的是大河奔腾般的帝国!

一、峥嵘岁月

1672 年 5 月 30 日,古老的莫斯科钟声轰鸣,交相呼应,极其隆重地向臣民宣告:王室添丁进口,一位取名为彼得的皇子已经诞生。欢快的钟声、盛大的庆典,竟日不绝,古都沉浸在一派节日的喜庆之中。但是没有人知道,人们以传统的方式恭迎的将是一位反传统的君主;也没有人知道,新皇子将要度过的是一个留下痛苦烙印的童年。

年过四旬的沙皇阿列克谢·米哈伊洛维奇,无法掩饰内心的喜悦,因为他终于有了可供选择的新继位人。已故的第一位皇后曾为他生下 11 个子女。但 5 个儿子中,有 3 人已先后夭亡,存活下的两个也有严重缺陷。年届 10 岁的费多尔体弱多病,稍小的伊凡智力发育不全,5 岁多说话还有困难。失望的沙皇出于立储的考虑,在 1671 年迎娶了年轻健美的纳塔莉雅·基里洛夫娜·纳雷什金为续弦夫人。第二年,彼得皇子及时降生,沙皇终于如愿以偿。新生儿不仅结实健壮,而且聪明异常。精心的照料,倍受重视的育养,没有人怀疑他寄托着沙皇的未来希望。然而，父皇未能把心中的愿望引导到符合逻辑的地步，就在 1676 年弃世而去。这一变故，改变了皇子的命运，也使他母亲的地位一落千丈。继位的费多尔是勉强的选择，大权很快就落在外戚米洛斯拉夫斯基家族手中。他们把皇后的拥戴者及家族成员驱赶出宫，彼得母子成为无足轻重的人物。

可是，多病的费多尔注定寿命不长，当政 6 年便一命归西。在大主教若阿辛的建议下，刚满 10 岁的彼得被立为沙皇。皇后的家族又燃起了新的希望。此时，早就觊觎皇位的彼得的同父异母姐姐索菲亚公主，并不甘心于本家族的失败。她暗中活动，策划了一个利用射击军叛乱来夺取政权的密谋。

射击军建立于伊凡四世时期（1550），为俄国最早装备火器的常备军。和平时期，队伍通常分驻各大城市特划区，依靠国家薪饷并兼营部分手工业为生。费多尔当政后，大贵族开始削减前代沙皇给予军队的种种特权，加上从事贸易和手工业的收入也逐渐减少，蛮横的军官经常借机克扣军饷，中饱私囊，这使得这支怨声载道的队伍，随时成为可被利用来引发暴乱的工具。索菲亚依靠自己的党羽，成功地在他们中煽起了对掌权的纳雷什金家族的怒火，并向他们传播谣言，说这个家族已杀害皇子伊凡。

怒不可遏的射击军在 1682 年 5 月 15 日，擂响了向宫廷进军的战鼓。被包围的王宫四处响彻着惩办杀害伊凡凶手的呐喊。纳塔莉雅皇后为狂怒的人群所震慑，她手拉伊凡、彼得两兄弟，出现在宫门的台阶上，希望用事实平息射击军的不满。但是，受人唆使的军队不肯善罢干休，他们在"严惩叛徒领主"的呼喊声中，把多尔戈鲁基亲王拉下廷阶，用乱枪戳死，接着又杀死了辅政马特维耶夫，皇后的两个兄弟亦未能幸免。暴乱变成了有目的的屠杀。年幼的彼得，惊恐万状，血腥的恐怖震撼了他的心灵，给他留下了终生难以磨灭的印象。

接下来，事变亮出了它的本来目的：伊凡在射击军的要求下，与彼得并立为沙皇；在他们未成年时，由索菲亚公主担任摄政。索菲亚借助射击军的力量扫荡了纳雷什金家族，以后又把射击军控制在自己的股掌之中。由此开始了索菲亚的 7 年统治。

失势的彼得母子，被迫迁居京郊普列奥布拉任斯科耶村离宫。在这远离京都的乡间，彼得度过了他那传奇式的少年岁月。这是一个半是沙皇、半是王子，同时又是顽童的奇特的混合时期。作为沙皇，他必须同伊凡一道履行公事、装潢门面，参加教堂的礼拜仪式，"接见"外国使节，在相关文件上签字；作为王子，他必须按规定学习文化，接受皇室的各种教育。由于庄严的活动并不那么频繁，加上负责他学习的启蒙先生也非执教严格的饱学之士，这就使得他有可能更多地扮演顽童的角色。乡间的广阔天地，与农家子弟不分尊卑的交往，冲淡了宫廷传统陈腐思想的束缚,使他的身心在无拘无束的环境中获得健康的发展。彼得把大部分的时间用来干自己爱干的事。有三种令他着迷的事,对他的未来产生了重要影响。

第一,是他从童年时的游戏中逐渐培养起对军事的浓厚兴趣。彼得从小喜欢玩军事游戏。他的玩具几乎全是"军用"品。他经常和小伙伴们一起构筑模拟的堡垒,运用木制枪炮攻打所谓的城堡、要塞,进行小规模的战斗。这些游戏兵玩得很开心,也很投入,经常以假当真,废寝忘食、不知疲劳。渐渐地,木制玩具被真枪实炮所代替,昔日的伙伴也变成少年军战士。彼得开始严格地训练他们,并把他们组织起来,分成普列奥布拉任斯基军团和谢苗诺夫军团。年深月久的操练和实战演习,使这两个团以后成为彼得的军事骨干。许多著名的军事要员都出之于当年的游戏兵团。这种军事游戏以后还扩大到水面上,形成"海上"游戏。开始局限于狭窄的河湾,以后又扩大到宽阔的湖面。水面的"战斗"激发了他对航海和造船的热烈向往,培养了他对大海的最初感情。

第二,是他对手工劳动表现出惊人的热爱。不像他那笃信上帝、气质文静的父皇,彼得从小就喜欢干手艺活儿,热爱体力劳动。他经常熟练地操刀弄斧、抡锤打铁。至成年时,已精通12种手艺,备有木匠、铁匠、石匠所使用的全套工具。他对劳动非常投入,技艺也很高超,许多不知道他身份的人,一旦弄清真像,往往惊讶不已。这种素质培养了他的吃苦耐劳精神,扩大了他的交往范围,对他以后重视学习先进的应用技术,也产生了重要影响。

第三方面的变化,来源于他同西方文化的最初接触。普列奥布拉任斯科耶村紧靠外侨区。生性好奇的彼得常在伙伴的陪同下,到那里领略异国风情。很快,他在那里有了许多西方朋友。他同他们一起聊天、喝酒、抽烟、跳舞。其中有人把西欧的文明讲给他听,也有人教他一些自然科学知识和炮术。在这些朋友中,荷兰人廷麦尔曼,苏格兰人戈登,瑞士人莱福尔特都从不同方面影响过少年彼得。特别是思想开朗、大胆坦率的莱福尔特,最讨彼得喜欢。他善于组织轻松愉快的晚会和各种别出心裁的娱乐活动,诸如公开嘲弄教会的游戏等,来启发彼得的革新意识。在一次活动的高潮中,他还在特意挖成的池塘里搞了一次模拟海战,激起彼得对大海和船只的兴趣。侨区的自由风尚和开放生活给彼得留下了深刻的印象,使他本能地意识到俄罗斯的封闭落后。他开始向往西方的文明和文化。这些都诱导并坚定了他日后同俄国旧传统决裂的信念和决心。

所以,远离克里姆林宫的生活,也许正是造就改革家所需要的生活。随着时间的推移,彼得的外表和精神面貌均已发生变化。乡间的简朴生活和不断的军事操练,赋予他生命活力,使他发育为一个身材高大、体魄雄健的热血青年;广泛的交游和长期深入下层人的经历,使他变得粗犷豪爽、情感奔放。一个富于进取、雄心勃勃的变革新星,开始在俄罗斯守旧传统的上空,冉冉升起。

相形之下,蛰伏宫中、玩弄阴谋的索菲亚,在经历了7年的平庸统治之后,已开始走向权力的尽头。她所倚重的射击军,因多次遭受愚弄,已不再简单地听命于她的差遣;由她的宠臣戈利津公爵亲率的两次克里米亚远征,无果而终,大大败坏了她的威信。摄政的统治已开始变得不得人心。彼得的茁壮成长,加重了索菲亚的忧虑,力量日渐雄厚的少年兵团已不容低估;更为重要的是,莫斯科的人心已开始倾向普列奥布拉任斯科耶村。双方的关系已突破过去表面上的平静,公开的敌对已变得日益显明。彼得的拥戴者,对索菲亚与两个沙皇联名签署文件的权力,表示不满;彼得本人则对异母姐姐参与宗教游行的亵神行为,进行公开抵制。新的冲突在1689年7月达到高潮。如前所述,戈利津公爵奉命攻打克里米亚再次无功而还。为了拉拢军队并提高宠臣威望,索菲亚不惜弄虚作假,组织了盛大的祝捷仪式对全军褒奖。彼得拒不参加奢华的庆功活动,以示对摄政的抵抗。恼羞成怒的公主认为这是对她的直接挑衅。一种新的阴谋开始在她心中酝酿:她想发动一场以剥夺彼得皇位为目的的政变,加快让自己加冕为王。射击军头目沙克洛维蒂受命在军队中展开密谋活动,有关纳雷什金家族要"除掉"沙皇伊凡的流言蜚语,再次不胫而走。射击军会再度兴师问罪吗?至少不会一致行动。再说对方已有两个军团的精锐力量。不过,一切迹象表明,双方斗争的结局就要来临了。正如在一切险恶环境中常见的那样,人们期待的结局,总以出人意料的形式表现出来。

1689年8月7日深夜,克里姆林宫警报长鸣,响起了召集射击军的信号。有人放出谣言,说彼得的少年军团正向莫斯科进发。部分拥护彼得的射击军,误以为军队不是去保卫克里姆林宫,而是去讨伐京郊离宫的叛乱者。于是他们飞马直奔普列奥布拉任斯科耶村,向彼得报告了这一传闻。7年前流血政变的可怕情景浮现在彼得的脑海。他没有多想,即刻身着内衣飞快地逃向附近的丛林。不多时,3个仆从送来了马匹和衣服,他们连夜向莫斯科北郊谢尔盖耶夫三圣修道院驰去。这里围墙高厚、防守坚固,可望得到教会的保护。第二天,少年军团陪同母后,以及部分射击军都来到他身边。事实证明,昨晚的情报有误,他仅蒙受了一场虚惊。但是,事件暴露了索菲亚急于夺权的野心,沙克洛维蒂策动政变的阴谋已到处传扬。久受蒙骗的军队失去了对摄政的信任,大批地来到三圣修道院,向彼得效忠。贵族领主的态度也开始松动,一些人期待追随青年沙皇去建功立业。索菲亚意识到问题的严重,被迫以退为进,要求讲和。起初,她派大主教前往调解,谁知老者同情彼得,竟一去不返。索菲亚只得亲自出城试探,但行至中途,就被命令返回。彼得已转守为攻,双方的角色已完全调换。索菲亚被迫交出祸首沙克洛维蒂。后者及其同伙,经过严刑拷打,于9月10日被处死。最后,索菲亚被宣布为"无耻之徒",关进新圣母修道院。经历了 7 年的漫长等待与抗争，血雨腥风的权力之争，最终以彼得的胜利而告终。

战胜索菲亚，也使皇兄伊凡从此无足轻重。尽管直至 1696 年去世，他仍然以沙皇身份例行公事，但在实际上，彼得已大权独揽。他在 17 岁零 4 个月时，已成为全俄罗斯的主宰。

二、心向大海

索菲亚的倒台，没有改变彼得的生活习惯，他依然沉迷于昔日的战争游戏，对履行沙皇的传统职能缺乏热情。除了必不可少的宗教活动和皇家庆典，他很少在宫廷露面，依旧常住普列奥布拉任斯科耶村，过着轻松、自由，有机会与下层人打交道的生活。自从 1690 年秋天，他组织了第一次少年军团与射击军的实战演习以来，这种使新军与旧军处于对立地位的"交战"，就成为他的习惯。他喜欢射击军扮演战败者的角色，兴致勃勃地观看两军骂阵，继而短兵相接，接着进入激烈的"厮杀"，最后是射击军的辎重车队和军旗为对方虏获、司令被俘，演习在礼炮齐鸣、双方举杯共饮的皆大欢喜中结束。

水面的战斗，同陆上的战斗一样引人入胜，佩列雅斯拉夫尔湖宽阔的湖面，已成为海战操练的场所。一座规模不大的造船厂，也在 1692 年建立起来。彼得经常亲自参加造船劳动。操练和造船交替地吸引着他的兴会，以致于宫廷高级官吏不得不经常前往现场劝驾，请他回莫斯科应付时有发生的国事活动和外交礼仪。

不过，佩列雅斯拉夫尔湖的水域毕竟有限，随着新船的下水，湖面就有些拥挤，也妨碍规模更大的操练。彼得开始渴望宽阔的大海和真正的海船。怀着这一愿望，1693 年，彼得率大批随员来到北方海港阿尔汉格尔斯克。这是当时俄国唯一同西欧保持着有限贸易的海口。在这里，彼得第一次看见运来呢绒、服饰和染料的真正海船——来自英国、荷兰和德国的海船。另外一些同类型的船正等着装载俄国的木材、皮毛和其他土特产。他也第一次乘上一艘不大的快艇，作了一次较短的海上旅行。咸涩的海风飘逸着盐的芳香，向站在船头的彼得迎面扑来。面对波涛汹涌、一望无际的大海，他神情激动、思潮起伏、感慨万端。这就是他朝思暮想的真正的大海！只有最勇敢的人，才敢于在这里搏击风浪，只有胸怀广阔的人，才能领略这壮观、动人心魄的风采。海天茫茫，涛声不已。人们的视野可一无阻挡地远达水天一色的尽头，但谁也不能在上面行走，马也不能在上面奔驰。这是个禁区，除非你有船。

"俄国需要的是水域!"年轻的沙皇喃喃自语。

的确,俄国需要的是水域。17 世纪的俄罗斯依然处于封闭状态,辽阔的领土事实上被切断了和海岸的联系。莫斯科公国历代沙皇的内陆蚕食政策,缔造了一个空前规模的帝国,但是积久成习的"抗海本能",使它的臣民固守着僻居内陆的祖辈传统,而对航海生涯缺少热情。除了白海出海口——阿尔汉格尔斯克是这里仅有的港口——之外,俄国缺少任何足以同外部发展贸易和交通的出海口。而且白海一年有四分之三的时间被冰块封冻,不得通航,限制着俄国本来有限的外部联系。只有打开一条通向海洋的道路,特别是拥有同西欧国家交往的海上通道,才能打破俄国的封闭落后。这是彼得在巡视阿尔汉格尔斯克之后,留下的深刻启示。

大海充满了诱惑,也充满了挑战,只有拥有海船的人才能征服大海。巡视归来的彼得决心在阿尔汉格尔斯克建造海船,他把这一重任交给了该地总督阿普拉克辛。此人为未来的海军上将,彼得海上事业的执行人。第二年 6 月,彼得登上刚刚竣工的俄国海船,再度出海。途中遇到狂风暴雨,使他险些葬身鱼腹。两次海上遨游,虽有不同感受,但都激发了他对大海的深沉热爱,对海洋的向往开始成为他的生活,也是事业的一个重要组成部分。

1694 年 9 月,由阿尔汉格尔斯克回来的彼得着手准备一场规模空前的陆上军事演习。在莫斯科近郊的科茹霍沃村,荷枪实弹的两支军队,各自兵员达 15000 人,在近 20 多天里,反复进行着包围和防守的激烈操练,形同真正的战争。这是彼得所进行的最后一次军事游戏。通过这一次演习,彼得开始萌生了把游戏变为"真正的事业"的念头。

如果我们把彼得自索菲亚倒台以来,对传统国务活动的冷漠、对军事操练的热衷、对大海的神往,这三件事加以综合考虑,就会不难理解:年轻的沙皇并非真正疏于政事,而是为他们国家传统生活所缺少的另外一些内容所吸引。为改变帝国传统的面貌,他首先要设法满足国家的正常发展所必需的外部条件,也就是,要把俄国从一个单纯的内陆国家变成濒海帝国。

刚刚结束的科茹霍沃军事演习,使彼得十分自信,他相信依靠这支力量,定能夺取海岸,打通俄国的需要的出海口。由于西伯利亚和远东尚处于开发阶段,那里的海岸线不能用于经济需要;西部的波罗的海虽对俄国有重大意义,但控制它的瑞典势力尚十分强大,俄国暂时缺乏必要力量收复沿海土地;只有势力日渐衰落的土耳其所控制的亚速海,或可打开俄国通过黑海进入地中海的水路。因此,彼得决定先对南部土耳其的藩属克里米亚汗国用兵,夺取南部出海口。

1695 年 3 月,南下的军队兵分两路,由莫斯科出发。一路取水道沿莫斯科河、奥卡河和伏尔加河开往察里津;另一路顺顿河径直南下。7 月末,俄国抵达亚速城下。亚速城早期曾为顿河哥萨克所占领。1642年为土耳其人所收复。土军通过加固城墙、深挖壕沟,并在顿河河口两岸设置三道铁链,成为阻滞俄军南下的强固堡垒。为了速战速决,俄军兵分三路包围了亚速。但由于缺少舰队,俄军无法阻止源源不断的土耳其援军登陆增援。加上防守严密,俄军经过两次冲击,均以失败告终。10月初,俄军被迫撤出包围,第一次远征无果而终。

但是,失败教训使彼得进行了认真总结。首先,他从实战中认识到,俄军工兵素质太差,用于轰炸亚速城墙的地雷没有炸城墙,却炸死了围城的自己人。其次,部队的指挥系统缺乏协调,发起突击的时间先后不一,各行其事。第三,部队缺乏严格的实战训练,战斗力不强。最重要的是,俄军没有舰队,不能从海上切断敌人从海上的增援,真正实现合围。针对上述弱点,彼得逐一采取新的措施进行了调整。他首先加强了部队的指挥系统,把原先三路平行的支队,集中为陆、海两大系统,分别由谢英大元帅和外籍友人莱福尔特统领。接着,他又通过颁布敕令,吸引了一大批农奴自愿报名应征,扩大了兵源,对他们积极进行新战术原则的训练,使军队的成份和素质发生了明显变化。最后,他决定在顿河岸边的沃罗涅什建立一座大型造船厂,营造适应海上战斗的舰船。经过半年多的经营,当然也是通过极其野蛮的强制手段,到1696年5月,已先后有23艘帆桨战船和4艘火船下水,俄国开始有了第一支真正的舰队。

完成了这些准备之后,第二次远征亚速的战争就拉开了序幕。1696年5月,装备和军容焕然一新的海陆两军挥戈南下,于月底神速地出现于亚速城下。彼得亲任全军总指挥,统一协调陆上包围、海面封锁和发起总攻的军事行动。由于陆上的合围迅速得到海上封锁的呼应,猛烈的炮火无情地投向孤军困守的亚速。城墙被摧毁了,4000名土耳其战舰被拦截在港外,弹尽粮绝的守军被迫投降。俄军第二次远征取得辉煌的胜利。

远征亚速的胜利,是信心、毅力和以野蛮征服野蛮的杰作,是彼得冲出俄罗斯的最初尝试。在这小试锋芒的成功中,彼得已感受到海军建设对俄国未来发展的全部意义。但是,占领亚速仅仅是俄国走向海洋所迈出的一小步,只要刻赤海峡仍掌握在土耳其人手中,俄国就不能进入黑海,从而打通同西欧的联系。土耳其虽已衰落,但相对于俄国仍十分强大。如何发展起一支强大的海上力量,将是巩固对亚速的占领,并进而打开通向黑海的水路的必要条件。

然而,建设一支强大的海军,对于贫穷落后的俄国来说,是一件颇不轻松的任务。首先,它需要大量资金,这意味着全国居民要做出远比征服亚速大得多的牺牲。其次,要改变名门贵胄的生活习惯,他们的子弟必须放弃从小过惯了的舒适环境,踏上陌生的征途,到陌生的边陲去建功立业,接受大海的挑战。第三,它需要借助西欧的技术力量和设备,创造出俄国的专门人才。对于前两者,需要用强力对国内进行敲骨吸髓的榨取,并革除旧的晋升传统;对于后者,需要派遣一个"高级使团"出国学习、访问。在第二次远征胜利归来的途中,沙皇已形成有关强化海上力量的种种设想。而派遣使团出国学习,是他首先要付诸实际的问题。使团要完成考察学习造船理论和技术、以及招聘外籍专家、购买各类航海和军事器械的任务,同时也负有一项外交使命:尽可能地联合欧洲诸强,形成一个反土耳其大同盟。

总之,征服亚速是彼得一生致力于为俄国争夺水域的起点,以后争夺的方向虽有变化,但由此所引起的对俄国守旧传统的革新,都是以夺取俄国所缺少的沿海地带为转移,这一方向并未改变。由彼得亲身参加的大使团西欧之行,是这次战争的结果,也是启动他的西化改革的先声。

三、西行使团

1696 年 12 月 6 日,彼得向国家杜马宣布他将亲身参加大使团出访西欧,贵族领主闻讯一片惊愕。组织规模庞大的外交使团出访,这是俄国历史上的创举,而沙皇竟然随团出游,更是背离了俄国传统。在一片反对声中,彼得力排众议,不改初衷,恰当地处理了来自各方面的阻力,从容地致力于使团的准备工作。

使团罗致了各方面富有才干的代表性人物。深受信任、交游广泛的莱福尔特被任命为首席大使。作为外籍人能承担如此重要的使命,除了涉外工作的需要,它反映了彼得在人才使用上的开放气度。富有外交经验的戈洛文被任命为二把手。他曾参与签订《尼布楚条约》,享有慎重、老练的外交家声望。由于他最能体会沙皇的外交意图,是使团活动的实际组织者。第三大使的职务,由杜马书记官沃兹尼岑担任。此人稳健少语,但富于计谋,善于在谈判中极为巧妙地保护俄国利益。三人各有所长,有助于取长补短,应付最复杂的外交活动。

使团中有 35 名留学生。许多彼得游戏军中的伙伴,以及深受宠幸的亲信,都是其中成员。使团连同各类服务人员,总计达 250 余人。彼得在名义上作为普通成员随团出行,其化名为彼得·米哈伊洛夫。

1697 年 3 月,浩浩荡荡的使团从莫斯科出发。它的主要目的地是荷兰、英国,但在沿途的立沃尼亚、库尔兰、普鲁士均有所停留。在哥尼斯堡,沙皇会见了勃兰登堡选帝侯及其夫人和岳母。母女俩留下了有关沙皇仪表的最早记述:

"沙皇身材高大,容貌英俊,体态挺拔。可惜他除了天生的一切优良品质之外,他的趣味颇不风雅,殊堪惋惜……他对我们说,他亲自参加造船的劳动,还向我们出示双手,硬要我们摸摸他手上干活磨出的老茧。"

8月初,使团到达荷兰。在造船业中心萨尔丹和首都阿姆斯特丹,彼得混杂在使团的一般成员之中,和他们一道虚心学习荷兰的造船技术。阿姆斯特丹市市长威特靖,身兼荷兰东印度公司经理,由于到过俄国,会讲俄语,他为使团的留学生在该公司造船厂学习,提供了方便。至9月初,留学生已学完造船学的初步理论。接着,在一位荷兰技师保罗的指导下,开始参与制造三桅巡洋舰的实践。一个半月后,留学生们亲自制作的"彼得保罗号"巡洋舰正式下水,他们已达到掌握造船工艺技术的标准。"彼得·米哈伊洛夫"特别受到老师的嘉许。他和其余的十多名学生都领到合格的毕业证书。

在学习造船活动的空隙时间,彼得特意游览了荷兰的名胜古迹,参加了各种节日庆典和交际活动,观看戏剧演出,并参观了一位教授的生物解剖室。总之,他不放弃对一切使他感兴趣的新鲜事物的了解、学习,这里充满生机的文明生活,吸引着他的全部注意力。

但是,随着对荷兰应用造船技术的掌握,使团的成员开始向往与造船技术相关的高深理论,于是他们把行动的目标转向了较之荷兰更为发达的英国。1698年1月,彼得与伙伴们乘快艇渡过英吉利海峡,来到了资本主义文明的中心伦敦。在伦敦,依然隐姓埋名的彼得同成员们潜心于造船理论的学习,同时也走访了许多著名的科学文化中心。他们先后参观了牛津大学、英国皇家学会,以及格林威治天文台。彼得十分欣赏天文探测、制造钟表等与航海密切有关的技术,同时也对先进的铸造货币技术具有浓厚的兴趣。最使彼得兴奋的是,在英国约请了若干专家到俄国任教,而在荷兰这点却未能如愿。彼得还与宗教界、商业界的一些代表人物进行了广泛的接触,孕育了在俄国实行宗教改革的计划,并同莫斯科外侨区相识者的一些亲友建立了商务联系。英国的议会制度也吸引着沙皇的注意力。他别出心裁地跑到议会大厦的屋顶上,隔着天窗观看那里开会的情景,而拒绝与议员正式晤面。不过,他对英国式的立宪制度能否在俄国实行,持怀疑态度。

在英国一共逗留了4个月,彼得打算按计划赴维也纳与奥皇会晤。此行的目的主要在于与奥地利建立巩固的反土耳其大同盟。但是,在西欧获得越来越多的消息表明:一场即将爆发的西班牙王位继承战争,吸引着列强的注意力,反土同盟大有瓦解之势。不过,沙皇还是没有放弃作最后的努力。

1698年7月,彼得一行辗转抵达维也纳。在这里,由于外交使命所系,沙皇不得不走出幕后,亲自与对手谈判。与奥皇列奥波得的会见,按讲究礼仪的维也纳宫廷的要求,作了精心安排。可是沙皇不拘礼仪的习惯破坏了这种刻板的设计。当年迈的奥皇拖着沙沙发响的脚步缓缓走向会见大厅中央的当儿,血气方刚的彼得却大步流星地迅速走完预定的路程。结果,两人在显然不合外交礼仪的地点晤面,奥地利方面甚是不快。谈判进行了15分钟,无休止的繁文缛节,使生性好动的沙皇如坐针毡。一等会见结束,他立即奔出宫门,跳上花园池子里的一只双桨小船,沿池子奋力划了几圈,才使由于竭力克制的精神松弛下来。

谈判未能取得预期的结果,奥皇无意扩大与土耳其的对立,甚至正在与土方谈判媾和。因为同法国争夺西班牙王位继承权的斗争,转移了他的全部注意力,奥方正希望从多年的对土战争中脱身。了解到这些情况,沙皇不得不放弃早先的打算,不过,他对忠实于反土盟约的威尼斯还抱有一线希望,打算在那里走一趟,并顺便了解一下这个城市国家航海事业的发展。但在这个时候,传来了国内射击军发动叛乱的告急文书。彼得当机立断,结束访问,立即回国。

自7月19日离开维也纳,沙皇日夜兼程向俄国进发。途中又传来了射击军叛乱已经平定的信函。这个消息没有改变他返回的决定,但归程的速度已大大放缓。他开始在沿途作长时间的停留。其间,在乌克兰利沃夫小城拉瓦鲁斯卡,他因会见萨克森选帝侯兼波兰国王奥古斯特二世,停留时间最长。这次偶然的会晤,是这次出访在外交上的一个成就,同时也改变了彼得对外政策的基本方向。

奥古斯特二世与彼得同年,两人都生得身材魁梧,体力过人。但禀赋各不相同。不像彼得,奥古斯特的过人精力,不是用来挥斧学工或操劳国事,而是耽于享乐,贪求风流。他曾以表演斗牛士的勇气和机敏来博取西班牙女郎的顾盼,也曾以高雅的风度和温婉的谈吐在社交界广有交游。他的好客作风和无拘无束的谈吐,很为彼得欣赏。他们之间的交游,很快由于彼此都很喜欢对方,变得亲密无间,当然,是在彼得的影响下,他们之间的会谈不久就深入到两国的外交政策方面。他们发现,他们之间有一个共同的敌人,这就是瑞典。瑞典作为波罗的海的霸主,直接危胁到俄国和波兰的利益,也同它的西部邻国丹麦的矛盾很深。如果两国能协同一致,再联合丹麦,那么,就足以向瑞典的霸权挑战。并且通过这次西欧之行,他明确知道西欧国家正在为西班牙王位继承问题所牵制,他们的联合行动不会受到意外的干涉。两位朋友很快地就相互承担的义务达成口头协议。一待与丹麦谈妥,他们就正式结成反瑞典同盟。

这次偶然的会晤,当然也出之于西行之后对全欧局势的了解,促使彼得坚决地改变对外政策。从此以后,争夺出海口的方向不再面向南方,而是改向西北,冲出波罗的海就成为彼得未来长达21年不变的既定国策。要完成这一使命,彼得需要同土耳其达成和议,以便集中兵力对付瑞典;同时,他要运用这次西行的成就,初步整饬和改变一下俄罗斯古旧的面貌。

四、改革之始

1698 年 8 月 25 日,经历了漫长的西欧之行的彼得和随行人员回到了莫斯科。为了给即将开始的变革留下新开端的印记,沙皇一反传统习惯,没有安排臣下用盛大的仪式去迎接他顺利归来。并且在他抵达的当天,甚至没有进入皇宫,而是回到普列奥布拉任斯科耶村他的寓所。因为彼得的心情是沉重的,沿途所到之处,俄罗斯贫穷落后与西欧先进国家的强烈反差,刺伤了他的自尊,他决心要为改变这种面貌而努力。

第二天,获悉皇上回京的朝臣纷纷来到普列奥布拉任斯科耶村,庆贺他胜利归来。领受了西方文明之风的沙皇,用礼貌而又客气的态度首先废除了旧式朝见的跪拜仪式。接下来,他以臣属意想不到的方式宣布革除俄罗斯陈规陋习的决心:他从侍从手中接过剪刀,亲自剪除了领主们的大胡子。位高权重的谢英大元帅最先接受这一"殊荣",号称"公爵皇帝"的罗莫丹诺夫斯基接着也失去了他的美髯,在场的领主一无例外地告别了自己的胡须。几天之后,当然这不再由沙皇亲自动手,大小廷臣纷纷舍弃了自己的胡子。

体面人物失去了胡须,在俄国非同儿戏。因为留须是俄国最古旧的传统之一。东正教会认为,胡须是"上帝赐与的装饰品",是仪表威严、品格端庄的象征,剪除胡须的行为是一种大逆不道的罪孽。但是,彼得正是选择这一传统的禁区,向传统挑战。他把剪胡须提高到普及新文明的高度,作为一种国策来推行。他明文宣布:剪胡子是全民族的义务,必须强制执行;除了宗教界,任何居民要留胡须,必须交纳留须税。

这件旨在改变俄国人外观的举措,看起来似乎微不足道,但实质上是彼得"西化"改革的开端。它表明,一个民族的外观和习尚正是其精神风貌的体现。崇尚守旧象征的胡须,将成为反对新事物的抗议标识。因此,新的变革必须从革除守旧传统的象征开始。

比剪胡子更具风险的变革,是彼得对射击军的"清算"。自索菲亚公主失势以来,射击军在形式上归附了并由沙皇控制。但是,这是一支没有得到彻底改造的队伍。在彼得看来,他们"不是军人,而是一群祸害"。这不仅因为射击军在组织形式上的落后和缺乏战斗力,主要是他们仍是俄国守旧传统的象征。他们从历史上继承下来的那种结构和生存方式,决定了他们反对变革的立场。

射击军从历史上便形成了从事商业和手工业的习惯,因而需要常年固守在大城市,特别是首都莫斯科,并能和家人团聚在一起。但是,沙皇的外交方针却要求射击军戍守边关,不要长期驻留首都。他们曾先后被派驻亚速和西部边境。由于勤务太重,薪饷太少,又失去了经营工商业的条件,所以,他们期望回到莫斯科,重操旧业,并照顾家人。可是这种愿望总是落空。他们开始把自己的不幸和不习惯的重负同彼得联系在一起。由此产生的仇视,使他们本能地成为俄国守旧传统的维护者。彼得出行期间,他们曾两度策动叛乱,最后甚至想扶持索菲亚东山再起。这些变故,以及彼得在执政前与射击军的恩恩怨怨,都促使他要下决心彻底剪除这一守旧势力。

彼得回莫斯科不久,就开始重新审查有关射击军两次起事的原因和处置的情况。他经过听取汇报和周密的了解,认为审讯工作浮皮潦草,处置措施也过于软弱,决定亲自重新审理这一案件。从 1698 年 9 月中旬开始,涉及 4 个团的 1041 名射击军全部押解莫斯科投入监狱,接下来是残酷的折磨和严刑逼供。结果,发现了索菲亚参与叛乱的线索。于是又开始了对公主的审讯。后者矢口否认同射击军的牵连。由于缺乏证据,无法给她定罪,审讯最后不了了之。但射击军叛乱却是事实,不等审讯结束,对他们的死刑判决已开始执行。除了 14 至 20 岁的青少年士兵,射击军共有 799 人被残酷地处死。

从重新处置射击军的过程中,彼得暴露出生性极度的残忍和无情。但是,就整个射击军而论,他们依附于保守势力,蜕变为社会变革的阻力,也决定了其必然灭亡的命运。它是彼得以野蛮的方法和野蛮作斗争的具体表现。

在扫荡了射击军这支守旧的势力之后,彼得把注意力转向海军建设和初步的内政改革方面。10 月下旬,他动身前往沃罗涅什造船厂,视察那里两年来造船工程的进展状况。沃罗涅什,这个顿河岸边默默无闻的小镇,由于造船业的发展,已成为生气勃勃的航海工业中心。著名的阿普拉克辛已从阿尔汉格尔斯克调到沃罗涅什,主持军舰的建造工作。一艘能体现俄国技术水平的大军舰,正在建造之中。据说它能装载 60 门发射 6 至 12 俄磅弹丸的大炮。届时,它将为俄国使团赴土耳其签订和约助威。由俄国人自己建造,并由俄国海员掌握的军舰为特使护航,有助于提高国威,是顺利地完成外交使命的坚强后盾。尽管沃罗涅什所造的船在质量上、造型上,还不能同英国或荷兰相媲美,但是它使第一批造船工人取得了经验,并第一次用水手补充了海军的编制,而不再用陆军士兵充数。在源远流长的俄国海军发展史上,这是真正富有实践意义的开端。

反映内政改革的行动,是 1699 年 1 月付诸实际的城市自治建设。赋予城市工商业者阶层一定的自治权利,是商品经济和城市经济繁荣发展的条件。早在 1667 年,政府就曾许诺城市居民,将为他们设立一个"适当的衙门",以保护和管理商人,使其免于地方行政当局的侵扰和无理干涉。但时过 30 年,政府的诺言一直未能兑现。1699 年,政府的敕令再度论证了成立城市自治机关的必要性,并决定在莫斯科建立市政厅(院),在外省城市设立地方自治局。厅、局分别为管理城市工商业居民的中央和地方自治机关。这些自治机构,由选举产生的工商业者的代表行使管理职能,并负责向国家交纳规定税收。它有助于较为自由地组织工商业活动,同时也为国家提供了及时、可靠的税收来源。

1699 年,还有另外两项改革措施付诸实践。一是,2 月间的一次庆典宴会上,彼得开始了剪除宽袖长袍的活动。这同剪除胡须一样,也是一次从外观和精神风貌方面革除旧传统的努力。俄罗斯贵族的传统服装宽袍大袖、用料考究,沙皇对这种妨碍行动、多有浪费的华丽衣着,早就深恶痛绝。随着贵族领主一个个失去胡子,沙皇觉得现在也是革除这种宽袖长袍的时候了。在场的宾客相继被剪去了袍袖。彼得安慰他们:"大袖子太碍事,到处惹祸,不是把玻璃杯拂落下地,打个粉碎,就是弄泼菜汤,撒满一身;剪下来的这一段,你还可以拿去做一双靴子。"啼笑皆非的领主,面面相觑,谁也不敢表示反对。不久,有关废除宽袖长袍装束的告示开始出现在大街小巷,沙皇以敕令的形式规定了外衣的长度和内外衣的比例。在这些细节问题上,同样体现了沙皇的习惯:一件小事,一旦付诸实际,他就千方百计将其贯彻到底。

另一件事是,彼得在 1699 年岁末,接受了以基督诞辰为纪年的新历法,并积极参加了新年庆祝活动。新历法使俄国计算时间的方法与欧洲所有国家趋于一致,深刻地改变了俄国的生活节奏,加速了俄国的西化历程,这对改变守旧落后的传统面貌,是具有积极意义的。

在新的一年,也是新的世纪——1700 年到来之际,沙皇为创建一个新的国家已经做了这样几件事:为夺取出海口,已建立海军舰队;城市已取得自治权;由于强制性地剪胡须、剪长袍,以及采用基督新历法,俄国的社会生活面貌已经开始发生重要变化。变化的目标只有一个,就是把俄国通过西方化,提高到现代化国家的水平。俄国能否实现、并巩固其西化改革,取决于她能否争取到影响自身发展的外部条件,并使这种影响持续进行下去。波罗的海诸省的征服,是实现这一目标的基本条件。但对于封建农奴制浓厚的俄国而言,这是一个颇不轻松的任务。战争的旷日持久,及其对国内生活的深刻影响,都使彼得的改革带有浓厚的军事目的。彼得将在夺取出海口的斗争中检验他的改革,深化他的改革,并利用改革成就支持长期战争。1699 年 11 月 11 日,俄、波、丹三国同盟建立,俄国正一步步走向新的战争。

五、初战瑞典

1700年8月8日,俄国与土耳其缔结和约的消息传到莫斯科。久久盼望这个的彼得立即通知波兰国王:俄军立即行动,按北方同盟要求,向瑞典宣战。沙皇一声令下,1万辆满载炮火、粮食、装备的大车,绵延数十俄里,蜿蜒向西北方向进发。但是,当大军到达特维尔时,传来一个令人失望的消息:作为三国同盟之一的丹麦,由于瑞典国王查理十二世亲率15000大军在哥本哈根登陆,已在8月8日不战而降。波兰方面,虽先于俄国宣战,但围攻里加瑞典驻军的行动迄无进展。看来,战争的重负已经压在刚刚宣战的俄国身上。彼得已无别的选择,因为瑞典国王率领着18000人,正向里夫兰进发。双方交火的地点将是纳尔瓦。纳尔瓦位于纳尔瓦河下游临近芬兰湾处,是瑞典控制波罗的海的强固据点。平时仅有8000人据守,但都训练有素,如果得到查理十二援军的策应,俄军的形势就不容乐观。

查理十二用兵一贯神速,这时,他像突袭哥本哈根一样,出人意料地来到纳尔瓦。俄军围攻部队多达10万,已连续攻城两个星期,火药、炮弹都已用尽,但却毫无成效。11月19日,集结完毕的瑞典军队向漫散、狭长的俄军围城工事,发动了闪电式的突然袭击。俄军顿时乱成一团。缺乏训练的贵族骑兵高喊"德国人出卖我们了",纷纷落荒而逃。不少士兵因强渡纳尔瓦河,葬身河底;不少人缴械投降,当了俘虏。唯有彼得的两个近卫军团表现出色,但寡不敌众,难以挽回颓势。

夜幕降临时,开始了投降谈判。瑞典军同意俄军携带随身军械撤出营地。但撤退中途还是遭到部分瑞典军的袭击。

纳尔瓦一战,俄军损失惨重:阵亡、溺毙、及饿死者,达6000人之众;炮兵连同135门各种口径的大炮、丧失殆尽;高级军官几乎尽数牺牲。可是双方兵力对比悬殊,实际交火的力量:瑞军约12000人,而俄军则有4万之众。

纳尔瓦之战,是军事史上以少胜多的典范。18岁的查理十二,由此获得第一流军事天才的荣誉。

纳尔瓦之败使彼得一世清楚地看到,他的军队是一支腐败的军队,从而迫使他立即实行全面的军事改革和发展工商业的计划。

纳尔瓦之胜,使查理十二过分小看了溃败后的俄国人。他不再把俄国放在眼里,不去继续进攻俄国以扩大战果,而是挥师西进,在波兰和萨克森打了6年仗。这样,就使彼得赢得了休养生息和改组军队所必要的时间。从战略上看,这是查理的一大失误。当然,它也取决于失败者对待失败的态度。事实表明,沙皇并不是一个轻易向失败示弱的人物。失败刺伤了他,同时也鼓舞着他。这种不懈的追求,以及客观形势所提供的可能,都决定双方在未来战争中的不同前途。从失败的一刻起,沙皇已着手锻造走向未来胜利的条件。

首先,他没有放弃同波兰的结盟。尽管事实证明奥古斯特二世是个胆小、自私、无所作为,并在军事上接连失败的君主,但对俄国来说,仍是不可多得的盟友。因为只要查理十二追赶奥古斯特的时间愈长,俄国赢得胜利的机会就愈多。所以,在纳尔瓦新败不久,彼得仍在比尔查与奥古斯特签订了盟约,不惜以大量的人力、物力支持这位地位岌岌可危的国王。除了一个由 1.5 万人组成的俄国军团,交由波兰方面指挥外,彼得还答应每年津贴国王 10 万卢布。这种情况一直延续到最后,甚至当奥古斯特在失去波兰王位的情况下,沙皇也没有动摇对波兰的支援。

其次,彼得也十分清楚,北方战争的责任已完全落到俄国身上。所以他必须加大力度进行改革,以适应长期战争的需要。纳尔瓦之战暴露了俄军的虚弱,所以改革须从强化军队开始。有三件事必须着手进行,即:变革军制,开辟财源,重建炮兵。

纳尔瓦的溃败证明,原来的贵族军队是难以在战场上取胜的,他决定实行义务兵役制。依据新军法案,每 25 户农民必须出一名新兵,按此标准,每年约有 3 至 4 万新兵应征入伍。入伍新兵须接受严格的军事训练。战士每天操练 3 次,稍有懈怠,即遭鞭打惩处。训练常在有经验的外国教官指导下进行。经过一个时期严格操练,新军已经学会怎样组成坚固的阵线,怎样整齐步伐,怎样打开排枪和怎样持枪搏斗等基本功。这种征集和训练方法,一直贯穿整个北方战争。其间,彼得共征兵 53 次,全国有 284000 人入伍。新的军制,为俄军提供了源源不断的有生力量,并以新的军事素质取代了松散、落后的贵族队伍。

筹措军费是一项十分严峻的任务。这方面彼得采取了极为野蛮的聚敛手段。他下令让造币厂的机器加速运转,用大批成色不足的钱币充斥市场。仅在两年内,俄国国内市场货币投放额就由 200 万卢布猛增至 4500 万卢布。此外,他还接受建议,向全体居民加征新税。自第一项新税——印花税付诸实际以来,名目繁多的各类新税接踵而至,包括马鞍税、马匹税、装具税、造船税、大车税、食品税等等,不一而足。这种残酷的敛财方法,虽满足了国家的战时需要,但也暴露了彼得改革的阶级局限,导致了国内阶级矛盾的激化。

重建炮兵的任务也十分艰巨。为了在短期内恢复炮厂,彼得下令征用教堂和修道院的铜钟。他规定每 3 个教堂须献出一口钟来铸炮。一年之内,用这种方法铸炮 300 门,相当于纳尔瓦战役中所损失的两倍多。此外,他还加速兴办各类冶金工厂,开始利用本国铁矿石生产生铁、熟铁、大炮和炮弹。为适应军需供应,由王家主持的军服、制革和呢绒等手工工场也在莫斯科建立起来。

为了解决当时急需的军事专门人才，彼得除大力招聘外籍军官之外，1701 年专门建立了航海学校，学员们开始接受天文、算学、几何、航海等课程的系统教育。以后这类学校逐步扩大到炮兵、工兵等军种。

经过这些努力，彼得终于在短期内重建了军队。新军不仅在数量和规模上超过了原来的队伍，而且在组织和装备上取得了很大进展。这样，到 1702 年，俄军在局部战场上已恢复对瑞典的军事行动，并取得了一些初步的胜利。

为俄国赢得第一个胜利的是舍列麦捷夫将军。这位年届 50 的沙场老卒，素以稳健、谨慎著称于世，但作战勇敢，雷厉风行。他总结了纳尔瓦的教训，除非自己的兵力超过敌人两倍以上，决不贸然行事。在 1702 年初同瑞典军的遭遇战中，他以 17000 人之众，全歼瑞军施利宾巴哈将军所部 7000 余人，一举旗开得胜。沙皇欣喜若狂，表彰了全军将士，并由缅什科夫代表自己授于老将军一级安德烈勋章和元帅称号。这是最早获得这一殊荣的高级将领。此役一扫纳尔瓦战败后俄军的萎靡状态，对提高士气，具有重要意义。

接下来，俄军把主力集中于涅瓦河一线，希望拿下河口通向波罗的海的几个据点，从战略上分割瑞军。1702 年 10 月，俄军开始围攻诺特堡。诺特堡原名奥列雪克，意为"核桃"。1611 年瑞典占领该城堡后，经过加厚城墙，配置大炮，使这里成为一座固若金汤的要塞。沙皇为了围攻它，调集了 14 个团的兵力，并动用大炮轰击了三天，但是守军顽强抵抗，无动于衷。接下来，遵照沙皇的命令，开始了一场持续达 12 个小时残酷而又激烈的攻坚战。两军踏着震耳欲聋的炮声，在枪林弹雨中反复拼杀。最后，俄军冲上敌方城堡的高墙，打开一道缺口，优势逐渐转到俄军方面。至黄昏，诺特堡终于投降，"核桃"被沙皇的新军所敲碎。彼得将城堡改名为施利色堡，意为钥匙，即他已掌握通向波罗的海大门的钥匙。

4 月末，攻占涅瓦河下游入海口处的尼昂尚茨要塞战役，再度打响。这是争夺出海口的关键一战。俄军水陆两路分别从上游和南面实现了对城堡的合围。5 月 1 日，经过 10 个多小时的猛烈炮击，尼昂尚茨的残垣断墙上竖起了白旗。三天后，两艘不知城堡已经陷落的瑞典军舰误入河口，俄军冒险以 8 只小艇勇敢出击，结果击毁并虏获了这两艘军舰。这是俄军在海上取得的第一个胜利。彼得把它称做"史无前例的大捷"。因为使用简陋的、只配备火枪和榴弹的小艇去攻击军舰，是冒了极大的风险，而获得的战绩却是敌人几乎全军覆没。所以，这是一种"空前的收获"，它为俄国海军未来的光荣战斗传统奠定了基础。此战使彼得和缅什科夫同获一级圣安德烈勋章。后者自诺特堡战役打响以来，一直冲锋陷阵、不避生死，深受沙皇的钦佩，因而也获得最高褒奖。

攻占尼昂尚茨要塞之后,整个涅瓦河,上起包括施利色堡在内的发源处,下至入海口,已全部落入俄国手中。为了巩固这条伸向大海的通道,彼得决定在原城堡下游更靠近大海的一座小岛上,构筑一个新的要塞,以拱卫海口。这个要塞当时就取名为圣彼得堡,它成为未来帝国首都的摇篮。不过,直到1704年秋,俄军在7月一个月内,连克两座城市,初步巩固了在波罗的海的地位之后,才坚定了把彼得堡变为帝国首都的信念。其中第一座城市叫杰尔普特,第二座就是曾使俄军蒙受失败耻辱的纳尔瓦。前者依赖炮兵一个通宵的猛烈轰击,强行夺取;后者则由俄军装扮成瑞典援军,诱敌出城,聚歼敌人于城下而获成功。

从纳尔瓦之败到俄军胜利地攻克两城,中间相隔整整4年。4年来,俄军已由一群乌合之众,发展为一支强大的武装力量。依靠这支力量,俄军夺得了出口海,切断了瑞典各支军队之间的联系,并开始缔造强大的海军。但是,没有人知道,为这些胜利祝捷的炮声与最后胜利的和平礼炮之间,还相隔17年的岁月。这将是一个经受严峻考验,同时又充满希望的漫长岁月。

六、走向胜利

当俄军在波罗的海东岸取得局部进展的时候,沙皇的盟友——奥古斯特二世统领的萨克森军队却连连败北,两军的形势形成两个对比鲜明的极端。

奥古斯特二世,由于体格强壮,素有"强王"之称;他能一刀砍下一颗牛头,并能一下子把几个摞在一起的银盘掰弯,但是打起仗来总是接连失败。沙皇曾多次呼吁他给敌人一点"厉害",但最终都是他先受敌人的"教训"。失败一个接着一个,从克利舍夫、普尔图斯卡到托伦,一无例外。

军事失败动摇了奥古斯特在波兰的地位。1704年7月,查理十二在华沙召开会议废除了奥古斯特的波兰国王称号,另立一位俯首贴耳的年轻人斯坦尼斯瓦夫·列琴斯基为新国王。为了帮助奥古斯特恢复王冠,俄军以盟军的身份开进波兰。到1705年12月,总兵力达4万人的俄军已集结在涅曼河畔的格罗德诺。沙皇给俄军的训令是:全力配和萨克森军参与局部战斗,切勿过于深入,切勿轻率与瑞军决战。但是萨克森军队持续性的失败,使俄军很难有所作为。此后,告警的消息纷至沓来,局势日益险恶。首先,瑞军在1706年冬季的酷寒驱使下,已抢先开到格罗德诺城下,俄军面临着被瑞军包围聚歼的危险,其次,萨克森军在最近的弗劳斯塔特战役中已全军覆没——3万之众的萨克森军在与8000名瑞军遭遇时,竟一触即溃。

战争开始落在俄国一国的肩上。

沙皇当即立断:俄军应迅速撤出被敌人包围的格罗德诺。

1706年3月24日傍晚,俄军开始撤出城堡,渡过涅曼河,到达对岸。此后,昼行夜宿,继续转移,12天后,到达布列斯特,才最终摆脱险境。这就是俄国军史上著名的"格罗德诺大转移"。这次转移避免了不利条件下的决战,巧妙地保存了俄军实力,为未来的决战准备了条件。它体现沙皇深远的战略意图和灵活的战争策略。

查理十二在攻占格罗德诺后,没有立即东征俄国,而是再度挥师西进,收拾奥古斯特二世的残部。这使俄军又获得一年的整休时机。调头西去的瑞典军,如风扫残云一般迅速占领来比锡和德累斯顿,奥古斯特二世的萨克森王冠也面临着被打落在地的危险。在生死关头,奥古斯特决定向敌人投降。1706年10月19日,他与瑞典签订了屈辱性的《阿利特兰什塔特和约》,在放弃波兰王位,中断同俄国的联盟,并供养瑞典军队的条件下,保住了他的萨克森领地。新条约巩固了瑞典在波罗的海南岸的霸权,它也意味着,经过修整和补充的瑞军下一个目标将投向俄罗斯。北方战争已变成纯粹的俄、瑞战争。

1708年1月,查理十二率领4.6万能征惯战的瑞典军,越过俄境,向莫斯科进发。大军入境,迫使彼得采取了诱敌深入的退却和"焦土"政策。这一策略通常被称作"若尔克瓦防御计划",因计划的诞生地若尔克瓦城而得名。实施这一计划的目的:一是保存实力;二是以零星的进攻,以及销毁粮秣等办法"把敌人拖垮";三是在本国境内相机与之决战,全歼敌人。这一策略成为决战前俄军军事行动的基础。

生性浮躁的查理十二,急于寻找俄军主力决战。但是,在他于1708年7月3日取得戈洛夫奇诺的局部胜利之后,却长久按兵不动。原因很快查明:瑞军因在沿途得不到给养,已经断炊,他正等待莱文豪普特将军的辎重车队。但令人奇怪的是,他还没有等到粮秣和援兵车队,就又上路了。惯于冒险的国王,仍打算自己在沿途解决给养问题。不过,彼得已拿定主意,不管查理十二把他的军队开到哪里,都要使它们陷于十室九空的境地。饥饿已使瑞军陷于极度困难的境地,但国王仍没有坐下来等待粮秣的耐心。他这种难以理解的行动,既使莱文豪普特的辎重车队不停地追赶瑞军主力,也使主力部队因得不到给养,陷于涣散之中。这种情况,为俄军堵截、夹击他的辎重部队创造了条件。

9月28日,携带大量军需、粮草的瑞典辎重车队,在列斯那亚村被俄军团团围定。经过几小时的激战,拥有16000之众的莱文豪普特军团,几乎全军覆没。瑞军已失去把战争持续下去的全部军需和给养。

面对重大挫折,查理十二没有明智地选择罢兵休战,而是把侵俄不久就酝酿的计划付诸实际:改变直取莫斯科的进军路线,折向南方,向乌克兰进发。据说,那里有丰富的物质资源,可就地取得给养,也可获得对沙皇心怀不满的哥萨克的支持。

乌克兰气候温和,物产丰饶,有可能满足瑞典军队的粮秣要求。顿河流域的哥萨克素来也是沙皇政府的一支异己力量。1707 年 5 月,那里发生的布拉文起义震撼了沙皇政府,其影响远及乌克兰。乌克兰的哥萨克统领马泽帕 20 年来一直居心反叛,但他一直用甜言蜜语和表面上的忠诚,蒙骗着对他至今仍十分宠信的沙皇。前不久,他还一面给彼得呈送表示忠心的奏禀,一面又向查理十二密表他等待国王驾临的焦急心情。正是出于这些考虑,查理十二始终坚持他的南下决心。他希望在乌克兰,也像在萨克森一样,度过一个温饱富足的冬天,来春再行决战。可是,查理的计划很快就落空了:1708 年至 1709 年的冬天,是欧洲人记忆中最冷的冬天,乌克兰也不例外;由于在敌对的农村搞不到足够的物资,大批的瑞典士兵冻死在茫茫的俄罗斯原野上;乌克兰人也没有举行大暴动来协助查理,哥萨克首领马泽帕策动的反叛也被沙皇粉碎,他仅带领 2000 人马来投奔查理。情况已变得十分严峻。查理和他的军队冒着咆哮的暴风雪,踯躅在乌克兰大雪覆盖的草原上。他们食不果腹,无处栖身,随时遭受袭击,每拿下一个居民点都是一场生死搏斗。兵员在一天天减少,他们已误入歧途。

次年 4 月,南下的瑞军已抵达南俄重镇波尔塔瓦城下。波尔塔瓦是个战略要地,它的南部有一条通向克里米亚的大道,有助于与土耳其建立联系;北面贯通俄国造船中心沃罗涅什,并可直达莫斯科。占领这一要地,并能在此聚歼俄军主力,就打开了畅通无阻的北上大门,整个乌克兰就会倒向瑞典一边。国王的考虑与马泽帕的游说不谋而合,瑞军开始了围攻波尔塔瓦的全面准备。

远离战场的彼得得到瑞军包围波尔塔瓦的消息后,也认识到争夺该城在双方战略计划中的意义。他决定集结重兵,通过驰援该城,与瑞军进行战略决战。

瑞军也把总决战视为救亡图存的一线希望。但是,双方军事力量和素质与战初相比,已发生重大变化:严冬的折磨,长途行军的消耗,不断战败所带来的兵员减少,都使瑞军失去初战时期的锐气;相反,俄军以逸待劳,又经过不断的军事改革和经常性的后备补充,已变得相当强大。再加上彼得对这次战役的周详安排,以及亲临指挥,都坚定了俄军的必胜信念。

6 月 27 日凌晨,孤注一掷的瑞军倾巢而动,率先向俄军发起进攻。早有准备的俄军首先以密集的炮火给敌人以迎头痛击。当时俄军拥有大炮 102 门,瑞军仅39 门。在猛烈的炮击配合下,部署在侧翼的俄国骑兵,直贯敌阵,给进攻的瑞军造成巨大伤亡。查理十二因脚部受伤,发着高烧,乘坐在担架上巡视全军,声嘶力竭地激励士气,但仍无法阻止士兵在俄军炮火轰击下的溃逃。激烈的会战持续了两个半小时,瑞军抛下了8000具尸体,除了查理在马泽帕的陪同下和少量随从南逃土耳其之外,剩下的约16000瑞典官兵全部做了降俘。

波尔塔瓦会战,是战争转向战略决战的转折点。它结束了瑞典占优势时期,并在国际上使北方同盟各国恢复了对瑞典的军事行动,普鲁士也趁火打劫、加入了同盟。俄国乘胜在波罗的海沿岸大举进攻,扩大了原来的占领区。

战争持续到1712年,俄国不仅收复芬兰湾,而且占领芬兰南部一些据点,准备将战争推进到瑞典本土去。1714年7月,俄国海军在芬兰的汉科角战胜瑞典海军。这是一次足以和波尔塔瓦大捷相媲美的辉煌胜利。经过这次海战,瑞典本土已暴露在俄军的直接威胁之下。

俄国在波罗的海势力的增长,引起了一贯主张保持波罗的海势力均衡的英国的不安。1719年8月,英、瑞达成协议,英国对瑞典提供经援和军援,并派舰队深入波罗的海对俄国施加压力。但是,由于英、俄之间存在着广泛的商业利益,英国对瑞典的援助仅仅是虚张声势,而没有有效措施。彼得看穿英国的本质后,得寸进尺、步步进逼,不断地以军事胜利向敌方施加压力。瑞典终于发现自己处于孤立无援的危亡之秋;加上,查理十二这位军事天才早在1718年已阵亡于挪威前线,瑞典已失去恢复波罗的海统治的任何希望。

1721年8月底,俄、瑞双方在芬兰的尼什塔德签订和约。依据条约规定,瑞典把立沃尼亚、爱沙尼亚、英格利亚和卡累利阿(芬兰湾)割让给俄国;作为交换,俄军退出芬兰,并保留瑞典在里加和雷维尔免税购买价值500万卢布的粮食的权利。经过21年的长期战争,俄国终于获得了通往欧洲的第一个窗户——波罗的海出海口。俄国从此开始名副其实地成为一个濒海国家;她为自身的发展争取到了外部条件,也使自身成为影响未来欧洲局势的一支重要力量。为表彰沙皇的功绩,元老院加封彼得为:国父兼全俄皇帝彼得大帝。俄国亦开始正式易名为俄罗斯帝国。

七、持续变革

北方战争的胜利结束,使彼得有可能把全部精力转移到内政改革方面。事实上,他的内政改革实践在漫长的战时环境中从未停止,不过未能全面系统地展开而已。在波尔塔尔大捷以后,彼得曾一度恢复在战前就已着手进行的改革计划,到1715年已达到一个高潮。其间,有关设立行省、成立元老院、开办官办手工工场、简化印刷字母等举措,都已开始付诸实践。沙皇特别关注制度改革中的立法建设,他在诏谕中一再指示,要把丹麦、法国、荷兰、英国等西方先进国家的各种典章制度翻译过来,以便为改革中央机构提供借鉴。他还特别重视陆海军的制度化建设,以极大的精力投入《陆军条令》和《海军条令》的编纂工作。此外,他还颁布了关于长子继承制的敕令,关于禁止公务人员承包包工工程的敕令,等等。然而,由于战时环境的影响,这些改革还都不够深入,许多举措都是依照权宜的原则制定的;再加上协调北方同盟、发展波罗的海舰队等因素的牵制,他的改革都是断断续续进行的。其中1715年年底,彼得因养病出国旅行,当然也负有争取同盟的使命,他的"新政"一度被迫中断。直到1717年年底回国后,才又部分恢复。总之,在与瑞典缔结全面的和平条约之前,改革是无法系统、也无法深入进行的。现在,我们把彼得在战时和战后所进行的全面改革,联系起来,加以综合评述。

通常认为,彼得的改革是以军事改革为核心的,这一点在战时尤为突出。纳尔瓦战败后,彼得优先重视的就是军事改革,那些改革在战时已发挥出重要效力,但彼得没有就此却步,而是持续地进行了新的改革。1699年的义务兵役制,是军事改革的起点。其目的在于扩大军队的兵员。1705和1710年,彼得又先后两次颁布敕令,将服兵役的义务由一般农户和工商户,扩大到所有纳税阶层。这一制度,始终使俄军保持着一支庞大兵员,并源源不断地得到补充。

为了提高部队的军事素质,彼得十分重视按新战术原则对士兵进行严格训练。除了经常性的实战操练之外,彼得亲自参加编纂,制定了陆、海军条令,用新战术原则有目的地训练和武装部队。《陆军条令》公布于1716年。它是西欧军事思想和俄国军事经验相结合的结晶。沙皇为编纂条令煞费苦心,甚至在出国旅行期间,还抱病对条令进行大规模地修订和补正。条令全面地反映了俄军在战争年代所采用过的全部新战术,对快速突进、两列横队射击、肉搏战等作战方法作了具体阐述;对部队的组织管理、编制原则和服役期限也作了明确规定。此外,条令同时也是一部刑事法典,对违犯军纪、破坏军队秩序的行为,也规定了详细的惩处措施。条令对此后百余年来,俄国军事艺术的发展产生了重要影响,培养和训练出了诸如鲁勉采夫、苏沃洛夫、库图佐夫等高级军事将领,使俄军成为一支在欧洲具有较大威慑力量的武装部队。

《海军条令》公布于1720年,是彼得海军建设经验和成就的汇集。条令根据俄国的具体情况,并参照英国、荷兰、法国、丹麦、瑞典五国的海军法规制定的。它对于发展较为年轻的俄国海军起了重要的指导作用。为了强化海军建设,在完成海军条令的制订工作之后,彼得又集中精力投入《海军部章程》的编纂工作。在长达两年多的时间里,他亲自动手,数易其稿,终于使俄国海军在编制、军阶、官兵的权利和义务方面,形成完整的法规依据。

为了用最先进的武器装备武装陆海军,彼得大力发展冶金工业、军火工业和造船工业。这些工业门类的出现和发展,既受军事需要的推动,也对整个经济生活发生着深刻影响。到1725年,俄国已有大型工场233所。其中冶金工业产品不仅满足了军队需用,而且开始向外国出口。军事工业的发展必然要促进民用工业的发展。因为保证军需供应和加强国防,原本是摆脱落后的手段,而且只有在本国经济实力充分发展的基础上,才有可能实现对外政策的目标。所以,彼得已不再简单地通过扩大铸币和增加捐税来解决军队的需要,而是接受西方的经验,重视发展工商业,甚至农业的发展,来提高国力,达到富国强兵的目的。为实现这一目标,彼得一方面鼓励外资在俄国兴办企业,希望经过一段时间的经营再转交俄国人承办;另一方面则直接从国外聘请有经验的技师,由他们帮助兴办官办手工工场。彼得两次出游西欧,都负有这一使命,并收到显著效果,体现了经济改革浓厚的"西化"特点。此外,彼得十分注意发展私营工商业。这不仅体现在他多次颁布地方自治法令,刻意保护工商业者的政治权利和利益方面,而且反映在他直接采用各种优惠办法,诸如贷款、津贴、免税和垄断等措施,鼓励私人投资、兴办企业。为了解决发展工业所需要的劳动力问题,彼得采用强制手段,征用大批农奴进入工场,从事工业生产。1721年,他颁令规定工场主有权购买农奴和整个村庄。1722年又法定,逃进工场做工的农奴,不再归还原来的主人。这样的强制措施,基本解决了农奴制条件下工业生产劳动力不足的问题。

彼得也十分重视对国计民生具有重要影响的内外贸易。为了促进国内贸易和全俄市场的形成,彼得主持开凿了维施尼伏洛乔克运河和拉多加环湖运河,大大加速了国内商品流通和内河航运的发展。在外贸方面,他采取了鼓励出口、限制进口,并以高额关税保护民族工业的策略。依据1724年的关税税则,进口货物应缴关税的多寡,直接以本国企业满足国内市场需要的能力为转移:某种商品,国内的产量越多,从国外进口同一商品的关税就订价越高,而对俄国输出的商品一般都征收很轻的关税。这些新税制实行到1726年,出口货物的价值已为进口货物的两倍。彼得堡的营建,在内外贸中发挥着极为重要的作用,它不仅是俄国对外贸易的窗户,而且是国内商业最大的集散地和中心商埠。

农业在封建农奴制极为强固的俄国,是一个较为落后的产业门类,但是彼得仍给予一定的重视,也取得了相应的进展。针对农民在重税、兵役、劳役重负下,几近破产的现实,彼得在《爱惜耕者令》中指出:农耕者"是国家的动脉,正像通过动脉滋养人体一样,国家也要靠耕者来滋养,因此应当爱惜他们,勿使他们劳累过度,而应保护他们免受各种非难和破产,特别是公务人员应当善待他们"。彼得曾责成各地方长官查明,地主中那些人的田园荒芜是由于农民官差过重而造成的。应将其呈报元老院,由元老院将其领地转拨给别人经营。这些认识和举措虽并非真正同情劳动者,而是出于对地主阶级整体利益的考虑,但在优先发展工商业的同时,能适当地看待农业中存在的弊端,提出一定的改革措施,仍然体现了变革者的远见卓识。除此而外,彼得的诏令中也不乏农业技术改革的内容。例如,当他发现用芟刀收割庄稼可达到更高的劳动生产率时,就专门颁布了改用芟刀的敕令。当运用新方法加工大麻纤维取得超过传统方法的收效时,他就责令按新方法行事。此外,对于扩大耕地面积,推广优良品种,培植经济作物,以及发展畜牧、养蚕等家庭副业,也都给予必要的引导和鼓励。这些,对于开发俄国潜力很大的农业资源,是具有积极作用的。

税制改革是完善国家收入机制的重要举措,在这方面彼得也留下了深刻的印记。17世纪以来,俄国盛行以农户为单位的征税办法。许多贵族地主为了逃避国税,往往把几个有亲属关系的家庭合为一户,结果出现了人口不断增长,而农户却逐年减少的奇怪现状。彼得经过调查,很快发现了其中的隐密。于是,他接受总监察官涅斯捷罗夫的建议,决定废除以农户为征税单位的制度,改用按男丁征收"人头税"。人头税实行初期也同样受到地主贵族的抵制。他们中的一些代表人物,在上报所属农民人口清册时,往往以多报少,隐瞒实有农民人数,结果新税法仍未收到实际效果。后来,彼得被迫用死刑和没收被隐瞒的农奴相威胁,但领主们依然置若罔闻。直到1723彼得下令由军官组成专职办公厅,负责审查各地人口表册,这种隐瞒之风才得到一定纠正。审查结果,仍发现被隐瞒的男性农奴100余万。截止1724年春,才形成较为准确的纳税男丁:5400万男性农奴。税制改革扩大了国库收入,为彼得的全面改革提供了财政保证。它削弱了传统贵族的经济实力,但也在一定程度上加重了农民的负担,导致了阶级矛盾的激化。彼得统治时期,多次发生的农民起义就是对这种聚敛政策的一种反应。

贵族是彼得维护其统治的支柱。彼得的改革也未能触动前者旧有的地位。但是,彼得主要是对贵族队伍进行改造,他需要缔造新的贵族队伍支持他的改革。首先,他认为贵族应承担一定义务,他们应与其先辈不同,不能再待在庄园里享受荣华富贵,而应该在陆海军中服务,或从事工商业,为国家的繁荣强大担负责任。彼得规定:贵族子弟应进入陆、海军学院,学习专门的知识和技术,完成国家所赋予的学习义务。有条件的贵族子弟,还应接受国家委派,到国外留学。出国留学在当时是一件十分困难的事。由于经费不足、语言不通,许多贵族子弟对此常常抵制,有些出国的人也想很快回国。彼得往往采用强制性的惩罚手段,如封闭府邸、削减官职、发配劳动等迫其就范。到1714年,彼得终于以新的改革举措取代了对个别贵族和成批贵族的惩罚措施,这就是公布了《长子继承令》。这是彼得在研究西方继承制度之后,旨在一劳永逸地解决贵族承担国家义务的制度化建设。敕令规定:贵族只能由长子继承全部不动产,其余没有地产的儿子必须自食其力,"靠服公务、靠学识、靠经营或者靠其他行当挣取自己的面包"。这道敕令维护了俄国的大地产制,但它迫使众多的贵族子弟去追求军功和商业,发挥各自的创造才能,对于改造旧有的贵族队伍,具有积极意义。

思想文化领域的改革,更体现了彼得鲜明的反传统色彩。因为变革和反变革的斗争总是首先在思想文化领域中表现出来。这方面首先要触及的一个领域是宗教。俄国的国教是 10 世纪从拜占廷传入的东正教。东正教不像西欧的天主教,它在历史上长期处于对国家政权的依附地位,是沙皇专制制度的精神工具。但是,教会拥有大量土地,控制着全国大约 1/5 的农业人口;由于垄断了精神工具并出于维护既得利益,他们往往是俄罗斯古风旧俗的维护者。对于彼得的改革事业而言,他们是一股强大的阻滞力量。彼得深知教会在国家政治生活中的地位,所以并不一般地反对宗教,而是主张把教会置于国家世俗政权控制之下,以利于自己的改革。早在 1700 年,当态度保守的大主教阿德里安去世以后,彼得就开始了谨慎而有计划的限制教权的改革。首先,他有意不指定大主教的继承人,而是任命对改革持温和态度的梁赞地区主教斯特凡·雅沃尔斯基,为"大主教圣座临时守护者",主持日常宗教事务。接着在 1701 年,他宣布教士应以古代僧侣为榜样,"用自己勤劳的双手为自己生产食物,共同生活,并用自己的手养活许多乞丐"。从这一年开始,他已禁止寺院购买和交换土地,并着手对教会和修道院的财产进行清理。1721 年当大规模的军事活动趋于结束时,他发动了对教权最具威胁性的进攻,成立了世俗性的宗教事务管理局,颁布了《宗教事务管理条例》,开始把教会严格置于世俗政权控制之下。条例规定:管理局的成员与世俗机关的官吏具有平等的地位;他们应宣誓效忠皇上,无条件地执行皇上的圣谕;各教区的主教不得插手世俗的事务和仪式;废除忏悔的保密制度;所有神甫应及时向政府密报有"叛变或造反"念头的忏悔者。彼得还力图改变出家人的生活方式和寺院的经济活动,他责令所有神职人员都要学会一门手艺,自食其力;寺院还要以自己的收入担负起赡养老弱残废官兵的义务,并设法为学校提供经费。此外,他还规定僧尼必须学习文化知识,没有受过教育的神职人员子弟不得接替前辈的宗教职位,只有有文化的僧尼才是优秀的神职人员。这些举措大大加速了教会的世俗化过程,对于整个改革的顺利推行具有重要促进作用。

思想文化领域的另一有影响的改革是文字改革和发展各种专业教育。彼得执政时期,俄国的文化水平十分落后,不仅普通百姓,而且在贵族子弟中也存在着许多文盲。为了普及文化,彼得主持了俄国的文字改革工作。文字,是语言交际的工具，也是知识的载体。但是传统的俄文字母是旧式教会斯拉夫字体，不仅构词复杂，而且发音、书写都很混乱，不利于文化推广。彼得统一、并简化了原有字母的笔划，取消了一些发音复杂的字母，削减了节略符号，宣布从 1708 年起，除教会祈祷用书，各类书籍的印刷一律采用新字母。文字改革奠定了现代俄语的基础，对于普及文化、吸收国外的先进技术成就，创造了有利条件。

教育方面，改革的起步是通过创办各类专业学校来实现的。这首先是为培养各种军事人才的需要，有目的地进行的。最先创办的学校，是 1701 年在莫斯科建立的航海学校。1705 年，该校已招收 500 名学员。以后，工程技术学校、医科专门学校、矿业学校，陆续建立起来。在莫斯科还建立了一所格鲁克中学，专门用来培养外交官，以外国语为基本课程。普通教育始于各省城创办的初等数学学校，到 1720 年前后，至少已有 42 个城市开办了这类具有启蒙性质的学校。由于服从战争需要的目的，彼得开办的学校在初期很像军营，学生也往往按新兵一样对待。许多学校都实行军事化管理，常由有经验的优秀士兵监督学生的学习和操作，对于违犯纪律不履行学习义务者，动辄施以鞭笞，而不管其出身如何高贵；徇情纵容者，同样严惩不贷。这种强制性的举措，一定程度上适应了俄国当时的人才需求，至 20 年代，俄国军官中已有 90% 由本国毕业生充任。其他方面的人才也逐步培养出来。

作为一个开放型的君主，彼得十分重视科学在整个文化事业中的地位。早在 17 世纪末随西行大使团赴英国考察期间，彼得就访问过科学中心皇家学会、格林威治天文台和牛津大学，会见了包括牛顿在内的许多专家学者，并聘请部分学者到俄国任职。战争环境不允许他有系统地投入国内的科学文化建设，但在戎马倥偬的间隙，他仍然积极为科学的发展创造各种条件。除了多次派员勘测堪察加半岛、绘制各地区地图、以及不断总结水利工程的经验外，彼得很早就计划兴建俄国科学院。1714 年，费多尔·萨尔蒂科夫就为沙皇拟订了在每省建立一所科学院的宏大计划。1718 年 6 月，彼得就在一份报告上批示："一定要成立科学院。现在就应从本国人中物色学识渊博并有志于此的人。还应着手翻译一些法学和与法学有关的书籍。今年就着手办这些事。"但由于国务繁冗和招聘欧洲一流学者的计划一时难以落实，筹建科学院一事就延宕下来。直到 1724 年 1 月，经沙皇批准、元老院议定的建立科学院的计划才付诸实施。彼得坚持，建院方针"不可照搬别国所采用的模式"，希望科学院要适合俄国国情，使科学研究与人才培养相结合。1725 年 8 月，俄国第一次科学院院士大会召开，它体现了彼得倡导的，把大学、中学、科学院本身融为一体的新体制。它是对西欧类似机构的实践有选择的否定，既保证了科学研究的正常进行，又加快了人才的造就和培养。彼得为保证科学研究的深入开展，为科学院制定了每年 25000 卢布的高经费预算，并答应给科学家以"优厚的薪俸"待遇。俄国科学院的研究活动在彼得去世之后才大规模地展开,但彼得奠定了俄国科学研究的基础。

彼得改革中耗时最长,用力最多的是行政机构改革。因为这是传统势力最集中的堡垒,变革很难一蹴而就。自 1711 年 3 月 2 日下令成立元老院以来,至晚年去世,彼得长期致力于国家机构的调整、改革,非战争牵制,无一刻有所松懈。1712至 1715 年,是他利用战时间隙进行政务改革的一个高潮。在此期间,他曾命令元老院组织人力翻译"外国法典",并初拟了政府机构 6 个院的具体名称。他还诏令在外国招聘"学者和法学方面的行家里手,以便指导各院的工作"。他特别指示要注意收集丹麦中央机关结构的情报,包括院、州的数量和机构配置;因为他知道强大的瑞典,其国家机构模式是从丹麦学来的,既然战时不能直接研究瑞典的规章制度,那么就应从丹麦学习。彼得中央政府机构改革的核心,是用新建的"院"取代传统的"政厅"。政厅机构庞杂、职权不清,办事效率低下,它与领主杜马一道,是守旧贵族的世袭领地。院的建制将通过立法程序,明确职权范围,提高政府的集中化程度,并打破原有的世族门阀主义用人标准,为国家机构的运作,带来新的活力和效率。彼得的上述设想和初步的实践,由于战时环境,时断时续,直至 1721 年和约签订后,才全面系统地投入实施。

结合俄国的实际,彼得在元老院之下分设 9 个院,全面取代了原贵族杜马和诸多政厅的职能。这 9 个院分别是:外务院、陆军院、海军院、财政院、财务支付院、财务监督院、工厂管理院、矿务院、商务院。其中前 3 院为"头等"院。院的建制以后扩大到 12 个,它们统一隶属于元老院。元老院不同于贵族杜马,它虽负责从中央到地方的行政和事务,并在沙皇外出时代行处理军国大事,但其成员均为公务人员,不得世袭,随时可以撤换;此外,元老院比贵族杜马人数要少得多:后者最多时有 100 余人,而初设的元老仅有 9 人。各院院长,彼得大都量才录用,不计门阀,许多都是在战争中久受锻炼,功勋卓著而出身低微的亲密朋友。如,陆军院院长缅什科夫出身于宫廷马夫家庭,本人早年曾在莫斯科街头叫卖馅儿饼,由于作战勇敢并富有创新精神,以后被擢升为元帅。外交院副院长沙菲罗夫原为一犹太商人,曾在一家商店当店员,彼得在一次闲聊中发现对方通达数国语言并富有外交才干,当即介绍他到政府任职,以后成为外交方面的重要骨干。除了在用人方面不拘一格,整个院的建制都体现了创新特点,许多院是传统政治机构中所没有的,如海军、工业、矿务等院;许多院更新和扩大了与原政厅相对应的传统职能,如分管财政工作的 3个院,不仅分工明确,而且相互制约,适应了对外战争和国内建设的多方面需求。以后增加的 3 个院:司法、教育、宗教,本身是改革演化的产物,是国家职能在这些重要领域内的延伸。彼得不限于设立新机构,为了使各类机构有章可循,他以极大的精力亲自投入各院工作条例的制订工作。除去前述的陆海军条令之外,《海军部章程》以及各院《总章程》的制订,他倾注的心血最多。这些章程载明了与它管辖范围有关的权利和义务,并规定了对失职人员的处罚办法,是国家体制法制化的重要举措。

除了各种规章条令,1722 年还颁布了《官秩表》。这是一道反映彼得向传统的官职晋升制度挑战的敕令。官秩表将官位分为 14 个品级,每一级官吏的选用、升降,均以其才能、知识和勤勉为据。依据这一制度,非贵族出身的优秀人才可以迅速取得高级官位,它打破了传统的门阀习尚,激发了公职人员的工作热情,对于提高军队和行政部门的工作效率,提供了法制保障,体现了彼得破格用人的一贯主张。

彼得十分重视保障中央政府机构正常运作的监督机制。经过多年的探索,他在 1722 年成立了以元老院总监察官为首的监察署,实现了由独立于被监督机关的国家要员督促和检查政务活动的机构创新。这不仅对揭露违法事件,而且对防范违法事件的发生,提供了制度化保证。出身于风琴演奏家家庭的雅古任斯基,由于机敏、才干和忠于职守,荣任这一崇高职务,被称作"国家的眼睛"。

地方行政机构的改革,从 1708 年 12 月开始施行。为了强化中央集权,彼得用行省制取代了旧有的督军制,全国被分成 8 个省,由省督统管特定省区的行政、司法和军事要务。1714 年,随着北方战争的胜利进展,行省增加到 11 个。1715 年,又在省以下设置了新的县制。1719 年,全国又重新划分为 50 个州,州下设区,各区设行政长官。州的建立没有取消原有的省,但分割了省督的权力,省督仅限于掌管军事,州成为地方行政权力中心。

通过上述这些改革,彼得终于在莫斯科公国的废墟上构筑起现代俄国政治体系的大厦。这个大厦以一定的技术进步和法制精神为基础,经受了长期战争和持续变革的考验,并对二百多年来,俄国社会变迁产生了持久的影响。当然,由于改革的阶级属性所限,改革的成就又是通过残酷掠夺国内人民和蚕食邻国来实现的。

八、营建新都

彼得堡,它的全称应是圣彼得堡,是彼得对外战争的产物,也是他西化改革的象征。

彼得堡是彼得的创造,是在涅瓦河口一片沼泽地上平空升起的一座大都会。自 1704 年,彼得打算把这里确定为新都以来,它就成为俄国得以俯瞰欧洲的窗户和斩断帝国守旧传统的"外偏中心"。这个外偏中心,它距离边境几乎在步枪射程之内,充分显示了沙皇的扩张野心,同时也展示彼得试图借助西方的影响加速俄罗斯文明开化的宏大决心。所以,营建彼得堡是彼得从政和改革的一个缩影,在他的生平事业中占有独特地位。

营建彼得堡的活动,可以追溯到北方战争的最初岁月。如前所述,1703 年 5 月,当俄军攻下尼昂尚茨要塞之后,涅瓦河流域已全部落入俄国手中。为了防止瑞军卷土重来,需要在河口入海处建立一个强固的要塞。当时选中了一个叫卢斯特·艾兰特的小岛(即快乐岛),俄军很快在这里动工修建了一座新的城堡,取名为"圣彼得堡"。这里成为未来帝国首都的摇篮。由于战时的环境,沙皇为保卫这里采取了两项紧急措施:第一,在距彼得堡 30 俄里的科特林岛上构筑了喀琅施塔得要塞;第二,在彼得堡就地建立了一座造船厂。直至 1704 年,俄军先后占领杰尔普特和纳尔瓦之后,彼得才形成把彼得堡变成帝国新都的愿望。此后,大规模营建新都的活动逐步展开。

营建初期,彼得堡的建筑基本沿袭古罗斯的传统:木质结构、布局混乱、街道弯曲。这些建筑物今天已荡然无存,唯一保留至今的是沙皇住过的小木屋。1711 年以后,彼得的夏宫,海军部大楼,以及三圣大教堂开始修建起来。当时最豪华的建筑还数缅什科夫在瓦西里耶夫岛上修建的两层府邸。虽属木质结构,但富有意大利风格,富丽堂皇,令人瞩目。以后阿普拉克辛伯爵、沙菲罗夫等人的公馆,也在海军部大楼附近建立起来。在造船厂周围,七零八落地分布着工匠们的住所。全城当时已有近 800 户人家,8000 多人口。

1713 年,宫廷、元老院和外交使团开始迁往彼得堡,新城堡成为帝国的正式首都。许多居民,特别是贵族,在沙皇诏令强制下开始迁往彼得堡,城市人口已增至35000 余人。城市建筑也开始从木质向石质结构过渡。

1717 年,城建工程进入一个新的发展阶段。法国著名建筑师勒布隆受聘为城堡建设制定了总规划。规划打算通过开凿一些新运河,把彼得堡变成北方的威尼斯。由于气候关系,彼得否定了这个计划,但规划本身加快了城建工程。每天都有大量的石料被运进城区,每年都有数百幢新屋拔地而起。新建的海军部大厦雄伟壮观,气势恢宏。在这座巨形建筑物的一边,横穿着又宽又长、铺满石头路面的涅瓦林荫大道,另一边是能容纳 1 万人的海军部造船厂。修茸一新的海军上将阿普拉克辛的三层楼住宅,坐落在今天冬宫的位置上,它成为新都首屈一指的豪华大厦。在大厦后面分布着总监察官雅古任斯基、海军中将克留斯等显贵的府邸,沙皇的冬宫也选在这里,但它在这片建筑群中毫无出众之处。沙皇的夏宫倒是设计得别出心裁。这是一幢按照中产人家标准设计建造的普通二层小楼,家具陈设朴素无华,但它旁边点缀着一座精心设计的御花园,却使人十分赏心悦目。花园中有独具匠心的小径;修剪得体的乔木和呈立方形、金字塔形和球形的灌木丛;还有花圃、无数的雕像、瓶形花坛、半身雕像、圆柱、喷水池、池塘等。在花园靠近涅瓦河的一边,一条迤逦的游廊直通河岸,人们可乘轻便的帆船,出海遨游或沿宽阔的涅瓦河荡漾。所以,同西欧最美的花园相比,这座花园都毫不逊色。

在距夏宫花园不远的地势略高处,分布着新都颇有名气的两座建筑。一座是海军部军需官基京的旧宅。房主因参与皇太子谋叛案在 1718 年被处死,没收充公的府宅被辟为博物馆和图书馆。一层博物馆陈列着自沙皇 1697 年出国访问以来,所能搜集到的一切珍贵收藏品,包括著名解剖学家弗烈德里克·路易士等人毕生的生物解剖标本,国内的稀世珍宝、珍奇异兽,以及以往战争中使用过的老式大炮和被征服地区的古代文物。二楼是图书馆,收藏着迁都以来的公共文件,私人赠书、药物学著作等,约达 11000 卷。

另一座是座落在基京府宅旁的首都第二大工业企业——铸造局。这是一个以制造大炮为主的联合企业,彼得曾来这里参加工人们的铸炮劳动。

涅瓦河对岸是已接近竣工的彼得保罗要塞。它的内部建筑工程最引人注目的是一所大教堂。教堂将成为城内最宏伟的建筑,因为彼得已打算使教堂钟楼塔尖的高度超过莫斯科的最高建筑物——伊凡大帝钟楼。

在瓦西里耶夫岛上,一座号称"十二院大厦"的建筑群正拔地而起。这里将成为元老院,宗教局和中央各院的办公所在地。

正在兴建的博物馆大厦,将成为首都最大的建筑物之一。一座多层塔楼居中矗立,把两翼的侧楼联成一体,它将容纳基京府宅内的所有展品和图书,并将夏宫花园内的霍托尔普地球仪置放在塔楼的顶层。这项工作直到彼得去世之后,才逐步完成。

彼得堡不仅以宏大的建筑规模引人瞩目,而且那里所呈现的经济和文化生活也与帝国的其他城市迥然有别。

首先,这是一个海的世界,在辽阔的帝国,任何地方都看不到这样的景象:湛蓝的涅瓦河水,缓缓地注入欢腾的大海。浪花飞溅的岸边,四处飘逸着海风咸涩的芳香。一望无际的大海尽头出现了映入蓝天的舰船桅杆,飘扬着英国、荷兰、法国国旗的巨型海船,由小变大,正驶向薄雾缭绕的港湾。一等海船靠岸,码头上装御货物的喧闹声即刻连成一片,压倒了大海的澎湃声。数以百计的平底船、轻便帆船、帆桨并用的大船,穿梭般地往来于涅瓦河上,彼得堡又迎来熙攘繁闹的一天。

其次,这里也是国内贸易的物资聚散地。由于新都周围是一片半荒芜的地区,无法为居民和商贾提供必要的生活必需品和出口物资,因而需要从遥远的内陆吸引各类生活用品和原料。伏尔加河中游和乌克兰送来了谷物和面粉；斯摩棱斯克地区提供了亚麻和大麻；远在西伯利亚的德米多夫工厂，通过"运铁船队"，辗转送来了俄国出产的生铁。俄国广大农村纺织的夏布和帆布，也源源不断地输送到货物吞吐量最大的商港。彼得堡已取代北方的旧港埠阿尔汉格尔斯克，成为巨大的商业中心。

第三，新都的文化生活也以其丰富多彩、高雅欢快的欧式格调，使古旧的莫斯科相形见绌。为了营造无拘无束的文化气氛，提高上流社会的文化教养，彼得亲自出面组织了寓教于乐的大舞会活动。大舞会不定期地轮流在上流社会中举行，高级军官、达官显贵、舰队技师、知名商贾和学者及其子女，都是邀请对象。每一个客人都可根据自己的爱好自由地安排自己的活动和时间，可以跳舞，可以下棋，可以闲聊或仅当观众。沙皇希望通过这种形式，达到上流社会之间的自由交际、高雅的娱乐，并熟悉社交礼仪。大舞会为人们的交往提供了新场所，减少了传统的宴会活动；同时，它结束了首都妇女的幽居生活，使妇女们走出深闺，来到了人间。彼得堡开始成为西方时尚的示范中心，上流社会的伊甸园。

九、进军里海

北方战争的胜利结束，不是彼得军事生涯的终点，正如它不是他对外战争的起点一样。沙皇对南部水域和邻国领土的争夺，始终抱有强烈的野心。在长达21年的北方战争前后及其间，彼得曾三次对南部邻国用兵。第一次，是前文提及的征服亚速之战。这是初试锋芒的尝试，经历了转败为胜的曲折过程。第二次是1711年远征普鲁特河的军事冒险。此役孤军深入的俄军被土耳其10多万人围困在普鲁特河畔，彼得被迫以重金收买敌方主帅，并放弃亚速及附近军事设施为条件，幸免地保存了实力，无功而还。第三次是北方战争胜利结束后，沙皇远征波斯的战争。三次战争，为时甚短，成就有限，但它反映了彼得对南国疆土和热带水域的持久谋划。这既是他对外扩张的组成部分，也对后代沙皇具有传统影响。因此，要完整地再现彼得的军事生涯，远征里海仍是不容忽视的最后插曲。

里海，是连接波斯和俄国的世界上最大的内陆海。沙皇早就奢望通过夺取里海西南的土地，打开一条经由波斯通往印度的道路。1715年，担任波斯专使的阿尔杰米·沃伦斯基就曾奉诏对波斯沙赫进行试探。他试图说服沙赫：波斯与西欧的丝绸贸易，从水路运到彼得堡，比由土耳其的陆路转口更为有利。但是，18世纪初的波斯正处于地方封建割据的混乱之中，分崩离析的沙赫政权无法满足彼得的大胆计划。此外,土耳其封建主已在利用波斯政局的混乱,对波斯的南高加索属地用兵。土耳其人在里海西南部的扩张,将使沙皇经由波斯进入印度洋的计划化为泡影;同时,由于这个传统敌人在边境地区实力的扩大,也将使俄国南部边疆的防务更趋复杂化。因此,当为北方战争胜利祝捷的烟火尚未熄灭的时候,醉心于南部热海通道的沙皇就立刻点燃了远征波斯的战火。在他看来,征服暴乱四起、民怨沸腾、宗教追害不断加深的南部邻邦,正当其时,且轻而易举。

1722 年 5 月,当波斯人洗劫了俄国商人在舍马哈的商店,当阿富汗人闯入伊斯法罕这些消息在彼得堡开始盛传的时候,由新、旧两京同时开拔的两支队伍就浩浩荡荡地向里海进发。7 月,部队抵达阿斯特拉罕。然后兵分两路:步兵从这里渡越里海,向杰尔宾特方向挺进,骑兵从陆上沿海岸南下。参加这次远征的俄军约有 4 万人,包括 5000 名水手,2.2 万名步兵,9000 骑兵,以及一些非正规部队。

这次南下所面临的敌人并不十分强大,途中除了一些小规模的遭遇战,并未太大的障碍。但是,由于骑兵在行军途中严重缺水,渡河的陆军又缺少船只,所以征途备受艰辛。

8 月 23 日,在俄国大军威胁下,杰尔宾特不战而降。沙皇占领了这座曾由马其顿王亚历山大大帝建造的城堡。但这里不是俄军南征的最终目标,沙皇渴望攻占具有重要战略和经济地位的巴库。

占领巴库,俄军面临着两大困难:一是粮草缺乏;二是气候酷热。越过杰尔宾特试图南进的俄军,头顶骄阳,脚踩砾石,找不到河流,看不见小溪,没有一滴水,没有一丝风。疲惫的士兵们绝望地看着湛蓝的天空,没有一块云,他们嗓子冒烟,舌头发干,昏昏欲睡。接着,又传来一个打乱全盘计划的消息:停泊在杰尔宾特港外的运粮船遇到了意外风暴,粮草尽数沉没里海。饥渴的俄军处于一片混乱之中。

彼得立即召开军事会议,决定主力部队撤回阿斯特拉罕,待来年再重整旗鼓。新占领的杰尔宾特、塔尔基等 3 个城堡,由俄国卫戍部队驻守,算是这次南征的主要战绩。

第二年,陆军没有再次出动,而主要由里海区舰队完成了攻占巴库等地的军事任务。依据 1723 年波俄签订的彼得堡条约,波斯将里海西部和南部沿岸的土地割让给俄国,俄国以支持波斯对其敌人(指土耳其)的斗争作为交换条件。彼得堡条约是波、俄之间最早的不平等条约,它加强了俄国在里海西南部地区的优势,为 19 世纪初俄国吞并南高加索,并在波斯北部推行殖民化政策创造了条件。

十、严惩腐败

远征里海归来,彼得基本告别了戎马倥偬的军事生涯,开始集中全部精力充实、完善他几乎从未停顿的改革大业。巨大的内政建设自北方战争结束已全面展开,许多举措已初见成效。但是,随着改革的深入,改革遇到的阻力就愈大。为了同反对改革势力作斗争,早在1718年,他亲手处决了企图复旧的皇太子阿列克谢。此后,他不惜以严刑酷法为武器,对付一切敢于反对改革、破坏改革的言行和人物。继血雨腥风般地镇压太子余党之后,他开始运用这一武器惩罚所有玩忽职守、侵吞公款和勒索贿赂的腐败行为。沙皇一生对贪污受贿深恶痛绝。随改革的深入,经济生活的活跃,贪赃枉法之风开始弥漫宫廷朝野,许多在战争岁月不避生死追随彼得的亲密朋友开始涉足各种盗窃国家财产的丑闻。彼得不得不把惩罚的屠刀对准这些不肖之徒。

西伯利亚省督加加林公爵,是彼得惩治腐败的第一个牺牲品。这位省督大人利用远离首都之便,不仅屡次通过吃空缺的办法侵吞公款,贪污受贿,而且竟然将为叶卡特琳娜皇后从中国买来的珠宝据为己有。罪不容恕,在铁证面前,加加林抵赖无门,上书认罪,要求皇上恩准他去修道院了此残生。彼得没有送贪污犯去修道院,而是当着高级官吏和他的全体亲属的面,把他绞死在司法院大厦前。

继加加林之后,揭发他的总督察官涅斯捷罗夫也被送上绞刑架。这位总督察官素以大公无私、果敢有为,并善于揭发检举大型贪污要案而蜚声朝野,深得沙皇之器重。但是,这位受命揭发别人犯罪行为的"廉吏",却因一次偶然包庇下属贪赃枉法的过失而触怒了沙皇。特设法庭作了严厉的判决:处死涅斯捷罗夫!

沙皇的另一位战友库尔巴托夫也险遭涅斯捷罗夫同样的结局。这位出身农奴管家的人,曾因上书皇上,通过出售印花税来开辟新财源,而获得俄国第一个聚敛家的褒奖。此后便青云直上,官运亨通,由军械厅的书记官直至阿尔汉格尔斯克省副省督。但是,他同样经不住金钱的诱惑,把手伸进了国库。以后,查明他的贪污款是16000多卢布,其中12000卢布直接盗自国库。只是由于他在结案前几个月去世,才免于被送上绞架的惩处。

在彼得晚年审理的舞弊案件中,沙菲罗夫一案曾轰动一时,特别引人注目。由于犯罪者官高爵显,它十分清楚地反映出政治上层的道德风气和彼得严惩不贷的严厉作风。沙菲罗夫身为元老院元老又兼任副总理大臣,在战争岁月和和平时期,主要承担着国家的外交重任,屡建奇功,不辱使命,多次以微小的让步为俄国赢得巨大的外交利益。加上他能够写得一手漂亮的政论文章,并精通数国语言,深得沙皇之器重,为有数的几大宠臣之一。但是,在彼得远征里海期间,他在元老院和临时总监察官皮萨烈夫——他交恶甚久的政敌,发生了一场激烈的争吵。后者揭露了他一件在当时看来微不足道的舞弊劣迹:他利用元老身份,徇私枉法,使他的弟弟领取了比规定高出一级的薪俸。由于沙菲罗夫知道对方意在报复,并在营私舞弊方面不下于自己,因而不甘示弱,恶语相争,结果元老院会议变成了对骂的场所,喧哗声压倒了正常的国事讨论。最后被迫中断会议。两星期后,余怒未息的双方又发生一场争吵。消息很快传到彼得那里,双方都递了诉状,继续互相攻讦。由里海回来的沙皇即刻组成最高法庭的专案组,进行调查。结果,过分狂妄的沙菲罗夫占了下风。法庭作了严厉的判决:处死沙菲罗夫。1723 年 2 月 15 日,不避严寒的莫斯科人纷纷来到克里姆林宫,观看副总理大臣的最后结局。肥胖的沙菲罗夫已被按倒在断头台上。元老院的秘书纵马飞驰而来,他宣读了沙皇改判沙菲罗夫流放西伯利亚的敕令,免他一死。流放地以后又改为诺夫哥罗德,并准许家人陪同,但须受严格监视。

皮萨烈夫也受到免官处分,离开元老院去督修运河工程。捡回一条性命的沙菲罗夫心灵受到巨大震动,他不胜感伤:飞黄腾达的宦海生涯结束了,物质匮乏的生活开始了。与其长久地经受贫困的折磨,还不如让刽子手砍开自己的大血管!

在位极人臣的沙皇战友中,也许唯有缅什科夫是个例外。无论贪污受贿,还是盗窃国家财产,他都使前述几人望尘莫及。他一次次地卷入各种贪污丑案,却一次次地逃脱应得的惩罚;充其量被沙皇用大棒教训一顿,或交纳一笔罚金,就会安然无恙。沙皇并非不知道这位宠臣手脚不太干净,他那豪华的府邸、镀金的马车、频繁的宴会,都清楚地向人们昭示他的开销来路不正。但是,缅什科夫并不否认他花过国家的钱。在证据面前,他一方面坚持这些钱是为国家的需要而花,同时他也为国家花过自己的钱;并且,他还能证明:他拿进去的比付出来的要多得多。此外,他是个天生的乐天派,能在处境十分危机的情况下,靠机敏和诙谐摆脱危局和尴尬。据说,一次沙皇在盛怒之下,威胁说要让他提上馅儿饼篮子到大街上去叫卖,干他年轻时的老行当。缅什科夫真的到街上去从一个卖饼小贩手里抢来一篮馅儿饼,回到沙皇面前。沙皇被这个玩笑逗乐了,他笑着向缅什科夫吼道:"你听着,亚历山大! 别再游手好闲啦,要不然,真叫你去卖馅儿饼就不好了"。缅什科夫离开沙皇时,把自己的货物递给卖主,大声吆喝着:"买刚出炉的馅儿饼啊!"

除去这些素质之外,缅什科夫在战时具有无可置疑的勇敢。冒险是他的天性,他总是藐视危险;每逢决定性的战役,他总是一马当先,冲锋陷阵,不计安危;他坚信打中他的子弹还没有制造出来。凡是需要奇袭猛攻、快速出击的地方,沙皇总是派他前往,并总能出色地完成任务。此外,他还有令人赞叹的组织才能,在治理收复地区、营建彼得堡的过程中,他都取得了令沙皇满意的政绩。为执行圣谕,他既不怜惜别人,也不吝惜自己。可以说他有许多过人的美德,唯一的缺陷是:他对财富始终不能无动于衷。

回顾缅什科夫生平活动中的辉煌之点,是想说明:沙皇对侵吞国财的行为严惩不贷,却又对最大的贪污犯宽大包容。这唯一的例外,反映了彼得在用人和执法问题上的矛盾。人们不免认为沙皇也在枉法徇情。如果我们用它来和处置太子案作一比较,也许就会理解彼得的选择,因为在用人和执法之间有一道界线,就是:服从他的改革大业。

尽管如此,缅什科夫的地位到沙皇晚年已大大削弱,他失去了陆军院院长之职,与主上的关系也变得日渐疏远。双方早年那种无拘无束的亲密情感已荡然无存。有人推断,沙皇如果天假以年,活得更久,不知悬崖勒马的宠臣未必不会中途送命。这种判断,也同样适用于沙皇无限信任的御前机要秘书马卡罗夫。后者长期享有干练、规矩、公道的美名,可是到沙皇逝世的前夕,终于发现他也在暗中接受贿赂。

接连发生的违法案件,毒化了彼得晚年的心情,特别是当他身边的头面人物卷入这类案件时,更是如此。他开始困惑不解:为什么自己劳筋累骨、以一当十地向山头冲去,而自己的同胞却成千成百地往山下跑?为什么许多跟随自己多年,南征北战、生死与共的战友,一旦到了和平时期,总不能克制对非份之财的欲望,而不顾忌自己的名誉和信用?!不少的战友已经去世,但更多的战友正以秽行在背离他所开创的事业。彼得无法理解这些变化。他变得不大与人来往而且容易动怒,昔日炯炯有神的目光,如今已黯然失神。他过上了以往自己所不习惯的离群索居生活,常常凝神默想,若有所失。显然,朋友们的劣迹已使他失望,同时,他也在考虑:不惜生命为之奋斗的事业应该交付于谁?

自从皇太子阿列克谢获罪致死以来,彼得就一直没有可供选择的理想继位人。他对皇孙,即阿列克谢9岁的儿子十分慈爱,但不放心由他来继承皇位,因为孙子有可能受外戚的影响承袭其父的立场,而反对祖父的事业。至于他和叶卡特琳娜所生的两个女儿——安娜和伊丽莎白,虽聪明可爱,但他认为都不是他所期望的坚强有力的事业继承者。还有谁呢? 十有八九,他选中的是妻子叶卡特琳娜。这位出身卑微的女子,不仅天姿国色、善解人意,而且多年来一直伴君南北征战,备尝艰辛,功勋卓著。特别是在普鲁特河远征期间,大智大勇、自愿牺牲随身佩戴珠宝,贿赂了土军司令,才使俄军死里逃生。此举不仅令彼得长期感念,而且赢得了士兵们的尊敬。此后便恩宠有加,青云直上,成为彼得身边任何人所不可取代的知音和贤助。正是为了为她上台做好准备,彼得在远征里海归来不久,就决定为她正式加冕,让全世界知道:俄国真正的合法皇后是叶卡特琳娜!

为皇后加冕打破了俄国皇室传统,也使全俄舆论为之哗然。为了证明她理应承受此等殊荣,彼得在 1723 年 11 月的一份文告中,不惜用许多溢美之词,赞誉她长期随军转战,历尽艰辛,为皇上始终不渝的助手。隆重的加冕仪式及其庆典,从 1724 年 3 月持续至 5 月,历时甚久,耗资巨大,在千人百众的欢呼和一片礼炮和钟鼓声中,昔日的女奴成为头戴金冠、光华四射的全俄皇后。

耗时过久的庆典活动损害了彼得已经十分虚弱的身体,他不得不在庆典刚一结束就到疗养地去休息。但日常琐务仍然分散着他的精力,他的健康已每况愈下。8 月末他参加了一艘三桅巡洋舰的下水典礼,然后,又不顾医生的劝告,做了一次长途旅行,主要是参加施利色堡每年举行的占领该城纪念活动,并视察奥洛涅茨冶金工厂和拉多加运河工程。至 11 月初,他回到彼得堡时,病情开始严重。这时,传来了一件有碍皇后声誉的绯闻:一位年轻的高级侍从走进了皇后的生活。这件事加速了沙皇病情的恶化。

侍从很快因"贪污罪"遭到处决。叶卡特琳娜保住了声名,但夫妻间的关系从此不再心心相印。不知是出于对过去的恩惠的追忆,还是顾忌两个女儿的婚事,彼得没有对皇后绳之以法。但也没有运用手中的权利,把为叶卡特琳娜加冕的意图引导到合乎逻辑的结局。

1795 年 1 月,彼得的病情开始加剧。它使一切问题都退到了次要位置。叶卡特琳娜奉召来到彼得床头,陪伴他度过最后的时日。病痛者已进入痛苦的弥留之际。1 月 27 日。从昏迷中醒来的沙皇,要人笔墨伺候。看来,他已拿定主意,要对继承问题作最后安排。忐忑不安的人们注视着那张决定皇位继承的白纸,只见沙皇吃力地写着:

"一切权力归……"

笔从他颤巍的手指中滚落下来,他长喘一口气倒在床上,从此不再言语。看来,沙皇依旧没有对皇位继承作出安排。沙皇应该知道,这时候他的选择该有多么重要,但他仍没有作出选择。这就是所谓盛传的沙皇遗嘱之一。临终前的这几个字是可靠的,但不解决任何问题,虽然可以当"遗嘱"看待,实际上是一纸空文。

据传,沙皇还有一份"政治遗嘱",即征服欧、亚两洲的 14 点计划。这份"遗嘱"在不同时期存在着不同争议。19 世纪,许多欧洲学者认为遗嘱是真实存在的,因为它完整地反映了俄国几个世纪以来对外扩张的意图。这份文件可用来揭露沙皇对外扩张的野心。但到 20 世纪以后,学术界对这份文件又多持怀疑态度,因为一方面文件组织得系统有序,条理清晰,这在彼得戎马倥偬的军事生涯中是不可能形成的;另一方面,彼得毕生的使命是争夺波罗的海出海口,虽然也有征服亚洲,包抄欧洲的想法,但在当时缺乏实力,提不上实践日程,不可能预先周详地制定一个超出实力的具体掠夺计划。因此,"政治遗嘱"可能系后人伪造。

1725 年 1 月 28 日,极度痛苦的沙皇终于合上了双眼,他带着困惑和遗憾,留下了未竟的改革大业和正在扩充的疆土,去了。

彼得一世是俄国历史上雄才大略的专制君主。他所推行的西化改革,冲击了俄罗斯的古旧传统,增强了国家的经济实力,提高了俄国的地位,加速了俄国的文明开化,从而开启了俄国现代化的历程。他为争夺出海口而进行的长期战争,满足了俄国正常发展的外部条件,使俄国由一个孤立、封闭的内陆国家,变为开放型的濒海帝国。在除旧布新的持续变革和长期的戎马生涯中,彼得富有魅力的个性特征和独特品格,诸如勤于学习、勇于实践、视野辽阔、大胆接受新生事物和同守旧势力作斗争的勇气和决心,既是他生平事业的组成部分,也是一种时代精神的反映,对于今日的变革也具有启发意义。

正如许多学者所达成的共识:彼得的改革是通过残酷掠夺国内人民来实现的,并为贵族农奴主阶级服务的,因而不可能从根本上改变俄国的社会面貌;他的对外战争早已越出发展经济和和平交往的界线,并严重地损害了邻国利益。但是,如果从历史的角度,将他同他平庸的前辈和同时代许多无为之君相比较,彼得不失为能够顺应时代潮流、富有开拓精神的新兴君主。在数以万计的帝王世界,彼得一世是具有鲜明个性,并为历史留下深刻痕迹的典型人物。

拿破仑一世

——"马背上的世界精神"

张卫利

1821 年 5 月 5 日,拿破仑在南大西洋的圣赫勒拿岛上溘然长逝。"我愿意把我的遗骨埋在塞纳河畔,安葬在我如此热爱的法国人民中间"。依拿破仑的遗愿,1840 年,法国政府主持将拿破仑遗骨迁葬回国,埋在塞纳河畔的老残军人退休院。

遗骸归葬故国,魂灵归故里,这是法国从未给过别人的荣誉。人们不禁要问:这到底是怎样的一个人物?让我们将卷帙浩繁的世界历史翻到 18 世纪末、19 世纪初的欧洲这一章,来追踪这位曾纵马驰骋于欧洲大陆,要建立古代帝王们憧憬的世界大帝国的人物的一生吧!

一、科西嘉人

1769 年 8 月 15 日,拿破仑出生在地中海西部科西嘉岛上阿雅克修城的一个律师家庭中,父亲夏尔·波拿巴是本地的贵族,母亲叫列蒂契娅。

科西嘉的民情、风情独具特色,虽然自然条件优越,物产、矿藏丰富,但岛民们并不十分重视农业和商业,妇女们从事家务,养儿育女;男人们则喜欢勾心斗角,以家族荣誉为至上,最被人看不起的就是那些在关系家族荣誉而进行的复仇中表现出畏缩和犹豫的人。各家都郑重地保存着用武力维护荣誉的记录。唯一为他们信奉的权威,就是枪和匕首。这样的生活方式和环境,造就出脾气阴郁暴躁,对人苛求,同时又勇敢、敏锐和坚韧不拔的科西嘉性格。

科西嘉兀立在地中海上,岛的北面是法国,东面是意大利,南面是面积三倍于科西嘉的撒丁岛。西班牙则从西面环视着它。历史上地中海的霸主——迦太基人、罗马人、汪达尔人、比萨人、热那亚人,都曾先后统治过科西嘉。尽管这些外来的强者可以占据沿海城镇,却始终很难触动散布在山峦起伏丛林中的居民。科西嘉人顽强地保持着他们以家族为中心的比较原始的生活特征,更保持着反抗外来侵略的斗争传统。

在拿破仑出生前相当长的时间里,科西嘉隶属于商业国热那亚。1755 年,科西嘉人在其领袖保利的率领下进行暴动并取得最后胜利,赶走了热那亚人,科西嘉成为独立国家。然而,好景不长,法国国王路易十五就伺机派兵强行进驻科西嘉。1768 年,热那亚政府与法国签订秘密协定,做个顺水人情,将名存实亡的科西嘉的"权力"出卖给法国。拿破仑出生前三个月的 1769 年春,法国军队击溃了保利的队伍,科西嘉成为法国的领土。法国表示:对一切承认法国政权的科西嘉人既往不咎,一概赦免。在等待妻子分娩的那段日子里,性格狂热的夏尔·波拿巴虽然曾是保利领导的反抗斗争的积极参加者(一度任保利副官),但经过反复权衡利弊,最终决定全家加入法国籍。但幼小的拿破仑却因科西嘉的捍卫者保利被赶走而伤心惋惜,并对法国入侵者深恶痛绝。此外,与世隔绝的孤岛,深居山林中的野蛮的居民,部落之间的不断冲突和相互复仇,均对他的心灵有着深刻的影响。

拿破仑从小就缺乏耐性,好动的同时又很阴沉、暴躁。母亲列蒂契娅刚强的性格,给拿破仑勤劳、办事井井有条的作风打上了浓重的底色。拿破仑很爱他的母亲,但有时又要小聪明去蒙骗母亲。他虽然头大脖细,身材瘦小,却精力过剩、淘气任性、打架拼命。

拿破仑七八岁时,夏尔偶然发现这个生性好动的儿子,竟能长时间安静地做数学练习。夫妇俩给拿破仑搭了个小房间,他就一个人整天地待在里面痴迷地演算数学题。数学后来亦成为拿破仑终生的爱好。除此之外,拿破仑还常独自跑到他家附近一座孤零零的岩石洞穴去,或埋头读书,或斜倚着岩石远眺地中海的辽阔天空,少年拿破仑头脑中满是幻化的想象,他已不屑于同兄妹们在花园里草地上玩耍打闹,他是那样的寡言少语,以至于看起来不大合群。在至今还保留着"拿破仑穴"名字的洞穴中,他经常是一个人消磨着宁静而漫长的下午。

多子女的家庭,经济虽不困难却也不富裕,当拿破仑呱呱坠地时,父亲已决定将来把儿子送到法国去上学。后来也正如父亲计划的那样,1779 年,经过一番周折,父亲把两个年长的儿子约瑟夫和拿破仑送到了法国,进奥亭中学读书。同年春天,10 岁的拿破仑转到离巴黎 100 多公里的法国东部布里埃纳城一所公费的军事学校——布里埃纳军校。

在军校中,拿破仑还是个阴沉、孤僻的孩子,他很容易被激怒而且长时间生气。军校的贵族学生都瞧不起这个科西嘉来的乡巴佬。拿破仑从前一直讲意大利语,法语说得很糟糕,还带着浓重的科西嘉口音,那些纨袴子弟夸张地模仿他的口音,嘲笑他穿戴邋遢。自负而好强的拿破仑怒不可遏,同他们几番比试彼此的拳头,并且都打赢了。虽然自己也受了伤并因其行为被关了禁闭,拿破仑一点也不后悔。他的同学都发觉这个小科西嘉人并不好惹。父亲的来信使拿破仑打消了刚刚表露出来的想回家的念头。"……你以往表现的桀骜不驯,我认为只有严格的军校生活才能约束你,让你懂得什么是纪律,学会执行命令,知道什么时候要自我克制。知子莫如父,你是块军人的好材料!……你必须在军校待下去!"拿破仑这一待,就是整整5年。"绝不浪费自己的时间和精力"是他在布里埃纳军校时的座右铭。他成了军校最用功的学生,学习成绩名列前茅。课余,拿破仑还大量阅读来充实自己。他所表现的极强意志力使他得到了"斯巴达汉子"的绰号。的确,拿破仑就像从小接受严格体魄锻炼和军事训练,以刻苦剽悍著称的古希腊斯巴达人一样,整整五年,他就像父亲信中所期待的那样。实际上一个地道的斯巴达汉子也不过如此。

拿破仑终其一生从未忘怀过这所培养了他的军校。在他生命的最后时刻,他把布里埃纳列入遗嘱,遗赠给这座小镇40万法朗。在拿破仑离开母校70周年后,拿破仑的上述遗嘱付诸实施。人们在那里修起一座市政府大楼,并在广场上竖立了一座少年拿破仑的青铜雕像——身穿布里埃纳军校的学生制服,执书沉思。在雕像的石座上,刻着拿破仑说过的一段话:"在我的脑海里,布里埃纳就是我的祖国,因为在那里,我才首次体会到做人的尊严。"

1784年,以优异成绩毕业于军校的15岁的拿破仑,被送到当时法国首屈一指、众多有志青年向往的巴黎军官学校。一流的教员、丰富的课程,使拿破仑更觉机会的宝贵和值得珍惜。拿破仑对炮兵学产生了浓厚的兴趣。他刻苦钻研,获得教员的好评。该校任教的著名的数学家拉普拉斯甚至破例对拿破仑进行个别辅导,以表示他对这位高材生的赞赏。和在布里埃纳军校一样,拿破仑除了专心学习规定课程外,还如饥似渴地学习能搞到手的书籍,自选读物给他带来了更大的收获。少年拿破仑的心灵被《高卢战记》攫住了。他常常梦见自己追随着恺撒去创造伟大的业绩,一觉醒来,梦中的激动情景又激励着他更加用功地学习。

才在巴黎军官学校进行第一学年学习的拿破仑不能考虑眼下的现实困难。1785年2月,父亲患癌症去逝后,家里一贫如洗。家庭的变故,科西嘉人传统的家庭的责任感压迫着才16岁的拿破仑。根据少尉拿破仑的申请,1785年8月,学校分派拿破仑前往驻防在离科西嘉较近的瓦朗斯城的拉费尔炮兵团服役。拿破仑就这样告别了巴黎军官学校。

少尉军官薪俸微薄,大部分薪金寄给母亲后,生活更是艰苦。拿破仑在一家书店的顶楼租了一间斗室。从不像他的伙伴那样,把时间消磨在喝咖啡和游玩上,他只知废寝忘食地博览群书,做笔记、写心得,也全然不顾似水凉夜,如豆之灯。书店老板为之感动,允许拿破仑随便翻看店中之书。最让拿破仑感兴趣的是军事、数学、地理、旅行等方面的书。他也读哲学著作,而其时正是在书店顶楼的斗室里,他接触了18世纪启蒙学派的古典作家伏尔泰、卢梭、马布利等人的著作。一度,他接受了卢梭的激进思想。《社会契约论》就在床头,每天都会被翻一翻,那震撼人心的"人是生而自由的"学说,很合拿破仑的口味,而卢梭号召人民起来争取"神圣人权"常使拿破仑热血沸腾。他把卢梭的学说当作行动的指南,宣称自己是卢梭的学生和忠实信徒。拿破仑在瓦朗斯期间记下了大量的读书笔记,保留至今的仍有368页之多。除了最感兴趣的那些书外,他也不拒绝小说和诗歌。他总是迫不及待地去阅读任何一本书。他的学习态度就是要尽快地吸收他所不知道的可以充实他的思想的东西。拿破仑善于学习,又注重实践。他十分热爱炮兵工作,在拉费尔炮兵团,拿破仑通过实际操作,掌握了打仗的基本知识。后来的历史表明,他当年的同学,即那些出身贵族的将领们,由于缺乏基本知识这一课,虽然他们在初期看来也很有前途,可大都以不幸的结局结束了军人生涯。在这一点上,拿破仑又一次超越了他们。

二、初试锋芒

1788年6月,从故乡回到法国的拿破仑随其所在团队开赴奥松城。他像以前一样贪婪地阅读一切能够弄到的书,特别是18世纪军事家所注意的那些军事问题的主要著作。他身上总显示出那种从事脑力劳动和长时间进行思考的能力。他谈到自己的工作的时候,总是带着非常严肃和执著的神情,他为自己巨大的工作能力而感到自豪。

炮兵战术最终成为拿破仑所喜爱的军事专业。在奥松城,他从事写作,除哲学、小说、政治方面的短文外,曾有一篇不长的关于弹道学的论文《论炸弹的投掷》。在生活中,他使自己的热情和欲望完全服从于意志和理性。他这个出身寒微的年青军官,总是遭到贵族同僚和贵族长官的轻视。对于这样的命运,他是否真正满意呢?未及明确地回答这个问题,更不待说具体地考虑未来计划的时候,他准备登台的那个舞台就动摇了——法国大革命爆发了!

有必要来看一下18世纪封建君主统治下的法国是怎么一个样子:社会分为两个敌对的阵营,以国王、贵族和僧侣组成的第一、第二等级为一方;以其他社会成员组成的第三等级为另一方。第三等级占全社会人口的90%以上,承担着国家各方面的重负,却没有丝毫权利。他们对法国封建制度充满仇恨,对压迫他们的教士和贵族更是切齿痛恨,法国社会面临着政治、经济、社会等各种危机。在此以前,许多法国人出资出力帮助北美洲兴起的独立革命,结果是美国赢得了独立。第三等级都听到了美国的《独立宣言》,法国人民因此也有了反抗自己国王的思想准备;而且法国的启蒙思想家早已给了法国人民"自由、平等、博爱"的思想武器。法国资产阶级革命的爆发已近在眉睫了。国王路易十六被迫同意召开三级会议。传统的等级投票制规定:第一、二等级各有300多名代表,第三等级有600多名代表,三个等级各作为一个单位来投票。因此总是第一、第二等级以2:1压制第三等级。第三等级要求一代表一票的投票方式,为路易十六拒绝。国王的专制激怒了第三等级的代表,"在完成新宪法的起草以前,决不离开,除非你们用刺刀!"网球场上的庄严宣誓是对国王的挑战,也敲响了法国君主政体的第一声丧钟。国王企图以暴力镇压"国民议会"的愚行更加速了大革命的爆发:1789年7月14日,激愤的民众在炮声中攻占了法国专制权力的象征——巴士底狱。

拿破仑不愿参加王军的行动,所以他执意申请回故乡休假去了。他一回到科西嘉,就号召家乡同胞戴上象征革命的蓝、白、红三色帽徽。拥护法国新生的民主政体。1791年6月拿破仑升为中尉。不久,他又一次返回老家休假。由于在科西嘉待的时间过长,犯了擅离军队罪。通常,法国陆军部不宽恕这类犯罪的军官,所以拿破仑没有回到他的团队,而是去巴黎解释他请假的原因。由于没有得到陆军部的任何任命,他只好在巴黎等待答复。拿破仑是在1792年5月底到达首都的,他成为这个夏季暴风雨般的革命事件的目击者。23岁的军官对这几个月中发生的两个重要事件,即1792年6月20日人民群众攻入杜伊勒里宫,迫使国王路易十六戴上革命的标记之一——红色的弗吉尼亚帽向人群低头认罪,以及同年明10日人民再度攻入杜伊勒里宫而推翻君主王朝的态度是一致的。由于他只是旁观的偶然目击者,并且是对亲密友人谈论两事件的,他完全不掩饰于表白自己的真实感情和全部天性。他把6月20日的参与迫宫的人群称作"无赖",认为路易十六是个懦夫,他不应该放纵那群无赖,而应该以大炮消灭他们。8月10日的起义者更被他骂成是"最无耻的群氓"。指出拿破仑的这种天性是很有意义的:还在青年时代,他就认为炮弹是回答人民起义的最适当的手段,而且他是那样地热衷学习并实践这种刻骨铭心的教训,在以后的与这两次事件极为相似的情况下,拿破仑采取的是全然不同的态度和作法。

当时法国正处于将奥地利军队赶出国境的反侵略战争中,法军缺少大批有经验的军官。革命政府也不再追究拿破仑超假的过失,任命他为上尉,拿破仑又看到了前程。1789年开始的革命是一个开端,对外省人拿破仑来说,只有现在,个人的能力才能够帮助一个人沿着社会的阶梯往上爬,这的确使他醉心。当1792年9月21日,国民公会宣布成立法兰西共和国时,拿破仑更加坚定了自己的选择,决心为新诞生的共和国赴汤蹈火。

　　随着法国大革命的深入发展,革命者认为国王与共和国不能并存:1793年1月21日,路易十六被送上断头台。法国革命的洪流在欧洲和各主要封建国家被视为洪水猛兽,有着冲垮自己统治的危险。欧洲各国联合起来,要以武力干涉法国革命,法国国内的保皇党分子则乘机在各地煽起叛乱之火。内忧外患严重威胁着新生的共和国,以罗伯斯庇尔为领袖的雅各宾政权号召法国人民奋起保卫祖国,保卫革命。这是法国大革命的一段艰难岁月:著名的革命者马拉、沙利埃等人被刺杀,在波尔多、里昂、马赛发生了反革命暴动,普、奥、英、俄等国组成了第一次反法联盟。法国人民戴上红色的自由之帽,高唱着新颂歌《马赛曲》,挥舞着"自由、平等、博爱"的标语,成批地开向保卫祖国的战场。9月法军打败英荷联军,战局发生转折。12月奥军被赶过莱茵河右岸,国内局势大为好转,先后收复了马赛、波尔多和里昂,旺代省的叛军也被击溃了。至此,法国革命的重大威胁来自叛城土伦。大批保皇党分子麋集在这个法国南部港口,他们击溃了革命政权的代表,并向航行在地中海西岸的英国海军求援。依仗英国舰队的支持,他们宣布路易十六年仅8岁的儿子为路易十七;被打倒的波旁王朝以土伦为反革命暴乱中心,大有卷土重来之势。革命军从陆地上包围了土伦,由卡尔多所指挥的革命军部署不当而失败。拿破仑向他的同乡、革命军的政治领导人萨利切蒂指出夺取土伦以及把英国海军从海岸赶走的唯一方法,并被任命为包围军炮兵首领的助手。11月最初几天发动的攻势没有获胜,因为负责指挥的军官在紧急关头没有听取拿破仑的意见而命令军队撤退。拿破仑与士兵同甘共苦,战斗中身先士卒的作风,赢得了士兵的信任与爱戴。他的炮兵成了一支战斗力很强的队伍。通过观察地形,拿破仑发现土伦港有两道向东延伸出去的岩岬,靠内侧的克尔岬把内、外港隔开,其上炮台既可控制内港的出口,又可由炮火威胁英舰,使其在内外港都无法停留,而英军一旦撤出港外,土伦就不攻自破。拿破仑有关拿下制高点攻打土伦的方案被指挥官戈来埃所接受。拿破仑配置了炮兵进行猛烈的冲击,夺下了控制舰队停泊处的制高点,英舰周围溅起簇簇水花,见自己完全暴露在法军炮火之下,这些往日耀武扬威的军舰立刻仓皇逃出土伦港。英军逃走前击沉了他们无法带走的军火船。1793年12月17日,从炸毁了的军火船上升起的浓烟烈火,如同火山爆发一样壮观,巨大的爆炸声则增添了胜利者的豪情。从那些船上燃起的熊熊大火,犹如一团团的礼花,在庆祝着土伦港的收复。

　　"我真是无法向您形容拿破仑的功勋。他的知识丰富异常,智力极其发达,性格无比坚强,但这还不够使你对这位非凡的军官的优秀品质有个最起码的了解。"——这是杜纪尔将军在向巴黎陆军部队报告中的一段话。他热切希望陆军大臣为了共和国的利益能够留下拿破仑。围攻土伦的整个军团都很清楚拿破仑在配备炮兵、巧妙布置包围、进行射击、以及1793年12月17日最后发起冲击的决定关头的重大作用。

土伦之战，是拿破仑指挥并取得胜利的第一个战役。虽然后来有着很多大规模的战役，但土伦战役在拿破仑的史诗中永远占有特殊的地位，他第一次引起了人们的注意，巴黎第一次知道了他。拿破仑才24岁，已被授予旅司令官的军衔，他已迈出了第一步。

三、葡月将军

拿破仑在土伦之战中的卓越表现，使他得以被雅各宾政权任命为意大利军团的炮兵指挥官。正当他踌躇满志，要在意大利战场上取得更大荣誉之时，法国政局出现了突然的逆转：罗伯斯庇尔主持的雅各宾政权在战胜国内封建势力，将反法联盟赶出法国之后，威望与日俱增。但是，罗氏及其坚持实行限制资产阶级自由竞争的措施及动辄将反对者送上断头台的恐怖政策，已使他的政权实际上处于被推翻的阴谋的威胁之中。热月9日（1794年7月27日），罗氏的反对者促成国民公会通过了逮捕罗氏及其拥护者的决议。未经审判，罗氏和他的21名同伴于次日被执行死刑，雅各宾政权结束了。

大资产阶级政客"热月党人"上台了，紧接着就在全国追捕旧政权的主要负责人的亲信和被认为是亲信的人。由于是被雅各宾政权任命的将军，拿破仑亦遭到了打击。热月9日之后还不到两个星期，他就被逮捕了。拿破仑进行了申诉，因为国民公会负责审查的特派员没有在他的档案中发现任何监禁他的理由，他在被监禁14天后暂予开释。意大利方面军的司令官尼斯对出狱后的拿破仑不予理睬，拿破仑思索后决定回到巴黎。"在巴黎，一个干练的政治家，就决定了一个政党或政府的命运，而在外地，人们就只能听命于拥有最高权力的首都"。他对弟弟路易说。的确，巴黎是当时各种思潮的汇合点，是个特别锻炼人的地方。在巴黎，青年们在各种思潮的激荡中，在令人眼花缭乱的政治变幻中，选择自己的道路。"要在巴黎改变自己的命运！"拿破仑暗下决心。

1795年是法国资产阶级革命史上一个决定性的转折关头，资产阶级革命推翻了专制封建制度以后，于热月十日丧失了自己最锐利的武器——雅各宾专政，大资产阶级在取得政权之后，就走上了反动的道路，从1794年冬到1795年春，热月党国民会议在政治上一直从左向右转。

拿破仑来巴黎寻找出路时,他所看到的只是新贵族们的寻欢作乐和种种丑恶。拿破仑头脑中那些雅各宾主义的理想,就像一个飘飘荡荡的气球,随着松开的细线飘逝了。他的申请没人理会,失意的拿破仑身处欢乐的巴黎却没有些许欢乐,任凭时光流逝却一事无成,成了一位整月蹓大街的"马路将军"。

在巴黎城郊工人区发生的反对热月党人国民会议的两次——芽月 12 日(4 月 1 日)和牧月 1 日(5 月 20 日)——演变成对国民会议直接进攻的声势浩大的武装游行示威失败了,而保皇党人又蠢蠢欲动了,1795 年夏季巴黎出现了新的危机,掌握着三万叛乱武装的保皇党人阴谋暴乱,残酷镇压平民群众的热月党不可能指望民众的支持,手中仅有 5000 兵力。

当时情况是这样的:根据国民公会制定的新宪法,由五个督政官来领导政权机关,而立法权集中在 500 人院和元老院两个议会中。国民公会准备在实行这个宪法之后即行解散。但是在"老的"大资产阶级中间,保皇的情绪正在滋涨,国民公会担心保皇党人会利用这种情绪,采用狡猾手法,大量钻进即将进行选举的 500 人院。因此,巴拉斯为首的热月党领导集团在国民会议最后几天,通过了一项特别法令,规定 500 人院和元老院中三分之二的成员必须从现任国民会议的成员中选出,只有三分之一的成员可以从其他人员中选出。这项法令,要巩固国民议会中现有的多数统治,并使其无限期延长下去。保皇党人不乐意这项法令,很大一部分金融寡头及巴黎所谓"富有者"(即中心区的上层资产阶级),对这一"专横"的法令也不以为然,巴黎的工人认为国民公会的各种委员会和国民公会本身是自己最凶恶的敌人,根本未考虑要为这个会议在未来的 500 人院中保持三分之二多数的权力而战斗;国民会议本身也不会想要首都的贫苦群众来支援它,群众仇视它,它害怕群众。军队也不可靠:热月党政权的将军梅努偏向于选出一个更为保守的议会,他不愿意枪毙那些显贵,他曾在凯旋时被他们夹道欢迎,双方互有深切的好感,他自己也曾是显贵的一员。

保皇党人欢欣鼓舞,他们不是单独作战,并且一切都是顺着他们意愿发展的。葡月 12 日夜间,热月党首领们听到了来自四面八方的狂呼声,示威游行的行列和洪亮兴奋的呐喊声在首都散布着一个消息,说国民会议正在放弃斗争,可以不发生巷战,法令已经收回,选举将自由举行。但这帮家伙高兴得有些早了,国民议会决定进行斗争。葡月 12 日的夜晚是多么令人焦虑啊,梅努被革职并被马上逮捕,巴拉斯被任命为巴黎武装部队总司令。是的,要斗争,必须毫不迟疑地在几个钟头之内马上展开战斗。"唉,可我又能指望谁呢?"巴拉斯不是一个军人,他急切地要网罗一个能扭转局面的将军。已是葡月 12 日深夜了,保皇党人的暴动定在第二天,巴拉斯踱来踱去仍无良策以对付翌日即至的暴动。

突然,巴拉斯想起了一个穿破灰大衣的最近曾经几次找他帮忙的消瘦的年青人。巴拉斯所知道的就是他是一个退职将军,曾在土伦显示了突出的才能,现在在首都穷困潦倒。巴拉斯命令把他找来。拿破仑来了,巴拉斯问他能否把叛乱镇压下去,拿破仑请求考虑几分钟。他对于保卫国民公会的利益在原则上是否可以同意这一点,没有考虑很久;但他很快就想到了,如果站在巴拉斯一边会有什么好处——这和他来巴黎的目的是统一的。拿破仑同意的条件是:谁也不干涉他的指挥。他说:"等大功告成以后,我才会放刀入鞘。"

这位新任命的巴拉斯的助手无疑是志在必得:他有一个以炮兵狂轰乱炸为基本的行动计划。到黎明时,国民议会大厦前的炮群即已布置完毕,葡月13日,叛乱者拥向国民公会,炮火的迎接使得叛乱者在圣·罗赫教堂门口血肉横飞,叛乱者只有步枪来回击。到中午时,叛乱者留下几百具尸首,拖着伤员四处逃散,有藏到各处住宅中去的,还有马上离开巴黎的……全部结束了。保皇党人寄此一役可得波旁复辟的美梦破灭了。城市上层资产阶级也意识到了,他们太急于用公开的武装暴动的办法来夺取国家政权。同时,又再次显示出,农村的反复辟情绪对军队和士兵群众发生了特别强烈的影响,而军队和士兵群众是完全可以信赖的。他们坚决反对那些直接或间接与波旁王朝有着千丝万缕联系的势力。

在首都巴黎取得的这次胜利给拿破仑带来了远高于土伦战役的声誉。昨天,将军还在街头踯躅闲逛,眉宇间透出一个愁字;今天,他的名字已震荡着全法国,成为具有指挥天才、果断精神和坚强毅力的同义词,优秀的军人! 军界人士,一切社会阶层都已确认。督政府的大权在握者看到这把利刀在必要时还可为其所用,指向敌对势力的骚乱……

巴黎人的街谈巷议中,拿破仑——葡月将军,已成为唯一的话题。

四、出兵北意

葡月13日的化险为夷让督政府对年轻的将军感激不已。拿破仑成了巴黎卫成部队司令,谁也不怀疑他将成为作战部队的独立指挥官的候选人。

年轻将军在忽然晋升之后迷恋上了丈夫在恐怖时期被处死、大他六岁并有两个孩子的约瑟芬·博阿尔内。这个女人曾有过不少风流韵事,对拿破仑并没有什么热烈的感情,但从物质上考虑,葡月13日以后的拿破仑声名显赫,职位重要,能使她和孩子的前程有所保障。而在拿破仑方面,则是为突然激起的并且缠绕着他的情欲所驱使,曾与年轻寡妇有过一段交情的巴拉斯亦是极力促成二人的婚事,他甚至许诺其后他将尽力促使督政府把意大利军团的全部指挥权交给拿破仑。拿破仑也认为娶个伯爵夫人会使自己更快地"法国化",在社会等级中迈进一大步,有更广泛的机会去结识共和国的显要人物。

1796年3月9日婚礼举行了,11日,拿破仑就与妻子告别,登上驿车赶往军团司令部。欧洲历史上漫长而血腥的一章就这样被揭开了。在他忙碌的一生中,无论是初恋时的德西蒂,还是他深爱着的第一个妻子约瑟芬、第二个妻子玛丽·路易莎,还有雷缪莎夫人,女演员乔治·瓦利夫斯基伯爵夫人,曾经与他有过亲密交往的任何一个女人,都不能对他产生任何显著的影响,这个传统的科西嘉人,对荣誉和权力的追求是永不停止的,没有很多的时间去让感情冲动主宰他。

战争的阴霾布满欧洲上空,毫无疑问,奥地利、英、俄、撒丁王国、两个西西里王国和几个德意志国家(符腾堡、巴伐利亚、巴登等)的联盟与法国在即将到来的1796年春夏两季有一场大厮杀,对峙的双方均认其主要战场当然在德国西部和西南部。——法国人企图通过这些地方侵入奥地利本土,督政府挑选了最精锐的部队和以莫罗将军为首的最杰出的战略家进行这次远征,组织得很好的后备供应更反映了法国政府对远征军寄予厚望。

拿破仑将军的意见是:向奥地利及其盟国意大利发动进攻,以防止反法联盟的祸水西渐,首先得从法国南部进入与法毗邻的意大利北部。这个声东击西的行动,将使奥地利在即将展开的战争中,分散对德国这个主要战场的注意力。这个计划无疑是有益的,虽然督政府官员并无大的兴趣,但还是接受了。1796年2月23日,拿破仑被任命为这个战区的总司令。新婚两月后的3月11日,新总司令挂帅上任。

在意大利军团司令部所在地尼斯,拿破仑检阅了自己的部队,发现他们简直像一群土匪。后备供应极差,因法国军需部门的偷盗贪污行为而加剧了军队的困厄,士气低落,装备极差,饥饿迫使士兵到处抢劫和盗窃,开小差者不乏其人……。不只如此,下车伊始的司令官还听到了军队哗变的报告。没有纪律的一群乌合之众怎么能上前线打仗?! 而如果等到军队整顿结束后再进行战争,就实际上放过了1796年的战争,军团内资历比新司令深得多的将军们,被他的时间观念和果敢手段震撼了,所有部门都对严格时间限制的要求配合以有效的行动。

"士兵们,现在还不能说你们能吃得饱,穿得暖,……现在,我想带领你们到世界上最富饶的地方去,……你们将收获财富和荣耀。意大利兵团的士兵们,你们有没有足够的勇气跟我前进?"这是1796年4月9日,大军开拔前的演说,发了军饷,补充了给养,又经过整顿的军队欢声雷动。仅仅一个月,他们就变成一支斗志昂扬的必胜之师!

年轻的将军只有这一次向自己的军队这样解释工作。他总是善于建立、加深和维持自己对士兵心灵的感召和统治。显然，他是一个爱兵并得到士兵拥戴的统帅：他在各重要战役中与士兵同甘共苦，关键时刻毫不犹豫地冲锋在前、赴汤蹈火在所不惜的行为，是那么深入人心。当时以至后来老兵的记忆中，士兵深情、亲昵地称自己统帅为"小伍长"。那个概念在士兵间的言谈中，在各人心底永远是栩栩如生的。他已成为一种精神的化身、激情之源。毫无疑问，如果能洞悉战场态势，实施正确的战略战术，他和他的士兵将是不可战胜的。

4月9日，拿破仑率军越过阿尔卑斯山。大军沿着阿尔卑斯沿海山脉有名的"海边天险"前进，沿海岸游弋的英国舰队向疾行的法军送去一阵阵猛烈的炮火，虽然英舰在任何一个点上都可以切断法军的队伍，但他们怠于进一步行动，炮击效果极差，以至于像是在为法军的英勇前进而喝采送行。危险的行军已经结束，与法军相遇的是协同作战的奥地利军队和皮埃蒙特（撒丁王国）军队，法军连续作战，不给敌军喘息的时间，对联军的作战总计六天，取得六次胜利，这个完整的大战役显示了拿破仑用兵的一个基本原则：迅速集中一切力量，完成一个战略任务，马上转入下一个战略任务，不玩弄太复杂的伎俩。把敌人各个击破；同时拿破仑也善于把政治和战略结成一个不可分割的整体，以战场上的节节胜利为筹码，迫使皮埃蒙特接受了条件苛刻的停战协定及最后和约。据战后和约，皮埃蒙特丧失了包括最为坚固的两个要塞在内的许多据点，并承担了全面的义务：与他国结盟被禁止；尼茨、萨伏依割让给法国；法国军队可自由通过其领土；及为法军提供一切所需的物资。

剩下的就是奥地利军队了。追过波河，践踏了中立国帕尔王国的法军，逼进到阿达河畔，一万奥军在此防守。5月10日，洛迪战役打响了。拿破仑再次感到有必要去冒他司令官个人生命的危险，奥军的密集炮火封锁了桥头，二十门奥军大炮用散弹扫荡着桥身及周围地带。总司令带着掷弹兵向前冲击，桥被拿下了。奥军丢下二千伤亡士兵和十五门大炮，溃退了。法军追击前进，5月15日进入米兰，督政府收到"伦巴第现在已属于共和国"的来自于意大利军团的报告。

里沃诺、布洛尼、摩纳哥、托斯卡那，相继拜倒在法军脚下，法国大革命的春雷震撼了死气沉沉的意大利。意大利人民在心中呼唤着法国自由主义战士的到来，酝酿着一场反对奥地利殖民统治的民族解放战争。现在，法国人来了，一夜之间，"自由、平等、博爱"被铭刻在米兰所有的高大建筑物上，他们一路凯歌，将奥军打得落花流水，令人振奋！人民的激情还在高涨，城市和乡村多了供应法军需要的一切的义务；金钱、马匹、艺术珍宝这些意大利的财富被源源不断地送往巴黎，法国国库则财源丰富、储备陡增，位居权要的法国政府官员们新添了爱好，他们轮流互访，观赏同僚奢华的来自意大利的珍宝。在意大利,法军得到许可进行劫掠,他们来此之前就已得到允诺,要在此富庶国度中改变自己的困境。

按其自然条件和修筑的工事来说,曼图亚可谓当时欧洲最坚固的要塞之一。法军包围了曼图亚,三万奥军在极有才能的维尔姆泽将军的指挥下,奉命开往要塞。曼图亚城内的人心底掠过一丝被救的希望,憎恨法国军队进入意大利带来资产阶级革命原则的当地教会势力、封建贵族,还有欧洲受法国侵犯的所有国家都感到异常兴奋;成千上万的农民和城市居民也寄希望这支老将出马的援军,能把他们从拿破仑军队横加劫掠的苦难中拯救出来;被击溃的和被迫接受和平的皮埃蒙特则有一股呼应的潜流,在法军后方极为可能的倒戈,将切断法军同国内的交通。在这关键时刻,拿破仑将军还遇到了心烦事:法国政府的几名督政高官认为这位干将太能干了,以至于提出要将意大利军团一分为二,一部分由政府派来另一位将军指挥。咆哮过后的拿破仑亲自向巴黎申述,信至巴黎,无人能与之抗衡,政府沉默了,修剪鹰翼的计划至此成为一页废纸,拿破仑仍是独当一面的司令。

奥地利的所有宣传都发布了这样的消息:8月底之前,奥军将重新占领米兰,意大利将成为埋葬法军的坟墓。拿破仑麾下的优秀将军马塞纳、奥热罗均被维尔姆泽击退了,法军从曼图亚撤围。奥军进入曼图亚,开始预祝即将取得的对凶恶敌人的胜利。但奥地利人高兴得太早了。维尔姆泽的笑容渐渐僵化,他已被所看到的景象惊骇了:"在曼图亚和米兰之间的交通线上的另一支奥军被拿破仑军队在三次战斗中都打败了。"维尔姆泽率军离开曼图亚城,但与法军的交战他败得惨重。受到重创的奥军败退曼图亚城中,法军再次围城。

和维尔姆泽、卡尔大公、梅拉斯等一样享有殊誉的奥地利帝国的卓越将军阿尔文齐来了。率领的是比拿破仑进攻军多得多的奥军。初战交锋,几支法军不能敌。拿破仑命令法军从一些据点撤退,他要集中全部兵力给敌人以决定性的打击。阿尔斯拉桥的激烈血战开始于1796年11月15日,到11月17日晚间结束。阿尔文齐部的奥军精锐人多又骁勇顽强。大桥几次易手,法军伤亡惨重。总司令拿破仑又冲在最前面了。意大利军团的旗帜在战火中前进,后面是无畏的愿以牺牲保全、增添她的荣光的法国士兵。三昼夜之后,阿尔文齐的军队被击退并被粉碎。1797年1月中旬与奥军的利沃里血战,意大利军团又增添了胜利的记录。奥军新败之后,曼图亚投降了,出于对勇敢的老军人的敬重,也为了表示自己的谦逊和宽容大度,拿破仑回避了让维尔姆泽不安的受辱的放下宝剑的仪式。

1797年初春,卡尔大公所部奥军又在一系列战役中为拿破仑击溃,损失惨重。意大利军团已成为一架高速运转的战争机器。督政府新派的骁勇善战的贝尔纳多特将军则使之更加如虎添翼。维也纳皇宫一片混乱。

意大利军团闪电般地逼进，欧洲封建君主们则日益惶惶不可终日。拿破仑的名字已威震全欧，他的战无不胜也不再像开始那样令人难以接受了。神话也是可以被接受并流传的，何况拿破仑和他的军队是无可辩驳的事实！

　　继续战争是危险的，1797年4月初，奥皇弗兰茨请求议和。在距维也纳约有二百多公里的累欧本，停战协定签订了。为了法兰西的利益，1797年6月，威尼斯这个存了一千三百年之久的具有丰富多彩的独立历史生活的商业国不复存在了，它成了法军取得莱茵河岸和所有被拿破仑占领的意大利领土对奥国的补偿。

　　在1796年和1797年初的这段时间里，法国的其他一些将军们在莱茵河上多次被奥军击败并再三要求给养；而拿破仑却将一群不守纪律、褴褛不堪的乌合之众，变成了一支庞大而英勇善战的军队，他们什么都不要求，同时将千百万金币和大量艺术品运回巴黎。他们占领了意大利，进行了14次大战和70次战斗，接连消灭了5支奥地利精锐部队，迫使奥国屈尊求和，甚至使莱茵河上的失败也蒙上了胜利的光环。这些新功绩使意大利军团在法国军队中独享光荣。他们的统帅拿破仑也在法国确立了他的无可争议的威望。

　　1797年夏季的巴黎，保皇党人又在策划推翻督政府了。他们组织得很好，又有来自国内外反革命势力的支援，五百人院的局部选举每一次都是右翼反动派甚或是保皇分子占显赫优势，督政府又在危险中了。五位督政官态度不一，甚至有几位反对采用坚决措施或同情正在策划的运动。巴拉斯、勒贝尔、拉·雷布伊埃·莱波持着对葡月13日事件一样的态度，不愿意不经过战斗就交出政权。他们又有些不安：1795年征服荷兰而出名的皮什格鲁将军现在站在反对派一边，他是国家最高立法机关五百人院的主席。

　　意大利军团胜利进军的余暇中，甚至公务紧急时，拿破仑的双眼也未曾离开过巴黎，他知道共和国又在危险中了。这更让我们能感受当他意外取得有关皮什格鲁将军与现代亲王的代表秘密谈判背叛共和国的罪证时的那种欢喜。这是他从1797年5月贝尔纳多特将军的急使所携的没收自一保皇党伯爵的公事包中一些文件中所发现的。三位决定战斗的督政官收到了来自拿破仑的报告及所附的令人吃惊的文件，奥热罗将军从意大利火速前往巴黎去支持督政官，此外还有三百万金法朗的财政支持。

　　因为拿破仑的有力支持，巴黎果月18日（1797年9月4日）的第二次粉碎王党复辟活动的事变成功了，共和国得救了。奥地利政府在夏季突然表现出的那种兴高采烈和几乎是威胁的征象消灭了，一直屏息凝神地注视着巴黎的君主制的欧洲的幻想也宣告破产。

　　1797年5月与奥地利签订的不仅是停战协定。拿破仑将军在签订和约中表现的外交才干,深令谙熟外交手腕的奥国谈判代表科本茨感到了困惑与无奈。他向本国政府抱怨说,很少碰到"这样的诡辩家和毫无良心的人,他像一个疯子"。拿破仑在谈判中狂喊着,用言辞羞辱奥地利,并将科本茨珍爱的俄皇叶卡特琳娜送给他的咖啡盒摔得粉碎。1797年10月17日《坎波福米奥和约》确认了拿破仑在停战协定中所坚持的一切,不论是在已被战胜的意大利,还是在奥地利军根本未被法国将军战胜的德国,他的要求均在地图上得以确认。

1797年12月7日,拿破仑回到巴黎。10月,督政府全体成员在卢森堡宫前举行欢迎大会。暴风雨般地喊声和掌声显示了群众的激动,拿破仑已到卢森堡宫前。督政府官员的热情的欢迎辞,广场上群众热情洋溢的赞颂,28岁的将军都以理所应得的安详的表情接受了。震耳的欢呼声、狂欢的情绪,在他看来,在将他"送上断头台"的那种情景之下,也会出现的。

五、远征埃及

拿破仑回到了巴黎,并被任命为对英作战军队的总司令。因为在英吉利海峡的英国海军比法国的更为强大,他建议进占埃及,在东方造成进一步威胁英国在印度统治的跳板,他的新计划和1788年春督政府会议对这个计划的讨论,一直受到严格的保密。

很多人认为这将是十分荒唐、冒险的事情,但实际上这个计划却是革命时期和革命以前法国资产阶级的夙愿。近东各国,即巴尔干半岛各国、叙利亚、埃及、地中海东岸及希腊诸岛,很久以来就与马赛和整个法国南部有着极广泛的商业联系。这是可以获得大量利润的地方,又是秩序相当混乱的地方。商业总是需要保护,商人总想在需要时得到援助,长期的商业利益要求法国在这个地方加强秩序。叙利亚、埃及丰富的自然资源因18世纪末以来许多书籍的记述而变得更加诱人。早在荷兰人经营东方贸易时,有远见的大臣就直接上书路易十四,建议进军埃及,从而破坏荷兰在东方的地位。当历史进入到18世纪纪末时,英国而非荷兰,已通过侵略和征服印度在东方取得优势地位。这样,埃及、叙利亚在法国对英战争中的战略意义就显得十分重要了。外交大臣塔列朗坚决支持拿破仑的计划,督政府被说服了,愿意装备海陆军队来进行这次遥远而又危险的进军。这个计划对他们决不失算:军事政治经济上的好处他们在意大利战争中已经深刻体会到了。同时,即使计划失败了,让这位自作主张签订和约,拒绝分割兵权的不驯服将军到遥远的国度,去进行前途未卜的冒险,督政府也甘心情愿的。因为,拿破仑在督政官们欢迎场面中,所带有的古罗马帝王远征归来才具有的那种态度,已经令他们难以忍受,甚至惴惴不安了。

说实在的,拿破仑并不想离开意大利,在这里,他简直是个国王。但政府已经有些畏惧他的军事成就和威名了,他被委婉地召回并被派往埃及。拿破仑接受了对英作战的任务,准备工作全面展开。

总司令拿破仑表现出比对意战争初期更令人惊叹的才能:他能小处见树枝、大处见森林地权衡、考虑最重大、最困难的措施,而丝毫没有顾此失彼的现象。他视察舰艇,巡视海岸和海军,注意研究世界政局动态,搜集地中海英国纳尔逊舰队活动的情报……他甚至深知将领中哪些人勇敢、坚强、嗜酒,哪些人聪明机灵,因有疝气而易疲劳……因而,他们几乎是一个个地被选拔出来组成远征兵团的。除此之外,远征军中还有科技人员和渴望探索埃及艺术和文学宝库的法国学者们。从不虚度时光的拿破仑还亲列书单,组建了一个相当丰富的小图书馆。

纳尔逊舰队虎踞直布罗陀海峡,不敢轻举妄动。他们在期待法军的到来,却不知这实是拿破仑散布的假消息。5月19日,法国舰队在土伦扬帆出海,沿地中海东岸经马耳它岛前往埃及。

在船上的拿破仑很多时候都在读书,历史、诗歌或许正是将他引向东方的动力之一。夕阳西下,落日余辉中,他的想象更是丰富瑰丽,马其顿亚历山大的史诗已成昨日,他将向东方前进,建立古代大帝不敢想象的伟业。

当时,埃及名义上是土耳其奥斯曼帝国的属地。实权却操纵在马穆鲁克封建军事集团手中。1789年7月1日,法军在亚历山大港附近登陆。次日的进攻遭到了坚强英勇的亚历山大城居民的抵抗。几个小时后,法军破城,居民们虽作了英勇的抵抗,终因兵力相差悬殊和马穆鲁克守军不战自溃而城破失守。法军的《告埃及人民书》飞散在亚历山大城的大街小巷。拿破仑要阿拉伯人相信他们将被从马穆鲁克骑兵的压迫下解放出来,相信他对"古兰经"和回教的尊重,他们只有彻底服从。否则,将会遭受严惩。法军经由埃及人坚壁清野的座座村庄向南方挺进,深入沙漠。

1798年7月19日,晨曦中隐约的开罗清真寺的尖塔和金字塔巨大的塔身已在拿破仑的视野中了。他容光焕发,擎剑纵马:"士兵们,四千年的历史从金字塔上面看着你们!……"法军热情高涨,战斗在因巴贝村和金字塔之间进行。近卫骑兵的落后战术与武器及其头领的妄自尊大使他们遭到了彻底失败,数千人血洒战场,大批骑兵被驱入尼罗河。丢下一部分大炮,余部逃往南方。骑兵与志愿军在守土卫城战中是英勇顽强的,但它面对的却是一支刚从法国大革命中成长起来的资产阶级军队,埃及军队的封建腐朽性决定了它在金字塔战役中的最终失败。7月24

日，法军占领开罗。

占领开罗后，拿破仑依靠阿拉伯资产阶级和土地占有者在埃及建立起了新的政治制度。新建立的政府组织机构、正规财税制度、警察制度等均保证了在埃及的军事独裁统治。另外，随法军进入埃及的技术人员和学者也开始工作。但法国对埃及的占领并不巩固：首先，纳尔逊舰队对停泊在尼罗河口的法国舰队的毁灭性打击切断了远征军与法国本土的交通联系；其次，土耳其政府也认为法军染指其属地是一种耻辱，已派军前往叙利亚，准备从法军手中夺回埃及。

拿破仑决定主动出击土耳其军队。1799 年 2 月，远征军进入叙利亚，不断有城市向法军投降。3 月 4 日至 6 日攻占雅法一役，由于雅法拒绝投降，占领军入城后发生了屠城的暴行。4000 名投降了的土耳其士兵被惨无人道地集体枪杀了，血水染红了海岸。

3 月下旬，法军到达阿克城下，围攻两个月仍不能破城。阿克城的守卫由英国人西德尼·史密斯领导进行，他们有英国从海上运来的粮食和武器，土耳其派驻的守城部队也阵容强大。天气渐热，瘟疫在法军中流行。数千名士兵几日之内即丧失作战能力。5 月 20 日，拿破仑下令撤兵。撤退更为艰苦，已是五月末了，热啊，简直热得让人无法忍受！烈日当头，黄沙漫漫。吃了败仗的拿破仑与士兵一起步行向西边的基地。所有的车辆和马匹都被腾出来运送伤病员，包括总司令本人的坐骑。一侍卫依例牵马给拿破仑骑，结果得到一个巴掌的奖赏和一顿臭骂："全体步行，我第一个走！你难道没有听到命令吗？滚蛋！"

驻足回望的拿破仑不止一次地叹息："我在阿克倒了大霉！"他只要一回想来这次失败，就会念叨起这句话。拿破仑心中的梦想——建立从埃及到印度的庞大东方殖民帝国，现在看来，那只能是一个幻影了。

六、雾月政变

1799 年 6 月 14 日，拿破仑的军队回到了开罗。留在这个被征服国家里的时间不会很久了。

7 月的一天，旧报里的一则消息让久未与欧洲联系的拿破仑震怒了：在远征埃及时，奥、英、俄和那不勒斯王国再次掀起了对法战争，苏沃洛夫进军意大利，击溃了法军；拿破仑建立的西沙尔平共和国已被消灭，法国边境又在威胁之下；法国本土到处都混乱不堪，以至于接近解体；督政府对时局一筹莫展。"一群笨蛋！意大利丢了；我的一切果实都丢了！我要去！"

8月23日,四只已经配备好的船,载着拿破仑和他选拔的500名士兵,驶向法国海岸。"身后的埃及由克莱贝尔将军统治吧,……法国、巴黎,才是我的舞台,时候已到,督政府不能再存在了,国家的最高权力当为我所享"。

10月9日,在避开地中海英舰,与风浪搏斗了40多天之后,拿破仑一行在法国南岸的弗雷尼斯小镇附近登陆。从小镇到巴黎,拿破仑一路受到群众的夹道欢迎。

督政府在它统治的8年中已经证明,它没有能力建立巩固的资产阶级统治,也不能够让革命中建立的新体制充分发挥效率。果月18日政变后。督政府还可指望城乡新的有产阶级和军队、群众的支持,但现在大家都厌恶了这个政府,想要一个独裁政权:

城镇贫苦群众认为,督政府是有钱的强盗和投机分子的制度,是贪污分子肆虐挥霍和心满意足的制度,是使工人、雇农和消费者走投无路、饥寒交迫的制度;显示工人力量与喉舌的巴贝夫及其追随者被督政府镇压,没有出路,工人的愿望是"需要一个能够吃上饭的政权",任何方面都没有可能让工人去维护督政府了。

对士兵来说,督政府是由一群十分可疑的分子组成的,他们不给军队鞋子和粮食,在几个月中就把拿破仑在十几次战役中占领的地方交给了敌人。军队公开表示对国内贪污公行、叛乱迭起,国外强敌压境的困境的不满……他们又怀念起拿破仑了。

绝大部分有产阶级认为督政府对自己没有什么益处。恢复贸易、发展工业是这些人的美好计划。这均需胜利的和平与巩固的秩序来保证顺利实施,但毫无效率的督政府显然不能胜此重任。

督政府已是声名狼藉了!

法国政局的轮廓就是这样。稳定新的社会秩序,巩固大革命的成果,建立一个稳定的政权,是各阶层共同的愿望。大资产阶级顺应潮流,选择了拿破仑作"佩剑人"。

军队将领、金融界人士、政府官员在胜利大道上每天都络绎不绝,这里有着拿破仑将军的府邸。在法国政坛上总是在出卖自己主子的塔列朗来了。他圆滑机警、政治嗅觉灵敏,看到此时最有希望成为法兰西主宰的只有拿破仑,就投靠过来,出谋划策,支持拿破仑发动政变,推翻他还在其中供职的督政府。惯于玩弄阴谋的督政府警察总监富歇也来了,他竭力要将自己与拿破仑的那不远的未来联系在一起,公开为他服务,以期在未来政权中留任原职。

在拿破仑于10月16日到达巴黎后,督政府继续存在了三个星期。但,不论是政治上就要完蛋的巴拉斯,还是那些帮助拿破仑断送了督政府政权的那些督政官,在当时都没有怀疑末日即将到来,离确立军事独裁的期限已是以日和时来计算了。

拿破仑在这热火朝天的三个星期里，看到许多人靠拢自己，他也对这些人进行了许多极有益的观察，以便于决定其去留。

五位督政官中，值得对付的只有西哀耶斯和巴拉斯，其他三位向来没有什么独立见解，也不会在西哀耶斯和巴拉斯认为不必要的情况下表示自己的意见，他们是不足为虑的。拿破仑发迹之时，巴拉斯邦过他不少忙，但他一定不能采用。巴拉斯的为人及政治作风使他臭名远扬，成了督政府腐败罪恶和瓦解的象征，虽然他在雾月前的热闹日子里也曾让拿破仑知道自己对未来制度的好感，但他无疑会玷污新政权的名声。以《什么是第三等级》在革命初期就名声大噪的西哀耶斯，和大资产阶级心心相印地忍受了雅各宾政权的革命专权。作为他们的代表和思想家，热月9日他又与大资产阶级一道盛赞雅各宾派的垮台，并参与1795年镇压贫民起义的牧月恐怖。身为督政官，他的声誉不算很坏，督政官的身份对于政变过程无疑会提供一"合法的形式"，他至少在一段时间内是有用的。在塔列朗的安排下，拿破仑与西哀耶斯会见并结成了临时联盟。五百人院出于对拿破仑的敬畏，推选他的弟弟吕西安为五百人院主席。与督政府陆军部长贝尔纳多特的直接谈判，则使其在最后时刻勉强加入了拿破仑一边。

雾月18日(11月9日)，政变按预定计划开始。早晨，元老院在杜伊勒里宫开会，议员科尔涅无中生有地说，有一个"雅各宾阴谋"威胁共和国安全。元老院通过决定，将元老院和五百人院的开会地点迁往巴黎郊外的圣克鲁宫；任命拿破仑为首都地区武装部队司令，负责对付"叛乱"。巴黎的控制权被拿破仑掌握了。

督政府的垮台是和平的。塔列朗担负了"说服"巴拉斯立即发表退职声明的使命，巴拉斯体会到了受骗般的无奈和艰涩，他过去可一直是骗人的啊！被抛弃的督政官签署了声明，在龙骑兵的护送下前往自己的领地。临别时他不无自嘲地说"很高兴回到普通公民的行列"。

共和国的最高执行机构已经垮台，要推翻立法机关却不是先前预料的那样的顺利。雾月19日，元老院与五百人院在圣克鲁宫开会，拿破仑先派兵包围了会场。"打倒暴君！""打倒独裁者！""立即宣布拿破仑不受法律保护！"年轻议员的喊叫声震聋了拿破仑的耳鼓，他在掷弹兵的救助下逃离了会场内愤怒议员们的围攻。这些议员，与那些由于私利而准备出卖、或由于害怕而俯首屈从者截然不同，他们是伟大革命风暴的残存力量。对他们来说，占领巴士底狱，推翻君主专制，与叛徒进行斗争，"自由、平等或者死亡"都不是放空炮。他们说，在可以用断头台处死暴君的地方，就应该用断头台处死他；在不能用断头台处死他的地方，就用布鲁图斯的匕首刺死他。拿破仑感到他已被困在一场可怕的风暴之中，以至于他想起了他在奥军枪林弹雨下，打着旗帜占领阿尔科拉桥的可怕时刻。

吕西安是这天五百人院会议的主持者,他拒绝将"立即宣布拿破仑不受法律保护"予以表决。他站在了兄长的一边,并以主席的身份鼓动列队以待的军队。掷弹兵跑步进入会场,清洗开始。缪拉元帅的"把这些都给我赶走!"的雷鸣般的喊声和着掷弹兵前进时的鼓声,对代表们来说是终生难忘、永远回响着的记忆。越窗或夺门而逃的代表被从四面八方逼向会场的军队包围起来。政变需要一件"合法"的外衣,在刺刀威胁下,被抓回来的二十多名代表被迫以"五百人院"的名义宣布将共和国的权力交给以拿破仑为首的三位临时执政,并通过了解散议会的决定。接着,在圣克鲁宫的一个灯火暗淡的大厅里。元老院未经讨论就发布了同样的法令。深夜两点钟了,拿破仑、西哀耶斯、罗歇·杜尔三位新执政宣誓就职,政变至此已告结束。

　　从在法国海岸登陆到 11 月 9 日拿破仑成为法国的主宰,其间历时仅 30 天。政变一个月后,依新主宰的意志拟订的共和国八年宪法公布了。按照规定,执政任期十年;第一执政享有全权,第二、第三执政只有评议权。

　　1800 年初举行了公民投票,法国人民以压倒多数的赞成票接受了新宪法。投票结果是拿破仑获得权力的可靠保证和历史交给他的掌握法国权杖的通知书。1800 年 2 月 7 日,法国第一执政拿破仑乘坐六匹马拉的豪华马车,前呼后拥地进入杜伊勒里宫。从此,这座著名王宫的新主人,成了欧洲大国的统治者,并维持最高权力达 15 年之久。后来,当一位学者问起拿破仑的家谱时,拿破仑意味深长地答道:"我的家谱是从雾月开始的。"

七、内政改革

　　在拿破仑看来,进行统治的全部秘密就在于知道在适宜的时候扮演"狐狸"或"狮子"的不同角色。他说"我喜欢权力,就像一位乐师喜欢他的提琴"。而他对权力的运用也确是得心应手的。

　　督政府留下了一个令人沮丧、忧虑的烂摊子:国内盗贼横行、百业凋敝、民不聊生;国外强敌压境,国家安全受到严重威胁。"革命的浪漫史已经结束了,现在需要切实可行的原则。"第一执政声称。

　　虽然实际上是他决定一切国家大事,但拿破仑从已往的政治生活中已深知秩序的形式不能被恣意取消的道理。临时执政西哀耶斯、杜科在元老院获得了席位,康巴塞雷斯和勒布伦成为新政权的第二、第三执政。曾经积极参与政变的人物都如愿以偿:塔列朗、吕西安、贝尔蒂埃、富歇分别被任命为外交、内务、陆军、警务各部的部长。

拿破仑夜以继日地让他的国家机器保持良好的运转，以便有效地加强权力、控制全国。"我必须利用晚上使我的铺子生意旺起来，……我当然喜欢休息，不过耕牛已经套上了，就应该让它犁地！"春季战争已为时不远了，必须把最紧急的事情处理完。

这个农夫是怎样让他的耕牛犁地呢？

执政府时期，拿破仑建立了最能适应专制君主制度的集中制的国家机构，它确认法国大资产阶级的全部目的为创造条件以能够平稳地经营工商业赚钱，并将它系统地付诸实施。作为资产阶级国家机器的"设计者"，拿破仑取消了地方自治机构。地方服从中央的原则在社会生活各方面都被加以自觉贯彻；在改革税制、整顿财政机构、选拔人才、淘汰冗员；严惩贪污盗窃、营私舞弊者，……等新措施下，形成了一个意志统一、高效能的近代资产阶级政府。

执政府新设了警务部和巴黎警察总署，它们的任务是将一切阴谋和不轨行动都消灭在萌芽状态，保证新体制有一能够完全发挥效能的和平环境。督政府末期在法国中部、南部杀人越货、袭击乡村并以火刑烤人以得其钱财的"烤人者"感到形势大为不妙，行迹骤敛，执政府统治开始半年后，盗匪活动已告肃清。

执政府对死心塌地的保皇党分子予以武装镇压，但又宣布凡效忠新制度、放弃对抗即可获赦免。这一软硬兼施的政治手腕的运用使以旺代为大本营的保皇党分子的公开叛乱得以平息，数万流亡者陆续回国，而国内的统一、稳定得到加强。

执政府还管制舆论，创立工人手册制度。拿破仑认为"三家敌对的报纸比一千把刺刀更可怕"，"战争时期需要对舆论予以明智的指导"。在他的旨意下，警务部长举起了"鞭子和棍子"，幸存无几的巴黎政治性报刊，均成为新政权的极其驯服的喉舌。剑有双刃，作为大资产阶级的"佩剑人"，拿破仑禁止人民要求什么"自由"和"民主"，禁止工人罢工。《勒·霞不列法》确立的工人手册制度则保证了工商业资本对雇佣劳动的绝对控制——雇主可在各工人所持手册上记载与其雇佣、劳动相关的事项并予以留置。无工人手册就只有失业，并被视同流浪汉可予治罪。

拿破仑坚信"谁有强大的军队，谁就正确"。他在进行内政方面的调整改革的同时，扩充军队，加强训练，使军队处于戒备状态，在地方军队及近卫军中确立起他个人的至高权威。军队也感到自豪和荣耀，确认拿破仑是他们的唯一首领与主人，他们将战无不胜。

拿破仑以非凡的精力解决了一系列迫切的问题，他深知奥地利、英国、俄国和土耳其等国再次组成的反法联盟关系到法兰西存亡和自己掌权时间长久的问题。外交途径的和平努力被倨傲的英国人拒绝了，"和平的……天然保障就是让法国原来的王室复位"，只有战争了。

1800年5月，拿破仑率二万军众穿越了险峻严寒的大圣伯纳德山口，七天之后，阿尔卑斯山已在身后，奥军司令梅拉斯发现突然间法军已在自己的后方。相较而言，在联军中承担主攻任务的奥军人多，炮兵弹药也充足，但6月14日在马伦哥，德塞将军率部及时赶到战场，挽救了已在败途中的法军，奥军措手不及至于完全失败，在法军骑兵追击下狼狈溃逃。德塞的战死使胜利蒙上了拿破仑的泪水，刚才还欢欣鼓舞的维也纳宫廷，现在则因第二个信使带来的失败消息而沉寂不安。

叛军舒安党的首领卡杜达尔及其一伙已在肯定波旁将复辟是一确定无疑的事实。波旁王室也在准备返回巴黎了。中立的欧洲也在注意事态的发展，以便在恰当时机加入反法联盟。然而，胜利的炮响来自法军方面，他们的期待落了空。巴黎又在欢庆胜利与新秩序的更加稳固了，杜伊勒里宫周围数不清的人群在向第一执政致意、欢呼。

新胜之后，与奥国订立有利的和约、争取与英国和整个欧洲联盟媾和是两个较为迫切的任务。做到这两点将为法国国内建设提供一个良好的外部环境。

"您的君王和我，我们有责任改变地球的面貌。"从巴黎回国的代表向俄皇保罗详述法国的友好表示。莫斯科回应巴黎，法俄军事同盟订立了。欧洲以日益增长的不安的目光注视着两位皇帝友谊的巩固。直到1801年3月保罗被刺的消息传来，欧洲各国外交官员和王室成员的心跳才恢复正常。法国在外交上对俄政策大转变的这个巨大成就就这样飞散了。"英国人雪月3日(爆炸事件)在巴黎对我的暗算落空了，但他们在彼得堡对我的暗算却没有落空！"拿破仑喊道。

法俄的短期结盟对法奥关系产生了重要影响。1801年2月9日，奥地利代表科本茨在他认为从形式和内容上"都是很可怕的"《吕内维尔和约》上签了字。由于顾及可能的东西方夹击，奥地利显得特别温驯和慷慨。

遭到英国援助的盟国都蒙受耻辱地接受了失败性和约。英国统治集团也被具有和解意愿的阶层所代替，不愿屈服的威廉·皮特下台了。1802年3月26日，新首相艾丁顿、外交大臣霍克斯里爵士代表英国签署了《亚眠和约》。这是延续四分之一世纪的英法战争过程中唯一的一次和解，它令英国感到了沉重。虽然她并未战败。

拿破仑时代的法国和欧洲不会有很长的和平时期，到1803年春与宿敌英国战火再起的两年中，拿破仑主持了十分紧张的因战争而中断的国家行政管理和立法方面的工作。

教会势力在法国是一举足轻重的政治力量，拿破仑尊重客观事实，通过谈判，于1801年7月与教皇庇护七世签订了《政教协议》。拿破仑承认天主教是"大多数法国人的宗教",但主教和大主教必须由拿破仑本人挑选和任命,被任命的僧侣才能得到教皇的教职。同样,主教任命的神父也只有得到政府的批准才能任职。教皇的敕谕、谕文、通告、决定在任何时候都要得到政府的批准才能在法国发表。这样,教会势力在执政府及其后的帝国政权体系中占有了一席之地,并在客观上有利于社会秩序的巩固。《政教协议》被誉为"英明的杰作"。

建立司法部、改组法院、废除陪审制度等司法工作上的改革在马伦哥战役前已告完结,远征归来,中断的立法工作有待继续和加强。时人评述说,"在法国旅行,更换法律如同更换马匹一样频繁"。庞杂混乱的法令难以保证上下一致的行动,对法国资本主义的进一步发展是一个极大的障碍,因此,统一法制已是势在必行。

1800 年 8 月 21 日,民法法典草案起草委员会依令组建,第二执政、大法学家康巴塞雷斯被委以重任。公务余暇的拿破仑尽可能多地参加法典草案的讨论,并亲自主持了 35 次会议。草案拟出后的讨论他更是积极参加,早年的学习一切的态度使他能十分内行地引证罗马法典,其中自有其精辟独到之处。

1803 年 3 月,立法院通过法典,1804 年 3 月,拿破仑签署颁行,1852 年的敕令确定了"拿破仑法典"的名称。

依法典,所有公平一律平等;婚姻家庭关系方面,否定教会的束缚及封建的父母包办子女婚姻制度,确认妇女享有一定的继承权利;财产所有权关系方面,法典严格保护私有财产神圣不可侵犯的资产阶级原则。但也保护了农民从革命中获得的土地等财产。财产所有关系的稳定、契约自由制度的明定均刺激了资本主义经济活动,从根本上对资本主义的发展产生深远影响。在法国军队对外扩张的同时,法典所确立的这些资产阶级原则也随之传播,动摇了欧洲大陆的封建秩序,促进了各国资本主义的萌芽和发展;而作为多国立法蓝本的法典无疑还是世界法制史上的不朽文献。

基本立法工作中还包括商事专门法典和刑法典,它们松紧程度不同地维护着资本主义生产关系。拿破仑在他生命的最后岁月中曾深情地说:"我真正的光荣并非打了四十次胜仗,……有一样东西是不会被人忘记的,它将永垂不朽,那就是我的《民法典》。"

依据《亚眠和约》签订后马上举行的全民投票,以及由此而来的 1802 年 2 日议院作出的"全民决定",拿破仑被宣布为法兰西共和国的"终身执政"。显然,法国成了专制君主国家,拿破仑迟早要宣布为国王或皇帝,法兰西仍有共和国的头衔,它也尽早会成为帝国。不论怎么变换形式与称谓,拿破仑政权总是以反革命的大资产阶级为后盾,政权的性质则是军事独裁。

英法利益的对立性使和约只能够延缓战争而不是带来永久的和平。法国各处的造船厂都热火朝天地锤斧叮当不断了。1803 年 5 月 18 日，英国发出了宣战书，但英国政府仍对保皇党人卡杜达尔组织的袭毙"科西嘉魔鬼"的阴谋抱有希望。随着莫罗将军被流放、皮什格鲁将军被关进牢房、波旁的当甘公爵被处死、卡杜达尔上了断头台，暗杀计划彻底失败。

英国豢养的保皇党阴谋分子惨败之余，发现自己实在是帮了拿破仑一个大忙。富歇已在宣扬波拿巴家族的世袭君主制的必要性——即使拿破仑遭到暗杀，其功业仍将永存。谄媚的请愿书纷沓而至，元老院于 1804 年 5 月 18 日通过决议，授予拿破仑皇帝的称号，法国人民也以压倒多数的赞成票确认拿破仑成为他们的皇帝。

1804 年 12 月 2 日，巴黎圣母院大教堂。数不清的人群都在望着宫廷权贵、文武官员、红衣主教和违背惯例离开梵蒂冈前来参加拿破仑加冕仪式的教皇庇护七世，金碧辉煌的车队驶向教堂。

教皇呆立在惊异与尴尬中了，拿破仑阻止了他的进一步行动，从他手里夺过皇冠戴在自己的头上，约瑟芬的皇冠也是他亲手戴上。加冕仪式中的这一关键性的场景意味着：他只确信根本是宝剑赢得而不是教皇这个所谓的人间的神子赋予他皇权，他只想从自己手里接受皇冠。

惊愕过后仍是欢呼致意：法兰西人在仰望他们那非凡的皇帝。

八、对外战争

加冕闹剧中，拿破仑听到了远处战车辘辘的声响。重新上台的威廉·皮特主持下的英国政府向盟国悬赏：出动 10 万士兵每年可获 125 万英镑。奥地利首先改组和加强了军队，与俄国组成联军向法国边境推进。革命战争开始后的第三次反法联盟已经得以建立并展开行动。

时移势易，拿破仑放弃了准备已久的侵英计划，帝国大军奉命急行军前往多瑙河，以迎头痛击反法联盟的急先锋奥地利。法军及时插到在多瑙河畔的乌尔姆的奥军和从波兰兼程前来的俄军之间，贝尔纳多特、达武将军以四万兵力出色地在慕尼黑切断俄奥军队的联系。法军方面捷报频传，1805 年 10 月下旬，乌尔姆要塞投降了，16 名将军、三万多奥军主力成了俘虏。前进！法军马不停蹄，20 多天后，拿破仑已住在维也纳奥地利皇宫中了。

从现在起，联盟的希望都寄托在俄国方面了，而与普鲁士国王订有秘约及友好宣誓的俄皇亚历山大则把主要希望寄予普鲁士加入联盟这一点上。英奥也都愁眉略展地估计越过鲁特山脉而出现在战场上的普军将怎样地置拿破仑于死地。

但,所有的希望与估计都落了空,拿破仑决定在普军到来前就展开战斗。法军在维也纳得到充分补给,仅用了一营兵力,通向多瑙河左岸的维也纳大桥就在法军控制下了。联军统帅库图佐夫命令后卫队浴血掩护,牺牲万余人而一退再退,但可怕的投降暂时被避免了。法军主力推进到布尔诺,俄皇亚历山大的残部与奥皇弗兰茨合兵一处,决战在即——此即奥斯特里茨战役,又称"三皇会战"。

联军兵力的数量优势及普军可能赶到的危险要求速战速决。初战形势对法军很不利,俄使来访,对拿破仑的印象是信心不足与胆怯——他甚至要求退兵议和,这实在是他施展的悲剧演员角色的技巧的结果。不懂军事、爱好荣誉的年轻沙皇不加严谨分析,自信取胜毫无问题,使他更为轻敌、武断。完全听不进老将库图佐夫关于避开拿破仑从而避免俄军全军覆灭的劝说。"打,现在就打!"奥皇狂喜地附和着。

1805年12月2日,正是拿破仑加冕的周年纪念日,俄奥联军在奥斯特里茨村遭到失败。各有特色的法国将军们像时钟一样准确地执行来自拿破仑的命令,行动扎实有效。联军占领了法军放弃的普拉岑地后又从高地横扫下来包抄法军,他们中了圈套,战线拉长的联军被迅速行动的法军拦腰切断,高地重新控制在法军手中。联军遭到了歼灭性的打击,退至结冰湖面上的士兵因冰层塌陷而葬身湖底,被俘的、侥幸逃走的……俄奥联军事实上已被消灭,俄奥皇帝在颤抖、痛哭。

第三次反法联盟迅速瓦解了。

法国皇帝拿破仑改绘了由许多封建领地拼镶而成的工艺品般的欧洲的地图:以法国皇帝的名义及旨意,拿破仑成为意大利国王、新组成的莱茵邦联的"保护人",御兄约瑟夫是那不勒斯王国的首脑,御弟路易是荷兰国王……至1806年奥皇弗兰茨被迫取消德意志皇帝称号,存在了近千年的神圣罗马帝国从此寿终正寝了。

"要给'科西嘉暴发户'一个狠狠的教训!"英国提供经费、俄国怂恿下充当第四次反法联盟急先锋的普鲁士在柏林召开军事会议,要求全国总动员,与法决一雌雄。

战争的叫嚣在拿破仑这里总能得到最强的回音:1806年8月13日,拿破仑已在耶拿前线指挥所等待黎明的到来了。14日天色微亮,好战的普鲁士王后骑着一匹雄健的战马出现在普军中间,向军旗致礼以鼓舞士气。封建雇佣兵组成的普军的作战方式过于传统化了——整齐的队形只适合检阅,法军在讲求军事艺术的拿破仑指挥下迂回、配合非常灵活、完美,下午普军就溃败了。普鲁士王后想是已经忘记上午的吹牛言辞,在骑兵护卫下最先逃走。

法军直捣柏林,拿破仑现在又在欣赏、感受普鲁士王宫的舒适程度了,但也没有忘记在宫前举行阅兵仪式以使普鲁士国王感到羞辱。

海涅诗颂"拿破仑呵一口气,就吹掉了普鲁士"。对耶拿战役,恩格斯曾指出它在世界近代军事史上的重大意义:"由拿破仑发展到最完善地步的新的作战方法,比旧的方法优越得多,以致在耶拿战役之后,旧的方法遭到无可挽回的彻底的破产。"

法军离开柏林赶往波兰,为防止再失去波兰,对奥斯特里茨的惨败耿耿于怀的俄军顶风冒雪迎着法军开来,决心与拿破仑决一死战。1807年2月8日,俄法军队在俄境内艾劳相遇。猛烈的炮击宣告战斗开始,曙光初露的隆冬季节,法军达武元帅冒汗率右翼部队以不可阻挡之势高呼猛进,奥热罗率中路法军迫使俄中军后撤,狂飙突至的哥萨克军队冲破了法军的抵抗,直逼拿破仑的战地指挥所。皇帝还是一如既往的镇静、从容,皇家近卫军奉命迎击突袭军,几乎将对方全歼。夜幕下烽烟未净的冰天雪地的战场上,数万将士永远安息了,濒死伤员凄楚的呻吟声划破寒夜,传入拿破仑耳中。"让敌人与我平起平坐同享胜利的荣誉,这是第一次,但决不能再有第二次!"在喘息休整的时间里,士兵又多了一名——拿破仑。十五个昼夜中,靴子都紧匝着他的腿脚,"谁不想当元帅,谁就不是个好士兵!"就是从这时开始流传下去的。

法军增添了大批有生力量,俄军总司令本尼格森率领的俄军在补给之后准备再战。1807年6月14日,弗里德兰镇在炮火中颤抖。俄军向北退到涅漫河上的提尔西特,对岸就是幅员辽阔的俄国了,法军考虑自己后方的巩固停止了追击,皇帝决定与俄皇握手言和。6月25日,法俄皇帝在涅曼河上的华丽船筏上举行了会晤,《提尔西特和约》在谈判后签署。普俄之间新立了一由法国附庸萨克森国王兼任大公的华沙大公国,易北河以西的普鲁士领土被划入新成立的威斯特伐利亚王国,拿破仑之弟热罗姆任国王。更为重要的是,原来是反法联盟重要成员的俄国,现在变成法国的同盟国。

第四次反法联盟失败了,法国皇帝拿破仑更上升到欧洲大陆独裁者的地位。

巴黎的主人要求她为空前强大的法国增添光辉。法国到处都在大兴土木,依令而建的纪念碑、广场、塑像、凯旋门装点了城市,更令人崇尚胜利和荣誉。

从巴黎辐射出一条条大道通向远方。帝国是空前的繁荣与强大,无子嗣的问题日渐困扰着拿破仑,"这一切都留给谁呢?"对约瑟芬那份最初的情爱及多年的夫妻情份使抉择更是痛苦。"帝国的利益需要你我解除婚约"。"政治是不讲感情的。"皇后粉泪横流以至于晕倒在地也是无济于事,判决在1809年12月14日宣布了,杜伊勒里宫灯火辉煌,面色苍白的约瑟芬甚至不能完整地宣读放弃皇后王冠的声明。一步一回头地,约瑟芬依恋而无奈地登上马车,驶向马尔梅松,杜伊勒里宫在身后越来越远,远去的还有她的已告结束的令人心醉神往的昨天。

拿破仑准备以切断英国同所有欧洲国家的贸易联系的经济战来扼杀这个最强大的竞争对手。1806年11月21日,拿破仑鉴署了著名的封锁大陆的柏林法令。毋庸置疑,整个欧洲直接由拿破仑统治或由他进行严格的、绝对的监督是这一法令取得实效的保证,任何国家的不服从或疏于执行都将使关于封锁的法令成为一张废纸,但英国商品仍将很快以某种途径流向欧陆各地。

伊比利亚半岛因其漫长的海岸线而成为英国在封锁法令发布后向欧陆走私的重要孔道。法军开入半岛,半岛上二国,葡萄牙不战即溃,其王室在英舰护送下逃向美洲;西班牙王室被拿破仑的阴谋赶下了台,御兄约瑟夫被立为西班牙国王。民族自尊心极强的西班牙人民以起义对付法军,也正是这些被拿破仑视为不堪一击的"群氓",最终使强敌法军陷入失败的境地。1808年7月,法军统帅杜邦向西班牙义勇军投降的意义并不限于事件本身:各被占领国家和地区的人民都看到了救国保家的出路。义军被急忙赶来的拿破仑率领的法军打败,奥地利又在"蠢动"了。西班牙的热土养育了一个坚强不息的民族,长达六年的时间里,近30万法军精锐被拖住,东西线同时作战的拿破仑再也无法在兵力上造成绝对优势。1813年,法军被赶出西班牙。这是一次走上下坡路的战争,在圣赫勒拿岛上的拿破仑多次叹言:"正是这西班牙脓疮,把我毁了。"

1809年春,英奥等国组成第五次反法联盟。奥地利查理大公率十几万奥军开出国门,向法国宣战。法军在前线向奥军发动猛攻,五天中赢得了五次血战的胜利。5月22日在维也纳附近的埃斯林村,法奥军队展开了殊死拼杀,战斗未结束,12000多名法军将士已战死沙场,拿破仑抱着被炮弹炸断了双腿的拉纳元帅止不住地流下了眼泪……这是他带兵以来第一次真正的惨败。拉纳临终时要他结束战争的忠告并不能阻止他继续战争的决心。风雨交加的夜晚,瓦格拉姆的血战空前激烈,查理大公率部退出战场,法军勉强赢得了胜利。奥皇再次请求休战议和,法军耀武扬威再入维也纳。10月14日,签订了《维也纳和约》。奥地利帝国大大减少了自己的领土,失去了通向海洋的全部通道。并向法国支付巨额赔款。

第五次反法联盟又破产了,但法国统治层中离心离德的情况在日益加深,继续战争的政策将使帝国持续多长时间已成为问题。

为保住自己的权力,拿破仑开始拜倒在"正统"的礼仪下:1810年4月2日,奥地利哈布斯堡这个欧洲最古老的皇朝接受了拿破仑这个女婿,新皇后玛丽·路易丝于次年生下一个男孩,礼炮按波旁王朝对太子诞生的惯例鸣了101响,尚在襁褓中的婴儿被封为"罗马王"。高官显贵们亦得巨赏,封建作风在宫廷弥漫。以一位被处决的行刺未遂的德意志青年的行动为起点,整个德意志都骚动起来。欧洲人民都看到拿破仑及其军队再也不是"自由平等"的传播者了,他到处掀起战争,压迫弱小国家和民族,已成为蹂躏欧洲的暴君。

作为欧洲大国的俄国不甘心对法束手就范,它率先开放港口恢复与英国的贸易。为一种最终打败英国佬、建立世界大帝国的强烈愿望所驱使,拿破仑命令法军于 1812 年 6 月开过涅曼河。法国皇帝准备速战速决,俄军司令巴克莱一路弃战,且战且退但避免与来势凶猛的法军决战。擅长于一锤定音的法军感到了敌军司令的精明:战线拉长、给养困难,交通线兵力需要大增,沿途农村、城市的坚壁清野及突然袭击更使困难加大。俄皇在贵族、平民的强烈要求下改任 76 岁的库图佐夫将军为俄军司令,将军深解巴克莱战术的高明,但决定进行一场不必要的战争。法军欣喜找到了决战的机会。会战在通往莫斯科的大路上一个叫博罗迪诺的村子展开。异常惨烈的血战!伤亡四万多人后法军夺下了小村,俄军则有秩序地退出了战斗。9 月 14 日,法军进驻莫斯科,发现它竟是一座死寂的空城! 15 日夜间,莫斯科的占领者突然间发现自己已成了囚徒——到处都是凶猛的火墙!"多么可怕的景象!"撤出克里姆林宫的拿破仑边走边喃喃自语。库图佐夫率领俄军追击拦截败退的法军,农民、哥萨克骑兵组成的游击队则以不断袭杀的方式对付法军。11 月初开始的大雪,更增添了撤退的艰难,法军吃了一连串的败仗。马莱将军在巴黎散布拿破仑战死的谣言掀起了混乱,秩序的动摇使拿破仑顾不得许多,只身兼程前往巴黎。

叛乱者下了狱,但欧洲各国则视侵俄战败为反抗法国统治者的信号:俄普联军在做着入侵法国的最后准备,法国的附属国和占领地的军队随时准备倒戈投向俄国;法军在西班牙已无胜利希望,而死对头英国却增兵西班牙加强了军事攻势;奥地利亦绝不准备给它的女婿多少实惠……比以往任何一次反法联盟规模都要强大的武装力量,又重新组成了。

皇帝不认为帝国已在盛极而衰,他不愿停止他的战争机器,"我要让敌人在法军的鹰旗下屈膝投降!"他重复着这句话,希望人人都和自己一样有坚定的信心。

1814 年和 1815 年的新兵被提前召集。费尽全力拼凑的 30 万人中有年近古稀的老人和尚未成年的孩子,他们都被开上前线。

1813 年 10 月,法军与联军在莱比锡展开血战。法国盟军萨克森军队阵前倒戈,法军败退莱茵河。85 万反法联军四路推进到法国境内。巴黎市民们争先恐后地换上军装,开进首都的各个哨所。前线危在旦夕,众将叛离、诀别妻儿的拿破仑神情坚毅,率领组织起来的三万人的国民自卫军再赴前线。法军停止溃退并在短短数天之中打了几个漂亮仗。奥军统帅甚至致信求和。拿破仑再次展现了他的军事才能,但胜利亦使他对谈判的态度趋于苛刻,以至于谈判根本上就不可能有什么结果,而破裂。

拿破仑坚信胜利属于自己,他制定了一个大胆惊人的计划,绕到敌后出击迫使敌人掉头决战而解巴黎之围。但越来越精的联军统帅们只与元帅们的部队做战,避免与他接近,同时保持优势兵力,逼近巴黎。虽然联军的这一策略后来为拿破仑所赞赏,但在当时对他则是一灾难性的事情,他在事实上向联军敞开了通向巴黎的大门,敌后的攻击只能是挠痒而已。

内伊为首的元帅们不愿再冒险了,军队服从了将领。哥萨克骑兵、普鲁士军队、奥地利军队在巴黎显示军威,欢庆胜利。拿破仑仰天长叹:"众叛亲离,大势已去,听天由命吧!"

九、百日皇朝

1814 年 4 月 11 日,拿破仑签署了逊位声明。

4 月 12 日,苦闷的拿破仑一整天都沉浸在冥想之中,午夜时服毒欲死未能遂愿。

4 月 20 日,枫丹白露宫前。拿破仑在近卫军依恋、伤感的注视下向他们走去,清脆响亮的声音对近卫军是何等的熟悉啊!但场面却不同往昔地让人感伤!

"老近卫军的军官们、士兵们,我向你们告别了。二十年来,你们一直伴随我走在崇高和光荣的大道上,……有你们这样的人,我们的事业绝不会失败,……为了祖国的利益,我牺牲了自己的利益。我要走了! ……祖国的幸福是我唯一思念的事情。这也是我今后的愿望。不要怜悯我的命运。……再见了,我多么想紧紧拥抱你们每一个人啊。让我拥抱一下你们的旗帜吧。"

拿破仑将鹰旗捂在胸前,抚摸着,"亲爱的鹰旗,这最后一次亲吻将震撼我们所有老近卫军的心。再见了,老战友们,不要忘记我!"

拿破仑在老战士们的呼喊声中登上马车,向流放地厄尔巴岛方向驰去。"世界历史上最庄严的英勇的史诗结束了——他告别了自己的近卫军。"一家英国报纸这样描述 4 月 20 日这一天,但它只说对了一半。

按照占领者的安排:退位后的拿破仑是厄尔巴岛拥有完全主权的领主,年金200 万法朗,并可有近卫军一个营的士兵作为仪仗和护卫队。在权力巅峰上滚落的拿破仑,成了这个在他看来,是一声海浪都能击碎的岩礁般的微型国家的"皇帝"。厄尔巴岛面积仅 233 平方公里,有三个小城市和几千居民。

拿破仑表面很平静地接受了这一切,他以高度的热情和全部精力规划治理这个微型国家。他看起来是那么心满意足;以致于来访的英国代表认为他"除了这个小岛外,对什么都不感兴趣了"。

实际上从1814年的秋天,特别是11月、12月开始。拿破仑就注意听取一切有关法国和刚开始的维也纳会议的报告。所有的消息都表明复辟后的波旁王族及其周围诸人的所作所为比预料的还要轻率和荒唐,就是帮助波旁复辟的塔列朗也慨叹"他们什么也没有忘记,什么也没学会"。

联军刺刀保护下重登王位的波旁王族十分仁慈地同意忘掉和宽恕法国的罪过,条件是国家恢复旧日的虔诚与秩序。但波旁尝试后确信要摧毁拿破仑的国家机器并不容易,甚至是不可能的。各省的地方长官、各部的组织、警察、财税制度、拿破仑法典、法院、荣誉勋章、国民教育制度、政教协议,甚至整个官僚机构的结构、军队的组织——拿破仑所创立的一切,都被保留了,区别仅在于一位高高在上的"立宪的"国王代替了专制的皇帝。

路易十八重登王位,随他卷土重来的那一大批最顽固的保皇党亡命分子开始了穷凶极恶的反攻倒算,渴望夺回自己先前失去的一切。路易十六断头台上丧命的1月21日被定为"国丧日";波旁的百合花旗取代了象征革命的三色旗;残酷的私刑在各地恢复起来,贵族任意鞭打农民,受害者却申诉无门;反动僧侣高举《圣经》,恣妄引证曾经购买过土地的农民将遭"天罚",被狗吃掉……

根据和约,法国仅保留了1792年疆界以内的国土,丧失了莱茵地区和意大利等广大土地。反法联盟的苛刻和波旁王朝的软弱无力,使从国外撤回或释放归来的士兵愤懑不已。波旁王室在大量裁军和清洗军官的同时,另外组建了一支由六千名贵族和保皇党分子组成的、享有高薪和特权的王室卫队,军队更是怨声载道了。……杜伊勒里宫内的流亡人物小丑般地乱作一团,广大民众、士兵及一部分资产阶级的恐惧和愤怒在积累着,人们又开始怀念起拿破仑了。

时势如此,当1815年2月一天,巴黎兰斯贵区的区长、青年文官夏布隆乔装来到厄尔巴岛时,拿破仑感到了绝处逢生的喜悦和激动。借着英国特派员正在休假、在海上监视的英舰已离开厄尔巴岛的难得机会,拿破仑奇迹般地避开了在海上的英、法巡逻舰船,于1815年3月1日,和他的因经常操练还保持着良好战斗力的千余名近卫军,在法国儒安港安全登陆。海关卫兵向他脱帽致敬。康布罗纳将军带领部分老兵去寻找军火,拿破仑则亲率数百名近卫军向北进发。他又作了一次讲演:"士兵们,……现在,我回来了,……戴上三色帽徽吧,过去你们曾戴着它赢得了辉煌的胜利。我们决定不再像以前那样,去充当其他民族的主人,但我们也决不能忍受其他国家来干预我国的事务。……士兵们,在帝国鹰旗下集合吧! 有着我们民族颜色蓝、白、红的雄鹰,将从一座钟楼飞向另一座钟楼,一直飞到巴黎圣母院大教堂! 荣誉归于勇敢的士兵们! 归于我们的祖国法兰西!"

拿破仑的声音响彻了全国,他坚信自己将一枪不发地赢得法国。前进的队伍枪口朝下,沿路的农民大群大群地聚拢并护送这奇异的队伍进到下一个村庄,另外的人群又接力赛般地护送他们前进。一座座城市向拿破仑敞开大门,"只要他一走近"。"皇帝万岁!"昔日的将士集结起来迎接他们的统领。拿破仑已在前进中发布命令、派遣急使、接收情报、任命指挥官和大臣了。当甘公爵的血影又浮现在波旁王室及其拥护者的眼前了,这个科西嘉的吃人者会怎样对待他们呢?波旁王室满是无法掩饰的恐惧。路易十八召命被皇帝拿破仑称作"勇士中最勇敢的人"的内伊元帅前去抗击拿破仑。"我要让他成为俘虏,把他关在铁笼带回来"。内伊保证,他认为皇帝归来意味着与欧洲的战争,法兰西将又处在无穷灾难之中。

麦克唐纳元帅镇守里昂,国王的兄弟阿图瓦伯爵发现军队以死寂而不是表白对王室的忠诚那样对待"国王万岁"的呼语,"皇帝万岁!打倒贵族!"拿破仑的骠骑兵和甲骑兵已经进入城市,守城军队与之相混合,伯爵和元帅先后逃出城出了。

在里昂,拿破仑正式恢复了自己的统治,波旁的国王被赶下宝座,他们制定的宪法被废除。拿破仑再次申明他要保护和巩固大革命的原则,使法国获得自由和和平。时代不同了,今后,一个法国对他已满足,不再想到侵略。

内伊在里昂与巴黎之间必经的道路上布防,他决心与皇帝对抗。军队先是沉默,继之部分哗变,跑向皇帝那边。"我将象在莫斯科近郊之战后的第二天那样接见你。拿破仑"。这张纸条结束了元帅的动摇,在士兵们山呼"皇帝万岁!内伊元帅万岁!"的激情中,来自拿破仑的调遣部队的命令被十分准确地予以立即执行。

逃跑!——波旁王室在惊惶中闪出的第一个念头。

"科西嘉怪物在儒安港登陆"、"吃人魔王向格腊斯前进"、"篡位者进入格勒诺布尔"、"波拿巴占领里昂"、"拿破仑接近枫丹白露"、"陛下将于今日抵达自己的忠实的巴黎"——绝对准确地反映了拿破仑的行程,但出于同一编辑部、一些同一的报纸上的消息连贯起来确实有些可笑:这些接近统治集团的巴黎报纸,从过于自信转为完全地泄气和掩盖不住的恐惧,而最后又变成了谄媚。

3月20日,欢呼声笼罩了杜伊勒里宫,拿破仑又在巴黎了。国王全家已于前一天逃走,群众的欢呼加强成持续不断的、震耳欲聋的欢乐的狂涛是前所未有的景象,即就是在最辉煌的进军和胜利之后也没有见过。"百日皇朝"开始了,直到六月拿破仑兵败滑铁卢。

自由与和平是皇帝的许诺,但他深知刀剑才是立即要拿起的东西。远征俄国时他拒绝了来自"普加乔夫"(农民革命)的帮助,他现在也不要"马拉"的帮助。皇帝当时和以后都十分清楚革命的高涨,而不是温和的自由主义的立宪的文告对他的重大意义,在对1815年的回忆中他说:"……必须重新开始革命,使我能够从革命得到它的创造的一切手段。必须激起一切激情，以便利用激情的眩感，不这样，我就不能拯救法国"。只有大资产阶级才是他感到亲切并了解其愿望，准备为其利益而战的唯一的他视作自己政权基础的支柱的阶级。

三月奇迹正如滚过头顶的阵阵惊雷，炸响在维也纳会议的上空。关于分赃的争吵沉寂了，各盟国签署了一项联合声明，宣布将运用它们所有的力量与拿破仑决战。远逾百万的干涉军开向法国边境。帝国大军只有十二万六千人。

6月14日，正是马伦哥和弗里德兰两次大捷的同年纪念日，拿破仑侵入比利时，与欧洲的最后一次大厮杀开始了。内伊元帅所指挥的法军左翼行动稍有迟缓，未能牵制住威灵顿率领的英荷联军，戴隆尔将军行动的差池，使两万法军奔走于战场之间，左翼及拿破仑指挥的右翼的胜利终是功亏一篑。17日、18日圣让山高地的争夺战即是著名的"滑铁卢之战"，天雨地湿，法军的轰炸计划不能奏效，骑兵也不能纵马驰骋，炮火连天的阵地上烟尘蔽地、人喊马嘶、惨烈空前。近卫军也投入战斗对英军做最后的进攻。"近卫军宁死不降！"法国骑兵在英军炮火下接连倒下，但仍以极度的热情前仆后继地投入战斗。威灵顿向英军下达了"与阵地共存亡"的命令，关键时刻，三万普军赶到战场，法军溃退了。

兵败如山倒，陈尸遍野的惨景在无言倾诉着。英普军队损失也不小，但武装起来的欧洲才开始显示它的力量。这一天，雄鹰跌落滑铁卢，即使胜利了，也只是一次胜利而已：连年战争下的法国已是消耗殆尽了，她已不堪重负。

十、孤岛遗恨

1815年10月16日，英舰"诺森伯号"载着拿破仑驶向圣赫勒拿岛。贝尔特朗、蒙竺隆将军等人随行。法国、欧洲是越来越远了。死气沉沉的、一望无际的深蓝的大西洋上，站在甲板上的拿破仑沉思着，凝视北方的天空，在那片亮丽的湛蓝下，是他纵马驰骋了20多年的地方。

没有永远在演着的一幕剧。时候到了，演员就要谢幕退场。滑铁卢的炮火将他击下长空，杜伊勒里宫外的人民还是忠诚地、热情地支持他继续战斗，有胆略的大臣也有同样的建议。但是，当他回过头来寻那捧他上台、他亦为之浴血奋斗的大资产阶级，拿破仑心底里掠过一丝苍凉与苦涩。众议院正竭力迫使他退位——他被自己的阶级抛弃了！"皇帝万岁！""不需要退位！""要皇帝和国防！"在巴黎到处回荡着的呼声始终是那样地遥远，不能接近他的心。当年的那个拿破仑早已随着督政府的垮台而消失了，在对权力与荣誉的追逐中，在对世俗封建势力的妥协中，这个曾称赞并准备追随保利一行的科西嘉人已不能接受人民了。1815 年 6 月 22 日,拿破仑再次签署了退位诏书,结束了史称"百日皇朝"的统治。6 月 28 日,路易十八在外国军队护送下又一次重登王位,百合花又在法国全土绽放了。

拿破仑决意听凭敌人安排自己的命运。7 月 15 日,身穿近卫军骑兵制服的拿破仑登上英舰"伯雷勒芬"号。欧洲所有的不满分子能不集结于他的周围、保证刚被恢复的秩序的不被扰乱吗? 这是令人疑惧的。二十多年来(从土伦战役开始),使世界对任何事情都不感到吃惊的正是这个已在手掌中的人物。英国政府不能压制自己的疑惧,精心挑选了距其最近的非洲西海岸,至少在二千公里外的圣赫勒拿岛,作为拿破仑终其天年的地方。就是当时的大篷船快船也得至少两个半月才能完成英国至该岛的航程。再者,岛上所有着陆点都设有炮台防卫,各处悬崖峭壁上设的信号站则完全排除了外来舰队营救的可能。英国政府总算松了一口气。

圣赫勒拿岛上的大树已不如以前那么多了,但总的来说还是草木繁茂,众多的野禽栖居在密实的灌木丛中,岛上降雨充沛,墨绿色的几近陡直的崖石构成坚固的海岸。

首府是詹姆斯敦,但拿破仑依英政府之命前往易于防守的高地"长林"。1816 年 4 月以前,岛上的首长是海军上将科伯恩,其后直至拿破仑逝世,岛上总督是赫德森·洛。有这么个神奇人物作俘虏使洛的愚笨展现极致,拿破仑没有与外界联系的自由,不论是人是信件都有严格的限制。周长 12 英里的三角形地带是拿破仑的自由活动区域,再往前就是哨兵的枪口了。命令是这样的,但是,人非草木,卫队官兵对这个英国死敌不仅尊重,有时还表露出难以掩饰的伤感的情绪,士兵们向他献花,请求他的随从人员允许他们偷着去看他,虽然是拿破仑的原因使他们来到这荒远的孤岛。但同情心却总是向着他而产生。驻岛监视的俄国代表巴尔马因伯爵说:"最奇怪的是,这个失去了皇位、被卫兵看守着的人,这个俘虏,竟能够影响一切与他接近的人……法国人……英国人甚至那些看守他的人……但谁也不敢和他并列。"

戎马一生、桀骜不驯的拿破仑坚毅地忍受着自己的所处的境况,还在"诺森伯号"驶向圣赫勒拿岛时,他已开始对秘书拉斯卡斯口述自己的回忆,在岛上这种工作一直持续到 1818 年拉斯卡期被洛总督逐离小岛。蒙托隆和古戈尔将军后来以日记或回忆录的形式作了有意义的记述。

拿破仑在失意和痛苦的情绪中时,叱咤风云的往昔则使他感到憋闷。相较这个弹丸之地,他曾统治欧洲人口的一半,率法军取得奥斯特里茨等一系列辉煌的胜利,"百日皇朝"时人民对他的热爱亦令他自豪。对埃及的放弃及阿克城的撤围则令他惋惜不已——他始终梦想成为东方的皇帝。但,进攻西班牙、远征莫斯科无疑是错了,并使他的帝国从根基上动摇了。滑铁卢在他的回忆中被反复谈到,思来想去,他总认为是不能预见的偶然性帮助英国人赢得了对他的最后的战斗,这尤其让他感到沉痛。写回忆录外,拿破仑以下棋或演算数学题来消遣时光,他也学习英语、看报纸、有时也种花、散步、甚至骑马。

然而,极富传奇色彩的连年征战、宦海沉浮的生活经历,严重消耗了他的精力,年岁在增长,衰老、多病成了1819年以后拿破仑的写照。"这是从我内部起来的滑铁卢",拿破仑这样说他的病。癌是他家族的遗传症,另有医生的确诊。病情急剧恶化的拿破仑在心中掠过小儿子的身影,"一切为了法国人民",他在心中反复嘱咐着。一改病痛所带来的倦怠。1821年4月15日,拿破仑将先前的口述遗嘱抄写下来并签了字。4月21日,他对蒙托隆口述了改组国民自卫军的方案,以便在保卫领土时能够合理地使用。

1821年5月5日,拿破仑在岛上宣布日落的炮声中溘然长逝,终年52岁。从他努力张翕的唇中说出断断续续的最后的话语:"法兰西……军队……冲锋……"几分钟后,夜幕降临了大地。

葬礼在四天之后依军葬礼的仪式隆重举行了。以总督为首的文官,拿破仑的仆从、卫队人员以及全体水兵和海军军官都加入了送葬的行列。由优秀英军士兵扛着的灵柩下放到墓穴中的时候,礼炮齐发,山谷轰鸣。又远播重洋。告知死者故里:法兰西最伟大的战士和执政者已然长眠。

世界名帝正传

弗里德里希大帝

——为普鲁士扩充疆土的军事天才

屈玉祥

弗里德里希二世,史称弗里德里希大帝,是普鲁士历史上一位赫赫有名的国王(1740—1786年在位)。在他的统治下,普鲁士对内改革国政,对外南征北战,使他的国家崛起和强盛起来,一跃而成为欧洲强国之一。伏尔泰称他为启蒙主义思想家心目中理想的"开明专制君主"的典型。

一、压抑阴郁的童年

1712年1月24日,是普鲁士霍亨索伦家族大喜的日子。已经年迈体衰的老国王弗里德里希一世,终于盼来了孙子的降生。儿孙,对于帝王之家来说,不仅是姓氏和血统的延续,更重要的是权力和统治的延续。没有继承人,王位就会丧失,家业也将落入外人之手。在此之前,老国王曾有过两个孙子,但都夭折在摇篮中。所以,这个孙子一降生,老国王就喜出望外,王室上下皆大欢喜。一周后,普鲁士首都柏林各个教堂钟声齐鸣,老国王身着冠冕和礼服,庄严正式为孙子命名"弗里德里希",希望他继承王室业绩。老国王为什么对孙子寄托如此厚望呢?

原来,普鲁士是从易北河东岸一个叫勃兰登堡的军事采邑发展起来的。1417年,霍亨索伦家族统治了这块采邑,同1618年获得的东普鲁士公爵领地合称"勃兰登堡——普鲁士侯国"。十多年前,老国王还只是这个侯国的选帝侯。像这样的侯国,神圣罗马帝国有好几百个。后来由于他的军队竭尽全力为帝国皇帝效劳,在西班牙王位继承战中立下汗马功劳,皇帝便于1701年1月封他为普鲁士国王,改号弗里德里希一世,其侯国也升格为王国。

然而,当时国小力薄的王国,被人家比作"铁罐堆中的一只陶罐",随时可能被别国挤垮。他虽然有儿子威廉继承王位,但没有孙子,心里总不踏实,整天愁眉苦脸。如今一声宏亮的男婴啼哭,他看到王位后继有人,怎能不笑逐颜开呢?也许得孙的喜悦使老国王衰弱的身体又支撑了一年,老国王于1713年含笑闭目长眠。其子威廉继承王位,他就是普鲁士王国的第二代国王,人称"士兵国王"弗里德里希·威廉一世(1713~1740年在位)。

这位威廉国王身高2米有余,虎背熊腰,粗鲁暴戾,喜好骂人、打人。只要他看不顺眼,不管碰见谁,便是一顿臭骂甚至拳打脚踢。在他手下为官称臣者,无人不有敬畏之感。因为他对宫廷礼仪和经济文化概无兴趣,唯独热衷于军事活动,所以获得"士兵国王"的绰号。他认为,普鲁士未来的命运将决定于是否拥有一支强大的军队和雄厚的财力,否则就难免沦为大国手中的玩物,就不能把普鲁士提高到欧洲强国的地位。为此目的,他实行重税政策,压榨人民,压缩民用开支;禁止外国商品输入,以防资金外流,千方百计增加财力。为加强中央集权,他取消容克贵族对农民的专有特权,打破他们垄断各省政治、经济的独立性。容克贵族反对,他立即给予打击,决不手软。对于权力支柱之一的军队,他尤为重视。国库收入的七分之六用于军费,士兵服役期限长达25年。军队兵员的三分之一来自国内,另外三分之二从国外招募。他治军热情简直入了魔,竟不惜重金,派人到欧洲各地甚至亚洲去招募身高两米左右的巨人,企图组成一支巨人军,奇怪的是他虽天天训练和检阅巨人军,但却很少用他们去打仗。也许是为了给人一种威武之师、气势雄伟的印象吧。可他对大如经济、文化、外交,小如吃饭穿衣,概无兴趣,而且舍不得多花一文钱。由于他的吝啬,人们在背后叫他"乞丐国王"。

威廉把盈余的钱财用于军事,他在位期间,普鲁士军队从4万人增加到8万人,而且装备精良,训练有素,纪律严明。当时普鲁士领土面积在欧洲只占第10位,人口居欧洲大陆各国第13位,而军队却占第4位。普鲁士变成了"拥有国家的军队,而不是拥有军队的国家",从而奠定了军事专制统治的基础。

由于威廉是个军事迷,因此对儿子弗里德里希寄以重望,执意要把他培养成军人,使其能够成为继承霍亨索伦家族军国主义传统的君主。老国王竭力向他灌输军事和国家管理知识,从小对他进行斯巴达式的训练,经常带他参加阅兵、操练、演习和狩猎。

可是,受母亲熏陶和遗传因素,王子自幼机敏、聪慧,养成了对文学艺术的热爱和陶醉。王后索菲·德罗蒂亚是英国国王乔治二世的妹妹。她不仅贤淑,而且喜好读书,对文学、音乐都有兴趣。王子从小在母亲身边,耳濡目染,自然酷爱读书,尤其向往法国文学和启蒙主义思想。随着年龄的增长,他更加贪婪地汲取知识,常常背着父亲读书。为买一批图书,他还欠下一笔债务,又不敢让父亲知道。在父王看来,书籍不过是一堆废纸,连文人学者也是"废物",是"臭的",因为在他看来,这些人"连站岗都不会"。威廉国王感到王子的行动和他的愿望背道而驰、格格不入,而且屡教不改,便动用棍棒和拳脚,以使儿子"改邪归正"。他认为体罚是矫正错误的唯一可靠的方法。不仅经常撕破儿子的书、揪抓儿子头发,而且当众拷打王子更是家常便饭。谁要是袒护、营救王子,就遭威廉的辱骂或毒打。所以在弗里德里希幼小的心灵里,威廉既是严父,又是凶神,日久天长,父子二人在感情上从疏远到对立,终于爆发了一场严重的冲突。

二、出逃不成入牢笼

弗里德里希固执和我行我素的性格,国王恼怒不已。虽经常从肉体上折磨他,却也未使其就范。眼下儿子快 18 岁,威廉决定为他娶妻,或许会束缚住他的个性,让他"回心转意"。他为儿子选择的未婚妻是奥地利女皇的侄女伊丽莎白·克丽斯蒂娜。但这遭到与英王室有血缘关系的王后德罗蒂亚的反对,也令王子大为失望。原来王后早就为长女、长子安排好了美满的双重婚约:弗里德里希娶英国公主,把威尔海米娜许配给英国王储。王后经常对侄女侄儿的夸赞,使姐弟俩早已倾慕远在英国的表兄妹,期待着心和心的靠拢。听别人说,克丽斯蒂娜无论德行,还是相貌,都比不上美丽温柔的英国表妹。弗里德里希决心抗命,扬言:"我可不想娶那只笨鹅(指伊丽莎白)为妻。"对此威廉十分恼火,甚至打算剥夺弗里德里希的王位继承权,另立次子为王储。弗里德里希不甘心把自己的生活交由父王摆布,也深知专横、凶暴的父王决不容他自作主张,于是决心逃离普鲁士。

1730 年 8 月,弗里德里希和密友凯特等 3 人,径直向边境飞奔。谁知谋事不密,计划败露,就在他们快抵达边境时,被追捕的人抓获,随即被父王关进库斯特林监狱,并送交军事法庭审判。按当时的惯例,他和参与逃跑的朋友均应被斩首。

这个 18 岁的年轻王储一下子从王宫到牢笼,这种铁窗生活他简直无法接受。由于王后和大臣们的营救,弗里德里希才保全了生命,但他的朋友们却未能幸免,均被处极刑。其中一人逃跑,被缺席审判;他的密友凯特却被立即处决。威廉国王为了"撕碎儿子的心,从而医治他的精神",故意把帮助他出逃的凯特处死于他的囚窗前,以儆效尤。王子看到好友的首级落地,痛不欲生,昏倒在囚窗的地上。

弗里德里希虽免于一死,但国王并未答应宽恕他,他仍是一个缓期待决的死囚。从此他变成了沉默寡言、闷闷不乐的人。后经西欧几个国王和皇帝说情、威廉才答应赦免儿子死罪,改为长期监禁。

时隔一年,弗里德里希的心情逐渐平静下来,他开始思考自己的前途和未来,开始考虑如何适应和利用监狱生活。他喜欢读书,是个书迷。囹圄之中,有足够的闲暇时间,他就如饥似渴大量阅读法国文学作品,又不担心挨打挨骂;还可吹笛自娱自乐,狱卒不但不干涉,有时还聚过来欣赏他的演奏。王子个性虽强,思想却甚为敏锐。随着年岁的增长,知识的积累,也变得慢慢理智成熟起来。觉得自己毕竟是普鲁士的王储,也该考虑安邦治国的大事了。

弗里德里希明白,如果和父王对着干,很可能被褫夺长子继承权。他经过深思熟虑,权衡利弊,觉得与其失去王位,还不如暂时向父王低头,否则一切雄心壮志都将成为泡影。于是给父亲写了一封"富于感情"的家信,在信中请求"最最宽厚的国王和最慈爱的父亲恕罪",还表示对父王安排的婚事完全顺从。

随着光阴一天天流逝,国王的心绪也日渐平和下来。接到儿子的信后,立即到监狱探视,弗里德里希恭顺地跪在地上,捧吻了父王的脚。威廉顿时喜出望外,下令释放儿子出狱,让他回宫居住。

1733 年,弗里德里希屈从父王旨意,与伊丽莎白·克丽斯蒂娜结婚。弗里德里希扼杀了自己的感情,几乎终生对妻子冷淡。为了嘉奖和鼓励,父王准许王储和王妃到美丽的波茨坦莱茵斯堡单独居住。

从 1736—1740 年,弗里德里希在莱茵斯堡过了 4 年田园诗人般的生活。他被压抑的对文学艺术的热情又死灰复燃了。这期间,他大量阅读了各种哲学、历史、文学等方面的书籍,特别是启蒙思想,对他后来的人生道路产生了重要的影响。他常常邀请一帮文学艺术界的朋友,谈论文学,吟诗撰文,互相激励,互相启发。他把自己称作是"启蒙运动的朋友",尤其崇拜法国大文学豪伏尔泰,并直接写信赞美伏尔泰的至理名言和非凡文采。弗里德里希在后来回忆录中说:"我在莱茵斯堡度过了一生中最美好的日子。"

同时,这一时期弗里德里希也以同样的热情从事军政活动。他不是出入军营,就是观看操练演习,或外出视察、监督税收。他对臣属要求严格,要他们恪守普鲁士传统,一丝不苟地遵守秩序和纪律,一切听他的。人们预感到这将是一位威严和有作为的君主。

三、登上王位便开战

1740 年夏,刚过 50 岁的威廉国王去世,28 岁的弗里德里希继位为普鲁士第三代国王,号称弗里德里希二世。

这位新国王看上去似乎谦和、热情,但细细端详,就会发现他的脸上常常流露出冷漠、严峻的表情,特别是那双眼睛时时射出逼人的目光,像好斗的公鸡。他虽然在兴趣爱好和执政手段上和父亲不同,在感情上俩人也不融洽,但他却忠实地继承了威廉崇尚武功的衣钵。

初登王位,弗里德里希二世即着手重建他父亲留下的国家。他不断加强官僚机构;采取各种措施鼓励工业、农业和商业的发展,还改革司法制度,允许法官自由办案;采取宗教宽容政策,不同教派教徒的利益受到同等保护;鼓励移民,使其他邦国受到迫害的居民纷纷迁来定居。在他在位期间,普鲁士人口由 220 万增加到 543万。他特别重视继续发展军事力量,按他的说法,就是要把军队建成一只"不死鸟"。因为普鲁士虽然已是一个拥有 8 万士兵的欧洲第四军事强国,但是,它西有法国,南有奥地利,东有俄国,而这三国是当时欧洲最强大的三个国家。因此,弗里德里希一上任,便感到了列强的压力。为了进一步扩张普鲁士的版图,实现他称雄欧洲的"宏图大业",他不惜以全部工业收入供养军队。不惜代价地改善军队装备,提高军队的作战能力。他的军费开支为 1300 万塔勒,占国民收入的五分之四。他采用了新式募兵制度,曾对骑兵加以改编,他所创建的骑兵和炮兵战术,后来在拿破仑时代被各国广泛采用。弗里德里希还热衷研究战略战术,他认为战争的目的就是消灭对方有生力量,所以,要尽量选择有利战机,集中优势兵力,分割敌军,各个击破。他把"进攻"提倡为他的"军队所特有的精神"。在他统治时期,普军人数已高达 20 万,无论从步兵、骑兵或炮兵方面都得到加强,成为一支装备精良、训练有素、纪律森严的部队,使普鲁士成为德意志土地上的一个强盛之邦。正是依仗这支部队和他父亲遗留下的充实国库,他"几乎进行过对整个欧洲的战争"。

弗里德里希登上王位后,曾对他的朋友说:"我正处于血气方刚之年,我追求荣誉。真的,我对你是无所不言的!我好奇,一句话,一种潜在的本能折磨得我昼夜不宁。我希望我的名字出现在报纸上,出现在历史书中,这是多么大的满足啊!它引诱我去做一切。"他从前人的传统中找到了自己成名之路——战争。他公开地说:"我喜欢战争,因为它能带来荣誉!"

弗里德里希一上台就迫不及待地要实现自己的野心,奥地利是他下手的第一个目标。奥地利国王兼神圣罗马帝国皇帝查理六世死后无男嗣,按他生前颁布的《国本诏书》,由他女儿玛丽亚·特蕾西亚继位,并陆续得到英、法、西、普、荷、瑞典、波兰等国的同意。但他死后,不怀好意的法国、巴伐利亚等国拒绝承认其长女的合法继承权。弗里德里希二世借机派人前往奥地利,提出把富饶的工业区西里西亚割给普鲁士,以换取承认。遭到拒绝后,弗里德里希二世先发制人,于 1740 年

12 月,亲自率领普鲁士军队,向西里西亚发起突然袭击。普军长驱直入,很快便攻占了西里西亚,并得到法国、西班牙和巴伐利亚等盟友的配合支持。后来奥地利得到匈牙利的支持,战斗力有所加强。1741 年 4 月 10 日,两军在莫尔维茨发生激战,两军刚一交火,旗鼓相当,各有胜负。第一次参加大战的弗里德里希也表现出缺乏经验和勇气,产生了无法克制的恐惧。完全靠训练有素和勇敢善战的军队,才击溃奥军,由此弗里德里希得出一个教训:在战斗未见最后分晓之前,决不可放弃努力。这句话成了他终生的座右铭,也是这位名将的名言。

莫尔维茨战役的胜利成了进攻的信号。法国、巴伐利亚、萨克森眼红普鲁士的成功,都纷纷效法,企图瓜分奥地利。弗里德里希二世乘胜挥师南下,进犯莫拉维亚。法军和巴伐利亚军侵入波希米亚,与萨克森军会合后,一举攻占布拉格。1742 年 4 月,巴伐利亚选侯卡尔·阿尔伯特被选为神圣罗马帝国皇帝,称查理七世,以与特蕾西亚对抗。

面对法国势力的扩张,弗里德里希二世改变策略,向奥地利提议和谈,遭到特蕾西亚女王的拒绝。因为弗里德里希被监禁的时候,查理六世曾亲笔给威廉写信,为王子求饶,威廉才宽恕了他。谁料弗里德里希非但不感恩图报,相反,在查理六世去世后,恩将仇报,反对特蕾西亚继承王位。1742 年 5 月,普、奥两军在布拉格以南的乔图西茨战役中,奥军又遭大败,伤亡达 6000 余人,迫使女王特蕾西亚同意和谈。6 月 11 日,双方在布雷斯劳达成协议:奥地利承认普鲁士对西里西亚的占领,普鲁士则退出反奥同盟。经过第一次西里西亚战争,普鲁士国土扩大了 1/3,人口和经济收入也有所增加,一跃成为英、法、俄、奥之后的欧洲第五强国。

布雷斯劳条约签订后,特蕾西亚腾出手来全力对付法国及其盟友,将法军赶出波希米亚,并迫使法军于当年冬季撤回本土。巴伐利亚也在奥军的打击下失去自己的世袭领地。为了加强自己的地位,奥地利先后与英国、萨克森和撒丁缔结了盟约。弗里德里希觉出来势不善,担心西里西亚被夺回,也积极采取对策,拉拢巴伐利亚、黑森、普法尔茨侯国和法国,与它们缔结了同盟。为进一步削弱奥地利,弗里德里希决定先发制人,攻占奥国管辖的波希米亚。

1744 年秋,弗里德里希背信弃义地撕毁布雷斯劳条约,率领 8 万大军突然攻入当时孱弱的萨克森侯国。萨克森无力抵抗,不得不同意普鲁士军队借道萨克森开往波希米亚。普军长驱直入,几乎未受什么堵截,就拿下布拉格,并率师直捣奥地利首府维也纳。但是,这次弗里德里希遇到了麻烦。不甘受欺凌的波希米亚人民奋起反抗,掩埋粮食,逃入森林,组织游击队,四出伏击和袭扰普军;同时,奥军切断了来自西里西亚的补给线,完好无损的萨克森军也在普军后方伺机而动。在此情况下,普鲁士不得不从波希米亚撤退。

1745 年,查理七世去世,特蕾西亚的丈夫当选和加冕为皇帝。5 月,在西里西亚的霍亨弗里德堡,普军行动果断迅速,奥军很快败退,9 月,在索尔再次击溃奥军。12 月中旬,又在德累斯顿地区击溃萨克森军。这时,弗里德里希意识到,打击和削弱奥地利的目的已达到,要进一步扩大战果,有可能招致更多国家的反对,于是他又重演单独议和故伎,普奥签订德累斯顿和约:奥地利最后确认普鲁士对西里西亚的所有权,普鲁士则承认特蕾西亚女王的丈夫——弗兰茨·施特凡大公爵为神圣罗马帝国皇帝。萨克森向普鲁士赔款 100 万塔勒。

第二次西里西亚战争虽然结束了,但由弗里德里希挑起的战争前后持续了 8 年,直到 1748 年战火才最后熄灭。战后,普鲁士渐渐强盛起来,在神圣罗马帝国疆域内,逐步形成普、奥对峙的局面;在欧洲,普鲁士成为能与法、奥诸强分庭抗礼的强国。当弗里德里希凯旋回国时,人们把他当成了英雄,柏林市民成群结队出来欢迎他,墙上到处写着"弗里德里希大王万岁!"这是普鲁士人首次对他冠以"大王"的称号。

四、"逍遥宫"里不逍遥

弗里德里希二世不但是一位独揽大权的君主和征战沙场的统帅,而且对文学艺术有浓厚的兴趣,并广交名士。

第二次西里西亚战争结束后,弗里德里希二世在波茨坦城郊一个依山傍水的地方修建了一座夏宫,命名为"逍遥宫"。该宫按音可译为桑苏西宫,法文原意是安逸、怡乐的意思。夏宫是弗里德里希二世先根据自己的设想绘制了一张草图,然后把草图和建宫重任交给全国闻名的建筑大师克诺伯道夫。新宫 1747 年 5 月 1 日落成。整个宫殿布局协调,结构精巧,环境优美,建筑华丽,有波茨坦的凡尔赛宫之称。弗里德里希常到这儿从事写作,接待客人和举办小型音乐会。在会上吹奏横笛是他的拿手戏,也是他一辈子的特殊嗜好,甚至在战场上也随身带着笛子,闲时便吹上一曲。为吹笛,年少时不知挨了多少次打,但始终不肯放弃。

弗里德里希二世既是国王,也是军事家,但他一生对诗人、作家和哲学家的桂冠总是孜孜以求。那时德国宫廷基本上使用法语,他少年时的教师几乎都是知识渊博的法国人,所以他对法国文化崇拜得五体投地。相反,对本民族的语言鄙视,只有在争吵和骂人时才听得见他说德语,他本民族的文学修养更差。对灿烂的德意志文化及其优秀代表人物,如莱辛、克鲁普斯托克和海德尔等人,他脑海中一片空白，还诋毁他们。所以不少文学家对他进行猛烈抨击，很多人先后愤然出国。

弗里德里希最崇拜法国文化泰斗伏尔泰。他年轻时就同伏尔泰有通信往来，信中直抒倾慕之意。他说："假如我有朝一日到了法国，我第一个要求就是得知伏尔泰先生住在何处"。信中还写道："先生，——虽然我还未拜识你，可是我早已从你的作品中认识了你。你的大作可说是精神财宝"。王太子虔敬地表示他"相信世上只有一个上帝，只有一个伏尔泰"。第一次西里西亚战争期间，受路易十五的委托，伏尔泰曾前来调停法国和普鲁士的关系。此后，弗里德里希多次邀请伏尔泰到普鲁士做客，并表示愿向这位语言大师求教。1739 年王太子《反对权术主义》一书出版，这里边有伏尔泰的心血，他曾经为文稿修改和润色。书中用启蒙运动的伦理对马基雅维里的政治策略表示蔑视，抨击了他的"权术主义"，并提出："国王应是国家第一仆人"的名言。伏尔泰对这一提法非常赞赏，对书中"公道、仁慈、博爱"一类语言以极高评价，并把推动启蒙事业的希望寄托在王太子身上。以后又亲切地把他称作自己的"国王朋友"。

伏尔泰之所以以前没有接受弗里德里希的邀请，是因他最真挚的女友夏特莱夫人的劝阻、竭力挽留所致。1749 年，夏特莱夫人去世，伏尔泰心情极为沉痛，普王频繁地向他发出邀请，他在一封信中写道："我尊敬您……喜欢您……您到这里来，就如同在您的祖国，在一个怀有崇敬之心的朋友家里一样……您在这里还怕什么奴役，不幸和改变吗？"失去女友的悲痛和路易十五的冷眼，促使伏尔泰于 1750 年怀着矛盾的心情，充满疑虑地踏上了比法国更加残酷的专制主义国家——普鲁士。伏尔泰受到国王的亲自迎接，波茨坦的逍遥宫中为他准备下阔绰、讲究的工作室。一向以省俭甚至吝啬出名的普鲁士国王奉他为上宾，给他 5000 塔勒的年俸，并亲自把宫廷侍臣的金钥匙交到他手中，还在宫中演出他的悲剧。伏尔泰则给国王修改蹩脚的法文诗，整理杂乱无章的哲学论文。然而，哲学家太天真了，他对国王的开明度估计过高，期望值过高，国王把他当点缀，当作实现自己目标的工具，捞政治声誉。

谁知好景不长，蜜月很快就结束了，二人都看对方不顺眼。伏尔泰发现弗里德里希二世并不是自我标榜的那种"国家第一仆人"，"开明君主"，而是个专制君主。他同其父一样穷兵黩武，把国家弄得像个军营。全国上下，等级森严，兵营中有简直是折磨人的军纪以及惩处士兵的严酷刑法。"在专制独裁和卑躬屈膝的窒息气氛中受过教育的弗里德里希二世，在登上宝座之后，用从伏尔泰和他的战友那里借来的词句掩饰起来的暴政，以代替他父亲的公开无耻的暴政"。看到这些，伏尔泰不禁感到失望，痛苦地承认，除国王寄给他的大量要他修改的拙劣的法文诗和哲学论文外,他指望这位国王推动启蒙事业的希望完全落了空。

弗里德里希二世对伏尔泰的印象也非同以往。他觉得伏尔泰除了是欧洲最负盛名的人外,还有着深刻敏锐的社会洞察力,是个有头脑、有主见的人。最使普王畏惧不安的是,害怕他触动普鲁士的弊端。于是对伏尔泰由敬重变为反感、嫌弃,厌恶他的贪婪和讲究排场,最后二人公开冲突。伏尔泰搞股票买卖,有时不免卷入可疑的勾当中去,国王逮住机会,便写信指责羞辱他。普王还匿名发表了《一位柏林科学院院士致一名巴黎科学院院士的公开信》,含沙射影攻击伏尔泰,称他为"无耻的撒谎者";"我需要他最多还有一年,桔子挤干了,就把皮扔掉"。愤懑而失望的伏尔泰看完信后,牢骚满腹:"这里的宫廷简直太小气了,有时连蜡烛也不给够"。国王派人送诗稿请他修改润色,伏尔泰便大声嚷嚷:"给国王改稿子就像洗脏衣衫"。国王听说,自然十分恼火。双方关系更加紧张。后来伏尔泰把攻击矛头指向柏林科学院,他以难以仿效的讽刺技巧嘲讽了受普王偏袒的科学院院长、法国人莫佩图伊的浅薄和愚笨。自然任命和重用这种蠢才的普王也愚昧无知,也成了笑料。国王得知这件事后气得发狂,他下令在伏尔泰窗前烧掉抨击性文章。

伏尔泰的幻想彻底破灭了。1753年3月,他盛怒之下交还了勋章和自己身为侍从长的钥匙,愤然从逍遥宫出走,匆匆离开普鲁士。他走时带了一本国王请他修改的拙劣的法文手稿,打算到国外直接出版,让全欧洲耻笑国王的低能。弗里德里希大怒,下令追回手稿。接到命令的法兰克福总督拘捕了他,对他进行了侮辱性的搜查,并粗暴地把他关押了一个月。伏尔泰怒不可遏,发表声明痛斥弗里德里希是"大独裁者",一时欧洲舆论大哗,纷纷谴责普鲁士国王狂傲无理,伏尔泰从痛苦的体验中深信君主的"恩典"是不可靠的!

五、惊心动魄的战争

奥地利王位继承战争,加剧了普鲁士与奥地利的矛盾。弗里德里希二世心中明白,他在西里西亚初试锋芒之后,已成为众矢之的,新的战争在所难免。他充分利用德累斯顿条约后的10年和平时期进行国内改革,增加国库收入;提高国家的战争能力,把军队铸造成普鲁士雄踞欧洲的坚强柱石。奥地利的玛丽亚·特蕾西亚也不是一个头发长见识短的平庸女流之辈,她一天也没忘记收复西里西亚。为了复仇,她积极进行军事改革,又施展聪明才智和高超手段,展开一系列外交攻势,修好各国,尤其是利用英、普同俄、法的矛盾。她一反常态,开始疏远海上盟友英国,而设法接近先前的敌人法国,以便对普鲁士造成两面夹攻之势。而法国由于愤恨弗里德里希的多次叛卖行径,又对西里西亚战争结束后,普鲁士实力增强感到不安,担心自身安全受到威胁,转而支持奥地利。她还争取到俄国女皇叶丽萨维塔的支持。

时刻警觉地注视着邻国动向的弗里德里希,抢先采取外交行动,于1756年1月16日,与英国签订了互助盟约,规定双方负责在德意志境内维持和平,并以武力"对付侵犯德意志领土完整的任可国家",矛头直指俄、奥、法三国。鉴于此,俄国于3月25日同奥地利结成攻守同盟。5月1日,法奥签订相互保证的第一次《凡尔赛条约》,双方保证提供军队,援助另一方反击任何敌人。两大同盟形成,战争的乌云又笼罩了欧洲大地。

在欧洲各派力量的分化组合行将完成之际,弗里德里希二世从截获的秘密外交文件中,得悉奥地利和萨克森已制订好进攻和肢解普鲁士的军事计划,而且法国也参与了这项阴谋。同时,他还得悉萨克森要在冬季扩军,打算一开春便配合奥、法从三面进攻普鲁士。他判断战争已不可避免,与其等待敌人进攻,不如趁敌人备战尚未就绪之机,先发制人。1756年8月底,弗里德里希二世亲率9.5万人的军队对奥地利的盟国萨克森发动突然袭击,七年战争由此爆发。他之所以把萨克森定为第一个进攻目标,因为萨克森是进攻奥地利的通道,而且富庶,可以扩大自己的战争财源。

普军攻势凶猛,咄咄逼人,萨克森军力弱小,难以抵挡,首府德累斯顿很快被普军占领,退守皮尔纳。特蕾西亚下令奥军驰援,双方在埃格尔河和易北河会合处洛波西茨遭遇,普军取得了胜利。接着,又攻占皮尔纳,萨克森军全部降服。

弗里德里希将缴获的有关法、奥、萨密谋肢解普鲁士的外交文件公布于众,为自己挑起这场战争补足证据。特蕾西亚一面指责这些文件纯属捏造,一面向法、俄求援,联合反普。德意志各诸侯惟恐重蹈萨克森覆辙,也加入反普阵营,只有英国和汉诺威站在普鲁士方面。弗里德里希占领萨克森后,便在这里逼贡敛税,募兵拉夫。在"七年战争"中,普鲁士从萨克森掠取了它所需军费的七分之一。

1757年,重整旗鼓的奥军积极准备反攻,法、俄两国也极力支持。反普同盟各国调集了50万大军,准备从东南西北四个方向分进合击,围歼普鲁士军队。局势对普军十分不利。普王决定,趁敌军尚未合围之前,集中全力打击奥军,然后回师攻打法军。4月,普军兵分两路,齐向奥地利的波希米亚进军,直逼布拉格城下。5月6日,两军在布拉格城下会战。弗里德里希亲率骑兵发起冲锋,以400名军官和最杰出的将领施威林阵亡的极大代价,转败为胜。接着他率军东进,在易守难攻的科林地区,迎战奥地利名将道恩。由于寡不敌众,普军失利。

这次失利使普军陷于被动,形势对普鲁士十分不利。法军已制服英国在欧洲的领地汉诺威,并攻占普鲁士境内的马格德堡;瑞典军已在波美拉尼亚登陆;俄军进入东普鲁士重创普军,与奥军一道形成对弗里德里希的夹击。反普同盟和神圣罗马帝国的40万大军已从四面八方向柏林方向迅速逼进。此时,普鲁士的总兵力只及敌军的一半,且要分兵四处把守,局势相当严重。特蕾西亚眼看柏林指日可下,扬言要分割普鲁士,包括弗里德里希在内的所有人都认为普鲁士即将失败。

但是,弗里德里希审时度势,冷静分析战局后,决定在运动中集中优势兵力打击最危险同时也是最薄弱的一股敌军,以打破被围困的局面。被他选中的目标是苏比兹亲王率领的3万法军。于是,他一面分兵牵制各路大军,另以10万金币收买黎希留公爵,使其统率的10万法军按兵不动,一面率军北上,向法军北侧的部队发动进攻。由于苏比兹忌惮弗里德里希的威名,一再避其锋芒,引军退避,弗里德里希做出了退却的姿态。

11月4日,普军大队人马撤退到波恩以东40公里的罗斯巴赫村。联军将领们被追来逐去,疲惫不堪,纷纷要求停止撤退。这时又见普军主动退却,给他们造成了一种错觉,认为普军内心空虚,不敢与联军作战而逃走了,争相请战。苏比兹也对普军意图作了错误判断,于是决定第二天即开始进攻。弗里德里希佯退诱敌出击的计谋成功了。

11月5日,罗斯巴赫战役打响了。双方交战的地方是一片地势开阔的平原,普军住的地方是一处小丘陵,从这里可以观察到平原上法奥联军的动向。上午11时,联军以三路纵队从罗斯巴赫南面向东开进。由于认为普军只有防守的能力,不可能对自己形成威胁,部队竟然在军乐伴奏下悠扬地绕着普军左翼行进。弗里德里希在观察了联军行进的全过程后,便顺应敌情变化,只让少数兵力留在右翼做掩护,由炮兵作正面主阵地,骑、步兵作左右翼的半合围阵势。等法奥联军的前军进入普军的最佳出击位置时,弗里德里希一声令下,向敌人发起全线进攻。普军充分发挥了炮、骑兵的协同作战优势,与步兵一起,打得联军乱成一片,全线崩溃。

这一战,普军仅以500余人的伤亡,重创两倍于已的联军,打死打伤7000余人,以少胜多,获得重大胜利。由几个强国对普鲁士的包围圈被击破,法军已不在对普鲁士形成威胁。由于这一战役,使柏林失陷四处告急的普鲁士绝处逢生,普鲁士逃脱了战败和被肢解的命运。

罗斯巴赫战役的胜利,使普鲁士西线的压力减轻了,但未能改变不利于普鲁士的整个形势,奥地利军队已进驻西里西亚。弗里德里希急忙挥师东进赶往洛依滕,决定同奥军决一雌雄以收复西里西亚,并洗雪科林失败的耻辱。不过他也深知此战难度很大。为此,他精心制定了一个全歼奥军的计划:首先占据制高点安置火炮,在步兵发起进攻同时袭击对方阵地。战斗打响后,先用少量部队佯攻奥军右翼阵地,迫使奥军左翼兵力向右翼增援。当左翼防线一削弱,向其发动猛烈攻击,突破防线,接着立即压向右翼。这时,隐蔽在山后的骑兵也向右翼发动总攻,这次于12月间进行的洛依滕会战以普军大胜而告终,奥军死伤和被俘达数万人,缴获大炮116门,普军只伤亡6000。这次战役的胜利粉碎了联军对普鲁士战略包围,使普鲁士免除了被肢解的命运。洛依滕战役充分显示了弗里德里希的军事才能和无畏的勇气,是他军事生涯辉煌的顶点,也是世界军事史上的杰作之一。恩格斯称他建立了"历史上无以伦比的骑兵",拿破仑后来评论说:"洛依滕会战,在运动、机动和决断三方面都是一个杰作。仅这一会战,即足以使弗里德里希永垂不朽,而被列于世界上最伟大的名将之林"。由于战场上普军捷报频传,普鲁士的人们争相传颂弗里德里希为"军事天才","普军天下无敌"的说法更是在欧洲名噪一时。

洛依滕这战使联军速战速决的梦想破灭了,战争进入了相持阶段。1758年,俄国女皇派遣大军攻占东普鲁士,直捣普鲁士腹地柏林。面对敌方多线的进攻,普王在军事部署上力不从心,出观紊乱。8月25日,普俄两军在库斯特林附近的措恩多夫村展开血战,双方都损失惨重,打成平手。普军在休整期间,于10月间遭到奥军突然袭击,伤亡惨重,实力明显比战争初期下降。弗里德里希的处境越来越恶化,心力交瘁的他,年龄还不到半百,看上去已像个老人了。由于长年累月在军帐中风餐露宿,使他得了风湿病,弯腰驼背,体力不支,行动迟缓,情绪极为低落。

1759年,普鲁士面临的形势更为严峻了。这一年普军连遭败绩,先是俄奥联军在库纳尔斯道夫给普军以毁灭性打击。战争中弗里德里希的两匹战马都倒下了,他差点丧命。随后俄奥联军再次攻占柏林,市民和高官显贵纷纷出逃。除对法国一线外,各路普军连连失利。整个普鲁士陷入即将家破国亡的恐怖之中,弗里德里希本人对战争前途产生了悲观情绪。他暗自准备下烈性毒药,贴身藏着,万一全军覆没即服毒自尽。只是由于冬天的来临,俄奥联军才未对普军采取进一步行动。

弗里德里希虽然顽强坚持战斗,但到1760年春,普鲁士的处境仍继续恶化。由于俄、奥两国军事领导意见不统一以及他们追求的战争目的有分歧,才使得普鲁士国家免于覆灭。到了1761年,普鲁士陷入绝望境地:普鲁士财力和兵员枯竭,全国一片荒凉景象;法军威胁汉诺威,俄军伺机攻取柏林的门户科尔败格,而奥军则占领了西里西亚,西班牙加入反普同盟,而普鲁士的唯一盟友英国也因在海外打败法国,夺取了大部分殖民地,无需普鲁士牵制法国,背信弃义地断绝了对普鲁士支援。弗里德里希已陷于彻底孤立,可谓弹尽粮绝,四面楚歌。他在给其兄弟亨利亲王的信中说:如果"谁也不来帮助我们……我看不出有任何拖延或者防止我们的灭亡的可能性"。他在绝望中甚至已准备退位。在这千钧一发之际,奇迹出现了。这时发生了一个偶然的但对战争全局产生重大影响的事件,这就是俄国女皇叶丽萨维塔病逝,彼得三世继位,事态发生了戏剧性变化,俄国外交政策发生了突然转变,才使普鲁士摆脱厄运。

彼得三世与德国有血缘关系,其母安娜是彼得一世的女儿。彼得一世为将自己的势力渗入德国,把安娜嫁给了德意志北部的一位名叫卡尔·弗里德里希的亲王,他们生有一子卡尔·彼得,后来安娜病故,她的胞妹叶丽萨维塔于1741年当上俄国女皇。由于没有儿子,女皇便把外甥彼得从德意志接到彼得堡,准备让他继承王位,改名彼得·费多罗维奇。可惜彼得智力低下,不学无术,嗜酒如命,来俄国18年仍讲不好俄语。而对他的出生地及父亲原籍普鲁士却一往情深,对弗里德里希二世崇拜得五体投地。他继位之后,立即派出使者给占领东普鲁士一些地区的俄军送去敕令:俄军立即停止和普军的敌对行动,撤出占领区。1762年4月,彼得同弗里德里希签订了和平条约,不仅许诺要归还俄军占领的全部土地,并转向同普鲁士结盟,把18000俄军交给弗里德里希调遣,合兵攻打奥军。德国史书上把这神奇的转折称为"勃兰登堡王室的奇迹"。

绝处逢生的弗里德里希,精神大振,由于得到俄国的支持,接连打败奥军,又乘机将法军赶过莱茵河彼岸。1763年2月15日,奥地利同普鲁士在萨克森的胡贝尔茨堡签订和约,普鲁士巩固了它对西里西亚的占有权,退出萨克森,并保证支持特蕾西亚的儿子约瑟夫为皇位继承人。七年战争终于结束。

经过艰难的七年苦战,弗里德里希的军队终于顽强地抵挡了奥法俄三大强国的联合力量,确立了普鲁士在中欧的霸权地位,为雄踞德意志,争霸欧洲迈出了第一步。弗里德里希二世被沙文主义的德国史学家颂扬为"大王"、"唯一王"。

六、治理内政强国力

长达7年的战乱,使普鲁士人民受尽了苦难,全国损失约40万人口,大部分是成年男子。农村中10000多农舍塌毁,农田大批荒芜。城市萧条,食品短缺,物价飞涨,1763年日用品售价达近百年来的最高额,饥民们常常以抢购还未烤好的黑面包发生殴斗。

面对满目疮痍的国土,弗里德里希二世重振精神,决心通过整顿和改革来恢复和发展经济,增强国力。7年战争后,他又马不停蹄地开始了所谓的"重建"工作,致力于普鲁士的经济复兴。刚从战场归来不久,他就乘上马车,带上随从,到全国各地巡视,调查了解急需解决的问题。弗里德里希二世所到之处,一律不准大小官员迎来送往。他认为,讲排场的接见和空洞的长谈、汇报毫无价值。在各地视察时,喜欢对地方官用"口试"的办法。每到一处,就把地方官召来,提出一连串问题,什么土地、住房、财政、赈济等一一盘问。如果所答非所问,一问三不知或回答使他不满意,就要遭到他的严厉责问或训斥。所以地方官里有不少人惧怕甚至诅咒他的巡视,暗中把他叫作"旅行国王"。他以过人的精力躬身朝政,每天只睡4小时左右,事无巨细,都亲自过问。他号召国民勤俭节约,禁止讲排场,比阔气,并做出表率。他自己平时只穿士兵服,毕生只有一件礼服。

在调查了解情况的基础上,他采取了一系列措施。首先最迫切的是解决农业问题。1763年,他颁布法令,取消波美拉尼亚农奴的依附关系,并禁止把农民逐出份地。1777年,宣布保证农民的财产权和继承权,给农民减税、预付金和提供谷物。准许西里西亚农民免税6个月,三年内在西里西亚建房7000所,以优惠的条件向农民贷款。他还从军队中抽调6万多士兵,派到人口最稀疏的地方,帮助当地农民修建房屋,恢复农业生产。5年后,当地面貌基本改观,才让他们返回军队服役。他还下令,凡战争中住房被毁的农户,每户发50塔勒安置费和部分木料,要求农民迅速修复住房,尽快重建家园。鼓励向国内落后地区移民,1740—1786年间,有约30万人在马格德堡和东普鲁士定居。国家改良了奥德河和纳茨河沼泽地,从军队中抽出8万匹战马分配给农民,免费发放新种子,使5万农民定居下来。这些措施都是在保护容克的根本利益的条件下实施的,有利于促进农业生产。普鲁士经济得到迅速恢复,人口从100万人增加到500万人。

当然,弗里德里希二世对发展经济的重视并非始于战后。他深知,经济繁荣既可安定民心、稳定政局,又是对外战争胜利的保证。所以他继位后就大兴水利建设,整修了奥德河河床,并在河两岸修起纵横渠道,使300多平万公里的农田得到灌溉。此外,普鲁士还先后开凿了连接易北河与哈韦尔河的普劳恩施运河(1745年竣工)和连接哈韦尔河与奥德河的芬诺运河,1772年开凿了沟通奥德河与雅斯瓦河的布罗姆贝格运河。这三条运河,把国内几条大河沟通起来,农田和内河航运都从中受益。

在发展工业方面,弗里德里希注意吸收别国的经验。他曾说,法国虽在手工工场和对外贸易上较英国、荷兰等国落后,但法国的情况更接近普鲁士,它的经验才更适合普鲁士借鉴。但这并不排除向英国学习,他认为"英国划分公有土地的方式(指圈地运动),是一切有志于提高生产的场主必须朝觐的麦加"。为此他特地把国有土地承租人的子弟送到英国学习,以便回来后推进普鲁士的改革。在弗里德里希统治期间,普鲁士的采矿、纺织、造纸和玻璃工业有所发展,国家实行保护性关税政策有利于国内工场手工业的发展。

在商业方面,弗里德里希一方面积极推行重商主义政策,鼓励农产品和纺织品出口,扩大对外贸易,另一方面又加强关税壁垒,搞关税保护,取消国内关卡,建立合理的税收制度。当时普鲁士手工工场的不少产品和外国商品相比,质次价高,数量又少。为了与英国、荷兰、萨克森、奥地利、汉堡等国家和地区的商品进行竞争,他宁肯使国内市场上暂时存在某些商品短缺的现象,也要提高某些外来商品的关税,扶植国内生产发展。他明令禁止输入盐、磁器和铁器,以刺激本国生产这些商品。在国内市场上,创办有特权的贸易公司,实行烟草、食盐和咖啡专卖,提高消费税。对粮食、啤酒和肉类等生活必需品尽量减少税额,而对奢侈品则提高税率。

在财政方面,弗里德里希二世根据不同时期的需要及时调整国家财政支出的比例。战争年代军费开支大,和平时期就适当缩减军用开支,增加建设资金,并从中抽出部分款项,向私人提供贷款,为发展经济创造条件。为此当时还分别建立了柏林国家银行和军队银行,协助管理国家财政。一切工业税纳入军队银行,该银行负责支付全部军用开支。其他款项均由国家控制。

弗里德里希二世的经济政策是为他的军事扩张政治服务的。他的所谓"保护农民"政策,实际上是企图为国家保持一定数量的自由农民,以保证国家的税源和兵源。他的各项经济政策促成普鲁士经济繁荣,加强了容克在国家政治生活中的地位,加强了他实行专制主义统治和对外扩张的经济实力。

弗里德里希二世还曾对普鲁士的法律进行过改革。废除了中世纪遗留下来的多种酷刑,减轻了对盗窃、谋杀等罪的刑罚。当时普鲁士没有一部全国通行的大法,直到他当政时,有些地方仍然存在着中世纪的领主裁判所。国家无法可依,各自为政的现象普遍存在。司法官员大多没受过专业教育,法律手续极不完备,诉讼程序繁琐,错案屡见不鲜。这种法律状况,不但不能取信于民,而且还直接影响弗里德里希二世的威望。所以他下决心整顿司法,打击胡作非为的司法官吏,提拔一批受过良好教育、不贪赃受贿的法官。先后任命萨·科西奇和约·卡尔迈尔为司法大臣,改革了司法审讯规则,提高了法官和律师的地位。弗里德里希二世决定制定一部国家宪法,他把这一任务交给司法大臣。1784 年,这部宪法草案公布了。国王要求臣民逐条对草案进行公开讨论,广泛征求意见。这种做法在社会上引起很好的反响,受到普遍欢迎,甚至某些资产阶级学者也称赞国王"开明的思想方法"。新宪法——《普鲁士通用邦法》1794 年正式生效。新宪法提高了法官任命资格的要求,简化诉讼程序,允许上诉,只有国王有权批准死刑。新宪法取消新闻检查制度,实行宗教宽容政策,允许各教派共存,各宗教信仰一律平等。新宪法提倡科学和艺术,重视教育,规定适龄儿童都应接受学校教育,学校教科书应不断更新内容,尽量吸收先进科学技术知识等。

七年战争给弗里德里希一个最重要的教训,就是还要进一步扩充增强军队。国家的一切都要服从军事需要,在他看来,"没有武力后盾而进行谈判,如同没有乐器而演奏音乐一样"。他的最重要的计划的是把军队建设成"像灰烬中升起的不死鸟"。战争结束后,他立即实行募兵制,把军队人数增加到 20 万人,32 个居民中就有一个士兵(奥地利 64 个居民中有一个士兵,俄国 91 个居民中有一个士兵,法国 140 个居民中有一个士兵)。普鲁士成了"和平时期的兵营"。1763 年他颁布《学校法规》,强制 5 至 14 岁的儿童上学,任命老兵为校长,进行准军事训练。他治军严格,训练有素,纪律森严,强调士兵绝对服从,因而具有较强的战斗力。对于当时的封建王朝政府来说,普鲁士的军事组织"是当时最好的,其余所有欧洲政府都热心仿效它"。在战略战术上,他提倡主动进攻,灵活机动,集中优势兵力速战速决。他创建了骑兵炮兵战术,在当时和以后都产生了巨大影响。

弗里德里希二世在继续发展军事力量的同时,还进行行政改革,不断加强官僚机构,权力变得更加集中,最后集中到国王一个人手里。他改组"财政、军事与王室领地最高管理处",并在它之下陆续设立五个执行部门,并由他控制,使实权不至落到大臣手里。他恢复内阁的作用,而自己亲自在内阁工作,每天阅读并批示从各部及省呈交来的各种报告,内阁成员只不过是他的工具。他要求官员办事讲效率,却不准他们有丝毫的主动性。他对官员说:"你们绝没有任何主动性,一切事必须直接通报我。"这一切都巩固了容克地主集团的统治。通过改革,弗里德里希二世建立起严格的管理体制,其特点是集中统一,讲究实效。普鲁士宫廷在倡导节约廉洁、讲究办事效率方面,成为当时欧洲各宫廷的典范。

在国王和全体臣民的努力下,普鲁士经济很快恢复起来,人口也有较大增长。从 18 世纪 40 年代到 80 年代,普鲁士人口从 200 多万增加到 550 多万。税收以每年 300 万塔勒增如到 1100 多万塔勒。土地总产量折价从 300 万增加到 600 多万塔勒。国库储备达 700 万塔勒。国力明显加强,普鲁士王朝的统治更加巩固。

七、瓜分波兰扩疆土

弗里德里希二世不忘先祖"遗训",力图把分散的领地联成广袤的疆土。七年战争后的一切努力都是为他的扩张野心服务的。在恢复实力后,便要进一步扩张领土,其目标是夺取波兰的土地,使普鲁士和勃兰登堡联成一片。

波兰地处俄、普、奥三国之间,战略地位十分重要。它虽是一个东欧大国,但由于封建贵族不仅自行招募军队,修筑城堡,割据一方,而且拥有"自由选王制"和"自由否决权"两项贵族特权,造成内部政治混乱,中央政权趋于瘫痪,无力抵御外国的侵略。自17世纪中叶以后,波兰国力渐衰,逐渐成为邻国侵略的目标,为列强瓜分提供了机会。最先提出瓜分波兰的建议的是普鲁士。但是,因国力不支,力轻而言微。在波兰问题上最有发言权的是俄国。自从北方战争以后,彼得一世采用各种办法来控制波兰,波兰事实上已沦为俄国的附庸国。所以,起初俄国拒绝了普鲁士的瓜分主张,待瓜分时机成熟后,它却最先动起手来。

1763年10月5日,波兰国王奥古斯特三世病逝,俄国马上又积极行动起来,决心继续把波兰王位控制在自己手中,并想乘机吞并波兰。女皇叶卡特琳娜二世挑选昔日情夫斯坦尼斯瓦夫·奥古斯特·波尼亚托夫斯基为新国王候选人,指使驻波兰大使做好选举准备。普王担心俄国独吞波兰,就主动派人与俄国女皇密谋,于1764年俄普签订的针对波兰的同盟条约,其中有用武力维护波兰的"国王选举制"和"自由否决制"等内容,这就为瓜分波兰领土做了准备。同年9月6日,在俄军的包围下,波兰议会召开,斯·奥·波尼亚托夫斯基当选为国王。不言而喻,作为合作的条件,俄国以后在波兰的行动,必须照顾到普鲁士的利益。

弗里德里希二世深知奥地利国王兼神圣罗马帝国皇帝约瑟夫二世对攫取波兰领土也极有兴趣(自从西里西亚被普鲁士夺去后,希望从别处得到补偿),但是他的母后玛丽亚·特蕾西亚反对他和普鲁士合作。特蕾西亚之所以反对普、奥接近,是因为弗里德里希二世是她的仇敌,他们为了争夺西里西亚而血战了好几年。但奥皇约瑟夫二世对这件事极为关心,1769年8月,他背着母后,化名法尔肯施泰因伯爵前往普鲁士占领下的西里西亚与弗里德里希二世见面,互相拥抱,弗里德里希二世说"这是我一生中最美好的日子"。这次会见虽未达成协议,但从此普、奥两国捐弃前嫌,日趋友好。1770年9月,皇帝在首相考尼茨陪同下进行第二次会晤。两人经过密谈,最后就瓜分波兰一事达成默契。

之后,弗里德里希二世就着手与俄国协商瓜分波兰的事宜。他知道,如果没有俄国的参加,瓜分波兰是无法实现的。1770 年,弗里德里希二世派自己的兄弟海因里希亲王到彼得堡进一步商议瓜分波兰事宜。沙俄虽早有独吞波兰的野心,可是由于它在俄土战争(1768—1774)中正陷于困境,为避免外交上孤立,阻止奥地利倒向土耳其一边,只好放弃这个打算,同意三国共同瓜分波兰。当得知俄国只打算把东普鲁士西部的埃姆兰地区划给普鲁士时,弗里德里希二世很不满意,抱怨"这块点心切得太小了"。故此,把瓜分的事暂时搁置起来。这期间,波兰南部发生了反政府暴乱,波兰国王要求奥地利派兵支援,帮助镇压那里的动乱。奥地利自失去西里西亚后一直耿耿于怀,而且还对波兰南部地区馋涎欲滴,一直寻找机会夺取它。所以,奥地利的约瑟夫二世把这视为天赐良机,满口答应。在他帮助平息暴乱后,便趁机占领了波兰大片领土,其中包括极有经济价值的维利奇卡盐矿等地。

面对这种情况,普鲁士和俄国闻讯急不可耐,三强很快举行会谈。1772 年 8 月 5 日,普鲁士、俄国和奥地利三国在彼得堡签订了第一次瓜分波兰的条约。1773 年 9 月 30 日,波兰国会被迫接受了这个条约。根据条约规定,普鲁士占领了格但斯克以外的波莫瑞地区、除托伦市以外的海乌姆诺省、马尔博克省和瓦尔米亚等波兰的波罗的海沿岸地区以及一部分大波兰地区和库雅维地区,约 3.6 万平方公里,人口 58 万。同年 11 月 13 日,普鲁士政府把这些新占领的辖区(除瓦尔米亚外)改建为玛里恩维尔德领地,统称为"新普鲁士。"次年 1 月 31 日,根据弗里德里希二世的旨意,该地区又改名为"西普鲁士",把原来的柯尼斯堡和贡宾年等行政区域改建为"东普鲁士省"。俄国得到了西德维纳河、德鲁奇河和第聂伯河之间的白俄罗斯地区和拉脱维亚的一部分,面积 9.2 万平方公里,人口 130 万。奥地利占领了维斯瓦河和桑河以南地区、加里西亚的大部分,共 8.3 万平方公里,人口 265 万。波兰这次被瓜分共丧失 30% 的领土,人口减少 35%。

从瓜分的面积和人口来看,普鲁士得到的最少,但这块土地把普鲁士王国西部的勃兰登堡与东部的东普鲁士领土连成一片,且地处维斯瓦河入海口,具有重要的战略地位和经济价值。弗里德里希二世死后,他的继承人弗里德里希·威廉二世又两次参与瓜分波兰,使普鲁士的领土达 30.5 万平方公里,人口 860 万,俨然成为欧洲一个大国。三次瓜分波兰是近代强权政治中最卑鄙无耻的一页,它充分暴露了俄、普、奥地三国的反动和残暴,在历史上留下了一个永远洗刷不掉的污点。

八、"李子纠纷"建联盟

瓜分波兰并未能缓和普鲁士和奥地利这两个近邻的紧张关系,它们都在寻找时机,进行一次新的较量。第三次西里西亚战争过后15年,双方又面临着一场武装冲突。

1777年,巴伐利亚选帝侯马克希米利安患天花而亡,死后无嗣,约瑟夫二世一心想取得巴伐利亚的君位继承权。为争夺巴伐利亚领土和德意志领导权,1778年,普鲁士和奥地利之间发生了巴伐利亚王位继承权战争。1月,奥地利部队开进了巴伐利亚。弗里德里希二世闻讯,不顾年迈体衰和曾声言"不再登台"的誓言,表示"决不能坐视奥地利进行扩张",再着戎装,骑上战马。以"捍卫德意志民族自由"为口号,率领16万人马直奔波希米亚,以武力威胁奥地利。奇怪的是两军对垒,磨刀霍霍,日复一日,并无大的战事,只有几次小的军事冲突。为什么会出现这种奇怪现象呢?原来,约瑟夫二世对于军事是个外行,甚至不具备军人的气质,也没有进行战争的军事才能。他承认,决断的重任几乎将他压垮。面对比自己至少多三、四万人的强敌,只是谨慎防御,不敢贸然行动。此时,母后也一再告诫他,要谨慎从事,主张谈判,不主张使用军队或暴力。她称争夺巴伐利亚的斗争是一件"荒谬的方案",如果发生这场战争,那么她看到的只是"我们彻底的崩溃"。弗里德里希二世毕竟不比当年,已是风烛残年66岁的病老头了。加上过境之后,自然环境十分恶劣,部队行进极其艰难。久经沙场、老谋深算的他,决不轻举妄动。因此,战争双方损失轻微。真正倒霉的是老百姓。战场一摆开阵势,当地居民便被迫弃家逃跑。眼看就要到手的劳动果实,都被两国军队掠去或糟踏了。人们常常看到普鲁士军队押着一车车马铃薯或饲料满载而归。所以,老百姓讥讽这场战争为"土豆之战",或叫它"李子纠纷"(两国士兵争夺李子)。后来经过法王路易十六的调解才停火。1779年3月普奥在当时奥地利的重镇迪欣签订了和约。奥地利获得多瑙河、莱茵河和萨尔察河之间的一块巴伐利亚领土。普鲁士获得安斯巴赫和拜罗伊特的君位继承权。这次巴伐利亚王位继承权战争是弗里德里希二世一生参加的最后一次大战。

战后,普、奥两个世敌都在积极进行外交活动。约瑟夫二世联合俄、法两国,企图孤立普鲁士。面对奥地利咄咄逼人的外交攻势,弗里德里希二世忧心忡忡地叹道:"帝国皇帝乃是我七十老身的一块心病",决心要针锋相对,予以抗衡。在寻求大国支持无望的情况下,他积极联合德意志各小邦国,共同对抗奥地利。1785 年 7 月,普鲁士首先与汉诺威、萨克森达成谅解。后来,他组织起德意志诸侯联盟,参加该联盟的有黑森、不伦瑞克、魏玛、梅克伦堡、美茵茨等 15 个德意志邦国。按规定各成员国相互承担责任,共同对付维也纳的皇帝。弗里德里希的这些政策,更加深了德意志内部的分裂,也标志着神圣罗马帝国行将寿终正寝。

到 18 世纪 80 年代初,弗里德里希二世就已病魔缠身。在风湿、哮喘等多种疾病的折磨下,他的性格变得怪僻、暴躁,经常发无名火,有时甚至歇斯底里。1785 年,老国王身染重疾。1786 年 8 月 17 日,这位在欧洲煊赫一时的君主在逍遥宫逝世,终年 74 岁。他留下了 30 卷著作,其中包括 7 卷历史、6 卷诗歌和 3 卷军事专著。他的《当代史》《七年战争史》比较有名。在他的两部《遗书》中,告诫后继者要重视研究各国的状况;要保持一支训练有素、纪律严明和战斗力强的军队;要他们量入为出,不得消费过度,特别要他们注意,国家收入的增长要靠发展经济,不能靠增加税收。

弗里德里希二世在位 46 年,在他的统治下普鲁士终于发展成欧洲强国,他自己也获得"弗里德里希大王"的称号,他对普鲁士王国的历史发展产生了很大的影响。

弗里德里希二世的一切对内对外政策都是为其政治目的服务的。在他继承王位的时候,同欧洲一些大国相比,普鲁士显得弱小而落后。弗里德里希二世不安于现状,不甘人后。受启蒙时代思潮影响,在国内,他顺应时代变化,政治上提倡以"开明专制"的精神进行改革、整顿,确立了严格的国家管理体制。他说自己"论秉性是哲学家,论职责是政治家",主张哲学家与君主共同治国,自称"国王是国家的第一仆人"。他毕生以过人的精力躬身朝政,驰骋疆场,确以行动实践着他的诺言。然而他一生的所作所为都是效忠于普鲁士贵族的国家的。经济上推行重商主义政策,积极鼓励发展农业和工商业,促进了经济繁荣。这些对于普鲁士的兴起强盛起了积极作用。

在弗里德里希统治期间,他的对外政策一如既往奉行侵略性的扩张政策,国家的一切都要服从军事需要。他曾说:"国家不分大小,政府的基本法则都是扩张领土"。这就是普鲁士"开明专制"的出发点和最好的注释。

作为封建统治者,弗里德里希二世的政策中心是军队的强化和推行专制主义的统治。他崇尚武功,连年征战,对外扩张,不仅给邻国人民带来战祸,也给国内广大人民带来灾难,给德国后来的历史发展也造成了许多消极影响。弗里德里希本人实际上也是普鲁士军事专制主义、黩武主义的象征。但普鲁士的强大却为德国统一奠定了初步基础，所以有的历史学家把弗里德里希二世、俾斯麦和希特勒并列为德国历史上三大重要人物。弗里德里希二世临终前曾表示：自己"将毫无遗憾地离开这个世界"。

在弗里德里希二世逝世 20 年后，拿破仑在耶拿大败普鲁士军，来到波茨坦弗里德里希的墓前，他用马鞭指着墓碑对属下将领们说："要是他还活着，我们就不可能站在这里了。"这是一个军事家所能得到的最高评价。